SOFTPOWER

作为制度软实力的民主
——马克思革命框架中的民主思想研究

『全球视野中的中国软实力研究』丛书

胡　键◎主编

徐圣龙◎著

天津出版传媒集团

天津人民出版社

图书在版编目（CIP）数据

作为制度软实力的民主：马克思革命框架中的民主思想研究／徐圣龙著. -- 天津：天津人民出版社，2018.7

（"全球视野中的中国软实力研究"丛书／胡键主编）

ISBN 978－7－201－13735－3

Ⅰ.①作… Ⅱ.①徐… Ⅲ.①马克思主义－民主－理论研究②社会主义民主－研究－中国 Ⅳ.①A811.64②D62

中国版本图书馆 CIP 数据核字（2018）第 137804 号

作为制度软实力的民主——马克思革命框架中的民主思想研究
ZUOWEI ZHIDURUANSHILI DE MINZHU

出　　版	天津人民出版社
出 版 人	黄　沛
地　　址	天津市和平区西康路 35 号康岳大厦
邮政编码	300051
邮购电话	（022）23332469
网　　址	http://www.tjrmcbs.com
电子信箱	tjrmcbs@126.com
策划编辑	王　康
责任编辑	王　玪
装帧设计	明轩文化·王烨
印　　刷	高教社（天津）印务有限公司
经　　销	新华书店
开　　本	787 毫米×1092 毫米　1/16
印　　张	23.25
插　　页	2
字　　数	350 千字
版次印次	2018 年 7 月第 1 版　2018 年 7 月第 1 次印刷
定　　价	88.00 元

总　序

　　这里要送给读者的是关于软实力研究的系列。出版这几本册子的缘起大致在于：自 2005 以来，本人一直在从事软实力理论研究。2008 年获得国家社科基金立项，经过 4 年的辛勤研究，发表了一系列论文，最终成果以《中国和平崛起过程中的软实力发展方略》（新华出版社 2013 年版）出版。2014 年，再次获得国家社科基金的立项，这使我及我的小团队不得不对该问题继续深入研究。实际上，早在 2009 年，我就向我院领导建议建立一个专门研究软实力研究的机构或平台。但是，或许是对该问题认识上的偏差而最终被搁置。当然，我们的研究并没有停下来。相反，研究在不断深化，否则，不可能在该问题上再次获得国家社科基金的立项。

　　2013 年"一带一路"倡议提出后，本团队开始把软实力与"一带一路"结合起来进行研究，同样形成了不少相关成果，包括"一带一路"的话语研究，"一带一路"的国家创新力研究，"一带一路"的风险研究等。实际上，就本人而言，早在 2007 年前后就已经在从事新丝绸之路经济带的研究。2008 年到云南省社会科学院参加有关"大陆桥"经济研究的项目评审，并提出了相关的政策建议。经过数年的研究和积累，又恰逢"一带一路"倡议的提出，2015 年年底出版了《"一带一路"的战略构想及其实践研究》（时事出版社 2016 年版）一书。2016 年 12 月，国家深化改革委员会的会议提出重视"一带一路"软实力研究。其中重要的原因在于，有种观点把"一带一路"视为中国的全球化方案，是中国塑造国际秩序的战略，等等。这使外界对中国产生了一种畏惧感，甚至把中国视为一种威胁。在这种情形下，加强"一带一路"软实力研究可以纠正相关的错误认识。鉴于此，本团队从跨文化交流的视角来研究"一带一路"和软实力的关系，因为，"一带一路"的"互通",基础就是民心相通,而跨文化交流则是民心相通的有效路径。

2017年3月,在经过反复汇报、请示以后,我院终于同意成立上海社会科学院软实力研究中心。3月17日,中心揭牌仪式暨"一带一路"软实力论坛召开。而在此之前,本团队获得上海社会科学院创新工程的支持,组建了"全球视野下的中国软实力研究"创新团队。这样,我院软实力研究的团队建设、机构建设暂告一段落,而把全部精力投入到数据收集、田野调查和文本研究之中。

什么是软实力?

"软实力"作为一个学术概念是美国政治学者约瑟夫·奈在20世纪80年代末90年代初提出来的。当时的一个重要背景是,20世纪70年代,美国学术界流行着"美国衰落论",这主要是因为70年代苏联正处于咄咄逼人的态势,与美国在第三世界全面争夺霸权,而美国则长期陷入越战"后遗症"之中。所以,"美国衰落论"似乎得到了美国主流学术界的接受。然而,约瑟夫·奈认为,美国没有衰落,而是权力发生了扩散,从硬实力扩散到软实力。因此,奈建议,要充分认识软实力的重要性,尤其是要在美国的对外行为中要大力推行美国的文化和价值观。尽管奈的观点当时并没有引起重视,但他的认识无疑是前瞻性的,从这些年的实际情况来看,软实力的确成为国际竞争的主战场之一。虽然"软实力"这个概念是美国学者提出来的,但对软实力的关注、运用在中国两千多年前就开始了。《易经》中就强调:"地势坤,君子以厚德载物",即德厚方能承载万物。这实际上就是软实力。《道德经》也有相应的论述。如"天下之至尊驰骋于天地之至坚""上善若水"等。这些都强调软实力的重要性。即便是关于运用军事硬实力的《孙子兵法》也强调"不战而屈人之兵"的软实力手段。由此可见,软实力并非是外来的东西。

关于软实力的来源,奈认为是来自文化、价值和对外政策。同时奈也强调,有形的物质性资源也可能产生软实力。后来被一些学者解读为软实力必须建立在硬实力的基础之上。这个认识既对也不对。当把软实力与大国成长的关系来看,即国家的硬实力是软实力的基础,离开了硬实力,软实力也就失去根基。然而,如果纯粹从学术角度来看,软实力不一定需要硬实力。例如,罗马帝国、古希腊都不存在了,但它们的文化、价值迄今对西方乃至整个世界都始终有影响;苏联作为一个国家已经不存在了,但苏联对俄罗斯、其他独联体国家,乃至东欧国家的影响依然存在。从人的角度来看也是一样,马克思、恩格斯已去世了,但他们的伟大思想依然影响着世界;老子、孔子、孟子也早已作古,但他们的思想却依然保持强大的生命力。由此可见,关于软实力与硬实力的关系要区别具体情况。

软实力的内涵

奈提出"软实力"这个概念,但缺乏理论论证,因而其理论缺陷是非常明显的。20世纪90年代,软实力研究被中国学者引入中国学术界,但最初并没有引起学界的关注。一个重要的原因是,概念的"原产地"美国对此应者寥寥,而在中国最初对文化为核心内容的软实力并没有放在重要位置,更多的是关注经济发展即硬实力。当然,20世纪80年代,国内学术界的确也兴起了一个"文化热"。但是当时整个国家为了解决"短缺经济"问题,尤其是要解决贫困问题,"文化热"迅速被经济发展的势头所掩盖。社会主义市场经济启动后,经济的热潮更是把经济之外的一切都遮盖了。其结果是,经济迅速崛起的时候是文化的日益贫乏。

进入21世纪后,社会对文化的需求日益强烈,软实力尤其是文化软实力越来越重大重视,强调增强国家软实力,实施文化强国战略。需要强调的是,无论是从党和政府的文件还是国内学术界来看,中国语境中的软实力与奈所说的软实力的内涵是大相径庭的。换言之,国内学术界所研究的软实力其内涵要远远大于奈所说的软实力。国内学术界所使用的软实力只是借用了奈的软实力的外壳,其内涵则完全"中国化"了。就其内容而言,至少包括以下几个方面:

一是直接由文化、价值观等无形资源产生的软实力。国内学者对这方面的研究比较多,这主要的原因是,中国有五千年的文明史,文化底蕴非常深厚,文化资源也十分丰富。可以说,中国是一个文化资源大国。不过,文化资源要成为软实力还需要一个转化的过程,更需要一种转化的能力。也就是说,文化资源大国并不一定是软实力大国,更遑论软实力强国。

二是物质性即有形的资源产生的软实力。虽然奈也有此观点,即有形的资源本身也会产生软实力,如美国是世界第一大经济体,而且美国拥有最发达的高校和研究机构,也拥有最先进的科学技术,因此,美国一直就对世界各地的优秀人才具有强大的吸引力。长期来,美国一直就是世界优秀青年的移入国。这种情况首先是因为美国拥有强大的物质性资源。又如,中国经过40年的改革开放之后经济迅速崛起,科技实力也稳步提升,与此同时,中国的国际地位也得到了前所未有的提高。因此,中国也对世界各国的人们产生了强大的吸引力,相当多的欧美各国的人们越来越多地选择来中国创业和选择中国定居。这就是中国经济崛起而产生的强大软实力。

三是制度资源产生的软实力。这主要是指好的制度往往能产生更大的经济绩效和社会绩效,也会使制度具有更大的吸引力和社会动员力。这里所说的制度既包括社会制度、政治体制、法律制度等,也包括工作中的运行机制,但我们研究的制度更多的是指前者。

制度作为软实力并非是奈提出软实力概念之后的事。如果我们回顾一下历史,古今中外都不断在探索国家制度,目的是寻找制度的力量,包括制度的生产力、吸引力。《马可·波罗游记》传到欧洲后形成了一股"中国热",这在相当大程度上是因为马可·波罗在东方看到了一种比西方更好的制度,或者说是中国的制度对他产生了一种强大的冲击力。后来,门罗尔萨、莱布尼茨甚至直言不讳地说,中国是世界上统治最好的帝国。这是当年大元帝国的制度对欧洲产生的巨大软实力。

然而鸦片战争的失败,震醒了中国一批先进分子,使他们进行反思。最初是器物上的反思,从"师夷长技以制夷"到"中学为体、西学为用"等都是在器物上的反思。及至中国在甲午中日战争的再次战败,中国知识分子开始进行制度反思,寻找一种能够使中国避免亡国灭种并能够实现富国强民的制度。戊戌变法虽然只有百日,但这是中国社会第一次对中国进行制度反思,寻找适合中国且具有强大社会动员能力的社会制度。孙中山领导的资产阶级革命也是在寻找一种美好的制度。当然,这些实践都先后失败了,直到中国共产党的诞生,中国的革命面貌才焕然一新。从此,对制度的探索,就不可推卸地落到中国共产党的肩上。

中国最终选择社会主义制度,不是偶然的,也是历史的选择、人民的选择,特别是因为社会主义制度所具有的强大软实力。过去 40 年的现代化建设中取得举世瞩目的成就,原因就是中国共产党领导下的社会主义制度。正是由于坚持社会主义制度,中国才在现代化建设的伟大实践中开创了创造世界现代化奇迹的"中国道路"。

为什么要研究软实力?

对某一问题的学术研究既是实践发展的结果,更是服务实践的需要。从实践发展来看,在中国共产党十九大召开前,社会主义初级阶段的矛盾是人民日益增长的物质文化生活需要同落后的社会生产之间的矛盾。而经过改革开放和现代化的发展之后,中国社会不仅彻底告别了"短缺经济",而且人民的物质生活水平也有了前所未有的提高,甚至可以说,人民日益增长的物质生活的需要得到基本满足,并在此基础上人们正在追求一种高质量的幸福生活。但是,人们对幸福生活追求既包括对物质生活质量的追求,更包括对文化等精神生活质量的追求。而为了提高人们的文化生活质量,就必须大力发展中国的软实力,实施文化强国战略。正是这样的客观实际促使我们必须重视软实力的研究。

中国共产党十九大召开以后,中国共产党对当前中国社会的主要矛盾又有了新的认识,即人们对美好生活的追求与发展不平衡不充分的矛盾,是当前中国社会的主要矛盾。对美好生活的追求离不开物质生活质量和文化生活质量的双重提高。只有物质生活质量的提高而缺乏高质量的文化生活,这种生活绝对是没有品位的生活,而没有品位的生活也绝对算不上美好生活。而文化生活品质的提高则是以物质生活质量的提高为基础的。而发展不平衡不充分的情形,既表现在中国发展存在着的严重二元现象,也体现在中国经济发展与文化发展的不平衡之上。换言之,无论是对美好生活的追求还是解决发展不平衡不充分的问题,都离不开文化发展和大力提升国家的软实力。恩格斯曾经指出,文化的每一个进步,都是迈向自由的进步。由此可见,中国要在解决人们对美好生活的追求与发展不平衡不充分的矛盾,就是在经济继续发展的同时,大力增强国家软实力,谋求中国文化发展,朝着人的自由的重大进步。

从服务实践的情况来看,中国经济发展方式的转变长期来没有取得实质性的成效,以至于经济发展在经历了长时期的高速增长之后已现陷入增长瓶颈的迹象。这些问题虽然出在经济上,但解决问题的入口却在经济之外,具体而言是在文化上,即劳动力素质、产业素质上面。古人说,仓廪实而知礼节,衣食足而知荣辱。但是物质生活的富足并不能直接让人"知礼节""知荣辱",提升人的素质唯一的途径就是教化。一个国家也是一样,经济等硬实力的增强尽管会在一定程度上产生一定软实力,但真正要使国家软实力的整体性提升,还必须要有专门的增强战略。反过来,国家软实力的增强则会对经济等硬实力的提升产生倍增作用。也就是说,软实力发挥得好一定是硬实力的增进器。而且,也只有当硬实力与软实力平衡发展的时候,中国现代化发展进程中出现的种种二元现象才能得到有效消除,中国发展不平衡、不充分的现象才有可能消除。

此外,中国正在崛起为一个新型大国。之所以称为新型大国,就是因为中国崛起的方式、中国处理国际关系、中国与国际体系的关系等,都与西方历史上崛起的大国不一样。从崛起的方式来看,中国是和平崛起,即使硬实力与软实力平衡发展的崛起方式,而不是像西方大国那样是纯粹意义的硬实力的崛起。单纯的硬实力崛起最终就很难避免走上军事扩张的道路。从中国处理国际关系的方式来看,中国倡导构建新型国际关系,即中国强调和平、合作、共赢和共商、共建、共享的国际关系,并以构建人类命运共同体为目标。从中国与国际体系的关系来看,中国从游离于国际体系之外,到有限参与,最后到全面融入,在这个过程中,中国从最初的参与者转变为积极的建设者:一方面现行的国际体系是二战后建立起来的且受西方大国主导,其不公平、不公正性显而易见,但自从中国加入其中之后,中国用自己的智慧进行处理并在其中成为最大的受益者;因此,另一方面,中国用中国智慧来加以改革。40 年来,中国不仅为国际体系和全球治理贡献了中国方案,而且中国将中国五千年的文明和文化浓缩成为对当今中国乃至当今世界都具有重要影响的"中国价值"。特别是当今中国已经处于国际体系的中央区域,"中国价值"也毫无疑问地受到国际社会的关注、认知,最后会在"中国价值"的积极效应之下而不得不接受"中国价值"。从这一方面来看,加强中国软实力研究必然会产生世界性意义。

怎样研究软实力?

正所谓研究有法、研无定法、贵在得法。对任何问题的研究并没有一成不变的研究方法。约瑟夫·奈研究软实力的方法绝对不能用于中国的软实力研究。尤其是他研究软实力的目的是为了向全世界推行美国的文化,对全世界用美国的价值观进行改造。由此可见,尽管奈被视为国际关系理论的新自由主义代表,且以文化为内容的软实力强调的是一种认同性力量,但奈显然是用现实主义的手段来向世界推行美国的文化和价值观。也正如他自己所说的那样,他是"一个现实主义色彩非常浓厚的自由主义学者"。我认为奈对自己的判断是恰如其分的。

中国学者研究中国软实力的目的显然与奈是大相径庭的。中国视野中的中国软实力目的是用文化来滋养国民,提高中国的品味,从而在国际社会塑造一个健康、良好的中国形象,而绝非是要用中国文化来改革世界。诚然,中国也强调中国文化要"走出去",但也是为了加强国际间的跨文化交流。中国文化"走出去"绝对不是用中国文化来同化其他国家、其他民族的文化。中国一直强调文化多样性是全球化的客观事实,而全球化一度被西方打上了西方的烙印,甚至全球化一度被视为是"消弭东方"的"西方化"趋势。然而,从全球化的历史进程来看,那种趋势完全是西方的错觉。虽然从世界文化发展的客观实际来看,"西强中弱"依然是客观实际,但中国文化以其独特的魅力而必将获得世界的青睐。尤其是自2008年金融危机以来,西方陷入的困境也昭示着西方文化的困境。而与此相反,中国现代化的实践可谓"这边风景独好",这也正是中国五千年文化在当今世界正闪烁着熠熠的光辉。这种情形将会像第一次世界大战以后一样,西方的困境将促使西方不得不从中国历史文化中寻找摆脱现实困境的智慧,这种智慧就是:尊重多样文化,谋求共同发展。

当然,在跨文化交流中,我们要对中国文化树立足够的自信。没有文化自信就难以正常地开展跨文化交流。文化自信的前提是文化自觉,也就是费孝通先生所说的"各美其美,美人之美,美美以共,天下大同"。意思就是,既要正确对待本民族的文化,又要正确对待其他民族的文化,在此基础上进行文化交流、文明对话,在文化多样的前提下实行文明互鉴,文化融合,最终走向人类的大同社会,即人类命运共同体。因此,研究中国软实力就是要为构建人类命运共同体提供中国智慧和智力支持。

丛书主编　胡键

上海社会科学院软实力研究中心主任

上海社会科学院"全球视野下的中国软实力研究"创新工程首席专家

前　言

在文化之外，制度也构成软实力的重要组成。今天在全球范围内，民主的国别实践和比较、民主的话语权争夺、民主方案的输出等，已经成为不容回避的客观事实。民主制度建设成效直接影响到一国在世界范围内的软实力竞争。对于中国特色社会主义民主而言，主动追溯其理论来源和思想基础，是发展中国特色社会主义民主制度、推进中国民主软实力建设、贡献民主的中国方案和中国智慧的必要条件。马克思的民主思想无疑是构成中国民主制度的重要理论来源，厘清马克思民主思想的科学内涵，对于发展中国特色社会主义民主，提升中国民主制度软实力建设，都有着非常深远的意义。

马克思的民主思想无疑是一个具有争议性的话题。在国外的理论研究中，马克思的理论体系是否存在民主思想的组成部分是值得怀疑的，即使有不少学者肯定马克思民主思想的存在。但是这也是从批评的角度展开的，并最终将马克思的民主思想纳入极权主义民主的脉络。当然，不排除一些国外学者为马克思的民主思想所作的辩护，只是这些辩护多数落入自由主义民主的谱系，要么一味否定马克思有关暴力、专政的论述，要么通过自由主义民主重构马克思的革命理论体系。可见，国外学界在马克思民主思想问题上还是存有较大争议的。问题在于，不管是肯定抑或否定马克思的民主思想，其提供的理由和证据都是不充分的。一方面，国外对于马克思民主思想的研究并没有深入到马克思的逻辑结构之中，即唯物史观以及相应的革命分析框架；另一方面，国外研究也容易忽视马克思所处的历史语境，即作为革命年代的 19 世纪，以及相应的民主在当时所具有的革命内涵。

与国外马克思民主思想研究不同，国内在马克思民主思想问题上基本上持有较为一致的看法,即肯定马克思主义的阶级民主和新型民主。自20 世纪 80 年代以来,国内在马克思民主思想研究领域,基本上立足于阶级分析方法,提出与资产阶级民主相对立的无产阶级民主。从一开始在阶级分析框架中,民主缺乏自身的理论和实践空间,到后来肯定无产阶级民主的可能性,最后基于国家与社会关系的视角为无产阶级民主提供充分依据。但是国内马克思民主思想研究也存在巨大的不足。第一,阶级分析方法容易将所有制关系变成阶级得以成立的一个重要依据,可是这与马克思由唯物史观到革命分析框架、再到阶级理论的逻辑并不一致;第二,阶级民主也并不完全符合 19 世纪民主所蕴含的革命内涵;第三,国内马克思民主思想研究的立足点在于阶级分析方法,这导致研究进路创新的困难,很难在阶级分析方法之外提供有关马克思民主思想新的内容。

针对国内外马克思民主思想研究所存在的一系列问题,要突破各种束缚和障碍,真正回归马克思的民主内涵,要求从两个层面展开。第一,基于马克思的逻辑结构展开马克思民主思想的研究,即通过唯物史观以及由唯物史观所引申出的革命分析框架来分析马克思的民主理论。第二,承认并肯定民主在 19 世纪所具有的革命内涵,其既不同于之后民主在欧美国家发展成为成熟的自由民主和选举政治,也不同于简单的阶级民主对立。

唯物史观作为马克思理论体系的重要组成,也构成其逻辑展开的方法论基础。马克思通过实践完成对哲学的革命,即消灭哲学。随着哲学革命的完成,向政治革命的转向就成为自然而然的结果。并且哲学的消灭意味着实践开始"下降"到劳动实践领域,劳动实践领域的矛盾构成了政治革命和社会革命的根源所在。由此可见,唯物史观的确立即革命分析框架的完成,马克思正是通过革命这一框架性概念展开其全部政治概念的内涵,如民主、专政、暴力、阶级等。民主在马克思的理论体系中具有两重属性:第一,民主作为无产阶级革命的路径选择之一,即革命手段和革命方式的问题。民主抑或暴力作为马克思在无产阶级革命路径问题上的选项构成,二者相互依存、不可或缺,其选择的差异在于国情以及相应的阶级状况。马克思从未在民主与暴力之间作出取舍,二者共同服务于革命这一总的目标。在这一点上,民主作为一种革命的时代特征表现突出。第二,民主作为无产阶级政治组织的形式,即无产阶级政治组织与民主形式之间存在着

"天然的亲和性"。无产阶级通过解决劳动实践领域的矛盾，基于平等的原则，必然采取民主的组织形式，如普选、监督、随时撤换等。

基于革命分析框架可以看出，马克思的民主思想不能简单等同于之后的阶级民主理论，前者包含更多的内容。马克思对于资本主义条件下民主运行的批评，并不是针对民主本身，而是指向民主革命内涵的缺失以及民主在资本主义条件下不能充分实现的问题。随着无产阶级政治革命的推进，民主充分实现的障碍得以消除，那么无产阶级政治组织与民主形式之间的"天然亲和性"也是自然而然的结果。当然，马克思之后的民主理论和实践都面临着剧烈的变迁，这一方面在于马克思理论体系自身所包含的一些潜在张力和不足；另一方面也在于不同研究者、阐释者对马克思革命理论体系的重构，特别是革命形势变迁所带来的挑战和问题，如资本主义对于民主的吸纳等。所有这些问题预示着，准确、合理地理解马克思的民主思想尤为必要。

马克思民主理论对于中国民主建设有着非常重要的意义，这一民主的革命内涵首先有助于对抗主流资本主义有关民主的普遍化和"标签化"。中国的民主建设延续了阶级对立和阶级民主，侧重民主的特殊性和差异性，而马克思民主理论的革命内涵赋予了民主以一般性、普遍性，改变中国民主在与主流资本主义民主竞争中的弱势地位。其次，马克思的民主处于革命分析框架之中，相比于阶级分析框架，民主成为第一位的问题，它既是无产阶级政治组织的当然形式，也在无产阶级革命历史逻辑中得以真正的实现。通过重新认识阶级性、厘清专政与民主的关系、统一革命与民主，可以为民主的生存与发展提供充分的空间。马克思的民主内涵无疑有助于民主的中国智慧和中国方案的实现，是中国民主这一制度软实力建设的重要组成部分。

目 录

导 论

　一、研究缘起 / 001

　二、马克思民主思想及制度软实力研究现状 / 003

　三、研究框架 / 057

　四、研究方法 / 060

　五、研究创新及不足 / 065

第一章　唯物史观与革命的入场 / 067

　一、哲学革命:实践为中介和基础的主客体统一 / 071

　二、政治革命与社会革命:分工为中介的生产力与生产关系统一 / 097

　三、革命的历史逻辑表达:反思为中介的实践与认识统一 / 111

　四、小结 / 120

第二章　革命框架中的专政、暴力与民主 / 122

　一、革命与对资本主义的根本批判 / 124

　二、专政的二重属性 / 138

　三、暴力的单一属性 / 144

　四、民主的二重属性 / 150

　五、革命与专政、暴力、民主的复杂关系 / 157

　六、小结 / 163

第三章　无产阶级革命路径的民主选择 / 165

　　一、马克思由民主向革命的转向 / 167

　　二、革命高潮与被掩盖的民主 / 178

　　三、革命退潮与马克思在民主问题上的立场 / 194

　　四、小结 / 207

第四章　无产阶级政治组织的民主形式 / 209

　　一、组织原则对于组织形式的约束 / 212

　　二、组织形式中的民主与非民主要素 / 219

　　三、如何对待反对派:对组织原则的重申 / 229

　　四、民主在未来社会组织中的转向:假设与推论 / 239

　　五、小结 / 243

第五章　马克思民主思想的演进及反思 / 245

　　一、列宁与伯恩施坦:马克思之后民主演进的不同路径 / 247

　　二、结构之内与结构之外:马克思民主思想的反思 / 264

　　三、小结 / 279

第六章　马克思民主理论对中国民主建设的意义 / 281

　　一、民主的一般性 / 285

　　二、民主的阶级性 / 291

　　三、民主与专政的统一性 / 299

　　四、民主形式的重要性 / 306

　　五、小结 / 314

结束语　马克思民主思想与中国民主制度的生长 / 318

参考文献 / 328

后记 / 354

导　论

一、研究缘起

民主作为制度软实力的重要组成,在世界范围内的竞争已经成为一个事实,不管是对于美国的民主输出,还是中国贡献自身的民主方案,加强民主制度建设都显得至关重要。中国特色社会主义民主制度除了基于国情的实践考量之外,还有一个重要的来源,即马克思民主思想的理论支撑。发掘经典马克思民主思想的科学内涵,对于民主的中国方案和中国智慧而言,都是必要的。这也是加强中国民主制度软实力建设的题中之义。因此,笔者以民主这一制度软实力为出发点,展开对马克思民主思想内涵的研究。

国内对于马克思民主思想的研究主要基于阶级属性的视角,即资产阶级民主与无产阶级民主的对立、无产阶级对于资产阶级的政治革命和社会革命、社会达到更高的发展状态这一逻辑。并且阶级分析结构贯穿马克思的主要政治理论之中,包括革命、专政、暴力、阶级、国家等。这一分析方法有其产生的时代背景和逻辑起点,但是其可能忽略了马克思自身对于政治问题包括民主思考的历史语境和逻辑结构。马克思在民主问题上的态度与之后其他人对其的诠释之间存在着差异,甚至是根本的对立。这并不是对之后的诠释作任何对与错的价值判断,而是承认马克思与马克思的诠释者之间的差异这一事实。换言之,马克思所阐释的民主内涵有其特有的时代语境和逻辑结构,马克思之后的诠释者同样也有回应时代的挑战和基本的分析结构,正统性的塑造在一定程度上掩盖了问题的实质。正是基于这一有意无意的忽略,马克思及马克思主义给人留下了只重视阶级斗争和暴力革命的印象,缺乏丰富的民主思想。而对于马克思民主思想的辩护则囿于阶级的分析框架,只承认无产阶级的民主、否定资产阶级民主。另外,国外一些学者在马克思民主问题上的肯定态度,同样陷入对立思维之中,更多地从后来民主发展的状况去论证马克思的民主思想,而没有直接指向民主在马克思理论体系中被赋予的内涵。因此,如果要提供在阶级民主之外有关马克思民主的新的内容,如果要避免简单的否定或肯定马克思的民主思想,那么就必须回到马克思的理论体系之中,从历史语境与逻辑结构的视角,探析马克思在民主问题上具体而复杂的态度——这一态度来源于对时代的回应和自身的分析框架。

另外一个在马克思理论研究过程中出现的问题是:马克思及马克思主义的研究不断趋于哲学化。就马克思自身而言,消灭哲学以及对哲学的革命在 19 世纪已经提出,并且马克思的理论体系正是建立在由哲学革命转向政治革命、社会革命的基础上。换言之,马克思对于现实政治社会问题的分析才是其关键所在。如果回避政治问题在马克思整个思想体系中的重要作用,那么哲学的反思或批判就会显得越来越远离马克思的初衷。实践的观点绝不是一个单纯的哲学命题,甚至其本身就是对哲学的否定,其更多是一个政治和社会问题,是现实中的行动问题。正如雅克·泰克西埃所指出的:"在我以前的研究中,特别吸引我的注意力的不是马克思和恩格斯的大部头著作,而是他们的文章或短小作品。在这个理论和学术性的国家,马克思和恩格斯在我看来首先是政治作家,对吗? 在这项研究之后,我比以前任何时候都坚信,应该这样来阅读马克思和恩格斯著作,这是有好处的","如果我能使读者相信马克思和恩格斯是政治思想家,那么我的目的也就达到了,我这样说的意思是:他们创造了一些政治概念,如果没有这些概念,就不可能思考一个时代的问题"。① 从泰克西埃的论述可以看出,马克思首先作为一个实践者和行动者,其理论体系是政治实践、行动在理论层面的表达,如果一味强调马克思哲学层面的研究,那么其必然与马克思理论体系出现较大的偏差。尽管诠释者与被诠释者之间可以出现差异,但是随着时代主题和逻辑结构的转换,这种偏差容易产生抽象、教条的结

---

① [法]雅克·泰克西埃:《马克思恩格斯论革命与民主》,姜志辉译,社会科学文献出版社,2012 年,第 2、3 页。

果。因此,对于马克思政治思想的研究,包括民主思想,就显得非常必要。这种研究应该从马克思的自身理论体系出发,而不是回避马克思在实践及政治行动上的态度。

最后,有两位学者的两部有关马克思政治思想包括民主思想的研究,促成了笔者对于马克思民主思想研究的兴趣。一本是吴恩裕的《马克思的政治思想》,其提出了在研究马克思政治思想过程中,首先考虑的问题应该是方法论的问题,尽管其在书中并没有直接论述马克思民主思想的部分。另外一本是雅克·泰克西埃的《马克思恩格斯论革命与民主》,作者将马克思的民主问题与革命问题联系起来一并考察,在民主存在的地方,决不能忽视革命与之的关系对于民主内涵的重要作用。泰克西埃研究的积极意义在于其从马克思自身出发,而不是从之后基于不同历史语境和逻辑结构的诠释者理论出发,这在一定程度上即吴恩裕提出的方法论问题。不过,泰克西埃的不足在于,革命与民主的关系仍然没有清晰地表现出来并贯彻于对马克思民主思想的理解过程中。这两位学者对于马克思民主思想的研究不再局限于阶级民主、马克思哲学等范围,而是尝试在马克思的逻辑结构中还原其本来意义上的民主内涵,这对于理解马克思的民主思想以及之后诠释者的思想无疑都具有积极意义。笔者对于马克思民主思想的研究,也是基于这一基础上的尝试。

二、马克思民主思想及制度软实力研究现状

(一)国外马克思民主思想研究

国外对于马克思民主思想的研究可谓纷繁复杂,涉及不同时段、不同国家、不同流派、不同人物,但是就其观点而言,可以简单地分为两类:一类是否定马克思的民主思想,另一类则是肯定马克思的民主思想。在此选择一些具有代表性的否定和肯定的观点,尤其是其分属不同的分析路径,即流派问题。同时,考虑到国内对于国外马克思民主思想研究的译介和研究,笔者主要选取一些在国内较少涉及的人物及其观点,对于较为大众化

的人物,则略而不论。当然,这类大众化的人物及其观点,即使具有代表性,也是可以归入选取的人物及其观点的脉络之中,他们在马克思民主思想的理解上存在较多的相似性。

1. 对马克思民主思想的否定

(1)J. L. 塔尔蒙(J. L. Talmon)的"极权主义民主"叙事

塔尔蒙将马克思(主义)民主思想纳入极权主义民主谱系,其认为,对于马克思民主思想的认识,并不在于否定其存在,如"在主张自由价值的同时,反对并否定另一种民主制度"那样;相反,其关键在于不同民主制度"对政治所取的不同态度"①。这意味着马克思的理论体系存在民主的组成,但是这一民主理论属于极权主义民主思想,根本上又是否定民主、反对民主的。

塔尔蒙之所以有这一判断,主要是基于极权主义民主和自由主义民主的划分,其认为:"自由主义趋向于从事政治事务时采取反复尝试方法的经验主义,并且把政治行政系统看作实际实施人们自发的贤明行为的机构。自由主义还承认基于各种水准和标准的各种个人或集体的努力,包括和政治圈外非主流派别的各种政治活动";相反,"极权主义的民主主义的流派,它的理论主要建立在采取承认唯一和排他的政治领域的真理基础上。在意识形态上,它是持一种可以被叫做政治救世主义必定会降临的信念"②。那么这种民主类型的出现,原因何在呢?塔尔蒙认为,主要在于社会政治环境的改变,即"欧洲传统秩序衰退的结果","宗教已经不被知性及情绪所支配了,僧侣等级的封建制度,由于受到社会的和经济的各种要因的冲击而崩溃了,而且迄今为止的以门荫身份为基础制度的社会概念也被抽象的、个别的人的理念所取代"。③ 这时,"社会决定论"流行起来,这意味着"它无论在什么时候都是不得不接受的东西"。④ 另外,伴随着宗教权威的衰退,"除了国家,便没有道德的源泉,也没有道德认可的标准……政治理论和伦理标准不能完全分离"⑤。最后,财产问题也被纳入救世主义的先决条件中去,"以道德为前提的教义转变成以社会经济为主的理论",

---

①② [以]J. L. 塔尔蒙:《极权主义民主的起源》,孙传利译,吉林人民出版社,2011 年,第 2 页。
③④ 同上,第 4 页。
⑤ 同上,第 5 页。

"这种追求美德为前提的自由原理,引发出了追求安全保障的激情"。① 基于此,塔尔蒙认为,利己主义、极权主义、教条主义,"这三种思想潮流汇合在一起,形成了一个和谐的社会"②,即极权主义民主类型的产生。

极权主义民主并不能带来民主,相反,结果只会导致集权、专制和暴力等。塔尔蒙认为:"极权主义民主很快就演变为一种高压政治和中央集权的政治模式,并不是因为它反对 18 世纪自由个人主义的价值,而是因为它最初对这些价值过于完美的追求。"③对于马克思主义及其民主理论而言,"雅各宾主义与马克思主义乌托邦的概念具有明显的相似性,历史必定要在它们之间得到终结。两者都认为自己的概念是强调完全的利益群体的和谐,而且并不依靠暴力来维持,尽管要使用暴力——临时的专政来促成的"。另外,随着"巴黎公社之后,雅各宾主义传统的继承者放弃了暴力,开始采用合法的手段来争取权力。他们进入了议会和政府,不同程度地融入了民主生活","革命的精神开始向东传播,直到它在俄国找到了天然的家园"。④

可见,塔尔蒙并不否认马克思的理论体系存在民主思想,但是这一民主内涵是属于近代以来极权主义民主的谱系,并且其在现实政治实践中,带来的是否定民主、反对民主的结果。那么如何评价塔尔蒙对于马克思民主思想的研究呢? 首先,塔尔蒙仍然没有深入到马克思的理论体系中去,由唯物史观到革命,由革命到革命框架中的暴力、专政、民主等。塔尔蒙虽然看到了马克思理论与极权主义民主在构成条件方面的相似性,但是在马克思理论体系中,其从来没有用简单的前提原则来否定具体条件下民主运行的重要性和必要性,尤其是普选权问题。当然,马克思认为在这二者之间是一致的,后来出现原则前提的简单化以及对民主的否定,可这并不属于马克思的民主内涵。其次,塔尔蒙构建的民主类型概念存在局限性。例如,格哈特·尼迈耶(Gerhart Niemeyer)对其"政治救世主义"(Political Messianism)提出批评。格哈特·尼迈耶认为,在《政治救世主义:浪漫阶

---

① ［以］J. L. 塔尔蒙:《极权主义民主的起源》,孙传利译,吉林人民出版社,2011 年,第 7 页。
② 同上,第 5 页。
③ 同上,第 258 页。
④ 同上,第 261 页。

段》①一书中,塔尔蒙围绕政治救世主义和两种民主类型,列举了大量的社会主义者、国家主义者、保守主义者和自由主义者等,但是问题在于,塔尔蒙的研究对象是什么? 是政治救世主义和两种民主类型,还是社会事实和历史事实,抑或是不同思想者? 换言之,塔尔蒙的民主类型概念和政治救世主义与相关的人物、事实、理论是否一致,格哈特·尼迈耶称之为"方法论的困惑",即"没有按照一致的科学原则充分阐释最为重要的问题"。②其实,这一问题同样也存在于塔尔蒙之前的著作《极权主义民主的起源》(1952)中,民主的类型以及政治救世主义是如何与事实、人物、理论联系在一起的,尤其是逻辑上的一致性。

(2)费伦茨·费赫尔(Ferenc Fehér)基于激进主义脉络的批评

费赫尔认为,马克思的社会理论不过是"无产阶级的神话"(Proletarian Mythology),并且这一神话还被多次"科学地篡改"③。在费赫尔的理解中,马克思理论的成功有其根源,即对于理论与实践结合的坚持,这一点也使其与早期的社会主义者区别开来;对于早期社会主义者而言,社会主义不过是"有关社会的一门新的科学"(A New Science of Society),但在马克思的理解中,"社会问题"(Social Question)不是解放了的市民社会的异化物。相反,它是解放过程的内在组成,正是因为政治权利——至少理论上的——被赋予了每一个人,这才有了这一社会问题,而其在前资本主义阶段是不存在的;基于此,马克思认为需要第二个解放,即人类解放,它既不是来源于所谓新的社会主义科学,也不是来源于社会主义精神的基督教,它只能来源于作为社会问题构成主体的实践行动,即无产阶级的自我解放,一个政治的、哲学的解放过程。④其实,这正是马克思实践哲学的结果,由哲学转向实践,即政治革命和社会革命。可见,费赫尔对于马克思理论的批判是从其内在逻辑结构出发的,在这一点上,国外马克思主义的研究是一致的。

不过,如同塔尔蒙一样,费赫尔同样也将马克思理论溯及激进主义的

① See J·L. Talmon, *Political Messianism：The Romantic Phase*, New York：Praeger, 1961.

② Gerhart Niemeyer, "Understanding Political Perversion", *The Review of Politics*, Vol. 24, No. 4 (Oct., 1962), p. 569.

③④ Ferenc Fehér, "Marxism as Politics：An Obituary", *Problems of Communism*, January – April, 1992, pp. 11–17.

来源。费赫尔认为,激进主义(Radicalism)具有以下三个特征:①不管是罗伯斯庇尔还是马克思,他们都认同"哲学原则的最终实现,而不是既有秩序下的改变";②终极革命,只要既有社会的基础或上层建筑仍然存在,那么这一革命过程没有终点;③人类革命,其不在于减轻或消除无产阶级的贫困,而在于弥合个体的贫困与人类的巨大物质财富。① 当然,费赫尔并不认同激进主义的逻辑,由此,这也构成了对马克思理论批判的理由之一。在费赫尔的理解中,马克思的革命过程,即工人阶级的自我解放过程,是一个不断增加的政治参与过程,同时也是一个不断构建并扩大民主机构的过程,这一过程又是在自由支配下的现代社会背景下展开的,但这在美国和英国并没有取得成功;相反,马克思的神话仅仅在自由主义缺位和民主机构缺乏的地方才取得成功。② 除此之外,马克思的革命过程与工业化过程紧密联系在一起,因为工业资本主义的革命性并不低于无产阶级的社会主义,无产阶级正是孕育于资本主义之中,并且无产阶级不仅作为"政治人"(Homo Politicus)而存在,也作为"技术人"(Homo Faber)而存在,这意味着无产阶级革命不仅在于打破抽象的束缚,同时也是为现代大生产做准备,因此,社会主义与资本主义的对立得以形成,这意味着社会建构(Instituting Society)的二元选择。其中,经济关系是主要方面,自由革命的时代沦落为经济秩序的选择,自由也成为可以无视的上层建筑。③ 问题在于,决定社会的因素并不是单一的,费赫尔列举了之后承认的经济、劳动、文化趋势、实现自由方式等。

另外,费赫尔还从知识分子的角度阐释了马克思理论的矛盾。费赫尔认为,马克思具有当时知识分子普遍的矛盾,即哲学上的集权主义者取向与现实中作为激进的知识分子和高度的个人主义者,其中原因,有一点在于旧有政治精英仍然秉持贵族政治原则,这一方面不适应现代政治事务的处理,另一方面阻碍了新兴政治精英的参与,马克思的理论正是提供了打破这一权力垄断的有力武器。④ 至于马克思与布尔什维克"集体意志"(Unity of Will)的关系,费赫尔认为,尽管马克思不需要对此负责,但是马克思的哲学确实宣称了一种绝对真理的教条。⑤

①②③④⑤　Ferenc Fehér, "Marxism as Politics: An Obituary", *Problems of Communism*, January – April, 1992, pp. 11 – 17.

对于马克思哲学的分析,费赫尔认为,其是所有哲学中最具政治思维的,但是却缺乏政治原理,它更接近于基督教的"来世论"或"末世论"(Eschatology),即一种天启(Apocalypse)。例如,对"无产阶级专政原理"的吹毛求疵,要么是一种虚伪的装点门面,是在技术力量面前的退却,要么是不值一提的所谓科学,因为无产阶级专政是指空间中的一点,而不是一线;是一个短暂时刻,而不是持续过程;是无产阶级最终进入新社会的工具。①在费赫尔的理解中,马克思的理论从根本上是存在局限性的,并且这种局限性在后续的政治中造成了极其严重的后果。费赫尔在现代社会的背景下考察马克思的理论体系,认为现代社会只要保持自由和"正常",那么它就可以避免基于抽象理性的一系列教条的统治。这种统治正如奥德·马尔夸特(Odo Marquard)所言:"世界被许许多多的哲学改变过很多次,但是最终还是可以幸免的",这种幸免得益于将抽象理性与实践理性区别开来,前者允许所有抽象理性的实践,后者中,政治理性的实践仅仅是例外,而不是真理。②

费赫尔对于马克思理论的分析是完整的、批判的,从根本而言,费赫尔否定了马克思基于实践哲学的革命理论,这种否定并不是单纯的细枝末节;相反,其批判了马克思的实践哲学及革命逻辑,并且围绕经济关系理论、知识分子问题以及苏联政治实践等都作了批评。当然,费赫尔的批评也有一个大的前提,即现代社会和自由,在此背景下,马克思不过是现代化的思考路径之一。至于马克思的民主思想,因为费赫尔从根本上否定了马克思的革命政治学,因此民主也是不存在的,即使无产阶级不断扩大政治参与和民主机构。但是吊诡的是,这种成功反而是在缺乏现代政治和民主机构的国家,即马克思的革命理论又是产生于资本主义,这种并不充分的资本主义反而更易成功,例如俄国。费赫尔并没有将马克思主义政治学的实践责任和后果完全归结于马克思,但是很显然,马克思确实提供了一种天启哲学,一种关于真理的教条。虽然费赫尔否定了马克思民主思想的存在,但是其并不是转向流行的自由民主,认为民主应该是一种价值中立。换言之,与我们习惯的民主、自由并不相同,它包含一些概念组成:公共的

---

①② Ferenc Fehér, "Marxism as Politics: An Obituary", *Problems of Communism*, January – April, 1992, pp. 11 – 17.

被承认的政治多元主义、正式的自由公民身份、趋向于不断增加的政治平等。① 可见,费赫尔对于马克思政治理论的理解,包括民主理论,是基于逻辑结构和政治实践的结合,其并不单纯否定或肯定马克思的民主思想,而是通过分析其逻辑结构的矛盾和现实政治领域实践的后果,结果自然得出马克思理论的内在矛盾,包括民主的缺乏,乃至"本质上是反民主的"②。

（3）西格蒙德·克兰西伯格（Sigmund Krancberg）对马克思民主形式的批评

克兰西伯格拒绝承认马克思的民主思想,并且其批评了那些将马克思作为人道主义者和民主主义者的观点,例如"马克思被习惯称之为伟大的人道主义者,因为其持续抗议19世纪自由资本主义条件下工人阶级所受到的残酷剥削。同时,马克思也被流行描绘为社会布道士,他献身于民主原则和理想基础上的理想社会,并最终实现人类解放"③。其中,如马克西米里安·吕贝尔（Maximilien Rubel）就认为,马克思是理论上的革命共产主义者,是实践中的资产阶级民主主义者;这样矛盾的结论,不过是马克思辩证法的自然结果;尽管马克思完全改变了辩证法的适用性,但是他仍然是作为一个富有激情的观察者、一个坚决的判断家,作为人,其宣称他的结论与他早期思想形成时期世界观中的特定原则和价值是一致的。④吕贝尔放大了马克思民主思想中的自由因素,并且将马克思与无政府主义者联系起来。⑤ 基于此,马克思作为民主主义者或人道主义者就顺理成章了。除此之外,如埃里希·弗洛姆（Erich Fromm）也持有类似观点,其认为,马克思的社会主义概念来源于向共产主义转变之前的民主思想,《资本论》中成熟的马克思思想,并没有背离其早期著作;马克思是人道主义哲学家,社会安排应该满足"增长"和"人的实现"。⑥不过,克兰西伯格对这类人道化和民主化马克思思想的观点是持否定态度的,因为马克思从根本上而言是

---

①　Ferenc Fehér and Agnes Heller, "Class, Democracy, Modernity", *Theory and Society*, Vol. 12, No. 2 (Mar., 1983), pp. 211 – 244.

②　[法]雅克·泰克西埃:《马克思恩格斯论革命与民主》,姜志辉译,社会科学文献出版社,2012年,第249页。

③④⑥　Sigmund Krancberg, "Karl Marx and Democracy", *Studies in Soviet Thought*, Vol. 24, No. 1 (Jul., 1982), pp. 23 – 35.

⑤　Maximilien Rubel, "Marx, Theoretician of Anarchism", http://libcom.org/library/marx – theoretician-anarchism.

缺乏民主思想的,抑或是反民主的。

以青年马克思时期较为集中论述民主的《黑格尔法哲学批判》为例,克兰西伯格认为,《批判》赞美了民主美德作为理想的类型。但是对于如何保有最好的和最平等的政府形式却涉及较少,比如"民主制是君主制的真理,君主制却不是民主制的真理"。马克思的叙述并不符合黑格尔的辩证法原则,其关键在于,作为一种社会安排,民主,缺乏清晰的界定,并被认为是永恒的真理;而其对立面君主制,被作为一种异常或畸形。青年马克思并没有尝试叙述不同形式下的政府过程,尽管其许诺提供一个有关民主的、"更好"界定以解决黑格尔混淆的概念。再如,"民主制是内容和形式,君主制似乎只是形式,而实际上它在伪造内容",因为不信任哲学化的教条,马克思将民主视为剥去其基本问题的真理,并将其全部内容通过精确的辩证法去表达。在此,马克思严重依赖黑格尔的逻辑学,形式和内容不可分割,也即实践和理性情感表述的现象与本质问题。这一描述是抽象的,远离现实,也是很难把握的,马克思叙述民主看上去是确定的,但有关民主的社会内容,其具体方面是什么,其政治原则是什么,并不清楚。再如,马克思将民主界定为人民的自我决定,但却忽视了其民主概念叙述存在的陷阱,马克思没有考虑有关民主的两种不同情况:一个是人们仅仅概念上的统治,大众参与不过是一个形式;另一个是知性公民尝试建立社会秩序,其中尊严和平等得到充分表达。[①] 因此,克兰西伯格对于马克思早期有关民主的叙述是持否定态度的。

克兰西伯格认为,《批判》的最基本问题是:青年时期的马克思非常依赖黑格尔及其方法论,所以他并不能概念化并拓展自由、平等和民主的内涵;他的叙述是孤立的,缺少清晰的政治诠释,而这对于分析当时的问题又是非常必要的。因此,将民主政体建立在真正的人类和真正的人民基础之上,同时却忽视必要的自由和一般的同意,这只会导致青年马克思不能在社会实践中形成有效的政治理念。[②]另外,马克思对于类比的应用,并没有考虑到每个类比其实并没有考虑到问题的全部,是片面的,并且类比的应用可能只是为了影响,类比中的形象并不是研究的真正实体,因此克兰西

---

①② Sigmund Krancberg, "Karl Marx and Democracy", *Studies in Soviet Thought*, Vol. 24, No. 1 (Jul., 1982), pp. 23 – 35.

伯格认为,任何类比都不能替代持续地分析,不管这个类比多有影响。①

　　克兰西伯格认为,马克思严厉批判了君主制,但是却以肤浅的民主理论为基础,这个问题在后面的成熟时期也没有得到解决。在民主的具体内容方面,比如普选制,克兰西伯格认为,马克思为普遍选举所吸引,在《批判》中呼吁无限制选举,但这对于民主代表制下的政治多数与其对立面的关系,其扩大公民权并不能解决。因此,马克思对于民主的粗糙表述,并没有理解民主并不是僵化的教条,而是一种政治安排,在其中,具有理想和价值的人民,不断寻求最好和最平等的政府形式。再如议会民主问题,克兰西伯格认为,作为《新莱茵报》的编辑,马克思对民主表示不屑,尤其是议会民主,马克思认为渐进主义与政治改革没有价值,尽管其刚刚被资产阶级的陪审团赦免了煽动性言论罪名,对于任何民主的嗤之以鼻。马克思通用无产阶级、民主、人民,好像其没有任何区别,这其实是一个很好的将民主与共产主义和无产阶级联系起来的宣传策略,尽管在《共产党宣言》中,马克思认为革命的第一步是赢得民主的战斗。但是马克思并没有解释民主战斗的内涵,也没有阐释其《宣言》中描述的民主是什么意思,而无产阶级的胜利却含义清楚。因此,民主对马克思来说没有意义,除非在指阶级,也即权力时,马克思对民主的现实性问题没有阐释,因为伴随着国家的消亡,民主的概念是多余的。②

　　针对 1850 年《共产主义者同盟中央委员会告同盟书》,克兰西伯格指出,马克思、恩格斯确信无产阶级革命胜利在望,无产阶级既要与资产阶级合作推翻君主专制。同时,又要警惕资产阶级民主,瓦解资产阶级,无产阶级要成立自己的政府,形式可以是市政委员会或市政会议,或者是工人俱乐部和工人委员会,为了对抗民主政府(资产阶级)。工人要武装起来,只对革命委员会负责,胜利之后,要建立委员会并统一领导各工人俱乐部,国家(无产阶级)必须掌握决定性的权力。随着革命退潮,马克思开始发现,民主对于改变无产阶级境况的作用,多年后(即晚年时期),马克思、恩格斯承认这封信的幻想,但是他们关于无产阶级取代资产阶级、无产阶级专政的极端思想并没有改变。③

　　①②③ Sigmund Krancberg, "Karl Marx and Democracy", *Studies in Soviet Thought*, Vol. 24, No. 1 (Jul., 1982), pp. 23 - 35.

　　基于此,克兰西伯格得出结论,马克思是拒绝民主的,甚至拒绝民主存在的改变现状的希望,从而选择革命道路。马克思主义意识形态认为,政治权力不容忍任何对手,无怪乎马克思主义的世界运动在人类史上产生了两个最暴虐和官僚的国家。① 另外,克兰西伯格提及了以赛亚·伯林(Isaiah Berlin)、海因里希·海涅(Heinrich Heine)在马克思民主问题上的态度。例如,伯林认为,马克思较少涉及道德进步、恒久正义、人类平等、个体或国家权利、良心自由、为了文明的斗争,马克思认为这些都是无意义的,这导致其思想的混乱和行动的无效;②海涅在评价法国大革命时认为,罗伯斯庇尔不过是卢梭之手。基于此,克兰西伯格认为,如果罗伯斯庇尔仅仅是卢梭之手,如果行动之人不过是思想之人无意识的工具,那么列宁就是马克思之手,这只手源自时势之躯,其思想来源于马克思。③ 其实,这一系列的批评都是在马克思民主问题上具有共性的态度,一方面是马克思自身在民主问题上的缺陷,另一方面则是马克思思想与之后列宁主义的关系问题。

　　克兰西伯格对马克思民主思想的否定和批评,笔者认为可以总结为四个方面:①民主作为一种价值时,马克思的叙述是黑格尔式的,并没有详细规定;②民主作为一种政府形式和制度安排时,马克思忽视其现实性规定和内容;③民主作为无产阶级革命时,马克思是不屑一顾的,其仅仅和无产阶级、权力联系在一起;④民主作为无产阶级条件下社会形式时,马克思认为其又是多余的,因为政治国家的消亡。克兰西伯格的批评并不是全无道理,例如,马克思在民主形式问题上,确实缺乏详细的叙述,尤其是无产阶级专政与无产阶级民主形式问题,这一模糊态度导致了民主的缺失,专政继而成为暴力革命的代名词。尽管如雅克·泰克西埃认为,马克思、恩格

---

① Sigmund Krancberg, "Karl Marx and Democracy", *Studies in Soviet Thought*, Vol. 24, No. 1 (Jul., 1982), pp. 23 –35.

② Isaiah Berlin, *Karl Marx: His life and environment*, Time Inc., 1963; Sigmund Krancberg, "Karl Marx and Democracy", *Studies in Soviet Thought*, Vol. 24, No. 1 (Jul., 1982), pp. 23 –35.

③ Heinrich Heine, *On the History of Religion and Philosophy in Germany*, Cambridge University Press, 2007; Sigmund Krancberg, "Karl Marx and Democracy", *Studies in Soviet Thought*, Vol. 24, No. 1 (Jul., 1982), pp. 23 –35.

斯晚年时期在民主形式问题上作出了比较详细的考察,像民主共和国;①
但是克兰西伯格认为,马克思、恩格斯晚期存在对早期的反思与坚持无产
阶级专政和无产阶级取代资产阶级并不矛盾,这意味着马克思根本上并没
有改变在民主问题上的态度,这一理解也是没有问题的。但是克兰西伯格
的批评并不是不存在缺陷的,尤其是马克思理论逻辑与历史语境中的民主
内涵,拒绝马克思的民主思想明显是不符合实际情况的,马克思民主思想
的内涵与之后民主形式及民主实践之间还是存在很多差异的。马克思的
民主内涵必须置于一定的框架中加以理解。不过,克兰西伯格指出了马克
思民主在形式上的不足,特别是民主的具体实践问题,其构成了一个复杂
但又现实的挑战,这并不是简单的辩证法或整体性描述就可以回避的,民
主形式的抽象、简单化确实造成了实践的困难,乃至否定了民主的结果。

　　(4)如何评价对马克思民主思想的批评和否定

　　除了上述列举的对于马克思民主思想的批评之外,还有如马科斯·伊
斯特曼(Max Eastman)、弗里德里希·奥古斯特·哈耶克(Friedrich August
von Hayek)、卡尔·波普尔(Karl Popper)、以赛亚·伯林、戴维·赫尔德
(David Held),等等。这一系列的批评可以总结为以下方面。①马克思与
之前激进主义的关联,尤其是法国大革命的传统。批评认为,马克思继承
了法国大革命中暴力革命、权力集中的传统,并在其理论体系中得到延续,
例如专政、暴力、革命等内容,这最终导致民主的缺失和极权的产生。②马
克思与之后列宁主义和苏联社会主义的关联。虽然很多学者不断尝试切
割马克思与马克思主义之间的联系,并且区分在极权问题上的责任承担。
但是不可否认的是,马克思与马克思主义之间存在不容忽视的关联。③马
克思理论体系自身的局限性与民主的缺失。批评认为,即使马克思有关于
民主的论述,并将民主作为理论体系的必要组成,但是相对于暴力革命、阶
级斗争和无产阶级专政而言,其并没有为民主留下足够的空间。另外,在
革命的条件下,马克思也没有给予民主以足够的重视,至少相对于革命而
言,民主是次要的,甚至是不必要的。④马克思在民主形式问题上的不足。
批评认为,马克思虽然具有民主的内容,但是民主缺乏必要的制度安排和

　　①　参见[法]雅克·泰克西埃:《马克思恩格斯论革命与民主》,姜志辉译,社会科学文献出
版社,2012年,第二部分。

实践可能,特别是有关民主的原则性规定并没有实质性意义;相反,这样的规定反而为后来的"篡改"提供了充分的可能。

可以说,批评者在马克思民主问题上确实有不少切中要害的质疑和反思,不管是从理论脉络、逻辑结构、历史语境,还是民主实践。马克思民主思想确实存在不少模糊之处,并且民主在马克思的理论体系中又不是占据十分重要的地位,这也为弱化民主提供了可能。不过,彻底否定马克思的民主思想仍然显得缺乏说服力,尤其是忽视了马克思的逻辑结构和历史语境,以及民主的发展过程。至少在当时,民主的实践更多停留在革命的层面。马克思正是基于民主所具有的革命内涵,将民主纳入其革命框架之中,并赋予其内涵。马克思也并没有抛弃民主,民主的侧重点是根据革命形势而改变的。理解马克思的民主思想,需要确定马克思时代的一个前提,即革命的时代。另外,多数批评者在否定马克思民主思想的过程中,都是基于一个逻辑起点,或者说比较标准,即个人自由——不管是自由主义学者还是国外马克思主义学者。不可否认,苏联的社会主义实践在这一点上是存在巨大问题的,马克思的民主思想在这方面也是有模糊,乃至否定的嫌疑。但是对于个体自由问题,马克思从根本上是持肯定态度的。只是如何理解个体自由以及如何实现个体自由,马克思从时代的角度作出了论述。可以说,批评者的个体自由仍然有其实践的局限性,从这一点而言,就不能彻底否认马克思的民主思想。

2. 对马克思民主思想的肯定

(1)理查德·N. 亨特(Richard N. Hunt)的"革命民主主义者"

在亨特的理解中,马克思和恩格斯是"革命的民主主义者"(Revolutionary Democrats),社会主义和民主的实现是不可分割的,并且马克思和恩格斯的革命策略绝不意味着对群众的统治,即集权、专制。[①] 阿瑟·F. 麦戈文(Arthur F. McGovern)认为,亨特对于马克思民主思想的论证可以分为三个方面。首先,马克思、恩格斯的共产主义属于自由民主的脉络,而不是如塔尔蒙所说的极权主义,亨特主要列举了马克思早期的一些著作和文章

① Arthur F. McGovern, "Marx's Democracy", *The Review of Politics*, Vol. 37, No. 3 (Jul., 1975), pp. 398–400; Richard N. Hunt, *The Political Ideas of Marx and Engels*, Vol. 1, Vol. 2, Pittsburgh: University of Pittsburgh Press, 1974, 1984.

来证明其自由民主,包括《莱茵报》时期关于出版自由、公开集会、国家作为自由实体等的论述,《黑格尔法哲学批判》中对于黑格尔国家观的批评,《德法年鉴》时期由激进民主主义者向共产主义者的转向,等等。其次,亨特尝试论证,马克思、恩格斯并不支持精英或先锋政党(Vanguard Party)对于革命的主导,例如,马克思否定了法国大革命时期的布朗基主义——其认为群众是不成熟的,也缺乏发展自我意识、实现革命目标、形成自我治理的能力,相反,后来列宁提倡先锋政党和职业革命家,亨特对此作了切割,列宁的理论与布朗基主义存在关联,但是是否与马克思的思想存在联系则是值得怀疑的。最后,清理有关无产阶级专政的种种误解,亨特认为,马克思、恩格斯从未将无产阶级专政等同于精英统治或持续统治,其不过是用来应对旧有社会瓦解与新社会确立之间这一中断期的危机。① 另外,亨特还针对可能构成否定马克思民主主义的四种异议(分别是:①马克思、恩格斯作为共产主义者同盟的成员,而同盟有着布朗基主义的起源;②马克思、恩格斯在 1848—1850 年倾向于"少数革命";③马克思、恩格斯在革命过程中,针对斗争对象,时常倾向于恐怖主义;④马克思、恩格斯有过与布朗基主义者结成同盟。)② 逐一作了批驳。

亨特对于马克思民主思想的辩护,可以分为两个方面:一是马克思理论体系中有大量关于民主的论述,并且如专政、暴力等不构成对民主的否定,其有具体的语境和指涉;二是马克思的民主思想与之后的苏联实践之间存在根本的差异,尤其是在先锋政党和精英统治问题上,马克思是持否定态度的。当然,亨特的两方面辩护是没有问题的,也具有充分的证据。但是问题在于,在亨特证明合理的地方,却总是可以找到相反的证据,并且这是轻而易举的。例如,马克思在有关民主的论述之外,同样有着大量关于革命暴力、阶级专政的内容。并且民主肯定是居于次要地位的,如马克思民主的批评者经常举证的《告同盟书》。马克思与之后苏联政治实践之间的切割虽然合理,可是二者之间的联系也是存在的。不管马克思将其民主概念置于何种框架之中,也不管之后列宁如何忽视这种逻辑结构并作出

①② 　Arthur F. McGovern, "Marx's Democracy", *The Review of Politics*, Vol. 37, No. 3 (Jul., 1975), pp. 398 – 400; Richard N. Hunt, *The Political Ideas of Marx and Engels*, Vol. 1, Vol. 2, Pittsburgh: University of Pittsburgh Press, 1974, 1984.

完全不同的阐释。正如费赫尔所指出的,如果完全忽视二者之间的联系,那么重新回到马克思的理论,一切问题都迎刃而解了,现实却并不是这样。由此可见,虽然亨特对马克思民主思想的论证有其合理性,不过局限性也是十分明显的,特别是亨特并没有深入到马克思的逻辑结构和历史语境中去,而是单纯地强调民主内容、淡化或重新诠释非民主内容,这样做并不能很好地证明马克思理论体系中丰富的民主内涵。

(2)悉尼·胡克(Sidney Hook)对马克思民主思想的承认

在胡克的理解中,马克思、恩格斯的理论从根本上而言是民主的,革命是选择暴力亦或民主的方式主要依赖于当时民主政治的可能性,不管革命是否和平地进行,社会主义革命一定是民主的。即使是在专制和政治空间束缚的条件下,革命行动也会获得大多数人的支持,那么这即是民主。更何况,马克思、恩格斯指出,革命在如英国、美国和荷兰等国家,可以通过议会途径和平地展开。另外,马克思、恩格斯根本区别于布朗基主义和巴枯宁主义,一方面,前者忽视了经济-社会条件对于政治革命成功的重要性和必要性;另一方面,后者则是伪装下的精英主义。① 基于此,胡克认为对于马克思思想中革命和暴力的鼓吹主要是基于政治的考虑,要么是当社会和经济条件成熟的时候,准备发动革命或夺取权力;要么恐惧社会主义团体通过政治民主程序已经接近权力,可能抛弃他们、采取直接行动。前者通过合法和非法的方式准备武装暴动,最终推翻现有国家机器并巩固革命政权,后者则通过强调民主过程来实现社会基本经济-社会-法律条件的改变。② 在胡克看来,这两种对马克思民主思想的选择性解释(Selective Exegesis)都与马克思民主思想本身存在本质的差异。

以无产阶级专政为例,胡克认为,马克思的无产阶级专政内涵是指民主的社会主义革命过程中社会和经济的内容,资产阶级处于经济的优势地位,工人阶级处于不利地位,资产阶级专政可以通过非民主的政治形式,也可以通过民主的形式;相反,列宁所理解的专政主要是政治性概念。并且其将无产阶级专政(The Dictatorship of the Proletariat)替换为共产党专政(The Dictatorship of the Communist Party)。在列宁的理解中,无产阶级专政

---

① ② Sidney Hook, "Myth and Fact in the Marxist Theory of Revolution and Violence", *Journal of the History of Ideas*, Vol. 34, No. 2 (Apr. – Jun., 1973), pp. 271 – 280.

意味着与资产阶级的斗争,通过暴力来赢得并巩固权力,其不受任何法律的约束,无产阶级专政只能通过共产党的专政来实现,其组成只是大众中的极少数,并且其中还有非无产阶级的成员。①　可见,胡克所理解的马克思民主更多立足于其经济和社会方面,而不是政治方面,或者说,政治方面是以经济-社会条件为基础的,例如在道德问题上,胡克指出,"马克思正是在论述共产主义制度下指导社会产品分配的原则时,达到了他的实在主义的最高点。他避免抽象的乌托邦的道德,而在同时又超越了维持现状的道德。这个问题是同民主的问题联结在一起的。既然没有'公平的分配',就不可能有社会的平等,又既然根据马克思早先所作的批判,如果没有社会平等,政治民主就是一种空洞的形式,那么他对'公平的分配'所作的分析,就是对民主所作分析的一部分"②。可见,民主问题绝不单纯是一个政治概念,同时又具有社会-经济基础。

　　胡克一方面批评了布尔什维克-列宁主义者对于马克思的曲解,其政治失败使其认识到政治自由以及相关社会和文化自由的重要性,以及通过政治民主的方式改变经济结构的必要性;另一方面,胡克也承认了马克思民主思想的局限性,特别是政治民主作用于经济所带来的混合经济和福利社会,其既不是纯粹的资本主义,也不是纯粹的社会主义。并且选择也变得不再是一个或另一个,而是或多或少。可见,经济生产(Economic Production)在很多情况下已经不是决定因素,相反,政治决策(Political Decision)过程显得更为关键。③　不过,胡克并没有因为马克思理论所面对的局限性而否定其民主思想,其认为:"不管马克思的革命理论面对怎样的不当和不适,其通过科学和理性的方法去追求一个非剥削社会的努力——事实上这是值得鼓励的——允许在历史证据面前,对其政治策略的具体细节作出修改。"④其实,胡克对于马克思民主思想的诠释,根本表达的是自身对于民主的理解。在胡克看来,"一个民主的国家就是其政府决策依赖于国

---

①④　Sidney Hook, "Myth and Fact in the Marxist Theory of Revolution and Violence", *Journal of the History of Ideas*, Vol. 34, No. 2 (Apr.–Jun., 1973), pp. 271–280.

②　[美]悉尼·胡克:《对卡尔·马克思的理解》,徐崇温译,重庆出版社,1989年,第255页。

③　Sidney Hook, "Myth and Fact in the Marxist Theory of Revolution and Violence", *Journal of the History of Ideas*, Vol. 34, No. 2 (Apr.–Jun., 1973), pp. 271–280; Sidney Hook, "The Enlightenment and Marxism", *Journal of the History of Ideas*, Vol. 29, No. 1 (Jan.–Mar., 1968), pp. 93–108.

民授权的同意","这还只是一个开始","民主的原则在于道德民主","道德民主是有关平等的原则——这一平等并不是指一种状态或起源,而是机会、相关功能和社会参与的平等"。胡克列举了有关平等的七个方面的具体规定并指出,民主是一种生活方式,它应超越政治民主层面,表达一种平等的自由内涵,其是一种社会平等,包括政治的、教育的、经济的平等。①

胡克对于马克思民主思想的辩护主要是通过切割列宁主义与马克思之间的联系。例如,在关于个体和个性在历史中的作用问题上,人们会指责马克思的失败,并引证列宁作为证据。胡克认为,有决定性证据表明,列宁才是对马克思的最大修正主义者(The Greatest Revisionist),并且布尔什维克革命和第一国际需要对意大利的法西斯主义和德国的纳粹主义负责。②通过切割,胡克尝试将马克思还原为真正的民主主义者,其民主内涵不仅是政治上的,更是社会-经济的,其寻求一个非剥削的全新社会,即使其在新的历史条件下面临一些具体细节的修正;另外,马克思始终坚持民主的革命方式,即使在专制条件下,社会主义革命也一定是民主的,更何况马克思反对精英主义和少数人的革命。不过,比较胡克自身的民主思想与其对马克思民主思想的诠释,二者之间本质上是一样的。换言之,胡克所描绘的马克思民主印象不过是自身民主取向的表达,这导致其在辩护马克思民主思想过程中存在一系列的局限性。例如,马克思对于暴力革命必要性的叙述、革命的历史逻辑、民主处于次要地位、民主的具体实践与原则的抽象性、马克思与苏联实践之间关系,等等,这一系列的质疑正如胡克证明马克思民主思想一样,都可以找到丰富的证据。因此,如果不回到马克思的逻辑结构和当时的历史语境,就不能充分理解马克思理论体系中种种充满矛盾的论述,尤其是民主与非民主的混杂。在这一点上,胡克的辩护仍然带有主观的色彩,这倒不是其自由民主的倾向问题;相反,即使其倾向于平等和民主,这并不表示其民主辩护就完全符合马克思的民主内涵。

(3)什洛莫·阿维内里(Shlomo Avineri)对"真正民主"的肯定

在阿维内里的理解中,马克思提供的是有关"真正民主"(True Democracy)的思想,它需要考虑相应的社会和经济要素,并根本不同于雅各宾主

---

①② Sidney Hook, "The Philosophical Presuppositions of Democracy", *Ethics*, Vol. 52, No. 3 (Apr., 1942), pp. 275 – 296.

义以及相应的暴力、恐怖等，这一点上类似于胡克的看法。但是阿维内里的辩护有着相应的逻辑前提，即马克思前后的一致性。至少在阿维内里看来，不存在所谓青年马克思和老年马克思的区分，因为自始至终，马克思所提倡的都是民主的思想。基于将"马克思的全部著作作为一个整体……任何内部的区分，不管是年代或者是其他，其都需要遵循对马克思思想整体性的结构分析"，阿维内里对有关马克思思想的种种理解作出批驳，包括"当有些人认为马克思需要为人类有史以来最极权的政权负责，其他人将其视为最后的乌托邦社会主义者；当有些人将马克思视为思维狭隘的物质主义者和决定论者，其他人则指出其早期著作中的人道主义；一些人将其视为现代社会科学的鼻祖，另一些则将其作为现代存在主义思想的先驱；一些人将其作为科学社会主义的理论家，另一些人则发现其思想与佛教存在的相似性；之前'剩余价值'是最流行的马克思词汇，现在则是'异化'"，等等，其试图恢复整体的马克思理论体系，这一体系又是民主的。①

在《黑格尔法哲学批判》中，马克思提出了"真正民主"的问题。阿维内里认为："1843 年马克思在写作《批判》时围绕社会克服原子化使用了'民主'或'真正民主'，这被认为是激进的、雅各宾民主主义者"，但是事实上，"马克思的'民主'与之后的'共产主义'并不存在根本的差异，这并不是马克思从激进民主转向共产主义，而是从唯心主义转向唯物主义"；"'真正民主'的哲学地位在于，马克思设定了社会中人与政治结构之间不再处于异化状态，并且，'民主'是作为所有政府形式的典范，其实现了形式与内容的一致"。② 可见，在阿维内里的理解中，民主在马克思的逻辑中被用来表达人类的普遍本质，即共产主义，它是消除人与政治结构之间异化状态的表达。当然，这种理解是有其哲学基础的，即黑格尔的扬弃（Aufhebung）概念，"方法论而言，扬弃意味着废止、超越和保留，它是辩证体系的核心"，"市民社会在两个层面意味着扬弃：它需要被废止和超越，但是同时，它的内容需要在更高层面被保留"，"这对于国家来说是一样的"，"对于马克思而言，扬弃意味着，随着普遍本质的实现，作为单独的组织就

① Shlomo Avineri, *The Social and Political Thought of Karl Marx*, Cambridge：U.P., 1968, p. 1, 2.

② Ibid., p. 33, 34, 35.

是多余的"。① 在扬弃的过程中,对黑格尔而言,是个人与普遍的政治实体之间的关系,对马克思而言,则是阶级。"阶级只有在构成是所有人的阶级时才具有普遍性,换言之,只有在取消阶级差别时阶级才具有普遍性。""因为阶级以财产为基础,财产就其本质而言是存在差异的,阶级差异的消失依赖于财产消失这一决定性因素","差异的消失,如同普遍选举所具有的内涵,那么目标达成"。②

相较而言,雅各宾的民主与马克思的民主存在根本差异。一方面,马克思的"'真正民主'意味着废除阶级差异和财产差异,它不是正式的、政治的民主";另一方面,"激进的雅各宾民主是自相矛盾的,它废除宣称要实现的……当国家作为人的异化的机构,那么这种异化就不可能在国家内部被克服","马克思所发现的方法——辩证地——在于超越国家","在异化内部废除异化,这不是马克思的终极目标"。因此,"'真正民主'……是超越市民社会和国家这两个存在差异的领域;是人的'共产主义本质'的实现"③。可见,在阿维内里的理解中,马克思的民主具有本质的、普遍性意义,是关乎人的异化消除及未来共产主义的实现;相反,雅各宾的民主更多停留在政治层面,属于在异化中消除异化,这明显区别于马克思。另外,阿维内里还指出:"马克思达成这一结论并不是通过经济的或历史的研究,而是通过将费尔巴哈的方法应用于黑格尔。他在这一时期就应该被称之为唯物主义者,并且不存在有关青年、'人道主义的''唯心主义的'马克思与老年的、'决定论的''唯物主义的'马克思的二分法。青年马克思的人道主义表征是以唯物主义认识论为基础的。"同时,这种延续性也是为马克思自身所确认的。④ 这里,阿维内里所做的就是不仅阐明民主作为马克思有关共产主义本质的描述,而且这一逻辑具有前后一致性。因此,马克思思想根本上是民主的———种区别于雅各宾的民主,即共产主义。

正是基于前述的逻辑,阿维内里在马克思关于法国大革命和革命恐怖问题上持有不同的态度,并且是一种去除"非民主"乃至"反民主"印象的

---

① Shlomo Avineri, *The Social and Political Thought of Karl Marx*, Cambridge: U. P., 1968, p. 37.
② Ibid., p. 37, 38.
③ Ibid., p. 38.
④ Ibid., pp. 38 – 39, 40.

解释。阿维内里认为,在法国大革命问题上,"马克思虽然同情雅各宾派,但是他们根本上是受到错误的引导,并且他们的恐怖主义是内在于他们的错误理论之中"①。究其原因,"恐怖是主观主义者的谬误,其抽象于真实的经济和社会条件。因此,它不可能获得成功。马克思以另一种方式指出了雅各宾主义的脱离实际:雅各宾的共和主义是典型政治的模式,它指出了隐藏于政治领域之下的经济因素。但是这种模式中的时代错误和不合时宜的人物使得雅各宾彻底变得无助。根据马克思的理解,雅各宾缺乏对历史的了解,他们忽略了经济过程的重要性"②。例如,在巴黎公社问题上,阿维内里认为,马克思的肯定态度主要来自于其对恐怖统治的拒绝。"一场革命如果可以进行,那么它就可以通过非恐怖的方式进行。如果谁期望于恐怖方式完成革命,那么其最终在既有条件下难以完成革命","马克思在这里忽视了这样一种可能性:通过恐怖,革命政权可能成功掌握政治权力,但是基于恐怖的政治权力不可能完成恐怖烙印下的自我解放,并且其一定会停止实行应该确立的东西。这种条件下的政治权力最终会走向毁灭自身"。③ 因此,在阿维内里看来,马克思所理解的革命与恐怖——即政治革命——只有在社会-经济领域的崩溃出现时才条件成熟。

阿维内里对于马克思民主思想的辩护,明显是通过确立民主即共产主义和人的普遍本质这一逻辑前提来实现的,并且阿维内里将马克思的民主与雅各宾作出区分,其依据在于前者是社会-经济基础上的政治革命,后者是单纯的政治恐怖。这样,马克思的理论体系从根本上而言是民主的,即使在暴力革命出现的情况下,那也是历史运动的自然结果,无关乎对民主的否定或抛弃。阿维内里辩护的最大特色在于其重新确立马克思的逻辑结构,通过这一历史辩证法的逻辑结构来阐释民主为核心的思想体系。当然,这一最大特色也构成了最脆弱的环节。例如,艾伦·吉尔伯特(Alan Gilbert)就对阿维内里人道主义解释马克思民主思想并将其视为具有前后

① Shlomo Avineri, *The Social and Political Thought of Karl Marx*, Cambridge: U. P., 1968, p. 187.
② Ibid., p. 190.
③ Ibid., p. 193.

一贯性的本质规定作出了严厉批评。[①] 不过笔者认为,阿维内里对马克思民主思想辩护的根本问题不在于人道主义及其连续性,而是在于确立民主作为分析马克思整个理论体系的逻辑起点。例如,其认为民主构成马克思关于共产主义的本质。民主在马克思的理论体系中只处于次要的位置,并且民主在马克思的理解中主要是指政治民主。那么民主如何可以成为共产主义本质特征的规定,又如何连接经济-社会要素与政治革命。更何况,民主在当时的缺乏以及民主的具体实践障碍,这一系列问题不是简单的将民主作为本质规定并由此展开马克思的思想体系就可以回避的。例如,关于形式与内容统一问题,克兰西伯格就指出马克思在民主形式上的模糊性,而这种模糊性很容易造成民主实践的困难,那么民主这一本质规定也就无从谈起。

(4)朱莉·莫斯托夫(Julie Mostov)"过程导向的民主"与"结果导向的民主"的结合

在莫斯托夫的理解中,马克思是一个民主的理论家,并且马克思的民主观是一个过程导向的民主(Process - Oriented Democracy),其中,个体作为自由和平等的参与者,通过合作,共同参与形成大众统治。[②] 莫斯托夫认为,过程导向的民主才真正构成了人民的统治,与之相对,如果将民主与一系列有关人民意志或共同利益的目标联系起来,那么这就构成了结果导向的民主(Outcome - Oriented Democracy)。当然,如列宁及其追随者,甚至包括"真正存在的"社会主义的批评者们,其都将民主预设为意志的统一和利益的和谐,这显然是不正确的,也是不符合马克思的民主观的。[③]

莫斯托夫对结果导向的民主提出了批评,其认为,一致的决策过程常常强化"民主"的结果,这最终只能证明是一种强制。当决策体制中的部分成员由于特殊知识、技巧、信息,或者是通过政党从属关系或社会地位而

① See Shlomo Avineri, *The Social and Political Thought of Karl Marx*, Cambridge: U. P., 1968; Alan Gilbert, "Salvaging Marx from Avineri", *Political Theory*, Vol. 4, No. 1 (Feb., 1976), pp. 9 – 34; Shlomo Avineri, "How to Save Marx from the Alchemists of Revolution", *Political Theory*, Vol. 4, No. 1 (Feb., 1976), pp. 35 – 44; Alan Gilbert, "On Shlomo Avineri's 'How to Save Marx from the Alchemists of Revolution'", *Political Theory*, Vol. 4, No. 3 (Aug., 1976), pp. 369 – 371.

②③ Julie Mostov, "Karl Marx as Democratic Theorist", *Polity*, Vol. 22, No. 2 (Winter, 1989), pp. 195 – 212.

获得政治权力和"道德权威",从而可以命令其他人,那么这种强制就尤其明显。另外,一致决策的结果也是令人失望的,许多人参与其中,但都只是确认已经被高层集体选择所决定的事情,而不是基于人民的控制,并且这样的结果是通过自治体如工人委员会来实现的。其中,高位者的非正式协商和讨价还价保证了和谐决策的实现。① 可见,莫斯托夫对结果导向的民主是持否定态度的,并且这种民主也非马克思的民主观。不过,从莫斯托夫的分析可以看出,其结果导向的民主是以苏联的马克思主义民主实践为批评对象的,②一方面,切割马克思与之后苏联之间的关系,另一方面,则是尝试确立马克思民主观的内涵,并证明其民主本质。

莫斯托夫认为,马克思的过程导向民主强调的是社会合作过程中个体的独立和平等关系,其中,在《黑格尔法哲学批判》中,马克思通过民主来克服国家与社会的二元分立,即普遍选举。但是马克思同样要求废除资产阶级决策过程中的经济基础。马克思并不拒绝政治解放,但马克思更强调人类解放,即全面解放,在资本主义社会内部,政治解放是"伟大的向前一步",可物质条件会销蚀政治参与的平等和真实、而不是抽象的人民统治。在《共产党宣言》中,"争得民主"并不是立刻废除私有财产,而是为实现激进的经济措施提供制度条件。在马克思看来,在无产阶级作为少数派获得政治统治的地方,无产阶级民主是不可能的,在大多数统治的条件成熟之前,通过恐怖实现共产主义是不合适的。在巴黎公社问题上,马克思认为,这是提供了一个社会主义民主实践的范例,社会主义需要一个属于自身的社会合作的民主形式;在《哥达纲领批判》中,马克思对分配正义的批判,这意味着物质条件与政治和法律机构之间的关联。③基于这一系列的分析,莫斯托夫得出结论,社会主义社会合作是通过人民的选择过程来确立权威的,其具备以下要素:一是所有人平等、有效的投票权;二是一个公认的标准的达成有约束力决策的标准;三是个体独立,没有任何个人或团体对其他人的选择或倾向有单边权力。④这正是马克思无产阶级民主的内涵所在。

①③④　Julie Mostov,"Karl Marx as Democratic Theorist",*Polity*, Vol. 22, No. 2（Winter, 1989）, pp. 195–212.

②　Julie Mostov, *Soft Borders: Rethinking Sovereignty and Democracy*, New York: Palgrave Macmillan, 2008.

当然,莫斯托夫对于马克思民主思想的不足也提出了批评,只是这并不影响其理解的马克思的过程导向的民主观。首先,马克思在民主决策过程的规定上存在不足,例如对于冲突的化解、对于无产阶级民主中的反对意见或少数派如何应对,等等。其次,民主运动分裂为自由民主,而这成为资本主义政治组织的主体,相反,其脱离了工人运动。再次,马克思一方面提倡无产阶级准备对资产阶级的坚决斗争,改变财产和金融机构,民主机构的确立可以等到推翻资产阶级权力、巩固无产阶级政治统治;另一方面,马克思不断强调社会主义革命必要的历史、经济和政治条件,并肯定无产阶级自治的民主结构,马克思的这种模糊性导致了对于马克思真正民主实践的不同理解,以及之后社会主义发展的不同路径选择。最后,马克思在依赖于劳动收益的平等分配问题上,其对革命与自由改革之间的差异出现了误解。因为在马克思的革命语境中,革命不是通过宣称对劳动收益的平等权利来实现的,而是通过剥夺统治阶级的政治权力和财产、通过根除并激进地改变先前的生产关系来实现的。与此同时,社会主义财产关系的发展自然会带来相应权利内容的实现,并超越之前分配正义的约束,共产主义社会不是创造出来的,而是从资本主义社会内部经济、政治和道德的矛盾中发展出来的。

莫斯托夫指出,尽管革命过程会实现,但现实是自由的正义(即分配正义)在不断改变着分配方式,并且社会实践和社会价值在慢慢地改变,根植于过去经济关系和社会关系中的不平等也不是一夜之间可以消失的,或许平等交换会成为当今社会主义的一个必要特征,社会主义交换区别于资本主义交换的地方在于是否以劳动为基础。不过,莫斯托夫也承认,即使是以劳动交换和平等权利为基础的社会产品分配,其也会通过劳动分配和技能、职业、生产能力制造出权力不平等,这反映了脱胎于资本主义的社会主义社会的"胎记"[①]。

可以看出,莫斯托夫对马克思民主思想的辩护与阿维内里存在相似性,即都强调经济–社会要素对于政治的重要性。正因为如此,莫斯托夫认为,社会主义的发展过程即民主的发展过程,这类似于阿维内里提出的民

---

① Julie Mostov, "Karl Marx as Democratic Theorist", *Polity*, Vol. 22, No. 2 (Winter, 1989), pp. 195 – 212.

主作为共产主义的本质和普遍本质。当然,二者的相似性还表现在将马克思与苏联或雅各宾主义进行切割,并认为马克思的民主思想是以经济-社会要素为基础。当条件不成熟时,马克思是反对政治恐怖和暴力革命的;那么当条件成熟时,马克思的暴力革命则并不是非民主的,它只是历史逻辑的自然结果。这种通过建构民主作为框架的马克思理论诠释,有其内在的局限性,这在前述阿维内里部分已有论述。对于莫斯托夫提出的马克思以过程为导向的民主观,这一认识是存在矛盾的。虽然莫斯托夫反对结果导向的民主,因为其制造了实际的不平等,但是马克思的过程导向民主实质上是假定了结果的一致性和自然实现(马克思的民主更类似于结果导向民主的理想类型),因为其前提条件在于经济关系的解决以及相应政治革命的实现。但问题在于,在马克思民主缺乏政治实践以及具体细节的情况下,这种过程导向是否可以实现结果的一致性,其并不是自然而然发生的。莫斯托夫所提出的三点并不充分,因为民主的具体实践过程是复杂、多变的,即使马克思是过程导向的民主,可是这并不表示结果会与假设相一致。这也是为什么很多批评马克思民主思想的学者指出,其在民主内容上的抽象性以及有关民主形式的缺失。总而言之,莫斯托夫的过程导向民主为理解马克思的民主观提供了一种可能的视角,但是这与马克思的理论体系及其民主内涵仍然存在一定的出入。

(5)雅克·泰克西埃(Jacques Texier)"革命第一位、民主第二位"的分析进路

泰克西埃认为:"马克思和恩格斯的思想根本上和基本上是民主的。……我断言他们的思想根本上是民主的,这意味着他们的思想的某些方面相对于民主而言在我看来是成问题的,不过,在进一步考虑之后,我认为尽管有这些问题的方面,但他们的思想基本上是民主的。"①不过,"民主问题在马克思和恩格斯看来并不是一个不存在的问题,而是一个第二位的(我不说次要的)问题,他们的思想根本上是一种革命的思想"②。可以说,泰克西埃在"马克思思想本质上是反民主"这一问题上是持否定态度的。

① 　[法]雅克·泰克西埃:《马克思恩格斯论革命与民主》,姜志辉译,社会科学文献出版社,2012 年,第 250 页。

② 　同上,第 3 页。

但是对于批评马克思民主思想的观点，例如马克思与雅各宾主义的关联、马克思与之后苏联的政治实践的关系，等等，泰克西埃并不是一贯排斥。因为在某种程度上，马克思的论述确实可以为此提供证据。不过，泰克西埃提供了理解马克思的不同路径，即马克思的民主问题始终是与革命问题联系在一起的，只有从革命的角度来阐释马克思的民主思想才能获得正确的理解，并且这也会合理解释马克思理论中非民主的部分。

泰克西埃从革命与民主关系的角度展开马克思的民主内涵。首先，在革命内涵上，泰克西埃认为，革命有两种意义，"第一种意义，我们可以说，当一种现存的秩序（一种政治制度或一种社会-经济制度，或两者的组合）处在深深的震动中时，就存在革命"，"第二种意义，'革命'表示这种震动的一种特殊形式，确切地说，意味着诉诸暴力，诉诸武装斗争，诉诸起义。第二种意义显然是在 19 世纪占主导地位的意义"。① 在 1848 年之前，"马克思和恩格斯的共产主义被设想为一种民主主义潮流，民主主义的激进派"，因此在革命前，共产主义和民主主义之间联系是十分紧密的。② 不过在 1848 年革命中，无产阶级专政和不断革命的思想开始出现，泰克西埃认为："无产阶级专政和不断革命可能在民主原则方面是成问题的。但我没有说过，这些概念的出现完完全全地意味着民主原则的消失"，一方面在"革命时期"，"最高原则，最后手段，是革命原则。不仅民主一般地从属于革命原则，而且在'革命时期'，第一位的原则可能取消第二位的原则"。这意味着马克思思想中确实存在非民主因素，即革命与暴力紧密联系在一起。另一方面，像专政，它可以指涉"一切强力运行的政权都叫做专政，包括一种完全立宪制的政权"，这意味着专政是一个中性的概念，并不必然否定民主，再如，像在英国，马克思恩格斯始终给予了"一种特殊的地位"，即普选对于无产阶级政治革命和社会革命的作用。③ 尽管马克思和恩格斯可能提供了和平过渡的空间，但是"放弃使用暴力是没有道理的。只有在（以革命的方式）争得普选权后，和平过渡到社会主义才有道理的"④。因

① ［法］雅克·泰克西埃：《马克思恩格斯论革命与民主》，姜志辉译，社会科学文献出版社，2012 年，第 250 页。
② 同上，第 256、257 页。
③ 同上，第 261~278 页。
④ 同上，第 285 页。

此,马克思在确立无产阶级独占的政治统治问题上是始终一致的,不管是暴力还是和平选举,其中,时代起着决定性的作用。①

　　在革命问题之外,有关民主的形式问题,马克思又是如何阐释的? 在这一问题上,多数批评者都指出了马克思民主内容上的抽象性和形式的缺失,这导致了民主实践的困难和非民主的后果。泰克西埃认为:"1847—1848 年的论点是以肯定民主原则的观点被提出的。在该论点中,民主制度不仅仅是为准备最后决战的有利条件而斗争的战场。民主制度看来也是适合于实施社会主义(共产主义)改造的政治形式",但是"1852 年的说法表明了相对于 1847—1848 年而言的说法的倒退",并且 1852 年马克思所捍卫的在 1875 年、1880 年和 1884 年都得到延续。后来,在 1885 年、1891 年、1895 年,恩格斯作出了更正,"民主共和国,或者更确切地说,非官僚化或去官僚化的民主共和国是无产阶级专政的特殊形式",这是与革命形势的变化紧密相关的(即时代)。② 可见,如同革命的暴力与和平一样,在形式问题上,马克思、恩格斯也是持有模糊的态度,即使晚期提出了民主共和国的问题,但这不表示放弃了之前在民主共和国问题上的否定态度。

　　泰克西埃从革命的视角分析马克思的民主思想,无疑更为符合马克思的逻辑结构和历史语境,避免了其他民主辩护者所造成的围绕民主重新诠释马克思的理论体系,也很好地回应了民主批评者单纯从极权、雅各宾、苏联实践、抽象、形式缺失等外围的否定。不过,泰克西埃仍然存在两个方面的局限性:

　　第一,既然从革命的视角阐释马克思的民主内涵,那么民主必须置于革命的框架之中去解释,但很多时候,泰克西埃将革命与民主置于平行的位置,并将革命与民主的冲突视为自然而然的逻辑。可以说,民主在马克思的理论体系中是附属于革命的,换言之,民主只有在表达一种革命的内涵时,对马克思来说才具有意义。同时,民主在当时的历史语境所表达的也正是一种革命的要求。因此,民主不能脱离革命的框架,甚至民主与非民主的争论在当时也是不重要的。更何况,在共产主义阶段,政治民主是

　　① 〔法〕雅克·泰克西埃:《马克思恩格斯论革命与民主》,姜志辉译,社会科学文献出版社,2012 年,第 267、64 页。
　　② 同上,第 88、81 页。

会消失的,即使在革命阶段和过渡阶段,民主也主要指向对资产阶级的革命。

第二,泰克西埃对民主作为无产阶级革命手段和民主作为无产阶级组织形式的区分并不明确。在马克思的理论体系中,民主作为革命手段占据着主要的地位,即使是民主共和国问题,这也是过渡阶段无产阶级如何对待资产阶级及其经济-社会关系的问题,其仍然属于革命手段问题。而在革命阶段,即确立政治统治之前,民主的存在仅仅在于是否有利于无产阶级革命的实现,这更是手段问题。至于民主作为无产阶级组织形式,因为马克思的政治解放逻辑,民主是自然而然的形式,这是不需要作任何说明的,如共产主义者同盟、国际工人协会以及在巴黎公社问题上的态度。在无产阶级自身的政治组织及其运行问题上,民主是唯一的选择。可是,泰克西埃很多时候将对内的民主形式与对外的民主革命混淆了。

(6)如何评价对马克思民主思想的肯定

除了上述对马克思民主思想的辩护之外,还有诸如马克西米里安·吕贝尔(Maximilien Rubel)、埃里希·弗洛姆(Erich Fromm)、阿兰·亨特(Alan Hunt)、约瑟夫·奥马利(Joseph O'Malley)、欧内斯特·拉克劳(Ernesto Laclau)、尚塔尔·墨菲(Chantal Mouffe)等对马克思民主思想的阐释,这里不再赘述。对于马克思民主思想的辩护,基本上有三种方式:一是通过举证马克思有关民主的论述来证明马克思思想的民主属性,同时切割马克思理论体系中非民主的部分,或者为其提供充分的理解,从而保证整体上的民主性质。二是围绕民主重新理解马克思的思想体系,这也是比较多的学者选择的方式。这种方式的最大问题是,它忽视了民主在马克思的理论体系中并不占据十分重要的地位。正如泰克西埃所指出的,革命才是首要问题,革命也是历史运动的逻辑,至少在当时,这是马克思所有理论叙述的逻辑起点。因此,将马克思理论理解为民主作为普遍本质或共产主义本质的实现,这明显是不符合马克思的逻辑结构,并且民主在当时也并不具有这种内涵。三是尝试从马克思的革命体系中开出民主的内涵,从而证明其思想体系根本上是民主的。这种方法得出的结论只能是在民主与非民主之间的徘徊,其很难确证马克思的思想一定是民主的。因为大量的证据可以证明马克思在民主问题上的模糊态度,如果因此得出马克思思想的民主属性,那么必然显得牵强。

正如对马克思民主的批评一样,对马克思民主的辩护也存在类似的问题,即不是从马克思的逻辑结构和历史语境出发并阐释其理论体系中的民主内涵。一方面,革命构成马克思的主题,也构成时代的主题,并被认为构成历史的主题。民主从其积极意义而言,一定是符合革命这一主题,从而获得自身的存在价值。在马克思的逻辑结构中,革命是一定会实现的并正在实现,那么民主的作用也在于革命目标的完成。当时,作为普遍本质的是自由,民主更多是政治意义上的概念,这不同于后来民主开始发展成为政治的、经济的、社会的价值。正因为如此,马克思的共产主义意味着政治的消亡,包括民主,至于未来社会通过何种方式来实现自由,那已经不属于政治民主的范畴。因此,民主的内涵必须置于马克思的革命历史逻辑中加以理解。

另一方面,民主在当时所承担的也是革命的功能,它意味着普遍的平等和差异的消失,即社会的根本性变迁。马克思在多数时候所使用的民主都是指向无产阶级对资产阶级的革命,不管是在政治革命阶段还是在过渡阶段,也不管革命形势是否发生变化。至于无产阶级自身的组织形式(即自组织形式),基于革命的要求,它一定是民主的运行方式,并且是从经济-社会的到政治的"真正民主"的实现,这是自然而然的逻辑,甚至都不需要作出说明。因此,在马克思的理解中,民主与非民主并不构成问题的关键,革命与否才是真正的问题所在。那么今天对马克思的思想体系作出民主与非民主的价值判断,就显得不得要领。如果一味将马克思的民主思想纳入今天的民主价值序列,不管是作出民主的辩护,还是提出民主的批评,都有违马克思自身的逻辑结构和当时的历史语境。

(二)国内马克思民主思想研究

国内对于马克思民主思想的研究主要从马克思主义的视角出发,以阶级作为分析框架,阐述民主思想在马克思主义理论体系中的内涵。相反,从马克思理论体系出发,尤其是基于唯物史观和革命分析框架的研究较少,或者,只是涉及马克思民主思想的组成部分。另外,国内的研究大都是在马克思主义研究范围内涉及民主的内容,较少专门以马克思民主思想为研究对象,即使有部分学者提出了这一问题,相应的研究也难以展开。

1. 阶级框架中的马克思(主义)民主思想

在阶级框架中研究马克思或马克思主义民主思想是目前国内学界的主要研究路径,其具有两个方面的特点:一是马克思(主义)民主思想只是作为阶级分析框架中马克思主义理论体系的组成部分,但是这并不意味着整体性,至少不是马克思逻辑结构的整体性。相反,它更多地反映民主相对于阶级的次要地位,其根本不同于马克思逻辑结构中的民主内涵。二是阶级视角下的马克思(主义)民主思想必然表现为资本主义民主与社会主义民主、或者资产阶级民主与无产阶级民主的对立状态。换言之,民主是具有阶级属性的,至少在马克思主义视角下,这一逻辑是自然而然的结果。这里,简述并分析相关学者基于这一路径的研究成果。

(1)王沪宁等的《政治的逻辑——马克思主义政治学原理》

在《政治的逻辑》一书中,政治的核心问题被规定为阶级,"阶级、阶级差别及阶级对抗首先是一种社会经济现象,是特定的生产方式及由其决定的物质关系的体现","国家是社会产生阶级以后的产物,阶级是任何国家构成所必须具备的条件,所以阶级是政治学最简单、最基本的范畴,是政治学研究的最初出发点。如同经济学研究把商品作为最初出发点一样,研究政治学也要从对阶级的探究开始"。① 可以看出,阶级构成了马克思主义政治学的逻辑起点和分析框架。马克思主义政治理论体系中的任何内容,根本上来源于阶级分析,包括民主思想。虽然阶级分析来源于"生产方式及由其决定的物质关系",但是就政治领域而言,阶级又构成独立的框架性概念,正如经济分析中的商品概念一样。唯物史观看似构成阶级的来源,但实质上,阶级反过来也主导着唯物史观。对于民主而言,首先,"民主是'大多数的统治'的政治形式,是一种国家形态";其次,"任何形式的政治民主都基于一定的经济基础,并为其服务";最后,也是最为重要的,"政治民主不是抽象的,它实际上是阶级统治,为一定的统治阶级服务"。② 正是

---

① 王沪宁主编:《政治的逻辑——马克思主义政治学原理》,上海人民出版社,1994 年,第 90 页。

② 同上,第 298 页。

基于阶级的分析框架,无产阶级民主被区别开来,作为剥削制度下民主的对立面,尤其是作为对资产阶级民主的否定,"在人类历史上,奴隶制的民主制,封建社会的民主制和资本主义社会的民主制,都属于剥削制度的民主制。社会主义社会的出现,结束了剥削制度民主制发展的进程。无产阶级的性质和历史使命,决定了无产阶级通过革命、'争得民主',确立起社会主义民主制度"①。可见,正是基于阶级的分析框架,资产阶级民主与无产阶级民主的对立才得以可能,同时,民主从属于阶级这一框架性概念,是处于阶级的"整体性"之中的。

(2)李延明、刘青建、杨海蛟的《马克思恩格斯政治学说研究》

在《马克思恩格斯政治学说研究》中,首先确立的是阶级的分析框架,虽然这一框架建立在唯物史观基础之上。但是正如在《政治的逻辑》中一样,不是唯物史观塑造了阶级,或者说约束其边界,而是阶级反过来影响到唯物史观。正如作者所指出的:"唯物史观为这些问题提供了最基本的骨架,而马克思、恩格斯政治学说则依托着它生长起来。马克思、恩格斯的政治学说既是唯物史观在政治学领域中的应用,又是唯物史观中阶级学说、国家学说、政治思想与政治制度学说、社会革命学说的延伸。"②可见,唯物史观不过是为政治学说提供了依据,至少,以阶级这一框架性概念来构建马克思的政治学说所带来的必然是这个结果。

在政治学说中,阶级处于关键的地位,一切其他内容都围绕阶级展开。"把握住社会阶级划分的事实和阶级统治形式改变的事实,把它作为基本的指导线索去分析社会政治现象,是马克思、恩格斯研究社会政治问题的根本方法。我们只有掌握了这种方法,才有可能正确理解和掌握马克思、恩格斯的政治学说。"③因此,民主不仅处于阶级的分析框架之中,并且民主还是不重要的,至少在作者的研究中,民主并没有得到相应的体现。只有在"无产阶级专政"中,民主才得到部分地阐述,但是这种"民主共和国只不过是这些形式当中的一种","无产阶级专政的国家究竟采用何种形

① 王沪宁主编:《政治的逻辑——马克思主义政治学原理》,上海人民出版社,1994年,第306页。
② 李延明、刘青建、杨海蛟:《马克思恩格斯政治学说研究》,人民出版社,2002年,第32~33页。
③ 同上,第60页。

式,取决于具体的历史条件"。① 可见,民主即使存在于马克思的理论体系之中,也是可有可无的,或者是根据具体情况作出取舍。《马克思恩格斯政治学说研究》不同于《政治的逻辑》的地方在于:后者基于阶级的分析框架,得出了资本主义民主与社会主义民主的对立;前者则在阶级基础上几乎彻底否定民主的构成,因为民主可以视具体情形来作出取舍。

(3)如何评价阶级框架中的马克思(主义)民主思想研究

阶级无疑构成了马克思理论体系中的重要概念,但是其很难构成框架性概念。马克思通过唯物史观引出革命,革命作为马克思理论体系的关键词构成了框架性概念,阶级只是革命的必要组成部分,它是革命在物质力量上的表现或载体。将民主纳入阶级的分析框架与将其纳入革命的分析框架之间存在着巨大差异,甚至是根本性的对立,这涉及是否符合马克思理论的逻辑结构问题。在马克思的革命框架中,民主无疑占有着重要地位,这一角色与功能不可或缺。相反,在阶级框架中,民主变得可有可无。即使结合进现实要素,阐释民主在不同层面的应用,其根本上仍然服从于阶级对立,即社会主义民主对资本主义民主的否定,并且,在必要的时候,这种否定指向的是民主自身。除了涉及马克思理论的逻辑结构之外,阶级视角下的民主内涵也忽视了民主在马克思时代的历史语境。在 19 世纪左右,民主尚未真正实现并作为革命的手段而存在,并不存在民主的阶级属性问题。换言之,马克思所批评的议会民主并不是针对民主本身抑或民主的阶级属性,而是指向民主在资本主义条件下并没有充分实现这一事实。

因此,忽略这一点容易导致对马克思民主的狭隘理解。就上述通过阶级来研究马克思民主思想的相关著作而言,其在本质上是路径一致的,即阶级作为框架性概念而存在,民主只是其整体性的构成部分,并且这种整体性区别于马克思理论体系的完整性。基于研究路径的一致,在民主的具体内涵上允许存在不同,要么否定民主自身的存在,要么提供资本主义民主与社会主义民主的对立,要么根据现实情况为民主的应用提供更多空间,但是民主的根本属性在于阶级性。很显然,这样一种研究路径有其合理性,只是在完整、准确地理解马克思民主内涵问题上,其又是远远不

---

① 李延明、刘青建、杨海蛟:《马克思恩格斯政治学说研究》,人民出版社,2002 年,第 219、220 页。

够的。

2. 国家与社会关系视角下的马克思(主义)民主思想

国家与社会关系视角下的马克思(主义)民主思想主要在于肯定民主对于无产阶级的可能性,相比于通过无产阶级专政完全否定民主的可能性,这显然是有其积极意义的。因为阶级框架中的民主一方面过于简单化,另一方面没能深入到唯物史观中去,所以国家与社会关系视角的考察即是对此的深化。国家与社会关系视角下马克思(主义)民主思想的研究主要具有以下方面的特点:一是为无产阶级民主提供更为有力的证据,认为社会决定国家,社会参与国家的合理性以及民主的可能性,否定专政、暴力对于民主的掩盖;二是回到阶级的分析框架,即使国家与社会关系的视角在民主的可能性问题上提供了充分的说明,可是这一说明最终落脚点仍然在于无产阶级民主与资产阶级民主的对立。可见,国家与社会关系视角的研究路径并没有从根本上改变阶级民主的范式。这里,列举这一视角下主要的研究成果,并且这些专著也是近年来以马克思民主思想为研究对象的专门性论述。

(1)荣剑、杨逢春的《民主论》

在《民主论》中,荣剑和杨逢春认为,马克思的唯物史观是对社会决定国家历史观的深化,其有赖于两点,"一是经济基础决定上层建筑,一是'人民史观'"①。在此基础上,马克思的民主思想可以从两个方面去把握:一方面,"无产阶级民主作为无产阶级政治统治的形式,它的建立首先必须有其赖以存在的经济基础,因此其首要任务是彻底摧毁资本主义私有制,建立社会对生产资料的直接占有制,即公有制";另一方面,"无产阶级民主除了必须要有适应自己存在的经济基础以外,还必须充分满足全社会即人民群众参与政治的要求"。② 因此,荣剑和杨逢春将马克思的民主思想即关于无产阶级民主的思想归纳为三个原则:"社会参与国家、社会制约国家、社会收回国家。"③那么马克思民主思想作为关于无产阶级的民主思想,其批评对象指向什么? 作者认为,马克思批评了国家决定社会的历史

---

① 荣剑、杨逢春:《民主论》,上海人民出版社,1989 年,第 149 页。
② 同上,第 150、151 页。
③ 同上,第 153 页。

观以及相应的民主观,"在国家决定社会的历史观的影响下,对政治民主的理解出现了一些根本性的偏差,'为民作主论'和'精英政治论'是两种典型的表现形式","'为民作主论'根本否定人民的民主权利,否定社会的主体即人民的主动参与精神,把民主仅仅看作是人民被动地、消极地由国家官员来作主,求'民主'等于求贤明的君主或'青天大老爷'","'精英政治论'则把政治仅仅看作是少数优秀人物的事业,看不到人民群众的历史首创精神,把少数个人的历史作用和人民的广泛的民主要求对立起来"。① 可见,《民主论》的研究路径仍然是阶级民主的分析框架,社会决定国家不过是将无产阶级民主更好地建立在唯物史观的基础上。换言之,唯物史观与马克思民主思想之间的联系仍然是表面的,所有制问题始终只是无产阶级民主的必要依据,但却不能提供民主何以可能的论证。即使作者为无产阶级民主提供了充分的证据,例如,"堵塞任何要求独裁的密谋狂的道路""反对'国家崇拜'""反对无政府主义"②等。可结果仍然陷入了阶级民主的范畴。更何况,无产阶级民主的对立面是否是"为民作主论"和"精英政治论"也存在疑问。

(2)王国宏的《马克思民主思想研究》

在《马克思民主思想研究》一文中,王国宏仍然延续了荣剑等研究马克思民主思想的路径,其指出:"是国家决定社会,还是社会决定国家? 不同的哲学观决定着不同的民主观","马克思通过对黑格尔社会与国家关系理论的批判颠覆了以往国家决定社会的唯心主义哲学观,认为社会决定国家,社会控制和制约国家的各种权力,社会是国家的主人","社会决定国家论打破了对'国家的迷信'和'国家崇拜',破除了'为民作主'的思想藩篱,为实现真正的人民民主奠定了思想基础"。③ 可见,正因为社会决定国家,所以社会参与国家得到证明。社会参与国家即人民的民主,其对立面即国家决定社会下的国家决定论和相应的"为民作主论"。与此同时,社会决定国家又是由唯物史观提供支撑的。但是二者之间具体是何种关系以及唯物史观如何使无产阶级民主得以可能却无从得知。另外,作者通过社

---

① 荣剑、杨逢春:《民主论》,上海人民出版社,1989 年,第 142 页。
② 同上,第 236、249、257 页。
③ 王国宏:《马克思民主思想研究》,中共中央党校博士学位论文,2007 年,第 59 页。

会决定国家得出马克思关于无产阶级民主的可能性,阶级性仍然是民主的首要属性和本质属性,"马克思把批判的矛头指向资产阶级民主的同时,建构起超越资产阶级民主的新型的人民民主理论体系","在阶级社会中,民主具有阶级性,不存在超阶级的民主","无产阶级的民主思想,集中体现了无产阶级的经济利益和政治要求,完全是为了无产阶级服务的"。① 除此之外,作者追溯马克思民主思想的起源,通过卢梭、黑格尔、托克维尔和空想社会主义关于民主的论述,试图证明马克思民主思想的理论超越,这一点在荣剑的《民主论》中也有体现。因此笔者认为,对比阶级视角下的民主研究,国家与社会关系视角下的马克思民主思想研究不过是对阶级民主的细化、深化,其并没有提供阶级民主之外马克思民主思想研究的新路径。

(3)郭丽兰的《马克思民主观的文本研究》

在《马克思民主观的文本研究》一书中,作者的创新之处在于通过梳理马克思数十本富有代表性的著作来阐释马克思民主思想的发展脉络。不过问题在于,通过文本解读的方式将马克思民主思想划分为几个阶段,并且不同阶段之间仍然遵循着萌芽、发展及完善的演变过程,本质上并没有同之前"马克思民主思想的形成和发展"②有较大的差别。例如,比较王国宏的《马克思民主思想研究》与郭丽兰的《马克思民主观的文本研究》可以发现,二者都将马克思民主思想划分为几个发展阶段。在《马克思民主思想研究》中,马克思民主思想首先经历了"《莱茵报》时期"和"《德法年鉴》时期",这一时期是马克思民主思想的孕育和提出;第二个时期基于《关于费尔巴哈的提纲》《德意志意识形态》以及《共产党宣言》等,这一时期是马克思民主思想的成熟;第三个时期基于《政治经济学批判》和《资本论》,马克思民主思想得到深化和发展;第四个时期是其晚年时期,主要代表著作为《哥达纲领批判》和《古代社会》笔记等,这一时期是马克思民主思想的展望。③ 在《马克思民主观的文本研究》中,作者将马克思民主思想的发展划分为三个阶段:第一阶段是《莱茵报》时期以及《克罗茨纳赫笔

---

①　王国宏:《马克思民主思想研究》,中共中央党校博士学位论文,2007 年,第 69、71、71 ~ 72 页。

②　同上,第 24 页。

③　参见王国宏:《马克思民主思想研究》,中共中央党校博士学位论文,2007 年,第 24 ~ 58 页。

记》《黑格尔法哲学批判》《1844 年经济学哲学手稿》等,它构成"马克思新型民主观的理论来源和初步奠基",这基本等同于王国宏的第一时期;第二阶段是"马克思新型民主观的形成",它包括《德意志意识形态》《共产党宣言》《法兰西阶级斗争》《路易·波拿巴的雾月十八日》《资本论》等,这等同于王国宏的第二时期和第三时期;第三阶段是"马克思新型民主观的深化",由《法兰西内战》、晚年著作和笔记等构成,这等同于王国宏的第四时期。① 可见,作者基于文本的研究,在研究阶段和对马克思民主思想的分析上,仍然缺乏实质性的突破。另外,马克思民主思想是否可以理解为线性的发展过程,这也是存在疑问的。

在文本观分析之外,作者仍然没有跳出国家与社会关系的视角,基本只是重复了既有研究,即社会决定国家和人民民主的思路。作者认为:"从解决市民社会和国家的矛盾关系入手,提出市民社会决定国家,这是马克思研究民主问题的逻辑前提","民主是实现国家向市民社会复归的有效途径,在国家向市民社会复归的过程中,国家与整个社会的利益结构达成一致,真正成为市民社会的代表"。② 基于此,马克思的民主观可以理解为"人民民主",作者认为:"马克思民主观正是通过脱去民主、自由等一般、普遍价值的神秘外衣,旗帜鲜明地代表了本阶级的利益所属和阶级性质,实现了其社会批判视角的变革。"③由此可见,文本观的研究仍然遵循着社会决定国家的分析路径,社会参与国家以及人民民主的可能性。同时,这一思路本质上同阶级框架中的马克思民主并无实质性的差别,作者对于马克思民主思想的文本分析最终落脚点仍然在于民主的阶级属性,即"本阶级的利益所属和阶级性质"。尽管不同学者尝试对这一问题加以深化、细化,如基于文本、或者尝试糅合不同研究路径,可是结果都只是停留在国家与社会关系层面,并最终回到阶级分析框架中去。

(4)如何评价国家与社会关系视角下马克思(主义)民主思想的研究

国家与社会关系视角下马克思(主义)民主思想的研究本质上并不区别于阶级框架中的马克思(主义)民主思想的研究,因为其一方面尝试对

①　参见郭丽兰:《马克思民主观的文本研究》,人民出版社,2014 年,第 31～190 页。

②　同上,第 199、200 页。

③　同上,第 202～203 页。

无产阶级民主可能性进行深化和细化,另一方面其落脚点仍然在于民主的阶级属性。问题仅仅在于,阶级框架中马克思(主义)民主思想的研究显得较为粗糙,直接通过无产阶级民主与资产阶级民主的对立,试图阐释无产阶级民主的优越性及可能性。国家与社会关系视角下马克思(主义)民主思想的研究则通过社会决定国家以及社会参与国家,尝试为无产阶级民主提供丰富的证据。不过,二者最终都是基于唯物史观的支撑,使得无产阶级民主与其他民主类型区别开来。因此,问题也是相似的,唯物史观何以为无产阶级民主提供可能,二者都缺乏有力的说明。这是其一。其二在于,对于马克思民主思想的理解并不是将其置于马克思的逻辑结构之中。马克思民主思想的研究必须考虑到方法论问题,即唯物史观问题。马克思通过唯物史观引出革命这一框架性概念,在革命的分析框架中,专政、暴力与民主等都得到了合理的规定。民主有两个层面的使用:一是作为无产阶级革命的手段,不管是在政治革命过程中,还是在社会革命过程中;二是作为革命的无产阶级政治组织形式,即通过民主的形式组织无产阶级自身。阶级分析框架和国家与社会关系视角都停留在无产阶级政治组织形式这一层面上,而没有涉及民主作为无产阶级革命路径选择的问题。基于此,暴力与专政问题仍然没有得到合理的解释。这两种研究路径的初衷在于避免专政和暴力对于民主的侵蚀,可是如果不能厘清专政、暴力、民主与革命的关系。那么即使为无产阶级民主提供丰富的证明,结果仍然不能约束专政与暴力对于民主的破坏。另外,唯物史观既作为一种方法,又作为马克思理论体系的组成部分,其根本在于革命的历史逻辑,在革命的框架中阐释民主、专政、暴力等问题,而不是简单运用唯物史观来支撑无产阶级民主的优越性或新型民主观。

除此之外,还需要提及的是,在 19 世纪及之前,民主并不是一个受欢迎的词汇,民主更多承载着革命的内涵,即对于既有制度的挑战。因此,民主对于资产阶级而言,是富有革命内涵的;对于无产阶级来说,同样具有革命的作用。至少在当时,并不存在严格意义上资产阶级民主与无产阶级民主的对立问题,民主的阶级属性也不是马克思所要考虑的问题。因此,不管是阶级框架的分析方法,还是国家与社会关系的视角,其对于马克思民主本质的规定有从后人的理解来意会 19 世纪民主内涵的嫌疑。无论如何,两种研究马克思民主思想的路径在无产阶级民主问题上都富有建设性意义,其指出了民主之于无产阶级的可能性。但是这一国内20世纪80年代的研究进路在今天仍然占据着主导地位,根本原因在于没有从马克思的逻辑结构和当时的历史语境出发,没有从唯物史观中开出革命这一框架性概念,并在这一概念框架中理解民主、专政、暴力等问题,这才造成各种深化、细化工作要么重复既有的研究成果,要么简单糅合不同研究路径乃至抄袭,而不能提供实质性的内容。

3. 基于方法论(唯物史观)的马克思民主思想研究的尝试

在阶级分析框架和国家与社会关系视角之外,真正从马克思的唯物史观出发去理解马克思的民主思想,目前在国内还是比较少的。但是这种尝试也是存在的。不管是阶级概念,还是国家与社会关系的内容,其本质上都从属于唯物史观以及相应的革命分析框架。例如,以社会决定国家和社会参与国家为例,社会与国家关系的内容不过是马克思构建唯物史观的组成部分。同时,社会之中的所有制问题本质上来源于劳动实践。如果简单将社会决定国家等同于社会之中的所有制关系提供了无产阶级民主的证实和依据,那么一方面,这种证实是简单化的理解;另一方面,也是更为重要的,这一逻辑关系并不存在于马克思的理论体系之中。马克思是通过对哲学的批判,逐渐确立唯物史观,在唯物史观基础上演化出革命的理论,在革命框架之中,所有政治革命、社会革命的内容得到诠释。其中,包括专政、暴力、民主等概念。可见,社会与国家关系的分析视角明显不同于马克思的逻辑进路,阶级分析框架不过是对此的进一步简单化(或称之为化约,即将复杂的逻辑关系或逻辑进路简单化为单一的、线性的逻辑关系或逻辑发展)。因此,从马克思的唯物史观出发去研究民主思想就显得尤为必要。这里,以吴恩裕的《马克思的政治思想》作为典型性例证展开分析。

《马克思的政治思想》一书并不是严格意义上研究马克思政治思想的专著,当然,其中涉及民主的问题也是非常少的。但是这本书所提供的远不止政治思想研究这么简单,其主要在于方法论的探索,即如何理解马克思政治思想的问题。一直以来,对于马克思政治思想的研究包括民主思想,都会忽视唯物史观即方法论的必要性,这带来了阶级分析框架的流行。马克思政治理论中的任何内容都可以简单化为无产阶级性质对资产阶级性质的否定。这一否定的基础支撑又在于所有制关系,仿佛只要具备所有制的差异,那么无产阶级的任何内容都天然地具有优越性,并且这种优越性是全新的、根本不同于资产阶级性质的。例如民主,马克思关于无产阶级民主的描述构成了新型的民主。吴恩裕在这本书中所做的,就是如何为马克思的政治思想研究提供方法论的支撑,从而合理理解马克思政治思想的内容,避免化约和简单、线性的逻辑。

在《马克思的政治思想》中,首先围绕方法论和唯物史观,作者指出:"马克思的学说是反形而上学的……他的学说也自成另外一个系统","他的这个学说系统普通叫做'辩证唯物论'或'历史唯物论'。这种学说,一方面,是一种历史观;另一方面,是一种革命论"。[①] 从作者的叙述可以看出:第一,理解马克思的理论体系,基础在于方法路,即唯物史观,而这种唯物史观又是一种反形而上学的体系,并自成体系;第二,唯物史观所直接引出的是革命理论,革命构成了马克思理论体系的关键词,或者称之为框架性概念,其基础和来源则是反形而上学的唯物史观(方法论)。

在革命框架之中,吴恩裕展开了马克思政治思想的内涵。首先,对于革命的解释,即革命何以可能的问题,吴恩裕认为,对于马克思革命理论的基本命题,其构成是"把资本主义的生产方法,改变为社会主义的生产方法,乃是无产阶级的目标","任何革命,在马克思看来,都是由于人们实际生活中之物质的需要"。[②] 可见,革命来源于唯物史观。其次,革命是一种理论,更是一种实践,其指向具体的政治行动。吴恩裕指出:"马克思的革命理论乃是教人承认历史的必然情势","马克思认为人类社会发展的一般趋势,是不可抵抗的。这种趋势必然地在某种限度内会限制人类的活动。但这并不是说,人类便不能行动了。反之,人类的行动也是促成那个必然趋势诸因素中的一种因素"。[③] 这里所要说明的即是革命的历史逻辑与革命实践,革命构成了马克思政治理论的根本所在。最后,在革命的框架中,探讨马克思政治理论的重要组成,即阶级斗争等。作者认为,一方面,"在马克思看来,生产方法之内在的冲突,乃是无产阶级革命的基本动因",

---

[①]　吴恩裕:《马克思的政治思想》,商务印书馆,2008 年,第 61 页。
[②]　同上,第 90、91 页。
[③]　同上,第 94、95 页。

"资产阶级的生产关系,乃是社会生产过程中之最后的冲突形式"①;另一方面,这种冲突的表现形式即阶级斗争,革命也是通过阶级斗争来完成的。

吴恩裕在此批评了对马克思阶级斗争理论的一种错误理解,其指出,"有的人认为:阶级斗争是马克思解释人类历史的基本观念,他们认为生产方法一概念反倒不重要了。其实这是错误的","尽管马克思认为'阶级斗争'是一件重要的事实,但他却绝没有把它当做其理论系统中的基本观念"。② 个中原因,主要在于阶级斗争不管是从理论上还是从具体表现上,都要由生产方法来说明或界定的。正是在革命的框架中,阶级斗争等政治概念获得合理的规定,而根源又在于唯物史观及相应的革命历史逻辑。

从吴恩裕的研究路径可以看出,对于马克思政治思想的合理解释,需要回到唯物史观以及革命的历史逻辑中去。在此框架内,阶级斗争及专政、暴力、民主等概念才能获得合理的内涵。笔者比较同意这一研究进路,其可以避免阶级分析框架和国家与社会关系视角带来的化约和简单、线性逻辑。同时,马克思民主思想的研究之所以停留在阶级分析层面,关键在于忽视了革命这一框架性概念,反而用阶级概念作为分析框架,将革命、专政、暴力、民主等纳入阶级叙事中去,唯物史观不过是为阶级的合理性提供一个支撑。可见,正是阶级分析框架的线性逻辑,掩盖了马克思自身的逻辑结构,进而造成对马克思民主思想理解的偏差。并且阶级框架中无产阶级民主与资产阶级民主的对立也忽视了19世纪及之前民主发展的实际状态,即民主并不是一个受欢迎的词汇,民主在资产阶级范围内也并没有得到充分实现,这是历史语境的偏差,其更多用19世纪之后民主的阶级属性来界定马克思对于民主的阐释。因此,笔者同意吴恩裕基于唯物史观(方法论)对于马克思政治思想的研究路径。在这一研究进路中,马克思的民主思想以及政治思想才能得到较为准确的阐释,并在既有研究基础上获得新的内容。

4. 马克思(主义)民主思想的具体领域研究

对马克思(主义)民主思想具体内容或重要方面的研究,其在国内马克思(主义)民主思想研究领域也显得较为突出。这方面的研究一般都关

① 吴恩裕:《马克思的政治思想》,商务印书馆,2008年,第97、98页。
② 同上,第108页。

乎现实的民主政治实践,尤其是围绕马克思(主义)民主思想如何在现实政治生活中展开,同时这也与中国的民主政治建设紧密相关。这类研究涵盖了马克思(主义)民主思想的各个重要领域,包括民主本质、民主来源、民主发展过程、党内民主、选举思想、所有制与民主、民主集中制、民主与法律,等等。

(1)民主的本质属性

一般而言,马克思的民主思想都被定义为不同于之前的新型民主观,这一新型民主观主要表现在两个方面:一是马克思的民主思想是一种阶级民主,即无产阶级民主,它根本区别于资产阶级民主及之前所有的民主形式;二是马克思的民主思想来源于唯物史观,所有制问题使得马克思民主观的优越性、独特性、超越性得以可能。正是在此基础上,国内学者从不同视角展开了对马克思民主思想本质属性即新型民主观的阐释。

例如,范冬云认为,马克思民主思想的独特性体现在其"最高哲学诉求"。一方面,马克思理论体系具有民主的内容,资本主义阵营攻击马克思反民主的政治立场是不成立的,其认为马克思的理论体系是一种"斗争哲学"也是不合理的;另一方面,这种误读、误解的根源在于不理解马克思的最高诉求,"事实上,寻求合理的政治运作模式,从而实现真正的人类解放,是贯穿于马克思哲学体系始终的一个目标指向","要深切地理解马克思的民主思想,就必须从马克思理论的最高诉求——全人类的自由解放这一理论制高点上寻求解读视角"。① 牟宗艳、栾亚丽、宋严等则从"政治终结"过程的视角,阐释马克思民主思想所提出的理想民主模式。牟宗艳认为,马克思的民主观是一种"政治终结"进程中的直接民主模式,其包括三个方面的内容:"一、直接民主模式所奉行的自由原则;……二、从前提条件来看,这种民主模式与无产阶级的解放和物质匮乏的消失紧密相连;……三、直接民主的具体组织结构和运作方式。"②基于此,马克思的理想民主模式得以与其他任何民主形式区别开来;栾亚丽、宋严同样认为:"马克思立足

① 范冬云:《"最高哲学诉求"关怀下的马克思民主思想》,《河北理工大学学报》2006 年第1 期。

② 牟宗艳:《"政治终结"进程中的民主——马克思的理想民主模式评析》,《当代世界与社会主义》2004 年第 2 期。

于唯物史观,通过对资本主义国家实现民主的合理合法性进行深刻地批判后,提出了理想社会中民主模式的构想。"这一民主模式的实现有赖于四个方面的条件:"一、政治终结——现存资产阶级政治权威的终结;……二、社会生产力极大发展;……三、人的'自由个性'的充分发展;……四、世界历史的出现",并且,在政治终结的条件下,"自由人的联合体是马克思后政治民主模式的应然社会形态"①。

另外,杨春志、胡明远从浪漫主义、理想主义和现实主义统一的视角将马克思的民主观区别出来,其认为,马克思的民主思想经历过浪漫主义阶段,在后来理想主义与现实主义结合的阶段,真正民主得以实现,其中现实主义即唯物史观和阶级斗争,理想主义即实现一切人的自由发展。② 虽然不同学者基于不同视角阐释了马克思民主思想作为新型民主观的存在,但是其来源仍然是阶级分析框架,不同之处仅仅在于从哪个方面来丰富马克思民主思想并将其独立出来,从而使得新型民主观得以成立。

(2)民主来源及民主发展过程

马克思民主思想有其理论来源,即对之前民主思想的批判性继承,这一批判性继承的过程是通过唯物史观和阶级理论来实现的。此外,马克思的民主观有其发展过程,即从不成熟走向成熟的过程,这也是新型民主观的确立过程,这一过程的实现同样依赖于唯物史观和阶级理论。对此国内学术界基本达成了较为一致的看法。

在马克思民主思想理论来源方面,例如王国宏和姜丽华都认为,马克思民主思想的理论来源主要包括四个方面,其分别为"卢梭的人民主权思想……黑格尔的市民社会与国家关系理论……托克维尔社会制约权力思想……空想社会主义的民主思想"③。在此之外,如张越华则将马克思民主思想理论来源归结为三个方面,其中不包括托克维尔的社会制约权力思

---

① 栾亚丽、宋严:《马克思的后政治民主模式构想——兼析"政治终结"过程中的民主模式》,《江苏行政学院学报》2006 年第 1 期。

② 杨春志、胡明远:《马克思民主思想:从浪漫主义到理想主义与现实主义的统一》,《社会科学战线》2009 年第 9 期。

③ 参见王国宏:《马克思民主思想研究》,中共中央党校博士学位论文 2007 年,第 7～23 页;姜丽华:《对马克思民主思想的再思考》,《湖北省社会主义学院学报》2012 年第 3 期。

想；①如荣剑、李铁映等则更为系统地梳理了自古希腊以来西方民主理论的变迁过程，②当然，其没有直接将这一民主变迁史归结为马克思民主思想的理论来源，但在一定程度上对于理解马克思民主思想起到了积极的作用。

在马克思民主思想发展过程方面，基本上以唯物史观的确立作为划分马克思民主思想成熟的分界点。例如，郑宇将马克思民主思想发展历程划分为三个阶段：第一阶段是马克思早期的民主思想，即《德意志意识形态》之前；第二阶段是《德意志意识形态》及之后，这一阶段主要是无产阶级专政的提出及相应的民主思想；第三阶段是晚年时期，尤其是《法兰西内战》时期。③　不过，这一划分还是显得较为粗糙，虽然对于马克思民主思想发展节点的选择并无太大差异。相反，如王国宏、郭丽兰等则对马克思民主思想的发展历程划分的较为细致，其主要分为形成和孕育时期、成熟时期、深化和发展时期，以及升华和展望阶段等。④

在此之外，还有对这一发展过程的进一步细化、深化，如李宗楼对恩格斯晚年在马克思主义民主问题上的补充和完善的研究，其中提到了"民主与专政的统一、民主与权威的结合"⑤等问题。总体而言，在马克思民主思想理论来源和发展过程问题上，国内学术界基本上持有类似的看法，具体的差异只是表现在如何细化问题上。不过，正因为这一趋同的看法，其也导致了研究的雷同以及抄袭的存在。另外，学术界在这一问题上的一致意见，根本上还是受限于阶级分析框架以及唯物史观与阶级理论之间简单、线性的逻辑关系，而这与马克思理论体系自身又是存在较大差异的。

（3）党内民主

党内民主主要指向共产主义者同盟和国际工人协会这类无产阶级国际政治组织以及无产阶级政党组织，其认为，马克思在无产阶级政治组织

①　张越华：《马克思民主理论生成之路》，《前沿》2012 年第 5 期。

②　参见荣剑、杨逢春：《民主论》，上海人民出版社，1989 年，第一章；李铁映：《论民主》，人民出版社，2001 年，附录三。

③　参见郑宇：《马克思民主思想发展历程研究》，《理论界》2013 年第 10 期。

④　参见王国宏：《马克思民主思想研究》，中共中央党校博士学位论文 2007 年，第二章；郭丽兰：《马克思民主观的文本研究》，人民出版社，2014 年，第一编、第二编、第三编。

⑤　李宗楼：《论恩格斯晚年对马克思主义民主理论的补充与完善》，《安庆教育学院学报》1995 年第 4 期。

形式上持有民主的态度,从组织建立、运行到发展,都需要通过民主的方式来展开活动。例如,林怀艺就曾指出,马克思党内民主思想主要包括五个方面,其分别为"一、实行民主制的组织原则……二、党的权力中心在实行年会制的党代会……三、党员权利义务平等,党内没有个人崇拜的容身之地……四、正确对待党内斗争……五、通过党的报刊探讨党的理论和政策问题"。同时,在处理国内党际关系以及国际党际关系问题上,马克思都持有类似的民主态度,但同时保留政治原则不放弃。如在处理与其他工人政党关系问题上,"共产党人与其他工人政党有先进性上的差异,但这不能阻碍合作;合作是客观的需要,但不能为了合作而泯灭原则、降低要求"。在处理与非工人政党关系问题上,无产阶级政党要"弘扬党际民主……新政权应该保留各个'有功'政党……组成共产党领导的联合政府,实行多党合作、联合执政,而不能由共产党一党独掌国家政权"。在处理与国际其他政党关系问题上,应该做到"一、敞开大门,允许不同派别加入国际……二、各国党独立自主……三、各国党完全平等……四、无产阶级政党掌权后在处理对外关系上……不能强迫任何异族人民接受任何替它们造福的办法"。①

因此,马克思党内民主思想具有普遍性,不仅适用于无产阶级政治组织自身,同时也适用于处理与其他政党关系问题,包括国际其他政党。林怀艺认为,对于马克思党内民主思想,需要厘清一点,"马克思恩格斯主张无产阶级政党的组织原则是民主制而反对集中制"。固然,马克思提出党在特定条件下必须加强集中领导和中央权威,但是一旦党取得合法地位,这种做法就不可取了。②

再如,许耀桐也总结了马克思党内民主思想的四个方面,分别是"一、党的各级机构是按民主制组织起来的,各级干部经由民主选举产生……二、党的各级组织定期开会民主讨论党的事务,允许不同意见和观点存在……三、党的政治生活的根本方法是集体决议,实行少数服从多数的原

---

① 林怀艺:《马克思恩格斯的民主建党思想及其现实启示》,《马克思主义研究》2008 年第 5 期。

② 林怀艺:《马克思恩格斯的党内民主建设思想及其现实启示》,《云南社会科学》2009 年第 5 期。

则……四、党的任何职务都是可以变动的,要破除和拒绝领导职务的终身制"①。可见,马克思民主思想确实存在党内民主这一组成部分,不过马克思对于党的内涵的理解与国内学术界的研究之间存在一定差异。更为准确的说法应该是马克思关于无产阶级政治组织民主形式的思想,因为其主要是指共产主义者同盟和国际工人协会通过何种方式来运转的问题。不过可以确定的是,马克思对无产阶级任何政治组织,包括政党,都持有民主的态度。这一点是毋庸置疑的,例如荣剑就曾梳理了马克思在不同时期、在不同无产阶级政治组织中,对于民主形式的强调和坚持。②

(4)选举思想

选举思想无疑构成马克思民主理论的重要组成部分,这在共产主义者同盟和国际工人协会的组织运行过程中都有体现,马克思党内民主思想研究也涉及这一问题。但是马克思的选举思想有其特定的内容,尤其是关于普选制的问题。围绕马克思选举思想的研究,主要包括三个方面的内容:一是选举的性质,二是无产阶级的民主选举问题,三是选举的发展。

在选举性质的问题上,崔恒、陈君指出,马克思的民主选举思想首先在于对资本主义选举政治的批判,选举具有阶级属性。例如,"马克思恩格斯首先指出,资产阶级通过选举权设置严格的资产限制,从而剥夺了广大无产阶级的选举权,而使之成为资产阶级的垄断权力","与财产资格限制相关,资产阶级对选举所设置的职业、身份限制也使选举成为维护资产阶级利益的工具"。并且"一旦情况发生转变,在广大人民群众斗争的攻势下,选举转而不受资产阶级的控制而威胁他们的统治时,资产阶级将义无反顾地取消选举"。③

可见,选举首先具有阶级属性,其根本在于维护阶级利益。不过,选举同样也可以成为无产阶级的革命手段。④靳晓霞也持有类似的看法,她认为在马克思的民主理论中,"选举作为上层建筑,其性质取决于产生它的经济基础","在阶级社会里,关于选举权的斗争实质是阶级斗争","选举既

---

① 许耀桐:《马克思主义党内民主思想及其在中国的实践》,《新视野》2006 年第 1 期。

② 荣剑:《堵塞任何要求独裁的密谋狂的道路——马克思恩格斯在工人运动中的民主实践》,《天府新论》1988 年第 3 期。

③④ 崔恒、陈君:《历史批判与制度重建——马克思恩格斯选举思想研究》,《天津行政学院学报》2009 年第 6 期。

是阶级统治的工具,也是阶级斗争的工具"。① 在无产阶级的民主选举问题上,马克思是通过批判资本主义的选举政治来确立其合理内涵的。靳晓霞认为,马克思强调普遍选举、直接选举、平等选举对于无产阶级民主的重要性,同时,工人阶级民主意识的觉醒以及民主自由的社会政治环境也是必要的。② 关于普选权问题,其构成了马克思选举思想的关键部分。靳晓霞认为,马克思的普选权思想取决于具体国情,"在封建贵族仍然是实际的社会力量和政治力量以及农业工人两倍于工业工人的德国,直接的普选权对无产阶级来说不是武器而是陷阱","当占人口绝大多数的法国农民成为法国命运的裁定者,而法国农民又为资产阶级和大土地所有者统辖时,普选权带来的不是政治和社会的进步而是历史的倒退"。③ 可见,马克思承认普选权,但是同样也强调普选权的适用性。不过,靳晓霞忽视了马克思对于无产阶级政治组织内部普选问题的态度。在此之外,崔恒、陈君则仅仅提出了马克思关于无产阶级民主选举的充分条件,即无产阶级获得统治地位和社会共和国,这基本上没有提供太多新的内容。在选举发展的问题上,即无产阶级民主选举在未来社会的问题,靳晓霞指出,马克思所理解的选举是历史发展的产物,一方面,"选举是一种政治形式,并为资本主义社会所独有";另一方面,"选举是社会历史发展的产物,必然随着人类社会由原始社会到阶级社会再到无阶级社会的变化,由政治性选举变为事务性选举,丧失其政治性质"。④ 基于此,"马克思、恩格斯强调要具体地、历史地对待选举问题和普选权这一政治口号。普选权的意义和结果会随着历史条件的不同而改变。选举的意义因各国不同的国情而不同,选举的发展及选举的意义被接受也有一个历史过程,选举观念本身在不断地变化和发展"⑤。

其实,对于马克思的民主选举思想,如同其民主思想一样,应该分为两个层面:一是无产阶级革命路径选择层面,二是无产阶级政治组织形式层面。但是在研究马克思选举思想的过程中,对于无产阶级政治组织内部的选举问题涉及较少,更多地强调阶级属性下的民主选举问题。同时,对于普选权的研究更多着重于其特殊性方面,即限制性;相反,马克思在普选问题上的积极态度以及普选所具有的普遍性被有意无意地忽视了。

---

①②③④⑤　靳晓霞:《马克思恩格斯的选举思想及其启示——关于选举性质、民主条件、选举结果和选举意义》,《马克思主义研究》2012 年第 7 期。

（5）所有制与民主

在马克思民主思想的阶级属性研究方面，其实已经涉及所有制问题，所有制是作为唯物史观的主体部分，支撑阶级分析框架的合理性。因此，阶级这一分析框架与所有制看似具有不证自明的亲和性，二者之间是一种简单、线性的逻辑关系。但是这种逻辑关系明显与马克思的逻辑结构存在出入。从所有制与民主的关系切入，研究马克思的民主思想，其所要做的即是在民主的阶级分析之中，提供逻辑关联的合理性说明。

例如，唐贤兴曾指出，马克思（主义）对于产权与民主关系的分析是基于"所有制和政治制度是共同演进的"这一基本框架，"财产关系的变化将引起政治制度的变化，反过来，政治制度在很大程度上又规定着财产关系和财产权制度"①，其中，"所有制决定着民主的性质和形式"②。基于此，作者认为马克思的民主思想可以做出这样的理解，"民主是财产关系的演化的过程中、阶级间在社会政治权力上的一种相互妥协，但这种妥协同时体现了国家与人民之间的关系性质；财产的占有关系存在着一个从不完全占有到完全占有的发展过程，与这一过程相联系，国家的民主也经历了从不完全的民主到完全的民主的演化，这与财产及其人对它的依附性程度和性质是有密切关系的"③。事实上，唐贤兴在研究中所展开的仍然是民主的阶级分析，但是其不再局限于简单、线性的所有制与阶级之间的关系，而是直接从所有制即财产权问题出发，研究财产权与民主之间的相互关系及其变迁，而这种变迁最终所反映的仍然是阶级属性的表达，但其已经尝试突破既有的简单化阶级民主分析。

再如，郭丽兰曾对《资本论》中的民主思想展开过分析，其认为："一切商品经济都要遵循等价交换的原则，它内在地要求政治领域的民主和平等"，"但在'全民民主'的口号下，民主运行存在着内在的矛盾性，这与其建立的所有制基础是紧密联系的"④。这里，民主的矛盾性即阶级属性，而

①　唐贤兴：《财产权与民主的演进——理解马克思主义的权力权利观》，《理论学习月刊》1998 年第 10 期。

②③　唐贤兴：《财产权利与作为政治权力妥协的民主——理解马克思主义经典作家的民主观》，《中共福建省委党校学报》1999 年第 8 期。

④　郭丽兰：《马克思民主观的经济学视阈——兼论〈资本论〉中的民主思想》，《武汉大学学报》2010 年第 2 期。

其根源又在于所有制关系。那么所有制如何影响到民主的阶级属性和民主的矛盾性？作者认为，劳动二重性（即一般性和特殊性）构成了民主矛盾性（即独立个体与社会成员）的来源，"当这种二重属性在社会共同体中发展不平衡时，矛盾便产生了，民主便是其在政治上的集中表现。当矛盾发展到不可调和的阶段，政治革命便成为不可避免的"①。可见，作者同样尝试避免所有制与阶级民主之间简单、线性的逻辑关系，直接从所有制属性中引申出民主的阶级属性。除此之外，尹昕也通过所有制与民主的关系，提出了马克思经济民主的存在，"经济民主的任务，是根据一定历史阶段的生产力要求，科学分析财产关系的生产性和非生产性，改造非生产性的、与生产力的发展不相适应的财产关系"，"马克思的经济民主思想强调借助公共权力解决市民社会本身的矛盾"。因此，马克思民主思想的合理理解应该是"政治民主基础上突出民主的经济向度"。②

总体而言，通过考察所有制与民主的关系，提供民主阶级属性的内在逻辑关联，至少其区别于简单的阶级民主划分。但是这一研究仍然停留在阶级分析框架之中，故很难提供新的内容，并且其仍然没有厘清马克思在唯物史观与阶级等概念之间是通过革命这一框架性概念来实现逻辑关联的。

（6）民主集中制

国内学术界一般将民主集中制溯源到马克思的民主理论，或者认为马克思的民主思想包含民主集中制这一组成部分，即使马克思从未使用过"民主集中制"这一概念。对这一问题的阐述，多是从共产主义者同盟和国际工人协会组织运行方式来展开的，例如，李茂林认为："马克思和恩格斯是无产阶级政党的创始人，他们在创建党的实践中，在解决用什么样的组织原则建立党的问题时，提出了民主集中制的基本思想"，其主要表现在两个方面，"马克思、恩格斯在建党过程中既反对某组织不要民主的绝对的集中制，又反对不要集中的无政府主义的自治制"③。因此，马克思是民主

① 郭丽兰：《马克思民主观的经济学视阈——兼论〈资本论〉中的民主思想》，《武汉大学学报》2010 年第 2 期。
② 尹昕：《马克思民主思想的经济向度》，《中共中央党校学报》2014 年第 3 期。
③ 李茂林：《关于马克思主义民主集中制的形成、发展和实质》，《阴山学刊》1992 年第 4 期。

集中制思想的来源,民主集中制也当然地作为马克思民主思想的组成部分。再如,张慧娣在马克思民主集中制思想的阐释上持有类似的态度,其认为:"马克思恩格斯反对密谋组织的那种绝对集中制,并不是要否定任何集中制",同时,"批判巴枯宁的宗派主义和分裂主义,深入地论述了党的集中和纪律的重要意义"。①

不过,在承认民主集中制作为马克思民主理论必要组成或起源于马克思之外,同样也有学者反对这一观点。因为一方面,强调民主集中制很容易倾向于通过集中来否定民主,而这是包括马克思民主思想阶级属性研究路径在内都极力避免的;另一方面,将民主集中制溯源至马克思或将其作为马克思民主理论的组成部分,与马克思自身的理论体系存在出入。例如,刘炳香认为:"马克思恩格斯创立了无产阶级政党学说,但尚未形成关于民主集中制组织原则的完整思想"。其原因在于,"第一,马克思恩格斯当时面临的主要任务不是制定党的组织原则,而组织原则问题还只是作为实现党的纲领、目标的手段而提出的;第二,无产阶级政党的民主集中制组织原则是无产阶级政党区别于其他政党的标志之一,但马克思恩格斯的组织原则思想却没有这样提出问题和作出论证;第三,无论共产主义者同盟还是第一国际,都是国际性无产阶级政党组织,党内民主的普遍实行和党内严格集中的实现,都不具备充分的现实条件"②。因此,马克思的理论体系(包括民主理论)与民主集中制之间并不存在实质性关联。

随着 1871 年巴黎公社的失败以及资本主义进入相对和平发展时期,"马克思恩格斯在帮助欧美各国工人阶级建立政党的过程中,更加详尽地阐述了工人阶级政党利用合法条件开展议会斗争策略",其包括"第一,规定了党内团结的原则;第二,规定了党内争论和党内批评的原则;第三,正确处理党的领袖和党员群众的关系,坚决反对搞个人崇拜"③,在这一点上,荣剑等(即马克思民主思想的社会属性——社会决定国家、社会参与国家)也持有类似观点。由此可见,民主集中制是否可以追溯到马克思,或者作为马克思民主理论的组成部分,其在学术界是存在争议的。当然,这也是跳出民主阶级分析框架的尝试。不过,就目前而言,学术界更倾向于民

---

① 张慧娣:《马克思恩格斯对民主集中制理论的贡献》,《天津党校学刊》1997 年第 2 期。
②③ 刘炳香:《马克思恩格斯没有民主集中制思想》,《理论探讨》1989 年第 1 期。

主集中制与马克思民主思想的逻辑关联。

(7)民主与法律

民主与法律的关系,在马克思的理论体系中不是指在无产阶级政治革命背景下所面对的既有法律框架,而更多是指对无产阶级政治革命内涵及其具体内容的认同和实践。吴恩裕曾指出:"马克思认为如果革命需要理由解释,便只有用实际生活情形中所产生的物质需要来解释;革命根本不需要用法律上的理由来辩护","革命并不是法律制造出来的"。① 这里,法律主要是指无产阶级革命所面对的既有法律框架。但是这并不意味着放弃无产阶级革命原则及相关内容。

在这一层面上,如何理解马克思关于民主与法律(或者理解为政治规则)的关系,国内学术界基本上承认对于政治规则认同与实践的必要性,反对以任何理由对法律的破坏。时继锋认为,从马克思的理论视角来理解,"民主与法制是一个事物的两个方面。民主是本质的东西,法制则是民主的表现形式"。民主法制有三个层面的内涵,"一、民主法制属于政治范畴,是个历史范畴,指的是国家制度;二、民主法制就是人民主权法则,是表现人民意志的国家制度;三、民主法制的真正实现,就是无产阶级专政"②。其实,这一理论阐释虽然强调了政治规则的重要性,如人民意志等,但是其阶级性充分、规则性不足,尤其是对破坏政治规则的反思不够,而这很多时候又受到阶级分析框架的约束。

相反,马长山则更加着重从反面来强调对于政治规则认同与实践的必要性,其提出了"民主契约法律观"③,这一概念主要是在无产阶级政治革命原则及其具体内容的层面来使用的。马长山认为:"由于受'左'的思想以及国际共产主义史上曲折道路的深重影响,马克思恩格斯的民主契约法律观却被无形中'替换'了,并在付诸实践过程中产生了一定的不良后果。"这一"替换"表现在三个方面,"一、马克思恩格斯认为国家权力来源于社会,但后来却被替换成'人民';二、马克思恩格斯认为国家权力只是

---

① 吴恩裕:《马克思的政治思想》,商务印书馆,2008 年,第 91 页。
② 时继锋:《马克思恩格斯论民主法制的产生和历史发展》,《求索》2011 年第 8 期。
③ 参见马长山:《马克思恩格斯的民主契约法律观及其宪政意义》,《学习与探索》2003 年第 4 期;马长山:《马克思恩格斯民主契约法律观的"理论替换"及其实践反差》,《华东政法学院学报》2004 年第 2 期。

一种必要的'恶'，但后来却被替换成一种'善'；三、马克思恩格斯认为国家制度和法律的目的在于保护人的自由和权利，但后来却被替换成'主人'身份和地位"①。基于此，马克思关于无产阶级革命的内涵及其相关规定被扭曲了，这也造成了理论上和实践上不同程度的后果。这一扭曲的根源在于"左"，即阶级分析的框架。

（8）民主研究的创新进路及评价

相较于阶级框架中和国家与社会关系视角下马克思民主思想的研究，对马克思民主思想具体领域的研究要显得更为多元、灵活和开放。但是不可否认，国内学术界在马克思民主思想研究路径上仍然以阶级分析为主，或者作为最终的判断依据。当然，这并不是否认民主阶级属性的积极意义。可是，这一研究进路有其明显的缺陷，其忽视了从唯物史观以及相应的革命框架来理解马克思的政治思想，尤其是民主理论，这造成了简单、线性地理解马克思的民主内涵，并与马克思自身的逻辑结构之间存在偏差。不过，尝试突破阶级分析框架，或者通过其他研究进路来理解马克思的民主思想，这在民主具体领域的研究中还是表现得较为充分的。未来通过何种方式推进并创新马克思的民主思想研究，国内学术界还是存在一些共识性的看法。例如，郭丽兰总结了 20 世纪 90 年代以来国内马克思（主义）民主思想研究的主要趋势，"其一，对马克思和马克思主义民主观的文本解读；其二，对马克思主义民主理论与自由主义民主观之间关系的研究；还有将马克思恩格斯民主观与后来的马克思主义者联系起来，特别是对中国马克思主义者的研究"，基于此，作者认为未来的研究应"借鉴成熟的研究方法和研究态度……原理研究、经验研究、交叉研究是值得学习和借鉴的方法"，"将马克思主义民主观的基本理论研究与中国实践进一步结合起来是未来发展和创新的方向所在"②。

再如，王聪认为："马克思民主思想的核心问题是对代议制民主的认识问题"③，除此之外，围绕马克思（主义）民主思想的文本分析、借鉴与比较、

---

① 马长山：《马克思恩格斯民主契约法律观的"理论替换"及其实践反差》，《华东政法学院学报》2004 年第 2 期。

② 郭丽兰：《马克思主义民主理论研究的发展与创新》，《广西社会科学》2010 年第 1 期。

③ 王聪：《马克思民主思想研究的回顾与展望》，《云南行政学院学报》2012 年第 2 期。

理论与历史联系等角度展开,可以构成未来研究的方向,这类似于郭丽兰的看法。不过笔者认为,马克思民主思想的研究最根本在于回到马克思的逻辑结构和历史语境,首先解决唯物史观以及相应地革命作为框架性概念的问题,然后在此基础上,探讨专政、暴力、民主、阶级等概念的内涵。基于此,对于马克思民主思想的文本研究、比较研究、实践研究等才能获得正确的前提和准确的标准。否则,任何研究的创新和发展都会受制于既有的阶级分析框架,最终又回到简单、线性的逻辑关系。

这里,可以通过具体的例证来说明。例如,林尚立从马克思民主理论出发,提出建构民主的政治逻辑。作者指出,在马克思的民主理论中,民主制有两个层面的应用:首先,民主制作为国家制度的本质属性,即"国家与社会的关系,归根结底取决于社会驾驭国家的能力,具体来说,就是人民最大限度地摆脱国家异化所带来的奴役,使国家成为人民自我统治的工具的能力","马克思把人民在国家空间中实现的自我统治视为民主制";其次,民主制作为国家制度的具体形式,即"具体国家制度的形式的'民主制',(马克思)称之为'共和制',并与'君主制'相对应"。① 基于此,作者得出结论,"民主制确实是人们的普遍的、共同的追求,但在具体的国家制度形式上,民主制应该以什么样的制度形式呈现出来,则在很大程度上取决于具体国家与社会的现实条件和发展可能,没有定规,更没有统一的模式"②。可见,作者这一创新进路尝试结合普遍性与特殊性,试图将马克思的民主内涵转变为一般民主规定,在此基础上,提供民主具体实践的可选择性。一方面,国家与社会关系视角本来即是对阶级分析框架的深化、细化,而不是否定,其最终仍然会受到阶级分析框架的约束,作者最后提供的可选择性即是为阶级分析框架提供了"入场券";另一方面,马克思有关于民主的一般规定,但是这一民主内涵是基于唯物史观和革命这一框架性概念,国家与社会关系视角与之存在较大差异。因此,这种民主的一般规定看似合理,但却并不一定符合马克思的民主思想。其实,问题的关键还是在于如何处理阶级分析框架对于理解马克思民主思想的限制。

---

①② 林尚立:《建构民主的政治逻辑——从马克思的民主理论出发》,《学术界》2011 年第
5 期。

（三）民主制度的软实力研究现状

　　根据约瑟夫·奈的观点，"支配力——改变他人行为的能力——依赖于通过强迫或引诱的方式发挥作用。吸纳力——左右他人愿望的能力——依赖于一国文化和价值的吸引力，或者依赖于通过操纵政治议程的选择，让别人感到自身的目标不切实际而放弃表达个人愿望的能力"①，其中通过吸纳力的方式实现权力影响的要素涵盖了机构体制，以及价值观、文化、政策等。一般而言，对于软实力或软力量的研究，多侧重于文化层面，对制度资源涉及不多。不过，制度内容其实也构成了一国软实力建设的重要组成，特别是其中的政治制度，又以民主制度为核心。

　　目前，对于民主制度软实力的研究主要侧重于两个方面的内容：第一，承认制度软实力这一概念范畴，并在此基础上展开制度建设的内涵；第二，批评国外尤其是美国的民主输出造成的民主困境，强调民主安排的国别性，这其实是间接承认民主制度作为软实力的重要来源。

　　首先，政治制度是国家软实力建设的重要组成，这既是对约瑟夫·奈软力量概念的延伸和拓展，也是对制度软实力的承认。不过，在制度力的研究过程中，还存在着不同的研究视角。第一，将制度尤其是政治制度纳入广义的文化范畴，并将其作为文化软实力建设的组成部分，在此基础上，探究制度力与软实力的关系。比如，田湘波认为："从制度和文化的内容及结构来看，制度与文化有密切的联系。制度是广义文化的组成部分，制度和文化存在交集，尤其是非正式制度正是精神文化的构成部分"，因此"政治制度体现政治文化，政治制度的先进与否，直接影响到一个国家文化软实力的高低"。② 第二，虽然制度与文化存在关联，但是作为软实力的构成，制度性内容是可以独立出来的，并构成制度力。比如，倪世雄认为："软权力一般被界定为包括三方面的要素：价值标准，尤其指西方的自由、民主

---

　　① ［美］约瑟夫·奈：《软力量：世界政坛成功之道》，吴晓辉、钱程译，东方出版社，2005 年，第 7 页。

　　② 田湘波、徐如祥：《政治制度与文化软实力的关系》，《湖南大学学报》2010 年第 6 期；田湘波、杨洁：《当代中国政治制度与文化软实力发展》，《中国行政管理》2011 年第 8 期。

和人权;市场经济,特别是自由市场经济体制及其运行机制;西方文明,指文化、宗教等影响因素。"①再如,龚铁鹰直接将软权力划分为三个维度,即"制度性权力、认同性权力和同化性权力"。其中,"软权力之所以成为一种权力,关键在于能够让其他国家自觉自愿而不是被迫地接受一国所倡导的制度安排和国际秩序。文化吸引力固然是软权力的体现,但主导国际制度的能力(即制度性权力)也是软权力的重要维度"②。另外,如胡键在软实力的要素构成中明确提出了涵盖"文化资源、政治资源、社会资源和制度资源"③的结构性资源。因此制度资源完全构成软实力的组成部分,并且制度力是软实力构成的必要组成。

其次,对于美国民主输出的批评,间接承认了政治制度尤其是民主制度作为软实力的必要组成。因为美国的民主输出过程即复制美式民主制度的过程,向全球范围内其他国家推销本国的民主制度和运行机制。比如,李翠亭认为:"约瑟夫·奈的'软实力'理论对外交领域软实力元素的权威论述正日益影响美国乃至世界各国的对外政策,为评判一个国家的实力及成败提供了一个新的途径,也为美国的民主输出战略增加了政治文化视角的解释依据"④,并且美式民主的输出伴随着美国软实力的下降,形成悖论。可见,一方面,民主观念和民主制度安排构成美国软实力的重要组成部分,民主输出即美国软实力发挥作用的重要表现;另一方面,民主输出的结果背离了软实力建设的目标,其原因多重而复杂,但是,这并不能否认民主制度构成软实力的重要组成。与之相对,不断发展中国式民主,推进符合国情的中国特色社会主义民主建设,构成了我国制度软实力建设的重要内容。比如有学者指出:"中国式民主在当今世界是现实的存在,不论是否喜欢它都在那里以自主、自信的方式不断地发展和深化","在当今世界上,没有任何一个国家像中国这样在国家的发展和成长过程中高度重视和发展民主,并且取得了最好的民主建设成就,这也即是中国应该并且能够

---

① 倪世雄等:《当代西方国际关系理论》,复旦大学出版社,2001 年,第 393 页。
② 龚铁鹰:《论软权力的维度》,《世界经济与政治》2007 年第 9 期。
③ 胡键:《软实力新论:构成、功能和发展规律——兼论中美软实力的比较》,《社会科学》2009 年第 2 期。
④ 李翠亭:《小布什执政时期民主输出与美国软实力的悖论》,《南京政治学院学报》2014 年第 2 期。

对自己的民主道路保持充足自信的理由所在"①。这里,对于本国民主道路和民主实践的坚持和自信,即是承认民主制度是国家实力的组成,制度力是软实力的组成。

将民主制度建设纳入国家实力的研究范畴,这在学界早已成为一个事实,只是在软实力概念提出之前,民主制度建设是作为政治建设的重要组成部分来进行理解的。从软实力的视角展开民主制度的充分内涵,不仅可以发掘一国民主制度对于本国民主政治实践的重要意义。更为关键的是,它还提供了世界范围民主制度和民主方案的竞争、比较,即国家实力竞争。这时,民主制度的软力量就同时具备国内和国际意义。不过,民主制度软实力研究目前还是比较集中在批评西式民主输出和论证中国式民主生长两个方面。这两方面的研究当然必要,只是作为软实力构成的民主制度,包括民主价值,它还需要充分的制度资源、理论资源和实践资源的支撑。换言之,不管是对于西式民主的批评,还是对于中国式民主的建构,都需要挖掘其软实力构成要素,特别是历史上的理论资源。其中,对于马克思民主思想的研究,一方面可以深入剖析西式民主的局限性,另一方面也是推动中国式民主制度生长的重要理论资源。这对于民主制度软实力建设来说,一反一正,不可或缺。但是在现有的民主制度软实力研究过程中,还比较少地从历史中的理论资源出发,剖析民主制度包括民主价值的软实力构成要素。

(四)对国内外马克思民主思想研究现状的评价

国外在马克思民主思想研究方面,基本上可以分为肯定和否定两种态度。在否定方面,大部分研究都从极权主义和激进主义的脉络对马克思民主思想予以批评。其并不是否认马克思民主思想的存在,而是说,即使马克思的理论体系包含民主的组成部分。但是根本而言,其属于极权主义并反对民主。这一批评和指责多数可以联系到马克思之后苏联的政治实践,并且其逻辑起点多是自由主义。在自由相对于民主取得优势地位之后,马

---

① 刘杰等:《中国式民主——一种新型民主形态的兴起和成长》,时事出版社,2014 年,第9 页。

克思的民主思想被有意无意地忽略了。可是,这一批评的逻辑并没有充分考虑到马克思理论体系包括民主思想所处的历史语境(即革命的年代)和逻辑结构(即唯物史观)。马克思民主思想尽管存在诸多结构内外的不足和挑战,但是其提出了有关民主本质的问题,即消除一切差异之后平等的充分实现,包括政治上的平等以及政治与社会分裂的弥合。在这一平等的基础上,马克思意义上的人的自由而全面的发展才能实现。换言之,通过自由主义的逻辑否定马克思的民主思想,这容易导致民主在另一层面的缺失——即马克思所阐释的真正民主。

在肯定方面,大部分研究要么围绕民主重新构建马克思的理论体系,要么部分选取马克思有关民主的论述作为证据。就前者而言,其忽略了马克思民主理论所处的特定语境和逻辑结构;就后者而言,其无法充分应对马克思理论体系中大量与民主相冲突的论述。合理的辩护如同准确的批评一样,都需要充分考虑马克思民主思想的历史语境和逻辑结构,二者缺一不可。只有在这一背景下,不管是对马克思民主思想的批评还是肯定,才能真正回到马克思的意义上来,也才能与之后的民主演进和民主实践作更好的比较。另外,国外对于马克思理论体系的研究越来越倾向于哲学层面,由哲学批判到现实批判,但却忽略了马克思自身由消灭哲学转向革命实践的过程,二者之间存在根本的差异,这一点同样表现在民主思想研究方面。这方面的背离不断将马克思理论体系的研究引向对现实的批评性建设,而不是革命性否定。当然,这并不是价值判断,而是指出这一区别于马克思理论体系的解释倾向。因此,合理、准确地理解马克思的民主思想,不管是批评还是肯定,都需要回到马克思的历史语境和逻辑结构中去,这也正是笔者在研究过程中所尝试展开的。

国内在马克思民主思想研究方面,民主的阶级分析方法占据着主导地位,并且这一阶级属性贯穿于政治领域各个概念之中,如专政、暴力、革命、国家等。任何政治概念都需要从阶级对立的角度展开分析。很显然,这并不符合马克思的民主内涵,马克思亦没有从阶级角度将民主区分为无产阶级民主和资产阶级民主的对立。这一区分主要来源于列宁的诠释,其对中国的影响无疑是巨大的。当然,列宁的诠释有其充分的理由:一方面是对革命形势的判断,其认为暴力革命不可避免;另一方面,阶级构成了其理论分析的逻辑起点,那么民主自然也需要作出同样的区分。这一诠释很难作出价值的判断,但对准确理解马克思的民主思想无疑构成了障碍。因此,在阶级民主之外,提供其他理解马克思民主思想的研究进路,这就显得尤为必要。

虽然在20世纪90年代,对于马克思民主思想的研究引入了国家与社会关系的视角,但是这一社会决定国家、社会参与国家、社会制约国家的逻辑最终落脚点仍然在于民主的阶级属性,其不过是对阶级民主的深化和细化。而且一直以来,对于马克思民主思想的研究都很难突破这一分析框架,即基于国家与社会关系视角的阶级民主研究。同样在90年代,也曾出现过对马克思主义阶级民主的反思,不过这一反思仅限于非常少的研究,而且也缺乏系统性的分析和前后的对比,并且很快被掩盖和淹没在主流理论范式中(即阶级范式和阶级民主)。至今,在马克思主义民主思想研究领域包括中国特色社会主义民主思想研究,任何新的观点都需要通过阶级分析框架来获得正当性,或者将阶级作为其逻辑起点。如何改变国内马克思主义民主思想研究领域这一阶级分析框架,并在此之外提供新的内容,首先就在于回到马克思的逻辑结构和历史语境中去,只有准确地理解马克思的民主思想内涵,才能有后续的发展和比较。

三、研究框架

马克思的民主思想是处于其革命框架分析之中的,而革命这一框架性概念是由唯物史观所引申出来的。理解马克思的民主思想,一方面必须考虑马克思所处时代的主题;另一方面,必须在革命分析框架中具体分析马克思在民主问题上的态度。并且民主与其他概念如专政、暴力、阶级等又是紧密相连的,相互之间不可或缺,并不存在单独意义上的民主,也不存在单独意义上的暴力等,其共同处于革命分析框架之中并被赋予内涵。当然,马克思在民主问题上经常持有模糊、甚至矛盾的态度,但是这并不影响民主在革命分析框架中的完整性。换言之,在马克思的理论体系中,存在民主理论的组成部分,这是毋庸置疑的。但是这一民主思想并不是独立存在的,其受制于革命原则和革命目标。另外,民主在马克思的时代以及在马克思的逻辑结构中,与之后民主的演化、具化之间存在较大差异。准确理解马克思的民主思想,不在于之后有关这一方面的各种诠释,而在于回到马克思的逻辑结构中,具体探析有关民主的内涵。基于此,除导论和结束语之外,本书分为六章。

第一章:唯物史观与革命的入场。这一章主要从马克思主义理论的方法论(即唯物史观)出发,引申出马克思分析全部问题的框架所在,即革命这一框架性概念。革命在当时不仅构成了时代的主题,也构成了马克思理论体系的主题所在。因此,确立革命这一框架性概念就显得尤为必要,而这一框架性概念的确定又根源于唯物史观,即实践理论。首先,马克思以实践为中介,实现主客体的统一,完成哲学革命,即消灭哲学;其次,马克思以分工为中介,实现生产力与生产关系的统一,确立政治革命和社会革命的根基所在;最后,马克思以反思为中介,解决无产阶级革命实践与革命理论之间的统一性。正是基于唯物史观这一方法论——同时作为其理论体系的必要组成,马克思完成了由唯物史观到革命分析框架的确立。

第二章:革命框架中的专政、暴力与民主。在确立了革命这一分析框架之后,马克思有关政治革命、社会革命的诸多概念才能获得内涵的界定。马克思在革命框架之中,探讨了诸如专政、暴力、民主等概念的内涵。可以说,专政、民主、暴力等任一概念内涵的界定都受制于革命这一总的目标。不理解这一点,就不能理解诸多概念之间的复杂关系。

对于革命而言,其作为框架性概念和逻辑起点。对于专政而言,其具有二重属性,既和暴力革命方式相关,又表示无产阶级政治统治的一般属性。对于暴力而言,其具有单一属性,即作为无产阶级革命的路径选择之一。对于民主而言,其同样具有二重属性,既作为无产阶级革命的路径选择之一,又作为无产阶级政治组织的"天然"形式。

第三章:无产阶级革命路径的民主选择。民主的一重内涵在于作为无产阶级夺取政权并建立政治统治的手段选择之一。相对于暴力革命而言,民主的革命方式经常被忽略。通过探讨不同时期(第一时期:青年马克思时期,即 1848 年之前;第二时期:革命高潮时期,即 1848 年革命及之后的 19 世纪 50 年代;第三时期:革命退潮时期,即 19 世纪 60 年代以后。)马克思在民主的革命路径选择问题上的态度，可以看出，马克思从来没有放弃通过民主、和平的方式过渡到社会主义的可能性，正如其也从来没有放弃暴力革命的必要性。暴力与民主作为无产阶级革命路径选项构成相互依存，不可或缺，二者共同作为革命理论之必要组成。

第四章：无产阶级政治组织的民主形式。民主的另一重内涵在于无产阶级通过何种政治形式来实现自身的有效组织和运转。换言之，对于无产阶级自组织而言，采用民主形式抑或非民主形式。不同于民主作为无产阶级革命路径选择之一，民主作为无产阶级政治组织形式具有"天然的合法性"。因为无产阶级随着政治平等的实现以及政治与社会之间分裂的弥合，民主得以充分实现。因此，民主是无产阶级政治形式的天然选择。通过分析马克思对共产主义者同盟、国际工人协会及之后，以及巴黎公社等组织形式的态度，可以看出，无产阶级政治组织一定通过民主的形式来组织和运转。不过，马克思在民主形式的具体方面仍存在不足，马克思更为重视民主的实质和内容。另外，马克思在民主形式问题上也会根据革命形势作出一定的修正。

第五章：马克思民主思想的演进及反思。马克思之后，围绕马克思民主思想的阐释主要有两种路径，分别以列宁和伯恩施坦为代表。随着时代主题的转换以及分析结构的变化，任何一者的诠释都与马克思的民主思想之间存在差异。换言之，诠释者基于不同的时代挑战和不同的分析框架，对马克思民主思想的发展绝不是基于某一方面，而是系统性地重构，这使得正统性的塑造成为不可能。当然，这并不是作价值上对与错的判断，而是对于这一差异事实的确认。另外，马克思在民主问题上模糊，甚至矛盾的态度也为不同的演进进路提供了丰富的素材，其理论体系自身（包括民主思想）也面临着一系列不足和缺陷，包括结构之内与结构之外两个方面。结构之内，马克思在民主形式问题上涉及较少，并且对于民主与其他概念之间可能的潜在冲突并没有予以确认和解决。结构之外，对于马克思理论体系挑战最大的在于时代主题的变换，时代变化在马克思晚期已经开始显现，这一挑战直接带来了马克思思想体系作为时代的产物被定格于 19 世纪这一革命的年代。

第六章：马克思民主理论对中国民主建设的意义。中国的民主建设延续了列宁的阶级民主观,这一阶级分析框架中的民主内涵虽然在革命与建设过程中起到了非常重要的作用,但是面对历史条件的转换,其也存在一系列的问题。首先,面对主流资本主义有关民主的普遍化和"标签化",中国民主的建设侧重于特殊性和差异性,这导致无法与主流资本主义民主观竞争。其次,民主在阶级分析框架中依附于专政这一阶级实质和阶级自身的一致性,民主的生存和发展空间受到限制。

回到马克思民主理论的革命内涵,一方面,可以提供有关民主的一般性、普遍性论证,展开与主流资本主义民主观的竞争;另一方面,在革命分析框架中,民主既作为无产阶级政治组织的"天然"形式,又在无产阶级革命历史逻辑中得以真正实现,民主是作为第一位的问题而获得独立地位。通过重新认识阶级性、厘清专政与民主的关系、统一革命与民主,可以为民主的生存与发展提供充分的空间。因此,马克思民主理论的革命内涵有助于中国民主建设的创新和发展,是中国民主建设重要的学术资源和理论支撑。

四、研究方法

在马克思政治思想研究的过程中,方法论问题经常处于一个被忽略的位置,或者被作为一个默认的问题而存在。究其原因,主要在于阶级分析方法已经成为马克思政治理论研究的通行规则,马克思民主思想研究也不例外。例如,在马克思民主思想内涵问题上,其必然要通过否定资本主义民主来肯定马克思的新型民主观,并且这一对立的根源又在于所有制关系,即唯物史观。但是这一通行的马克思政治思想研究方法并不是毫无缺陷的。

首先,阶级分析方法是马克思及马克思主义分析政治、社会、历史问题的重要方法之一。但是在此之外,对马克思政治思想的理解仍然存在其他的可能性。例如,国外在研究马克思民主思想的过程中,通过自由民主主义的视角将马克思的民主思想纳入自由主义的谱系;抑或通过极权主义的研究,将马克思的民主思想置于极权主义民主的脉络,这都构成了理解马克思政治思想新的研究进路。当然,在国内马克思主义研究领域,同样存在不同于阶级分析方法的尝试。例如,基于社会民主主义的视角,突出马克思政治理论中的民主维度,弱化其阶级对立的分析范式;再如国家与社会关系的视角,虽然其最终落脚点仍然在于阶级分析框架,但是其尝试了从不同角度为马克思的民主思想提供可能性。

其次,阶级分析方法忽略了对于阶级自身内涵的探析。一般而言,阶级分析都将阶级对立建立在所有制差异基础上,但是其忽略了阶级不过作为生产关系在政治上的重要载体。阶级首先是一个政治概念,其承担着政治革命和社会革命的功能。阶级由劳动实践领域的矛盾(即生产力与生产关系的关系)延伸而来,劳动实践领域的矛盾又来源于马克思的实践理论,即革命实践,其包括哲学革命和政治、社会革命。因此,由革命实践延伸出阶级这一政治上的载体,而不是如在阶级分析框架中,所有制关系不过构成了阶级分析得以成立的根本"理由"。

再次,在唯物史观的理解上,阶级分析方法将唯物史观狭义地理解为所有制关系。当然,所有制问题构成了唯物史观的主要内容,但是马克思在确立唯物史观的过程中,是通过哲学革命向政治革命的转变来实现的,革命构成了马克思理论体系的关键所在。唯物史观在社会层面表现为劳动实践,在政治层面表现为革命实践。因此,对于唯物史观与革命关系的梳理就显得尤为必要,而阶级分析方法忽略的也正是这一方面,其造成了简单、线性的逻辑推演。

最后,在历史语境问题上,阶级分析方法已然超越历史条件成为普遍适用的分析框架。马克思的唯物史观以及革命实践理论,包括政治上的载体——阶级范畴,都属于19世纪前后革命的年代。一旦脱离了这一革命的历史语境,将阶级分析方法变成超越时间和空间的普遍法则,那么马克思的理论体系必然面临适用性的困境。一方面,不能忽略乃至掩盖马克思所处的革命时代这一历史事实,将马克思政治思想包括民主理论去革命化;另一方面,也不能一味抬高马克思及马克思主义革命理论的适用性和普遍性,而是应在合理理解马克思思想的基础上,结合现实条件,作出新的诠释。

基于阶级分析方法在马克思政治思想研究过程中所存在的问题,笔者尝试在马克思民主思想研究过程中,通过梳理唯物史观与革命的关系,展开马克思民主思想的内涵，并在革命这一分析框架中，重新界定革命、专政、暴力、民主等政治概念的内涵及边界。唯物史观与革命的渊源，既构成了研究的重要组成，又是研究的方法论所在。

首先，需要明确的是，阶级分析方法是由阶级追溯到所有制关系，即唯物史观，而在马克思的理论体系中，阶级作为政治上的重要载体，是由唯物史观和革命实践延伸出来的，而不是相反。这一逻辑顺序的差异直接导致了革命分析框架与阶级分析框架的区别。因此，在方法论问题上，阶级不再构成逻辑起点，而是构成了革命分析框架中的必要组成部分。

其次，在唯物史观与革命实践的缘起问题上，马克思是通过哲学革命（即消灭哲学）来完成的。一直以来，西方哲学在主客体关系问题上都存在某种背离，这种背离直接导致了人始终作为抽象存在物或受制于某种外在于人的抽象存在，不管这一抽象是上帝抑或理性的产物。马克思通过人的劳动实践完成了主客体之间的统一，将人建立在劳动实践基础上，确立了活生生的、真实的人。自此，对哲学的革命即消灭哲学得以完成，哲学不再作为抽象的、外在于人的存在，而是变成了现实的社会内容，即革命实践。在完成哲学革命的基础上，马克思开始转向政治革命和社会革命，这一政治、社会革命的来源又在于消灭哲学和革命实践观的确立。马克思通过追溯劳动实践领域的矛盾得出结论：政治革命以及社会革命不可避免，并且政治和社会革命是从根本上解决人的自由和解放问题的必然途径。同时，革命的理论与革命的实践也正是通过基于实践的反思获得统一，无产阶级政治革命和社会革命不过是革命历史逻辑的现实表达，二者相互统一于实践基础之上。正因为如此，作为革命实践在政治上的重要载体——阶级获得内涵，以及相应的无产阶级政治、社会革命通过何种方式来完成——暴力抑或民主，也获得相应的规定。同时，作为无产阶级政治革命的必然结果——无产阶级专政，其如同资产阶级政权一样，也具有强制属性。

再次，正是基于唯物史观这一方法论和马克思理论体系的必要组成，马克思完成并确立了革命实践观，在此基础上，革命这一框架性概念得以成立。区别于阶级分析方法，革命分析框架不是将所有制关系作为自身合理性的重要依据，而是已经包含了所有制关系的内容。一方面，哲学革命向政治革命的转向是基于劳动实践的提出，哲学革命、消灭哲学产生于劳动实践观;另一方面,革命实践在现实中表现为政治革命和社会革命,政治、社会革命又产生于劳动实践领域的现实矛盾。换言之,革命实践观即唯物史观在现实层面的表达,二者构成了一体两面的关系。在革命分析框架中,研究马克思的政治思想,包括阶级、民主、暴力、专政等概念的内涵及边界,自然可以获得不同于阶级分析方法下的结论。

最后,在马克思的唯物史观以及相应的革命实践观的基础上,马克思的政治思想也获得了相应的历史语境。不管是马克思的革命理论与所处19世纪作为革命的年代二者之间的吻合,还是马克思的民主理论与所处19世纪具有作为一种革命内涵二者之间的匹配。可以看出,马克思的唯物史观这一方法论为准确、合理地理解马克思的政治思想,包括民主理论,提供了历史语境与逻辑结构(即历史与逻辑)的统一,也为马克思民主思想的研究提供了在阶级分析方法之外新的进路。

除了唯物史观这一来源于马克思自身的方法论之外,在对马克思民主思想研究的过程中,笔者还尝试选取了观念史的研究方法。"观念是指人用某一个(或几个)关键词所表达的思想。具体而言,观念可以用关键词或含关键词的句子来表达,人们通过它们来表达某种意义,进行思考、会话和写作文本,并与他人沟通,使其社会化,形成公认的普遍意义,并建立复杂的言说和思想体系",用观念史的方法去研究,"就是去研究一个个观念的出现及其意义演变过程"。① 在马克思的理论体系中,唯物史观以及相应的革命实践观无疑构成了马克思分析全部政治、社会、历史问题的逻辑起点,其他所有政治概念如民主、专政、暴力、阶级等都是基于革命实践观而被赋予特定内涵的。可见,这一来源于革命实践观的政治思想的展开,与观念史基于关键词而展开观念内容存在一致性。另外,在马克思政治思想研究领域所通行的阶级分析方法,其不过是将马克思的政治思想纳入阶级分析框架,通过阶级赋予马克思政治思想中各个政治概念以内涵,其也遵循着类似于观念史的研究方法。

因此,笔者尝试将马克思理论体系中来源于唯物史观的革命确立为关键词,使其成为框架性概念,将民主、暴力、专政、阶级等其他政治概念纳入

---

① 金观涛、刘青峰:《观念史研究:中国现代重要政治术语的形成》,法律出版社,2009年,第3页。

革命分析框架并赋予其内涵,从而构成马克思的政治思想体系。很显然,基于观念史的研究方法,可以很好地对比阶级分析方法与革命分析框架,以及在两种不同分析框架中马克思政治思想内容的规定,从而尝试提供有关马克思政治思想包括民主理论新的内涵。

另外,通过观念史的研究方法,基于关键词的界定,可以有效确立马克思理论体系的主题所在,并作出比较。例如,在马克思之后,对于马克思理论体系的诠释就存在围绕关键词的差异。伯恩施坦通过民主重构马克思的思想体系,不断弱化乃至去除马克思理论体系中有关专政和暴力的内容,从而为其和平、民主过渡和渐进革命辩护。很显然,伯恩施坦对于马克思理论体系的重构并不符合马克思的革命分析框架。本来,民主只是作为马克思革命分析框架中的必要组成,其与暴力、专政等处于同等地位,相互之间不可或缺。但是伯恩施坦将马克思的民主单列出来,取代革命所处的关键词位置,并否定暴力、专政等存在的可能性,继而从根本上改变了马克思的思想内涵。与之相对,列宁根据革命形势的需要,放弃了马克思理论体系中民主与暴力的平行地位,继而选择阶级替代革命的关键词位置,重新解释马克思的思想内涵。其实,这种关键词的差异不仅仅是理论研究者和思想阐释者着重点的不同,根本在于时代主题的转换和不同逻辑结构所带来的结果。

因此,通过观念史的研究方法,可以有效确定马克思的民主思想处于何种观念主导之中,并且将其与后继者的重构区别开来,这种区别的主要方面即在于关键词的差异。当然,这里的革命作为框架性概念与观念史研究中的关键词之间还存在一些细微的差异。在马克思的理论体系中,革命不仅作为关键词,其更是来源于唯物史观的分析框架,其他政治概念都在这一框架中被赋予内涵及边界,如民主、专政、暴力、阶级等。相反,关键词并不一定作为框架性概念而存在,其可以存在一个乃至几个关键词,相互之间也并不一定具有从属关系。另外,关键词是通过自身内涵的变迁或者不同关键词之间的兴替来表达时代主题的转换。虽然马克思之后,不同理论研究者和思想阐释者围绕不同关键词重构马克思的理论体系,但是这并不属于严格意义上关键词内涵的变迁或不同关键词之间的兴替。基于此,观念史的研究方法在马克思民主思想的研究过程中需要作出一定的界定,即作为框架性概念的革命这一关键词是理解马克思整个理论体系的逻辑起点。

五、研究创新及不足

从革命分析框架去理解马克思的民主思想、还原马克思的民主内涵，笔者认为，这有两个方面的积极性。首先，这一研究有助于在阶级民主之外提供有关马克思民主思想的不同解释，并且这一新的解释可能更加符合马克思理论体系自身。民主的阶级属性并不局限于民主问题，其贯穿于政治领域各个概念，所有问题都被设定为对立面存在和描述为持续对抗，而忽视了相应的历史语境和逻辑结构。因此，理解马克思的民主思想并将其与之后的不同诠释进行区分，就显得尤为必要。另外，时代主题转换同样也对马克思的理论体系包括民主思想提出了挑战。换言之，即使在马克思的理论体系之中，民主的内涵也存在诸多局限、不足乃至矛盾。合理看待马克思的思想体系，这成为不容回避的现实问题。

其次，这一研究有助于避免将马克思的理论体系越来越局限于哲学层面，而忽视了现实的政治社会问题。国外马克思主义研究以及国内对于马克思主义的研究，越来越流行哲学层面的诠释，这并不是说不必要，只是马克思理论体系的生命力源自革命实践，这一革命实践是对哲学的直接否定。现在，基于哲学层面的马克思主义研究，虽然可以由哲学转向现实批判，但是这与马克思的革命实践之间存在根本性的差异。因此，理解马克思的政治思想，包括民主理论，就显得尤为必要。这并不是说马克思当时的政治实践就是今天应该采取的政治实践，而是说马克思在这一问题上的态度需要引起重视并直接面对。

当然，笔者在对马克思民主思想研究的过程中，仍然存在一系列的不足之处，其中，有两个方面的问题需要引起重视并有待进一步的深化。首先，对国外对于马克思民主思想的研究，仍然缺乏较为系统的梳理和分析，虽然选取一些较为代表性的观点，但是这远远不够。对国外马克思民主思想，需要从时间、国别、流派、人物、观点等方面作详细的研究。目前国内对于国外马克思民主思想研究的介绍稍显不足,除了一些耳熟能详的人物之外,还有大量有关马克思民主思想研究的论文和论著都缺乏引介,笔者在选取国外马克思民主思想研究代表人物时,也有意选择一些国内较为陌生的人物,希望对弥补这一问题有所裨益。

其次,对于中国马克思主义民主思想研究的分析,由于各种原因,难以作进一步的研究。尤其是从马克思与列宁在民主问题上的差异,到列宁的民主观对于中国的影响,到这种影响在中国政治实践中的变化,再到其对于当下中国民主政治建设的作用等,这一系列问题都需要作深入、细致的分析,而这一分析的源头则在于马克思民主思想内涵的确定。因此,未来的研究需要在厘清马克思民主思想的基础上,逐渐回到中国马克思主义有关民主政治的问题上来。除此之外,本书还可能存在一些其他方面的不足,如有关马克思民主思想的文献梳理、分类。另外,在分析起点上,诸如马克思民主思想所处的革命分析框架是否成立等,这类问题都可以在笔者的研究范围内外作出讨论,毕竟对于马克思民主思想的研究远没有终点。

第一章　唯物史观与革命的入场

民主在马克思的理论体系中从来不是作为独立的部分而存在的,它需要置于一定的叙事结构和历史语境中,只有这样才能准确地理解民主的内涵。正如雅克·泰克西埃所指出的,"民主问题在马克思和恩格斯看来并不是一个不存在的问题,而是一个第二位(我不说次要的)问题,他们的思想根本上是一种革命的思想"①。虽然泰克西埃所提出的"第一位""第二位"问题并不是严格意义上的叙事结构或历史语境,但是其至少指出了对于民主的理解需要处理与革命之间的关系。

在中国,较早涉及这一问题的是吴恩裕,其在博士论文《马克思的政治思想》中提出了马克思的政治思想与方法论的关系问题。《马克思的政治思想》一书最早的题目是"马克思哲学、伦理和政治思想"(The Philosophical, Ethical and Political Ideas of Marx),后来其导师拉斯基将其改为"1840—1848 年马克思社会和政治思想的演进"(The Evolution of Marx's Social and Political Ideas with Special Reference to the Period 1840–1848)②。从其博士论文的题目可以看出,吴恩裕的研究对象主要是马克思的政治思想等,但是通过何种路径去展开马克思的政治思想,非常关键的一点即在于方法论问题。吴恩裕认为:"一般讲马克思学说的人,都不讲他的方法论,其原因大概是因为材料太少"③,但是其提供了马克思有关方法论的直接论述,"自然,陈述法(Method of Expression)在形式上是与研究法(Method of Investigation)不同的。后一种方法必须把对象详细研究:即分析不同

---

① ［法］雅克·泰克西埃:《马克思恩格斯论革命与民主》,姜志辉译,社会科学文献出版社,2012 年,第 3 页。

②③　参见吴恩裕:《马克思的政治思想》,商务印书馆,2008 年,第 1 页。

的发展形态,并考求此诸形态的内部关系。把这段工作做完,才能把实际的运动圆满地描绘出来。若描写的很成功,亦即,若对象的生命反映在心理上像反映在镜子上一样,则我们视之,就像只是一个超经验的结构似的"①。从这段引述可以看出,马克思通过"研究法"达到对于事实关系的描绘,并且"研究法"构成了马克思分析一切问题的基础所在。

吴恩裕基于方法论的考察,将马克思对社会现象研究的方法概括为三点:"一、事实的'分析'或利用'抽象能力';二、'面对事实'及'比较事实';三、推求社会上层结构之历史经济动机的方法。"②另外,对于辩证法在马克思研究方法中的地位和作用,吴恩裕也作出了阐释:"第一,马克思否认了当做形上学理论的辩证法;第二,但辩证法尚可当做一种了解演变中之物事的方法,这是马克思所接受的。"③比较马克思对于方法问题的叙述,吴恩裕对于马克思方法论的理解是基本准确的。

在《〈政治经济学批判〉导言》中,马克思阐释了何为"科学上正确的方法"问题。马克思认为:"从实在和具体开始,从现实的前提开始,因而例如在经济学上作为全部社会生产行为的基础和主体的人口开始,似乎是正确的。但是更仔细地考察起来,这是错误的","如果我从人口着手,那么,这就是关于整体的一个混沌的表象,并且通过更切近的规定我就会在分析中达到越来越简单的概念;从表象中的具体达到越来越稀薄的抽象,直到我达到一些最简单的规定","于是行程又得从那里回过头来,直到我最后又回到人口,但是这回人口已不是关于整体的一个混沌的表象,而是一个具有许多规定和关系的丰富的总体"。④ 并且马克思认为后一条道路构成了"科学上正确的方法",即由简单规定到具体的过程。对于辩证法,马克思在《资本论》第一卷 1872 年第二版《跋》中指出:"我的辩证法,从根本上说,不仅和黑格尔的辩证方法不同,而且和它截然相反","辩证法,在其合理形态上,引起资产阶级及其夸夸其谈的代言人的恼怒和恐怖,因为辩证法在对现存事物的肯定的理解中同时包含对现存事物的否定的理解,即对

① 转引自吴恩裕:《马克思的政治思想》,商务印书馆,2008 年,第 1~2 页。
② 吴恩裕:《马克思的政治思想》,商务印书馆,2008 年,第 4 页。
③ 同上,第 17 页。
④ 《马克思资本论节选本》,人民出版社,1998 年,第 17~18 页。

现存事物的必然灭亡的理解;辩证法对每一种既成的形式都是从不断的运动中,因而也是从它的暂时性方面去理解;辩证法不崇拜任何东西,按其本质来说,它是批判的和革命的"。① 马克思无疑接受了黑格尔的辩证法,只不过是将其置于新的基础之上。

虽然吴恩裕将对马克思政治思想的理解置于方法论的基础之上,但是在《马克思的政治思想》一书中,其并没有实质性地涉及政治思想的内容。可是这无疑为理解马克思的政治思想,包括民主思想,提供了一条不同的分析路径。与此相比,国内对于马克思民主思想的理解无疑存在割裂和独立的倾向。通过梳理近年来围绕马克思民主思想研究的专著和博士论文,其普遍存在的问题即将马克思的民主思想独立出来,而不是将其置于具体的叙事结构或历史语境中加以阐释。例如,王国宏的在《马克思民主思想研究》中指出:"是国家决定社会,还是社会决定国家? 不同的哲学观决定着不同的民主观","社会决定国家论打破了'国家的迷信'和'国家崇拜',破除了'为民作主'的思想藩篱,为实现真正的人民民主奠定了思想基础"。② 虽然这一假设带有方法论的意味,可是这与马克思的叙事结构——即唯物史观——还是存在较大差距的。马克思的民主思想并不是简单基于国家与社会的关系而展开的;相反,国家与社会的关系仍然存在更为根本的理论前提。在周志平的《马克思民主思想研究》、郭丽兰的《马克思民主观的文本研究》中,基本上延续了这一分析马克思民主思想的路径。另外,国内对于马克思民主思想的研究还存在一条普遍的分析路径,即阶级分析的方法。例如,李铁映指出:"马克思主义对民主概念的科学规定及其在社会各个层面上的使用,是建立在对社会形态的经济政治结构进行科学分析基础上的","在阶级社会中,国家和民主具有阶级性。它们都属于一定的阶级,不存在超阶级的国家和民主。这是马克思主义国家学说、民主理论的一个根本观点"。③ 不管是从阶级的角度,还是从国家与社会关系的视角,其都没有将民主置于马克思的逻辑结构之中。相反,不管是吴恩裕还是泰克西埃,其都认识到:只有将民主思想置于马克思的叙事

---

① 《马克思资本论节选本》,人民出版社,1998 年,第 48~49 页。
② 王国宏:《马克思民主思想研究》,中共中央党校博士学位论文 2007 年,第 59 页。
③ 李铁映:《论民主》,人民出版社,2001 年,第 38、43 页。

结构中,才能更好地理解马克思的民主内涵,恢复民主在马克思理论体系中的真实地位。

基于此,笔者认为,马克思的民主思想研究需要以马克思的分析方法为前提,这一分析路径即唯物史观——它既构成了理论体系的组成部分,又构成了方法论的内容。通过唯物史观,马克思构建了革命的叙事框架,在这一框架中,民主获得了自身的角色与功能,而这也正是马克思的民主内涵所在。因此,理解马克思的民主思想就需要确定民主是在怎样的结构中得到表述的。泰克西埃提出的"第一位""第二位"问题无疑具有启发意义,至少可以明确,民主并不是处于"第一位"的问题,革命占有着更为重要的地位。

但是泰克西埃的理解仍然是不充分的。革命作为马克思整个理论体系的核心概念,它不仅构成了叙事框架,同时也是 19 世纪的历史主题。可是革命并不是自然而然的结果,马克思通过唯物史观完成了革命作为关键词的理论构建。因此,吴恩裕提出的方法论问题才是革命的策源地,革命来源于唯物史观。只是吴恩裕并没有通过方法论展开马克思的政治思想,并且方法论的直接结果——革命,也没有获得叙事结构的地位。

正因为如此,笔者尝试通过唯物史观作为马克思的分析方法来引入革命的叙事框架,在革命的分析框架中,民主获得了相应的内涵和边界。唯物史观在马克思的理论中主要包含三个层面:一是对哲学的革命,即消灭哲学,主要通过确立实践为基础和中介的主客体统一关系;二是由哲学革命转向政治革命和社会革命,其中,政治革命是消灭哲学自然而然的结果,并且政治革命与经济关系的改变(即社会革命)紧密相连,社会革命既是政治革命的具体化,同时也是政治革命的基础所在;三是革命理论与革命实践的关系,尤其是马克思阐述的无产阶级政治革命以及共产主义理论与现实之间的关系,其可以概括为革命的历史逻辑或历史必然性,即政治革命和社会革命的历史现实在理论逻辑上的表达。

可见,通过唯物史观,马克思确立的革命分析框架构成了政治思想内涵——包括民主思想——的约束条件,民主是在革命的框架中得到表达的。唯物史观在马克思的理论中,既是作为方法论而存在,又是作为理论组成而不可或缺。在这里,笔者主要取其方法论层面的意义,通过唯物史观引出革命分析框架——即叙事结构和历史语境,在这一框架中,马克思的政治思想得以较为准确地理解。

一、哲学革命：实践为中介和基础的主客体统一

马克思的唯物史观是通过对旧有哲学的革命来确立的，即消灭哲学的
过程。唯物史观的核心在于实践，马克思围绕实践提供了有关人类社会的
整体解释。这一点在国内学界基本上得到认同。例如，杨耕曾指出，如果
将马克思的实践理论称之为新哲学的话，那么其根本区别于之前旧有哲学
的地方在于，"实践是人类世界真正的本体。这是一个动态的、不断发展和
不断生成的本体；人类世界因此成为一个不断形成更大规模、更多层次的
开放体系"①。虽然杨耕仍然使用哲学、本体这一系列带有旧有哲学色彩
的词汇，但是其无疑用这一熟悉的词汇表达了根本不同的内容，即马克思
的消灭哲学。吴晓明也在类似意义上表达过对马克思实践理论的理解，他
认为："对于马克思来说，'感性活动'的存在论定向是使超感性世界的神
话学开始瓦解的思想前提，而这一瓦解本身所导致的理论结果是历史唯物
主义或'历史科学'"，"马克思在哲学上所实现的革命性变革首先是——
并且归根到底是——存在论(Ontology，或译为本体论)性质的"。② 吴晓明
同样使用哲学领域的词汇来表达马克思消灭哲学的革命行动，存在类似看
法的还有侯才、张曙光、张一兵等学者。③ 因此，马克思的实践理论无疑构

---

① 杨耕：《为马克思辩护——对马克思哲学的一种新解读》(修订本)，北京师范大学出版
社，2013 年，第 10～11 页。

② 吴晓明：《超感性世界的神话学及其末路——马克思存在论革命的当代阐释》，中国人民
大学出版社，2011 年，第 1、16 页。

③ 参见侯才等：《马克思主义哲学史论》，中共中央党校出版社，2005 年，第 124、125 页；张曙
光：《人的世界与世界的人：马克思的思想历程追踪》，北京师范大学出版社，2009 年，第 45、48 页；
张一兵：《马克思历史辩证法的主体向度》，武汉大学出版社，2010 年，自序，第 2 页。其中，侯才提
出了"马克思对传统本体观的变革"，即"由'自我意识'本体论到以生产力为基础的'物质-实践'
本体论的演变"；张曙光指出："人的主体性和世界统一性问题，并非抽象的思辨的纯学术问题，而
毋宁说它是一个属于现实属于生活的实践问题"，马克思主义哲学即"主体过程论"；张一兵提出
了"马克思历史辩证法的主体向度"，其认为："马克思的科学历史观应该有两个重要的逻辑层面：
既科学说明了人类主体的能动性和主导地位，又坚持了社会历史发展的一般物质生产基础和客观
必然性，它们是历史地肯定人类主体作用的历史辩证法与坚持从现实物质生产出发的历史唯物主
义的完整统一。"

成了唯物史观对旧有哲学展开革命行动的关键所在。正是通过对旧有哲学的一系列批判活动，马克思逐渐确立围绕实践的唯物史观，从而重新阐释人类社会及其历史。那么唯物史观在哲学领域活动的主要对象是什么呢？在马克思看来，根本在于解决哲学发展过程中一直以来所存在的主客体关系问题，通过实践统一主客体，最终实现对哲学的革命，即消灭哲学。

在此，笔者主要通过分析马克思对黑格尔哲学、法国唯物主义和费尔巴哈哲学的批判，阐释马克思的实践理论。马克思实践理论的根本意义在于实践作为基础和中介完成哲学史上一直存在的主客体分离问题。唯物史观在哲学领域的活动，即对哲学革命的过程。换言之，马克思的唯物史观作为方法论所引出的其实是革命的结果，这构成了唯物史观作为理论和方法的重要层面。另外，基于马克思从革命的视角理解唯物史观和实践理论的作用，如果继续使用哲学、本体这类词汇，反而容易模糊马克思的革命实践理论，因此笔者将尽量减少使用这类词汇来表达马克思实践理论在哲学领域的革命意义。

（一）对黑格尔哲学的批判

马克思对黑格尔哲学的批判包含两个方面：一是对黑格尔精神哲学的否定，二是对黑格尔辩证法的继承。在由宗教批判向哲学批判的转变过程中，马克思认为："人的自我异化的神圣形象被揭穿之后，揭露具有非神圣形象的自我异化，就成了为历史服务的哲学的迫切任务。"①就其本质而言，宗教与哲学具有相同的功能，即对人的否定。因此，在完成宗教批判之后，还需要将批判延伸到世俗社会中去，继续对哲学的批判、对法和政治的批判。基于当时的德国，马克思认为："德国的法哲学和国家哲学是唯一与正式的当代现实保持在同等水平上的德国历史。因此，德国人民必须把自己这种梦想的历史一并归入自己的现存制度，不仅批判这种现存制度，而且同时还要批判这种制度的抽象继续"②。可见，德国的革命不仅需要否定现实的制度，而且还要否定观念的制度，即使观念的制度超前于现实的

----

① 《马克思恩格斯文集》（第 1 卷），人民出版社，2009 年，第 4 页。

② 同上，第 9 页。

制度并处于当代同等水平,马克思并不局限于此。因为"……他们观念上的制度的直接实现,他们在观察邻近各国的生活的时候几乎已经经历过了"①,所以德国革命包含多重任务。当其他理论家还停留在观念制度对现实制度的否定层面,马克思已经将革命推进到对观念制度自身的否定,只有这样,德国才能真正完成革命性转变。而这种观念制度的代表——国家哲学和法哲学,在德国主要来源于黑格尔哲学。

在《1844 年经济学哲学手稿》中,马克思对黑格尔哲学的批判有过详细的论述。马克思对"黑格尔哲学的真正诞生地和秘密开始"《精神现象学》以及随后的《哲学全书》作出逻辑概括,其认为:

> "整整一部《哲学全书》不过是哲学精神的展开的本质,是哲学精神的自我对象化;而哲学精神不过是在它的自我异化内部通过思维方式即通过抽象方式来理解自身的、异化的世界精神。——逻辑学是精神的货币,是人和自然界的思辨的、思想的价值——人和自然界的同一切现实的规定性毫不相干地生成的因而是非现实的本质——是外化的因而是从自然界和现实的人抽象出来的思维,即抽象思维。——这种抽象思维的外在性就是……自然界,就像自然界对这种抽象思维所表现的那样。自然界对抽象思维来说是外在的,是抽象思维的自我丧失;而抽象思维也是外在地把自然作为抽象的思想来理解,然而是作为外化的抽象思维来理解的。——最后,精神,这个回到自己的诞生地的思维,在它终于发现自己和肯定自己是绝对知识因而是绝对的即抽象精神之前,在它获得自己的自觉的、与自身相符合的存在之前,它作为人类学的、现象学的、心理学的、伦理的、艺术的、宗教的精神,总还不是自身。因为它的现实的存在是抽象。"②

这段论述基本反映了黑格尔哲学的本质逻辑,其主要包括四个方面的内容。第一,黑格尔哲学中的主体构成是精神,并且这一哲学精神通过自我对象化的方式——抽象的方式,来理解自身和外部世界。第二,黑格尔的

逻辑学是精神的货币,这有两个层面的意义,既是精神通过逻辑这一形式去完成认识自身,也是一种抽象思维的表达。第三,黑格尔哲学与外部自然界的关系,外部世界即自然界与抽象思维之间缺乏实质性的联系,一方面抽象思维将自然界理解为抽象的东西;另一方面,相比于自然界,抽象思维是一种自我的丧失。第四,基于这一抽象思维的逻辑,精神在成为绝对知识之前,所有相关的人类学、现象学、心理学、伦理、艺术、宗教等都是一种抽象产物,而不是现实的表达。

在黑格尔的《精神现象学》中,其描述"从意识到科学的发展过程"反映的正是马克思所要批判的精神哲学。黑格尔认为:"哲学的开端所假设或需要的意识是绝对的他在中的纯粹的自我认识,但这种因素只有在它的形式运动中才能完成。科学从这一方面出发,要求个体的自我意识去超越这种意识,以便能够与科学一起生活。"①可见,意识和自我意识构成了黑格尔哲学的起点和主体内容,哲学的过程即自我意识的活动过程,这正是马克思所描述的哲学精神的展开。对于自我意识的活动过程,黑格尔认为:"个体有绝对的自主性,也有权要求科学给它提供达到这种立足点的梯子并且给它指明这种立足点就在它自身",当意识"它作为目的,在开始时只不过是某种内在的东西;它还不是精神,而只是精神的实体。这意味着科学自在的环节不得不寻找外在的表现,把自己说明为客观的东西,并且努力使自我意识与自己合二为一,除此之外没有别的余地"②。

基于这一必要性,即由意识向科学发展的要求,意识通过形式来实现扬弃,并达到与自身的同一,使真理成为可能。"形式对于本质就像本质对于自身一样是必需的,绝对现实绝不能只是被设想和表述为本质自身,而应当设想和表述为形式,并且具有丰富内容的发展形式,这样本质才被掌握和表述为现实的东西","开初、原则或绝对等最初说出来时只是共相,并未表述出它们所包含的东西,更确切地说它们只是把直觉当成直接性的东西表述出来,这里缺少一个向他转化的中介。中介是纯粹的否定性,它是一个纯粹的抽象,是一个单纯的形成过程,它通过一个积极的自我引导的过程使自我呈现出自我同一性,使真理成为发展出来的结果,同时将结

---

① [德]黑格尔:《精神现象学》,段远鸿译,中国华侨出版社,2012年,序言,第6页。

② 同上,第6~7页。

果与其形成过程之间的对立予以扬弃"。① 这一形式过程正是马克思所表述的"逻辑学是精神的货币",是精神的抽象思维。正因为如此,思维与外在自然界的联系被割裂,同时,在意识发展到科学之前,精神的产物同样表现为抽象思维的产物,缺乏与现实的关联。

因为黑格尔哲学是以意识和自我意识作为出发点,哲学的过程即自我意识达到科学的发展历程,是自我意识同自身同一的过程。因此,马克思的批判首先指向其精神哲学,即哲学主体由精神构成,并且这一精神既具有主体性又具有客体性。基于精神这一抽象物,思维与现实之间的联系被割裂开来的,那么不管是精神达到绝对知识的时候,还是在此之前,黑格尔哲学本质上不过是抽象的存在。

在批判黑格尔精神哲学的同时,马克思对黑格尔哲学也存在继承的方面,即"黑格尔辩证法的积极的环节"。马克思认为,在黑格尔哲学中,"扬弃是把外化收回到自身的、对象性的运动。——这是在异化之内表现出来的关于通过扬弃对象性本质的异化来占有对象性本质的见解;这是异化的见解,它主张人的现实的对象化,主张人通过消灭对象世界的异化的规定、通过在对象世界的异化存在中扬弃对象世界而现实占有自己的对象性本质","只有通过这种中介的扬弃——但这种中介是一个必要的前提——积极地从自身开始的即积极的人道主义才能产生"。② 可见,马克思认同黑格尔关于通过形式实现扬弃异化的过程,并认为这一形式是必要的。因此,这在马克思的实践理论中也就得到了延续。正如在叙述基于实践理论的共产主义时,马克思指出:"共产主义作为私有财产的扬弃就是要求归还真正人的生命即人的财产,就是实践的人道主义的生成",并且"共产主义才是人的本质的现实的生成,是人的本质对人来说的真正的实现,或者说,是人的本质作为某种现实的东西的实现"。③ 由此可见,马克思肯定并继承了黑格尔哲学中关于辩证法的内容,并有机结合进实践理论当中。

马克思批判的是"黑格尔辩证法的神秘方面",正如其在《资本论》第一卷 1872 年第二版《跋》中指出,当德国知识界把黑格尔当作一条"死狗"

---

① ［德］黑格尔:《精神现象学》,段远鸿译,中国华侨出版社,2012 年,序言,第 5 页。
② 《马克思恩格斯文集》(第 1 卷),人民出版社,2009 年,第 216 页。
③ 同上,第 216、217 页。

的时候,"我公开承认我是这位大思想家的学生,并在关于价值理论的一章中,有些地方我甚至卖弄起黑格尔特有的表达方式"。① 不过,马克思之所以坚持黑格尔的辩证法,根本在于其"合理内核",即"辩证法,在其合理形态上,引起资产阶级及其夸夸其谈的代言人的恼怒和恐怖,因为辩证法在对现存事物的肯定的理解中同时包含对现存事物的否定的理解,即对现存事物的必然灭亡的理解;辩证法对每一种既存的形式都是从不断的运动中,因而也是从它的暂时性方面去理解;辩证法不崇拜任何东西,按其本质来说,它是批判的和革命的"。② 可见,马克思的实践理论之所以继承了黑格尔辩证法的思想,主要还是在于马克思的革命逻辑,即由实践理论所引出的政治革命和社会革命。

那么马克思如何通过实践理论来批判黑格尔的精神哲学? 马克思认为,一方面,"人是自然存在物",人是"具有自然力、生命力,是能动的自然存在物",并且,人是"自然的、肉体的、感性的、对象性的存在物","是受动的、受制约的和受限制的存在物",那么人就需要"有现实的、感性的对象作为自己本质的即自己生命表现的对象……人只有凭借现实的、感性的对象才能表现自己的生命"。③ 另一方面,人又是"人的自然存在物","是自为地存在着的存在物,因而是类存在物","他必须既在自己的存在中也在自己的知识中确证并表现自身"。④ 这涉及如何理解人类历史,即人与人之间关系的变化过程。马克思认为:"历史对人来说是被认识到的历史,因而它作为形成过程是一种有意识地扬弃自身的形成过程。历史是人的真正的自然史。"⑤

从马克思的一系列论述可以看出,马克思将作为自然物存在物的人视为实践理论的起点和主体构成,这根本区别于黑格尔的精神,即自我意识。并且基于自然存在物的人的判断,人与外在自然物的对象性关系以及人与异己对象的关系及其扬弃过程就完全不同于黑格尔哲学中自我意识自身同一的过程。另外,对于人与人关系的历史,即人类历史,也不再是黑格尔意义上精神的历史;相反,其是现实的人类物质活动史和不断扬弃异己存

---

① ② 《马克思资本论节选本》,人民出版社,1998 年,第 49 页。
③ 《马克思恩格斯文集》(第 1 卷),人民出版社,2009 年,第 209、210 页。
④ ⑤ 同上,第 211 页。

在物的历史。因此，马克思区别于黑格尔哲学的根本在于确立了自然主义的历史前提，辩证法在实践的理论框架中也就变得完全不同。马克思得出结论："彻底的自然主义或人道主义，既不同于唯心主义，也不同于唯物主义，同时又是把这二者结合起来的真理。"①

在黑格尔哲学之后的德国，精神哲学的逻辑仍然没有消失。马克思认为，人首先是作为自然存在物而存在，实践理论也是建立在这一基础之上。但是"在认识到人是本质、是人的全部活动和全部状况的基础之后，唯有'批判'还能够发明出新的范畴来，并像它正在做的那样，重新把人本身变成一个范畴，变成一整套范畴的原则"②，而这一新的范畴不过是黑格尔自我意识的粗糙模仿。以布鲁诺·鲍威尔为例，马克思认为："真理对鲍威尔先生来说也像对黑格尔一样，是一台自己证明自己的自动机器。……现实发展的结果，也像在黑格尔那里一样，不外是被证明了的即被意识到了的真理"，"历史也和真理一样变成了特殊的人物，即形而上学的主体，而现实的人类个体倒仅仅是这一形而上学的主体的体现者"。③ 因此，人与外部世界的关系，人与对象之间的关系，又变成了抽象思维的产物。并且鲍威尔破坏了黑格尔的辩证法，将批判等同于绝对精神，将自身等同于批判。至于黑格尔形式中的对立和扬弃，也变成了批判同群众的关系，即"已经体现出来的批判即布鲁诺先生及其伙伴同群众的关系"，"一方面是群众，他们是历史上的消极的、精神空虚的、非历史、物质的因素；另一方面是精神、批判、布鲁诺先生及其伙伴，他们是积极地因素，一切历史行动都是由这种因素产生的。改造社会的事业被归结为批判的批判的大脑活动"。④

可见，黑格尔之后的德国哲学，除了用新的范畴——抽象思维——替代黑格尔的自我意识——抽象思维之外，并没有任何实质性的变化，甚至黑格尔的辩证法思想也被矮化了。正因为如此，在"犹太人问题"上，鲍威尔陷入了"把'政治解放'和'人的解放'混为一谈的根本错误"⑤。马克思认为："在许多国家，犹太人（如同基督徒一样）在政治上已经获得了完全

① 《马克思恩格斯文集》（第 1 卷），人民出版社，2009 年，第 209 页。
② 同上，第 295 页。
③ 同上，第 283、284 页。
④ 同上，第 293 页。
⑤ 同上，第 304 页。

的解放。但是犹太人和基督徒还远远没有获得人的意义上的解放。可见，政治解放和人的解放之间必定是存在差别的。所以，必须对政治解放的实质，也就是对发达的现代国家的实质进行研究。而对那些还不能在政治上解放犹太人的国家，也应该对照完备的政治国家加以衡量，指出它们是不发达的国家。"①因此在德国，犹太人问题根本上是人的解放问题，直接是政治解放问题。但是鲍威尔既没有展开对政治解放本质的分析，也没有研究政治解放与人的解放之间的关系，而是"用宗教和神学的方式来考察宗教和神学问题"②，把特定矛盾当作普遍矛盾、把政治本质当作人的本质来理解。这一切问题的根源又在于其哲学的错误——即黑格尔之后，德国仍然流行抽象思维的哲学逻辑，鲍威尔仍然停留在黑格尔精神哲学的范围内，而没有从马克思关于人首先作为自然存在物出发，恢复人的本质，即人与自然、人与对象之间的实践关系。

（二）对法国唯物主义的批判

在对以黑格尔为代表的精神哲学——即形而上学——展开批判之后，马克思的实践理论还存在另外一个批判性来源，即法国唯物主义。在马克思的理解中，"法国唯物主义有两个派别：一派起源于笛卡尔，一派起源于洛克。后一派主要是法国有教养的分子，它直接导向社会主义。前一派是机械唯物主义，它汇入了真正的法国自然科学"③。这里有必要分别展开马克思基于实践理论对法国两派唯物主义的革命性批判。

对于笛卡尔派法国唯物主义，马克思认为："笛卡尔在其物理学中认为物质具有自主创造的力量，并把机械运动看做是物质的生命活动。……在他的物理学的范围内，物质是唯一的实体，是存在和认识的唯一根据。"④可见，笛卡尔承认自然存在物的物质属性，并将其视为哲学的主要内容和全部要素。不过，在17世纪，笛卡尔除了作为法国机械唯物主义来源之外，也是17世纪形而上学的重要组成。虽然法国机械唯物主义将笛卡尔

①② 《马克思恩格斯文集》（第1卷），人民出版社，2009年，第309页。
③ 同上，第327～328页。
④ 同上，第328页。

的物理学同其形而上学区分开来。因此，马克思指出："使 17 世纪的形而上学和一切形而上学在理论上威信扫地的人是皮埃尔·培尔"，"他的武器是用形而上学本身的符咒锻造而成的怀疑论。……对宗教的怀疑引起了培尔对作为这种信仰的支柱的形而上学的怀疑"。①

正是基于这种怀疑论，培尔"为在法国接受唯物主义和合乎健全理智的哲学作了准备，而且他还证明，由清一色的无神论所组成的社会是能够存在的，无神论者能够成为可敬的人，玷辱人的尊严的不是无神论，而是迷信和偶像崇拜，通过这种证明，他宣告了不久将来要开始存在的无神论社会的来临"②。在培尔的怀疑论和对笛卡尔形而上学的拒斥中，人的属性还是存在的，这意味着如何处理人与自然存在物的关系还是必要的。但是随着笛卡尔物理学逐渐被法国机械唯物主义所接受，人的属性逐渐服从于物的属性。例如，在其之后的勒鲁瓦认为："把笛卡尔关于动物结构的观点用于人的灵魂（18 世纪拉美利特也这样做过），并宣称灵魂是肉体的样态，思想是机械运动。"③这意味着人作为自然存在物，完全服从物质属性和机械运动的要求。

从法国机械唯物主义的逻辑可以看出，其确立了物的属性居于支配地位，人作为自然存在物同样要服从于物的属性和机械运动，仅有的关于人与自然存在物之间的关系问题还是从形而上学延续下来，并且不断趋于弱化。马克思对于 18 世纪唯物主义替代 17 世纪形而上学的过程作出了如下解释："人们之所以能用 18 世纪的唯物主义来解释 17 世纪的形而上学的衰败，仅仅是因为人们对这种理论运动本身是用当时法国生活的实践形态来解释的。这种生活所关注的是直接的现实，是世俗的享乐和世俗的利益，是尘俗的世界。同它反神学的、反形而上学的、唯物主义的实践相适应，必然是反神学的、反形而上学的、唯物主义的理论。"④马克思明显承认了人的实践活动的地位和作用，并且 18 世纪法国唯物主义作为理论也是实践形态的结果，其不能作为独立的要素反过来支配现实生活。这明显区

---

① 《马克思恩格斯文集》(第 1 卷)，人民出版社，2009 年，第 329、330 页。
② 同上，第 330 页。
③ 同上，第 329、328 页。
④ 同上，第 329 页。

别于机械唯物主义否定人的地位,否定人与自然存在物之间的关系,否定
实践形态,仅仅承认物的属性,并且将人纳入这一物的属性体系中去。

对起源于洛克的另一派法国唯物主义,马克思认为,洛克的主要作用
在于"论证了 bon sens 的哲学,即合乎健全理智的哲学,也就是说,他间接
地指出不可能有与人的健全的感觉和以这种感觉为依据的理智的不同的
哲学"①。可见,洛克将人的感觉和理智置于非常重要的地位,这意味着人
与外在于人的自然存在物之间的关系成为哲学思考的唯一可能。在洛克
之前,培根已经指出:"自然科学是真正的科学,而感性的物理学则是自然
科学的最重要的部分","感觉是确实可靠的,是一切知识的来源。科学是
经验的科学,科学就在于把理性方法运用于感性材料。……在物质固有的
特性中,第一个特性而且是最重要的特性是运动,——不仅是物质的机械
的和数学的运动,而且更是物质的冲动、活力、张力……是物质的痛苦。物
质的原始形式是物质内部所固有的、活生生的、本质的力量,这些力量使物
质获得个性,并造成各种特殊的差异"。② 无疑,培根在物的属性之外,引
入了的人的属性,并且,人的属性是科学不可或缺的组成,人的属性并不是
屈从于物的属性而失去自身的"个性和差异"。但是培根的唯物主义仍然
是朴素的形式,马克思认为:"物质带着诗意的感性光辉对整个人发出微
笑",这种"格言警句式的学说本身却还充满了神学的不彻底性"③。

在培根之后的霍布斯,将唯物主义片面化,并引向类似于机械唯物主
义的方向。马克思认为,霍布斯忽略了培根"关于知识和观念起源于感性
世界的基本原理",其"把培根的唯物主义系统化了。感性失去了它的鲜
明色彩,变成了几何学家的抽象的感性。物理运动成为机械运动或数学运
动的牺牲品;几何学被宣布为主要的科学。唯物主义变得漠视人了","为
了能够在漠视人的、毫无血肉的精神的领域制服这种精神,唯物主义本身
就不得不扼杀自己的肉欲,成为禁欲主义者。它以理智之物的面目出现,
同时发展了理智的无所顾忌的彻底性"。④ 可见,霍布斯将培根的带有感
性的唯物主义带回到笛卡尔的机械唯物主义方向,扼杀了人的属性,并使

---

① 《马克思恩格斯文集》(第1卷),人民出版社,2009年,第332~333页。
②③ 同上,第331页。
④ 同上,第331、332页。

人的属性屈从于物的属性,变化的仅仅是几何学代替了物理学。

在法国,当"人们需要一部把当时的生活实践归纳为一个体系并从理论上加以论证"的时候,洛克有关人的感性和理智的唯物主义得到发展。例如,孔狄亚克认为:"不仅灵魂,而且感觉,不仅创造观念的艺术,而且感性知觉的艺术,都是经验和习惯的事情。……人的全部发展都取决于教育和外部环境。"[①]这样,人与自然存在物之间的关系显得必要。爱尔维修则指出:"感性的特性和自尊、享乐和正确理解的个人利益,是全部道德的基础。人的智力的天然平等、理性的进步和工业的进步的一致、人的天然的善良和教育的万能"[②],这是爱尔维修体系的主要构成要素。可见,人无疑成为哲学思考的中心,并且有关人的属性又是建立在物的属性基础之上,尤其是爱尔维修指出人的理性与工业进步之间的关系。马克思承认起源于洛克的法国唯物主义一派与共产主义和社会主义的必然联系,但是马克思的实践理论并不停留于此。至少起源于洛克一派的法国唯物主义仍然没有解决实践的问题,尤其是劳动实践,同时也没有将人与外部世界的关系以及人与异己产物的关系转变为革命的行动。

这里,可以借鉴杨耕对于自然唯物主义、人本唯物主义和历史唯物主义的划分,来区别马克思的实践理论与法国唯物主义的差异。杨耕认为,自然唯物主义"或者在直接断言世界本身的意义上去寻找'万物的统一性',把万物的本原归结为自然物质的某种形态,或者以经验科学对自然现象的的实证研究为基础,在'认识论转向'过程中去探讨人与自然的统一性,并把物质世界以及人本身归结为自然物质的某一层次"。"自然唯物主义根据'时间在先'的原则,把整个世界还原为自然物质,人则成了自然物质的一种表现形态。""在自然唯物主义那里,'物质是一切变化的主体','人和自然都服从于同样的规律'","自然唯物主义确认了世界的物质统一性,却一笔抹杀了人的能动性、主体性和历史性"。[③]自然唯物主义在当时就表现为法国的机械唯物主义,即起源于笛卡尔的唯物主义派别。人本唯物主义即"现实的人道主义","是一个以自然为基础,以人为核心

---

①② 《马克思恩格斯文集》(第1卷),人民出版社,2009年,第333页。

③ 杨耕:《为马克思辩护——对马克思哲学的一种新解读》(修订本),北京师范大学出版社,2013年,第23~24页。

和出发点的体系"①,这在当时的法国就是起源于洛克的唯物主义派别。

马克思实践理论所代表的历史唯物主义,"把人与自然之间的实践关系,即'工业和生活本身的生产方式'作为历史的基础,力图通过对人与自然关系的改变来改变人与人的关系,通过人对物的占有关系(私有制)的扬弃来改变人与人之间的关系,从而'把人的世界和人的关系还给人自己'"。并且人与物的关系是一种"否定性的矛盾关系","与动物不同,人总是在不断制造与自然的对立关系中去获得与自然的统一关系的,对自然客体的否定正是对主体自身的肯定"。因此,"'历史唯物主义'概念中的'历史'是人的活动及其内在矛盾得以展开的境域"②。可见,杨耕有关自然唯物主义、人本唯物主义与历史唯物主义的划分,基本上表达了马克思的实践理论对于法国唯物主义的批判,同时也明晰了二者之间的延续关系。

就笔者而言,马克思对于法国唯物主义的区分和批判,主要是基于实践的理论。对于机械唯物主义而言,其将物的属性置于人的属性之上,并且用机械运动代替现实的"冲动、活力和张力"。这明显与马克思将人置于中心地位,同时承认人作为自然存在物的实践观相悖。不可否认,马克思并不反对机械唯物主义对于物的属性的强调,包括起源于洛克的唯物主义派别。但是强调物的属性不应该替代人的属性,并且二者之间的相互关系以及由这种相互关系引申出的革命行动是不可或缺的。而对于起源于洛克的法国唯物主义派,其固然认可了人的感性和理智,以及人的属性与物的属性之间的关系,可根本问题在于缺乏人(作为主体)与外部世界以及异己产物(作为客体)之间的形式过程,这导致忽视现实的政治革命行动。另外,需要强调的是,对法国唯物主义的批判与对以黑格尔为代表的精神哲学(即形而上学)的批判有着不同的意义。法国唯物主义在人作为自然存在物方面即客体方面是持肯定态度的,但容易忽视人的主体方面,尤其是机械唯物主义;黑格尔的精神哲学虽然承认自我意识这一主体方面,且强调历史逻辑,但是缺少自然存在物这一物质现实,这使其陷入抽象思维。

不过,面对马克思的实践理论,二者都没有将人(作为主体)与自然存

---

① 杨耕:《为马克思辩护——对马克思哲学的一种新解读》(修订本),北京师范大学出版社,2013年,第24页。

② 同上,第25~26页。

在物及异己产物(作为客体)置于合理的位置,并分析二者之间的相互关系,最后引向现实的政治行动,彻底解决哲学问题。不容否认的是,18 世纪法国唯物主义对 17 世纪形而上学的否定,换来的并不是唯物主义的全面胜利。相反,19 世纪的德国却迎来了黑格尔精神哲学的主导地位。即使如此,马克思仍然坚持,"在黑格尔天才地把 17 世纪的形而上学同后来的一切形而上学以及德国唯心主义结合起来并建立了一个形而上学的包罗万象的王国",其"将永远屈服于现在为思辨本身的活动所完善化并和人道主义相吻合的唯物主义"①。

通过马克思的论述可以看出,18 世纪法国唯物主义之后迎来 19 世纪德国黑格尔精神哲学,这并不表示唯物主义失去了主导地位,而是不断通过形而上学的"思辨"来完善自身,即马克思关于人与外在自然物及异己产物之间关系的论述——历史辩证法问题,而这也正是法国唯物主义的普遍缺陷。

杨耕也曾指出,19 世纪黑格尔精神哲学的兴起主要有两个方面的原因:一是法国唯物主义自身对于人的地位的限制,以孔狄亚克为例,其"把经验主义推向极端……人的认识仅仅成了被动接受信息的机械运动,只是在狭窄的经验范围内进行安排感觉材料的活动,人及其认识的能动性、创造性、主体性都不见了"②;二是黑格尔哲学"使'形而上学'与概念辩证法融为一体,整个世界被描述为不断运动、变化和发展的内在联系,从而不自觉地'给我们指出了一条走出这些体系的迷宫而达到真正地切实认识世界的道路'"③,这其实就是法国唯物主义的普遍缺陷问题——主客体的历史活动过程,即现实的政治行动。

(三)对费尔巴哈哲学的批判

"费尔巴哈在理论领域体现了和人道主义相吻合的唯物主义,而法国和英国的社会主义和共产主义则在实践领域体现了这种和人道主义相吻

---

① 《马克思恩格斯文集》(第 1 卷),人民出版社,2009 年,第 327 页。
② 杨耕:《为马克思辩护——对马克思哲学的一种新解读》(修订本),北京师范大学出版社,2013 年,第 30 页。
③ 同上,第 31 页。

合的唯物主义"①。按照马克思的理解,费尔巴哈继承并发展了法国洛克传统一派的唯物主义。依据杨耕的分类,费尔巴哈即人本唯物主义的代表,其指出,"人本唯物主义在费尔巴哈那里达到了典型的形态"②。那么为何需要将费尔巴哈与法国唯物主义区别开来,作为马克思实践理论批判性来源的又一重要方面? 主要原因在于马克思对费尔巴哈的批判主要集中在对哲学的革命,将消灭哲学转向现实的政治行动,并且马克思在确认这一点之后,也投入到现实的政治斗争中去。其中,消灭哲学意味着在之前批判法国唯物主义和德国黑格尔精神哲学的基础上,重申历史辩证法的逻辑,完成革命实践的理论。

正如马克思所指出的:"正像反对思辨神学的斗争把费尔巴哈推向反对思辨哲学的斗争,因为他不得不迫使神学家从伪科学逃回到粗野的、可恶的信仰。"③这一批判黑格尔精神哲学的逻辑正是费尔巴哈人本唯物主义的逻辑。费尔巴哈在《关于哲学改造的临时纲要》中指出:"神学的秘密是人本学,思辨哲学的秘密则是神学——思辨神学。思辨神学与普通神学的不同之点,就在于它将普通神学由于畏惧和无知而远远放到彼岸世界的神圣实体移置到此岸世界中来,就是说:将它现实化了,确定了,实在化了","斯宾诺莎是近代思辨哲学真正的创造者,谢林是它的复兴者,黑格尔是它的完成者"。④ 可见,黑格尔的思辨哲学构成了一般神学——即思辨神学的基础所在,批判思辨神学必然会转向批判思辨哲学,而思辨哲学在当时最典型的表现即黑格尔的精神哲学。费尔巴哈已经完成了由宗教批判向哲学批判的转变,而哲学批判的对象直指世俗的神学——思辨哲学。

那么如何展开对黑格尔精神哲学的批判? 费尔巴哈认为:"一般思辨哲学的改革宗教的批判方法,与宗教哲学曾经应用过的方法并没有什么不同。我们只要经常将宾词当作主词,将主体当作客体和原则,就是说,只要将思辨哲学颠倒过来,就能得到毫无掩饰的、纯粹的、显明的真理。"⑤费尔

---

① 《马克思恩格斯文集》(第 1 卷),人民出版社,2009 年,第 327 页。
② 杨耕:《为马克思辩护——对马克思哲学的一种新解读》(修订本),北京师范大学出版社,2013 年,第 24 页。
③ 《马克思恩格斯文集》(第 1 卷),人民出版社,2009 年,第 330 页。
④ [德]费尔巴哈:《关于哲学改造的临时纲要》,洪潜译,生活·读书·新知三联书店,1958 年,第 1 页。
⑤ 同上,第 2 页。

巴哈反对黑格尔基于抽象思维的辩证逻辑，重新恢复有关人的主体地位。费尔巴哈认为："人性的东西就是神圣的东西，有限的东西就是无限的东西：这个果断的、变成有血有肉的意识，乃是一种新的诗歌和艺术的源泉，这种新的诗歌和艺术在雄壮方面、深刻方面、热情方面都要超过以前的一切诗歌和艺术"，"哲学的开端不是上帝，不是绝对，不是作为绝对或理念的宾词的存在。哲学的开端是有限的东西、确定的东西和实际的东西"。① 因此，人才是哲学思考的立足点，这根本区别于黑格尔的自我意识。而对于如何处理人与自然存在物之间的关系，费尔巴哈在改变了黑格尔的抽象思维之后，也改变了主体与客体之间的逻辑关系。

　　费尔巴哈指出："作为哲学的开端的存在，是不能与意识分离的，意识也不能与存在分离"，"感受是先于思维的"，"真正的思辨或哲学不是别的，仅仅是真实的、普遍的经验"，"思维与存在的真正关系只是这样：存在是主体，思维是宾词。思维是从存在而来的，然而存在并不来自思维"，"只有思维与存在的真正统一分裂的时候，只有首先通过抽象从存在中取出它的灵魂和本质，然后又在这个从存在中抽出来的本质中找到这个本身空洞的存在的意义和根据的时候，才能从思维中引伸出存在"，"自然是与存在没有区别的实体，人是与存在有区别的实体。……自然是人的根据"。② 从费尔巴哈的整个叙述中可以看出，虽然其承认思维与存在的相互关系，但是这一关系过程主要取决于存在。换言之，费尔巴尔并没有很好地延续黑格尔的辩证法逻辑，只是简单的将主词与宾词进行颠倒，至于历史逻辑问题，其并没有提供充分的说明。

　　当然，马克思是承认费尔巴哈哲学改革的重要意义的。马克思曾概括了费尔巴哈哲学的主要功绩："（1）证明了哲学不过是变成思想的并且通过思维加以阐明的宗教，不过是人的本质的异化的另一种形式和存在方式；因此哲学同样应当受到谴责；（2）创立了真正的唯物主义和实在的科学，因为费尔巴哈使社会关系即'人与人之间的'关系也同样成为理论的基本原则；（3）他把基于自身并且积极地以自身为根据的肯定的东西同自

────────────

　　①　［德］费尔巴哈：《关于哲学改造的临时纲要》，洪潜译，生活·读书·新知三联书店，1958年，第6，7页。

　　②　同上，第8，9、15、16页。

称是绝对肯定的东西的那个否定的否定对立起来。"①费尔巴哈肯定了感性确定性的原则，并且基于此，考察思维与存在的关系，自然是人的根据所在，这是对黑格尔精神哲学的根本否定，同时也是对哲学自身的否定。但是马克思同样指出了费尔巴哈哲学的缺陷所在——历史领域。马克思认为，黑格尔哲学为历史运动"找到抽象的、逻辑的、思辨的表达，这种历史还不是作为既定的主体的人的现实历史，而只是人的产生的活动、人的形成的历史"②。这固然同当时的批判——即费尔巴哈哲学——存在差异，但是至少"黑格尔那里还是非批判的运动所具有的批判的形式"③，而在费尔巴哈哲学中，历史运动过程正是缺少了这一批判的形式。这在《基督教的本质》一书中可以得到很好地体现，例如在人的本质问题上，费尔巴哈认为："在人里面形成类、即形成本来的人性的东西究竟是什么呢？就是理性、意志、心。一个完善的人，必定具备思维力、意志力和心力"，"理性、爱、意志力，就是完善性，这就是最高的力，这就是作为人的人底绝对本质，就是人生存的目的"，"在人里面而又超乎个别的人之上的属神的三位一体，就是理性、爱和意志的统一"。④ 这样，历史的运动如何产生，历史过程又是如何展开，在费尔巴哈的理解中，其最后流于抽象。

另外，马克思还指出，费尔巴哈哲学有关真正人的活动局限于"理论的活动"，他"没有把人的活动本身理解为对象性活动……对于实践则只是从它的卑污的犹太人的表现形式去理解和确定。因此，他不了解'革命的''实践批判的'活动的意义"。⑤ 费尔巴哈哲学没有将全部社会生活置于实践的基础之上，直观也不是实践的活动，并保留了宗教作为独立的抽象物，孤立的个体的人限于自然的联系，而这也导致了费尔巴哈将人的目的归结为"理性、爱和意志"的三位一体。相反，马克思的实践理论，即实践的唯物主义或历史唯物主义，其"全部问题都在于使现存世界革命化，实际地反对并改变现存的事物"⑥，正是在这一点上，费尔巴哈仍然停留在哲学的范围内。

---

① 《马克思恩格斯文集》（第1卷），人民出版社，2009年，第200页。
②③ 同上，第201页。
④ ［德］费尔巴哈：《基督教的本质》，荣震华译，商务印书馆，1984年，第30~31页。
⑤ 《马克思恩格斯文集》（第1卷），人民出版社，2009年，第499页。
⑥ 同上，第527页。

马克思只有在完成对费尔巴哈哲学的批判之后,才真正确立了实践的唯物主义,即历史唯物主义。相比于之前的法国唯物主义和德国黑格尔精神哲学,费尔巴哈无疑是进步的。但是费尔巴哈哲学并没有从实践出发,尤其是从革命的实践活动出发,其"把人只看做是'感性对象',而不是'感性活动'"①,而这里的感性活动即马克思的革命实践。费尔巴哈"仍然停留在理论领域,没有从人们现有的社会联系,从那些使人们成为现存样子的周围生活条件来观察人们","除了爱与友情,而且是理想化了的爱与友情之外,他不知道'人与人之间'还有什么其他的'人的关系'"。②这一点说明费尔巴哈批判哲学仍然停留在哲学领域,其批判的不彻底性来源于历史逻辑的缺失。因此,马克思得出结论:"当费尔巴哈是一个唯物主义者的时候,历史在他的视野之外;当他去探讨历史的时候,他不是一个唯物主义者。在他那里,唯物主义和历史是彼此完全脱离的。"③

马克思实践理论的形成,即对哲学的革命,来源于对黑格尔精神哲学、法国唯物主义和费尔巴哈哲学的批判性吸收。马克思承认法国唯物主义对于人作为自然存在物的确定,反对黑格尔围绕自我意识构建整个世界。不过,机械唯物主义否定人的属性明显遭到马克思的否定,人道主义的唯物主义及其典型费尔巴哈哲学很好地调节了人的属性与物的属性之间的关系。但是人道主义的唯物主义并不能解决历史运动以及人与自然存在物及异己产物之间的关系问题,在这一点上,马克思延续了黑格尔的历史逻辑,继承其辩证法思想,废弃其抽象思维的基础,确立了围绕实践的历史理论。实践理论具有革命性,它摆脱了停留于哲学范围的缺陷,对过去所有哲学的批判转向现实的政治行动,即政治革命活动,这就是马克思基于实践解决过往哲学问题的结果。正如马克思所说:"哲学家们只是用不同的方式解释世界,问题在于改变世界","物质力量只能用物质力量来摧毁"。④ 在这里,对于哲学批判的完成等于现实中政治革命的开始,二者之间是一个逻辑递进的关系,而马克思实践理论的首要作用即在于实现对哲学的革命、对过往一切旧有哲学的批判,即消灭哲学。

---

①②③ 《马克思恩格斯文集》(第1卷),人民出版社,2009年,第530页。
④ 同上,第11、502页。

（四）马克思的实践理论：哲学革命与消灭哲学

马克思的实践理论来源于对于哲学的批判性吸收，这一点在对黑格尔精神哲学、法国唯物主义和费尔巴哈哲学的批判中已经得到很好的表达。如果用一种非常简单化的比较来阐释马克思的实践理论与批判对象之间的差异，通过主客体关系的角度来分析马克思的实践理论与哲学问题的关系。可以说，黑格尔精神哲学肯定了主体，但是其缺失客体，或者说，客体在黑格尔哲学中是抽象的，也是不切实际的。不过，黑格尔哲学关于形式的过程，即辩证法思想，却是为马克思所接受的，它是关于历史运动和活动过程的基础所在。对于法国唯物主义，其肯定了客体，即自然存在物，但是机械唯物主义缺失主体，即人的属性。至于人道主义的唯物主义，或者说人本唯物主义，它很好地处理了主体与客体之间的关系。不过，它们仍然停留在哲学的范围内，即使作为典型代表的费尔巴哈哲学，也没有很好地超越哲学范围，转向现实社会生活领域。

马克思正是在批判费尔巴哈哲学在主客体关系上的缺失——无法描述历史运动过程——基础上，完成了实践理论，即历史唯物主义，或者说实践的唯物主义。因此，这样一种通过主客体关系的视角来理解马克思的实践理论，很好地展现了马克思实践理论的革命内涵——即在哲学领域的革命、对过往一切哲学的革命、消灭哲学。马克思通过实践作为基础和中介来处理主体（即人的属性）与客体（即物的属性）之间的关系，作为基础，其根本上不同于之前对于二者之间关系的割裂；作为中介，其避免了在历史运动过程问题上陷入抽象和神秘。

从主客体关系的视角来理解马克思的实践理论和对哲学的革命，在国内理论界，已经成为一种比较具有共识性的认知。在这一方面，可以列举很多学者对此的阐述，如张曙光、张一兵、杨耕、吴晓明、侯才，等等。[①] 马

---

① 参见张曙光：《人的世界与世界的人：马克思的思想历程追踪》，北京师范大学出版社，2009 年；张一兵：《马克思历史辩证法的主体向度》，武汉大学出版社，2010 年；杨耕：《为马克思辩护——对马克思哲学的一种新解读》（修订本），北京师范大学出版社，2013 年；吴晓明：《超感性世界的神话学及其末路——马克思存在论革命的当代阐释》，中国人民大学出版社，2011 年；侯才等：《马克思主义哲学史论》，中共中央党校出版社，2005 年。

克思通过实践统一主客体,解决的是哲学领域内一直存在的主体与客体的分离问题,而这一问题又可以追溯到古希腊时期,一直延续到大工业革命和马克思时代。

在古希腊时期,客体主要表现为对世界本原的探求,并且这一本原经历了由具体物质形态向抽象概念的变迁过程。同时,在概念之外,还出现了有关概念运动的逻辑问题。在这一时期,可以归入人作为主体的叙述有智者学派,其提出的"人是万物的尺度"即表达了从人的角度认识对象的思想。但是"智者们只是强调了世界相对于人的对象性存在,忽视了人相对于世界的对象性存在,因而忽视了世界本身的客观独立性"[1]。可见,不管是强调主体,还是强调客体,包括后来的柏拉图和亚里士多德都没有很好地解决二者之间统一的问题。要么忽视了客观性要求,要么忽视了人的意义,要么无法建立主体与客体之间的统一关系和历史过程。

中世纪时期,关于主体与客体关系的争论可以分为唯名论和唯实论。"唯名论认为,唯有可以直接感受到的个别事物才是具有客观实在性的实体,而后于事物的'共相'不具有客观实在性;唯实论则断言'共相'是先于事物而独立存在的精神实体,它具有客观实在性。"[2]唯名论与唯实论的争论同样无法解决主客体统一的问题,只不过它经历了由"本体论向认识论的转向"。

17世纪以来,唯理论与经验论的争论仍然延续了主客体关系的问题。虽然二者都是围绕人的认识问题,是理性还是感性,但是"从根本上说由于他们对感性经验和理性思维在把握世界中的作用有不同认识,其具体的分歧和争辩,却是围绕实体问题发生和进行"[3],这又回到了认识主体与认识客体的关系问题上。不过,不管是唯理论还是经验论,主客体统一都没有在其哲学范围内实现。例如,唯理论很容易陷入形而上学的藩篱,最终忽视自然存在物的属性,而经验论又"最终导致怀疑主义的道路"[4]。

在唯理论与经验论之外,18世纪法国唯物主义可以说区别于此,其涉

---

① 张曙光:《人的世界与世界的人:马克思的思想历程追踪》,北京师范大学出版社,2009年,第9页。

② 同上,第14～15页。

③ 同上,第18～19页。

④ 同上,第21页。

及感性与理性、思维与存在的统一问题。不过,如同前文所述,马克思已经指出了法国唯物主义的问题所在,不管是机械唯物主义还是人本唯物主义,其都没有化解主客体之间的矛盾并合理解决历史运动问题。之后重新由实体进入到主体思考的是德国古典哲学,这一点在前述对黑格尔哲学批判和对费尔巴哈哲学批判已有过论述。可以说,黑格尔哲学的积极环节构成了费尔巴哈哲学的缺陷所在。正是通过主客体关系的视角,展现了马克思实践理论的革命性,一方面,其所要解决的是哲学领域一直以来都存在的有关主客体矛盾的这一根本问题。另一方面,马克思实践理论的完成不仅是对主客体矛盾的化解,更是对哲学本身的消灭,这即"哲学革命"——对哲学的革命。因此,从主客体关系的视角理解马克思的实践作为基础和中介统一主客体的过程,所引出的直接结果即是对哲学的革命。

那么马克思基于实践的主客体统一具体是如何展开的?在马克思的理解中,实践首先是一种物质生产活动。马克思认为:"一切人类生存的第一个前提,也就是一切历史的第一个前提,这个前提是:人们为了能够'创造历史',必须能够生活。但是为了生活,首先就需要吃喝住穿以及其他一切东西。"因此,"第一个历史活动就是生产满足这些需要的资料,即生产物质生活本身,而且这是人们从几千年直到今天单是为了维持生活就必须每日每时从事的历史活动,是一切历史的基本条件"①。在生产物质的过程中,既要处理人与自然的关系,又要处理人与人的关系,同时还要处理人的观念问题。因此,"生产实践既是人和自然之间物质交换的过程,又是人和人之间互换活动的过程,同时还是人和自然之间物质与观念的转换过程",马克思通过实践这一基础和中介实现了"能动性、自由性、创造性与现实性、客观性、物质性"的统一。②

对于人与自然即主体与客体之间的统一,或者说矛盾的化解,其包含两个层面,杨耕将其概括为"主体客体化"和"客体主体化"。主体客体化即"主体通过对象性活动向客体渗透和转化","作为人所特有的对象化的活动,人通过实践使自己的本质力量转化为对象物","在这一过程中,对象

① 《马克思恩格斯文集》(第1卷),人民出版社,2009年,第531页。
② 杨耕:《为马克思辩护——对马克思哲学的一种新解读》(修订本),北京师范大学出版社,2013年,第69页。

按照主体的要求和需求发生了结构和形式上的变化,形成了自然界原来所没有的种种对象物"。① 客体主体化又称为"客体非对象化",即"客体从客观对象的存在形式转化为主体生命结构的因素或主体本质力量的因素,客体失去对象化的形式,变成主体的一部分","在实践中,主体一方面通过物质和能量的输出改变着客体,同时主体也需要把一部分客体作为直接的生活资料加以消费,或者把物质工具作为自己身体器官的延长包括在主体的生命活动中"。② 可见,正是基于实践的中介,马克思完成了主客体之间的统一。另外,主客体的统一并不是实践的全部内涵,并不是一个静止的过程,其还需要处理历史运动的问题,杨耕在这一问题上将马克思的实践理论概括为"社会的自然"和"自然的社会"。社会的自然即"人化自然",它对应前面的主体客体化。人化自然可以从两个层面加以理解,一方面,"人的实践可以改变自在自然的外部形态和内部结构乃至其规律起作用的方式";另一方面,"它不可能消除自在自然的客观实在性"。③ 因此,它既体现了自然存在物的客观实在性,同时又结合了人的主体性。自然的社会即"自然的人化",它是指"在实践中,自在自然这个'自在之物'日益转化为体现了人的目的并能满足人的需要的'为我之物'",其"强调的不是自然界的变化,而是自然界在人的实践过程中,不断获得属人的性质,不断地被改造为人的生存和发展的条件,成为人的本质力量的确证和展现"④。在这里,自然的"人化"过程就构成了"人类社会形成和发展的过程",因为"人们在从事物质生产、改造自然的同时,又形成、改造和创造着自己的社会联系和社会关系","自然的'人化'是在社会之中而不是在社会之外实现的"。⑤

正是在这一意义上,马克思提出了"把经济的社会形态的发展理解为一种自然史的过程"。可见,杨耕提出的自然的社会或自然的"人化"与马克思的人类社会"自然的历史"是一致的,而这解决的正是历史的运动过程。因此,通过实践作为基础和中介,马克思不仅完成了主客体的统一,而

①② 杨耕:《为马克思辩护——对马克思哲学的一种新解读》(修订本),北京师范大学出版社,2013 年,第 70 页。

③ 同上,第 74 页。

④⑤ 同上,第 75 页。

且这一主客体统一的关系还是历史运动的过程。至此,以实践作为基础和中介的围绕哲学范围内主客体矛盾问题的解决得以完成,对哲学的革命即消灭哲学也可以实现。

实践理论的确立,直接结果是对哲学的革命。但是其更重要的意义在于,马克思在解决完哲学领域的问题之后,围绕哲学的问题其实在马克思的理论体系中已然结束。紧接着,作为一种逻辑关系的递进,实践理论所带来的消灭哲学需要转向现实的政治行动,即革命的实践活动。正因为如此,马克思才指出:"实际上,而且对实践的唯物主义者即共产主义者来说,全部问题都在于使现存世界革命化,实际地反对并改变现存的事物。"①

(五)马克思与恩格斯的差异问题

围绕马克思与恩格斯差异的争论是非常之多的,但是有一点可以确认,马克思、恩格斯在政治革命问题上态度是一致的。雅克·泰克西埃指出:"恩格斯坚定地站在马克思一边,因为在政治领域,人们很快发现,要把马克思和恩格斯分开,是何等的荒谬。"②从共产主义者同盟时期,到国际工人协会时期,乃至马克思逝世后的社会主义国际时期,恩格斯在政治革命问题上始终保持并延续马克思了对这一问题的根本态度。即使经常容易引起争论的《卡·马克思〈1848年至1850年的法兰西阶级斗争〉一书导言》,其关于无产阶级革命路径的态度在马克思逝世之前就已经有所表达,这并不是恩格斯在政治革命路径问题上与马克思的分裂。通过梳理19世纪60年代之后革命退潮时期马克思在无产阶级革命路径选择问题上的看法,民主与暴力的区分已经非常明显,尤其是在革命形势发生改变的背景下。因此,至少在政治革命问题上马克思与恩格斯是基本一致的,不存在所谓马克思与恩格斯的差异甚至分裂。

但是不可否认,马克思与恩格斯确实是存在差异的,尤其是在关于对哲学的革命问题上,而这种差异突出表现在恩格斯晚年。在1848年之前

---

① 《马克思恩格斯文集》(第1卷),人民出版社,2009年,第527页。
② [法]雅克·泰克西埃:《马克思恩格斯论革命与民主》,姜志辉译,社会科学文献出版社,2012年,注释②,第3页。

马克思完成从哲学革命向政治革命的转变过程中,恩格斯与马克思在消灭哲学和对哲学的革命问题上是一致的。这从马克思批判黑格尔精神哲学、法国唯物主义、费尔巴哈哲学等一系列旧有哲学可以看出,恩格斯并无明显的不同态度。但在马克思逝世前后,尤其是随着恩格斯《反杜林论》《自然辩证法》《家庭、私有制和国家的起源》等一系列著作的完成,恩格斯回到哲学领域的倾向就显得非常明显了,而这与马克思一直以来尝试解决哲学问题、跳出哲学领域、消灭哲学、转向现实的政治行动是存在不一致的。或许,这就是恩格斯在哲学问题上与马克思的差异所在。在 1885 年恩格斯为《反杜林论》所作的第二版序言中,恩格斯陈述了自身与马克思在"哲学"上的一致性。"马克思和我,可以说是从德国唯心主义哲学中拯救了自觉的辩证法并且把它转为唯物主义的自然观和历史观的唯一的人","可是要确立辩证法的同时又是唯物主义的自然观,需要具备数学和自然科学的知识"。① 从恩格斯的论述可以看出,将唯物主义区分为自然观与历史观,并且,两种唯物主义观都是通过辩证法的形式展开的。但是这明显区别于马克思通过实践统一主体与客体、人与自然、社会与自然的过程。至少,从马克思的实践唯物主义中不能引申出独立于人类社会的自然观。

另外,恩格斯基于自然观与历史观的区分,将马克思关于实践的唯物主义划分为三个不同层面,"在自然界里,同样的辩证法的运动规律在无数错综复杂的变化中发生作用,正象在历史上这些规律支配着似乎是偶然的事变一样;这些规律也同样地贯串于人类思维的发展史中,它们逐渐被思维着的人所意识到"。至于恩格斯所做的如同马克思一样,"这些规律最初是由黑格尔全面地、可是以神秘的形式阐发的,而剥去它们的神秘形式,并从它们的全部的单纯性和普遍性上把它们清楚地表达出来,这就是我们的目的"②。可是,恩格斯通过辩证法将唯物主义划分为自然观、历史观和思维三个不同层面,这已经破坏了马克思通过实践将三者统一的过程。因此,恩格斯在这需要做的就是发现自然界中的辩证规律,并确立其与马克思历史观同等重要的地位。

恩格斯指出:"对我来说,事情不在于把辩证法的规律从外部注入自然

① 《马克思恩格斯全集》(第 20 卷),人民出版社,1973 年,第 13 页。
② 同上,第 13、14 页。

界,而是在于从自然界中找出这些规律并从自然界里加以阐发。"①正是基于此,恩格斯在《自然辩证法》中将辩证法的规律总结为"量转化为质和质转化为量的规律;对立的相互渗透的规律;否定的否定的规律",并且"辩证法的规律是自然界的实在的规律,因而对于理论自然科学也是有效的"。②

可见,在恩格斯的唯物主义自然观及其与历史观和思维的划分中,一是人的中心地位消失了,至少在展开自然观的过程中,人已经失去了应有的地位,因为自然观中的辩证法规律是不依赖于人而独立存在的。二是人作为自然存在物存在被纳入自然观及相应规律的倾向,即自然观中的辩证规律同样适用于历史观和人类思维。那么属人性就必须服从属物性,人的思维活动同样遵循着外在于人的客观实在性。三是沟通人作为主体与自然存在物作为客体之间关系的实践消失了,如何实现主客体之间的统一以及二者在历史过程中的运动、发展,其全部让位于自然观中的辩证规律在历史过程中的应用,人与外在于人的自然存在物及其异己产物处于分裂的状态。四是消灭哲学向恢复哲学的转化倾向。在马克思通过实践的唯物主义解决了哲学问题之后,哲学已经不复存在,对哲学的革命由现实的政治行动所接替。但是在恩格斯的唯物主义自然观中,哲学又得到了恢复,外在于人的客观实在性重新获得地位。当然,恩格斯并没有放弃在政治革命问题上与马克思的一致态度,可是基于哲学的恢复,由对哲学的革命向政治革命和社会革命的转化存在危机。

恩格斯明确唯物主义自然观,并由此展开历史观和人的思维是在《路德维希·费尔巴哈和德国古典哲学的终结》中。恩格斯认为:"全部哲学,特别是近代哲学的重大的基本问题,是思维和存在的关系问题",并且,在此基础上,将近代哲学划分为唯物主义和唯心主义,"凡是断定精神对自然界来说是本原的,从而归根到底以某种方式承认创世说的人,组成唯心主义阵营。凡是认为自然界是本原的,则属于唯物主义的各种学派"。③ 与思维与存在的关系问题紧密相连的是"思维和存在的统一性问题",即"我

---

① 《马克思恩格斯全集》(第 20 卷),人民出版社,1973 年,第 15 页。
② 同上,第 401、402 页。
③ 《马克思恩格斯全集》(第 21 卷),人民出版社,1965 年,第 315、316 页。

们的思维能不能认识现实世界"。① 恩格斯正是在思维与存在关系问题上承认存在的首要地位,解决唯物主义自然观问题;在承认思维与存在的同一性问题上,解决人类思维发展的问题。同时,不管是在自然观、历史观还是人类思维发展过程中,辩证法都贯穿其中,辩证规律即科学本身。

在笔者看来,恩格斯的唯物主义自然观与马克思通过实践统一人与自然存在物的唯物主义存在根本差异,恩格斯实质上已经回到了杨耕所说的自然唯物主义范畴之内,只不过,辩证法被结合进自然唯物主义当中去了。马克思通过实践消灭哲学,从哲学范围内跳出并转向现实政治行动,恩格斯重新恢复了哲学,回到哲学范围内,回到思维与存在的关系中,这不过是主客体关系的另一种表达。因此,即使恩格斯仍然承认实践的地位,可是实践已经失去在马克思逻辑中的核心地位并让位于自然,人也失去其中心地位并屈从于物的属性。

如果说恩格斯的唯物主义自然观仍然不明显,那么后来的斯大林哲学则是对这一倾向的深化。可以通过杨耕对斯大林哲学的批判反观恩格斯与马克思在消灭哲学问题上的差异。杨耕认为:"在苏联马克思主义哲学模式中,辩证唯物主义是一种研究自然界的方法和解释自然界的理论,历史唯物主义不过是这种所谓的辩证唯物主义即一种自然观在社会领域中的推广和运用","在这种所谓的辩证唯物主义中,自然是脱离人的活动的自然,是从历史中抽象出来的自然","马克思哲学从社会存在到自然存在的逻辑方向被颠倒了,人的生存方式和状态被忽略了,实践的本体论意义以及人的主体性被遮蔽了。这是向以'抽象物质'为本体的自然唯物主义的复归,是一次惊人的理论倒退"。② 其实这一倾向在恩格斯的唯物主义自然观中已经有所表现,恩格斯对自然观、历史观和思维的划分已经为历史唯物主义不过是辩证唯物主义的使用和推广提供了基础。因此,恩格斯晚年在马克思完成消灭哲学之后,又出现了恢复哲学地位的倾向,这无疑是一种倒退。正如特雷尔·卡弗所说:"此时的恩格斯与他写作《德意志意识形态》时的思想相比是退步了","他为马克思构建了一个形而上学的

---

① 《马克思恩格斯全集》(第21卷),人民出版社,1965年,第316页。
② 杨耕:《为马克思辩护——对马克思哲学的一种新解读》(修订本),北京师范大学出版社,2013年,第80、81页。

体系(也就是一种关于宇宙最终原因和基础动力的观点),因为他对所有概念所做的形而上学证明,是基于对固定不变的事物的信念,并且运用了非辩证的思维(根据他的辩证的观念)",当然"恩格斯的形而上学不仅仅是赫拉克利特式的'流动',他的'发展'更是一个'无止境地由低级上升到高级的不断的过程"。①

虽然恩格斯的唯物主义自然观区别于马克思的实践唯物主义,并且其本质上是倒退到马克思所批判的自然唯物主义形态,即使其结合进辩证法的逻辑;但是这是不是意味着马克思由对哲学的革命转向政治革命和社会革命不再是恩格斯的观点呢? 事实上,恩格斯在政治革命问题上自始至终都持有同马克思一致的态度。换言之,恩格斯从未否认由实践的唯物主义所达成的对哲学的革命以及紧接着展开的政治革命,恩格斯恢复哲学或许仅仅是尝试为马克思的实践理论提供"哲学"的基础,至少在面对其他哲学理论的挑战过程中,对哲学的批判仍然需要哲学的话语。抑或,恩格斯的唯物主义自然观还没来得及全面展开并与马克思的实践理论相对立。可有一点可以确定,即使是恩格斯的唯物主义自然观,其仍然延续了革命的逻辑,即对过往一切旧有哲学的否定,只是这种否定又回到了哲学的范围内,这也同样是一个不争的事实。

因此笔者认为,马克思和恩格斯在消灭哲学问题确实是存在差异的,而且是潜在的根本性对立,不过这并不影响在政治革命和社会革命问题上二者之间的一致态度。由此可见,马克思、恩格斯仍然是一体的,不需要作出有意的区分,这也是笔者在展开马克思通过唯物史观引出革命的过程中所默认的前提。在需要作出区分的时候,则有必要作出具体的界定。因为马克思和恩格斯的差异并未影响到马克思通过实践完成对哲学的革命,也未影响到由消灭哲学向政治革命和社会革命的转变,所以马克思、恩格斯相同的方面远大于差异,马克思、恩格斯的一体化也更符合马克思的革命理论本身。

---

① [美]特雷尔·卡弗:《马克思与恩格斯:学术思想关系》,姜海波、王贵贤等译,中国人民大学出版社,2008 年,第 126、127、128 页。

二、政治革命与社会革命：分工为中介的
生产力与生产关系统一

马克思实践理论的直接结果是消灭哲学，即对哲学的革命，而消灭哲学的直接结果则是转向现实的政治行动，即政治革命。不过，马克思的实践理论是跳出哲学范围的有关现实的逻辑分析，它不会停留在主客体的层面。其中，实践尤其是劳动实践，构成了马克思分析现实社会的基础所在。围绕劳动实践展开的生产力与生产关系、经济基础与上层建筑之间的关系，构成了政治革命和社会革命的历史辩证法。一方面，政治革命作为消灭哲学自然而然的结果而存在，并且政治革命最终需要推向社会革命；另一方面，政治革命之所以构成马克思所说的跳出哲学领域的现实的革命实践，其基础在于物质生产领域。正是在劳动实践中，生产力与生产关系、经济基础与上层建筑的矛盾关系，使得政治革命成为必要，并通过政治革命最终实现社会革命。

当然，马克思的批判对象是资本主义物质生产过程，以此为基础，所引申出的是对资产阶级的政治革命和社会革命。不过，马克思从根本上否定资本主义的同时，也承认了资本主义在历史上的积极环节，这主要是针对封建主义而来的。这一点也显得尤为必要。资本主义的兴起以及对封建主义的革命关系表现在各个方面：首先，在物质生产上，"资产阶级在它的不到一百年的阶级统治中所创造的生产力，比过去一切世代创造的全部生产力还要多，还要大"①；其次，伴随着物质生产活动的革命性变迁，封建主义的、旧有的生产关系、交往手段、社会关系、政治统治形式等，全部发生了相应的改变，马克思将其总结为"起而代之的是自由竞争以及与自由竞争相适应的社会制度和政治制度、资产阶级的经济统治和政治统治"②。可见，马克思在资本主义对封建主义革命性转变问题上持有积极的态度，至少这符合马克思历史辩证法的观点。但是历史发展到资本主义时期，"我

---

① 《马克思恩格斯文集》（第2卷），人民出版社，2009年，第36页。
② 同上，第36～37页。

们眼前又进行着类似的运动","资产阶级用来推翻封建制度的武器,现在却对准资产阶级自己了"。① 换言之,资本主义当时经历的历史过程正是过去封建主义所遭遇到的。基于此,对资本主义的政治革命和社会革命就变得自然而然,而这一切之所以可能,根本则源于资本主义在物质生产领域不可调节的矛盾和冲突,即生产力与生产关系、经济基础与上层建筑之间的对立。

(一)革命实践:哲学革命的直接结果

马克思通过实践理论来批判费尔巴哈的人本唯物主义,指出其停留在理论层面,而不是转向现实的行动,即革命性实践。马克思认为,费尔巴哈不了解"'革命的''实践批判的'活动的意义"②。费尔巴哈将世界二重化为"宗教世界和世俗世界",但是其不了解"世俗基础使自己从自身中分离出去,并在云霄中固定为一个独立王国,这只能用这个世俗基础的自我分裂和自我矛盾来说明"。"因此,对这个世俗基础本身应当在自身中、从它的矛盾中去理解,并且在实践中使之发生革命。"③这即马克思所说的"问题在于改变世界",同之前在《〈黑格尔法哲学批判〉导言》中提出的转向"对尘世的批判""对法的批判""对政治的批判"是一致的。④ 其中,马克思对于现实革命实践的强调又集中于政治革命,即现实的政治行动。

马克思之所以转向政治革命的诉求,一方面,不管是宗教批判还是哲学批判,其仍然停留在理论层面,局限于哲学范围,并没有指向现实问题,这不符合马克思的实践理论,"马克思并不满意于青年黑格尔派的宗教批判,也不满意于费尔巴哈的自然唯物主义的无神论,而是要求把宗教批判以及自然唯物主义观念转变为自觉的政治解放"⑤。这里,就是指政治革命的要求。另一方面,当时的政治革命仍然局限于资产阶级的范围内,马

---

① 《马克思恩格斯文集》(第 2 卷),人民出版社,2009 年,第 37 页。

② 《马克思恩格斯文集》(第 1 卷),人民出版社,2009 年,第 499 页。

③ 同上,第 500 页。

④ 同上,第 4、502 页。

⑤ 邹诗鹏:《激进政治的兴起——马克思早期政治与法哲学批判手稿的当代解读》,复旦大学出版社,2012 年,第 203 页。

克思认为在现实条件发生改变的背景下——即无产阶级与资产阶级的对立,政治革命应该转变为无产阶级的政治革命,因此"仅仅把政治批判看成是资产阶级政治批判,是不够的。在当时的历史条件特别是法国的条件下,政治解放看起来由资产阶级承担。但是……不仅德国、而且欧洲人的政治解放都要由正在兴起的无产阶级来承担;也只有以无产阶级为主体的政治解放,方可以内在地通向人类解放"①。

正因为如此,作为消灭哲学的直接结果——革命实践,在当时主要是指转向政治革命。可见,在马克思的理解中,既然通过实践理论实现了对哲学的革命,那么实践就应该自然而然地转向现实领域,即革命实践领域。革命实践是一个总体性的概念,它包含着根本改变的要求,是现实矛盾的产物。这符合马克思历史辩证法的逻辑,即主体与客体、自然与社会之间的矛盾关系。其中,政治革命又显得尤为重要。

政治革命得以可能,主要通过资产阶级与无产阶级的对立来表现的。马克思认为:"随着资产阶级即资本的发展,无产阶级即现代工人阶级也在同一程度上得到发展"②,社会矛盾日益转化为资产阶级与无产阶级的简单对立。一方面,资本主义的发展使得无产阶级作为对立的一极得以可能。"最初是单个的工人,然后是某一工厂的工人,然后是某一地方的某一劳动部门的工人,同直接剥削他们的单个资产者作斗争","工人的大规模集结,还不是他们自己联合的结果,而是资产阶级联合的结果,当时资产阶级为了达到自己的政治目的必须而且暂时还能够把整个资产阶级发动起来"③,"随着工业的发展,无产阶级不仅人数增加了,而且结合成更大的集体,它的力量日益增长,而且它越来越感觉到自己的力量"④。这时,无产阶级日益作为资产阶级的对立面而存在,作为阶级而存在。

另一方面,社会日益分化为两大阶级,其他所有阶级都随着资本主义的发展,要么转向资产阶级,要么转向无产阶级。例如,马克思认为:"以前的中间等级的下层,即小工业家、小商人和小食利者,手工业者和农民——

---

① 邹诗鹏:《激进政治的兴起——马克思早期政治与法哲学批判手稿的当代解读》,复旦大学出版社,2012 年,第 204 页。
② 《马克思恩格斯文集》(第 2 卷),人民出版社,2009 年,第 38 页。
③ 同上,第 39 页。
④ 同上,第 40 页。

所有这些阶级都降落到无产阶级的队伍里来了。"因此,"我们的时代,资产阶级时代,有了一个新特点:它使阶级对立简单化了。整个社会日益分裂为两大敌对的阵营,分裂为两大相互直接对立的阶级:资产阶级和无产阶级"①。可见,在马克思的理解中,政治革命既属于现实的革命实践,同时它也因为现实条件的存在而成为可能,从之前资本主义与封建主义的对立发展到当时的资产阶级与无产阶级的对立,这正是马克思历史辩证法的逻辑,即围绕实践的历史运动过程。

虽然政治革命作为当时革命实践的重要组成,但是其并不是全部,或者说,政治革命并不意味着革命实践的完成。因为在马克思的历史逻辑中,历史运动过程除了具有相互对立的阶级斗争之外,还需要完成这一斗争过程,最终达到新的历史阶段,即消灭阶级斗争的状态。正因为如此,马克思在强调政治革命的同时,还将政治革命推向社会革命,政治解放发展为人的解放。马克思认为:"工人革命的第一步就是使无产阶级上升为统治阶级","无产阶级将利用自己的政治统治,一步一步地夺取资产阶级的全部资本,把一切生产工具集中在国家即组织成为统治阶级的无产阶级手里,并且尽可能快地增加生产力的总量","共产主义革命就是同传统的所有制关系实行最彻底的决裂;毫无奇怪,它在自己的发展进程中要同传统的观念实行最彻底的决裂"。② 可见,革命实践的最终完成是通过政治革命达成社会革命,其中对于经济关系的革命构成了社会革命的主要内容。这一点在《论犹太人问题》中有着更为清晰的论述。马克思在批判资产阶级政治革命过程中指出:"封建社会已经瓦解,只剩下了自己的基础——人,但这是作为它的真正基础的人,即利己的人","因此,这种人,市民社会的成员,是政治国家的基础、前提。他就是国家通过人权予以承认的人",而"任何解放都是使人的世界即各种关系回归于人自身"。③

因此,无产阶级对于资产阶级的政治斗争不仅需要首先确立政治统治,同时还需要完成社会革命,即瓦解资产阶级的市民社会,这里才是资产阶级政治统治的基础所在。社会革命是政治革命的递进和延伸,也是政治

① 《马克思恩格斯文集》(第2卷),人民出版社,2009年,第32、39页。
② 同上,第52页。
③ 《马克思恩格斯文集》(第1卷),人民出版社,2009年,第45、46页。

革命的最终完成。换言之,革命实践的最终完成是达到消灭阶级,消灭阶级不仅是指资产阶级及其政治统治,还包括资本主义社会关系,尤其是其中的经济关系。这里需要指出邹诗鹏在这一问题上的偏差。邹诗鹏认为:"政治经济学的批判乃政治批判的具体化",原因在于,"对资本主义制度的批判,实际上必定体现为对资本主义经济结构的批判,这一批判其实质就是政治经济学批判"。① 问题在于,马克思通过实践理论引申出革命实践,一方面,是对所有旧有哲学的革命,即消灭哲学;另一方面,也是更为重要的,革命实践意味着现实的政治行动,即政治革命。不过,政治革命并不是革命实践的全部内容,虽然作为其非常重要的组成。政治革命得以可能,根本在于劳动实践领域的矛盾。

正因为如此,政治革命最后还需要解决劳动社会领域的问题,尤其是所有制关系问题,简言之,即社会革命。那么为什么首先是政治革命,或者说,政治革命为什么在当时处于优先的地位? 至少在马克思的理解中,只有通过政治革命的方式,确立无产阶级的政治统治,才能展开社会革命,改变资本主义所有制关系,否则社会革命根本无从谈起。因此,马克思才提出了基于生产实践基础上的两大政治阶级——资产阶级和无产阶级。可见,邹诗鹏提出的政治经济学批判不过是政治批判的具体化,这是存在一定偏差的。就笔者而言,政治经济学批判是政治革命的基础所在,而政治革命和社会革命都是基于劳动实践领域的矛盾而引申出来的。正如之前通过实践引申出革命,即对哲学的革命,这里在现实领域即资本主义社会,政治革命和社会革命是产生于物质生产过程中的矛盾关系。

可见,马克思通过实践在完成对哲学的革命之后,直接结果就是革命实践的产生,而其中的政治革命又构成了革命实践的重要内容,并且政治革命最终还需要推向社会革命。基于革命实践的要求,或者说革命何以表现,马克思分析了资产阶级与无产阶级的对立,并且根据历史辩证法的逻辑,社会对立日益简单化为这两大阶级的矛盾。不过,这并不是由消灭哲学而产生的,其主要根源在于劳动实践的矛盾。对哲学的革命可以产生现实的革命实践要求,但是革命实践何以可能。换言之,政治革命与社会革

---

① 邹诗鹏:《激进政治的兴起——马克思早期政治与法哲学批判手稿的当代解读》,复旦大学出版社,2012 年,第 12 页。

命的来源问题,则只能通过生产力与生产关系、经济基础与上层建筑的矛盾关系来实现的。

(二)劳动实践领域的矛盾:政治革命与社会革命的来源

马克思的实践理论除了完成对哲学的革命之外,更为重要的是引申出政治革命和社会革命。虽然马克思在批判费尔巴哈等人的过程中,强调转向革命实践的重要性,尤其是政治革命,但是政治革命从何而来,政治革命何以通过资产阶级与无产阶级的阶级斗争得以表现出来,政治革命又如何通向社会革命,从而最终消灭阶级本身,这一系列的革命实践都来源于马克思的实践理论,即唯物史观。唯物史观不仅作为方法论,更是作为马克思理论体系的必要组成。革命的产生根源于劳动实践领域的矛盾关系,即生产力与生产关系、经济基础与上层建筑之间的对立。

1. 生产力与生产关系

生产力与生产关系虽然属于马克思实践理论的主要组成。但是从国内学界的研究而言,对于"生产力和生产关系的相互作用的中介、内在机制都是完全忽略或语焉不详"[1],或者替代对生产力与生产关系中介的分析,将其简单理解为作用与反作用的关系,这一逻辑明显不符合马克思历史辩证法的思想。在此,笔者借鉴杨耕对这一问题的看法,其提出了分工作为生产力与生产关系中介的观点,而这一观点基本符合马克思的实践理论,并且正是基于这一逻辑,马克思得以形成政治革命和社会革命的革命实践观点。

杨耕认为:"能够成为生产力和生产关系中介的,必须具有双重属性,即既有生产力的属性又有生产关系的属性,否则,它就不能成为生产力和生产关系的结合部、纽带和'桥梁'","按照马克思的观点,分工具有二重性:就它是生产过程中人与'物'的结合方式来说,它属于生产力范畴;就它是生产过程中人与人的结合方式而言,它又属于生产关系的范畴。正是这种二重性,使得分工成为生产力和生产关系的中介"[2]。分工作为生产

---

①② 杨耕:《为马克思辩护——对马克思哲学的一种新解读》(修订本),北京师范大学出版社,2013年,第161页。

力,主要表现为"生产过程中劳动者和工具的具体结合方式,标志着生产技术构成";分工作为生产关系,主要表现为"所有制关系"。① 那么生产力和生产关系如何通过分工的中介产生变化、发展?杨耕在这一问题上是模糊的,仅仅勾勒了"生产力(生产工具)→生产的技术形式→分工与经济活动方式→所有制关系(生产关系)"②这一简单的逻辑过程,并没有详细展开生产力与生产关系如何通过分工这一中介达成革命性的变化,并且在此基础上,引发政治革命与社会革命。

其实在《德意志意识形态》中,马克思已经详细地阐述了生产力与生产关系如何通过分工实现变化、发展。在行会时期,"物质劳动和精神劳动的最大的一次分工,就是城市和乡村的分离",而与这一物质生产及分工相联系的则是"各行各业的手艺人联合为行会",行会构成了生产关系的表现形态。③ 与这种生产力和生产关系相适应的是,"居民第一次划分为两大阶级,这种划分直接以分工和生产工具为基础"。不过,这一时期的政治冲突不是由两大阶级构成的,主要因为"每一行业中的帮工和学徒都以最合适于师傅的方式组织起来;他们和师傅之间的宗法关系使师傅具有双重力量:第一,师傅对帮工的全部生活有直接影响;第二,帮工在同一师傅手下做工,对这些帮工来说这是一根真正的纽带,它使这些帮工联合起来反对其他师傅手下的帮工,并同他们分割开来;最后,帮工由于自己也想成为师傅而与现存制度结合在一起"④。相反,城乡对立构成了这一时期的主要冲突。马克思认为:"城乡之间的对立是个人屈从于分工、屈从于他被迫从事的某种活动的最鲜明的反映,这种屈从把一部分人变为受局限的城市动物,把另一部分人变为受局限的乡村动物,并且每天都重新产生二者利益之间的对立。"⑤在马克思的叙述中,分工一方面承担了生产力的角色,例如物质劳动和精神劳动;另一方面,其又是构成了生产关系,即行会组织的生产形式。并且在生产力与生产关系的基础上,产生了相应的政治冲突

① 杨耕:《为马克思辩护——对马克思哲学的一种新解读》(修订本),北京师范大学出版社,2013年,第161、162页。
② 同上,第163页。
③ 《马克思恩格斯文集》(第1卷),人民出版社,2009年,第556、557页。
④ 同上,第558页。
⑤ 同上,第556页。

和社会冲突,只是这一时期的矛盾冲突并不是由对立的两大阶级构成,而是由城市和乡村构成。

在工场手工业时期,"分工的进一步扩大是生产和交往的分离,是商人这一特殊阶级的形成","这种分离在随历史保存下来的城市里被继承下来,并很快就在新兴的城市中出现了",而"不同城市之间的分工的直接结果就是工场手工业的产生,即超出行会制度范围的生产部分的产生"。① 伴随着物质生产和分工及交往的变化,生产关系也发生了相应的变化。"摆脱了行会束缚的工场手工业的出现,所有制关系也立即发生了变化",这里的所有制关系即生产关系以及作为组成的分工。一方面,"超过自然形成的等级资本而向前迈出的第一步……可以说是现代意义上的资本";另一方面,"工场手工业又运用了大量自然形成的资本,并且同自然形成的资本的数量比较起来,一般是增加了活动资本的数量"。② 在这一时期,分工作为生产关系的组成还带来其他各种变化,如"农民摆脱那些不雇佣他们或付给他们极低报酬的行会的避难所","工人和雇主关系的变化……帮工和师傅之间的宗法关系……由工人和资本家之间的金钱关系代替了","封建制度的瓦解"。③ 可见,分工既具有生产力的功能,如生产和交往的分离;同时又构成了生产关系的改变,如自然资本的形式、宗法关系的改变,等等。与生产力和生产关系这一关系变迁相伴随着的是资本主义与封建主义矛盾的出现,或者说,资产阶级与封建贵族的对立逐渐代替了城市与乡村之间的对立。

在大工业时期,由于"相对的世界市场"的形成,"这种超过了生产力的需求正是引起中世纪以来私有制发展的第三个时期的动力,它产生了大工业——把自然力用于工业目的,采用机器生产以及实行最广泛的分工"。④ 可见,分工仍然扮演着生产力与生产关系中介的角色。不过在这一时期,大工业"造成了大量的生产力,对于这些生产力来说,私有制成了它们发展的桎梏,正如行会成为工场手工业的桎梏、小规模的乡村生产成

---

① 《马克思恩格斯文集》(第 1 卷),人民出版社,2009 年,第 559、560 页。
② 同上,第 561 页。
③ 同上,第 561、562 页。
④ 同上,第 565 页。

为日益发展的手工业的桎梏一样"①,其具体表现为商业危机、生产过剩、工人的绝对贫困,等等。因此,替代资产阶级与封建贵族之间矛盾的是资产阶级与无产阶级之间的对立。

从行会、工场手工业到大工业,分工一方面与生产力结合在一起,即分工的发展带来生产力的发展;另一方面又作为生产关系的构成,即私有制。因此,生产力与生产关系之间的相互作用是通过分工这一中介来实现的。正如马克思指出:"这些不同形式同时也是劳动组织的形式,从而也是所有制的形式。在每一个时期都发生现存的生产力相结合的现象,因为需求使这种结合成为必要。"②与生产力和生产关系矛盾关系相适应的是革命的实践,在行会时期,其表现为城市和乡村的对立;在工场手工业时期,其表现为封建贵族与资产阶级的对立;在大工业时期,其表现为资产阶级与无产阶级的对立。因此,马克思认为:"生产力和交往形式之间的这种矛盾……每一次都不免要爆发为革命,同时也采取各种附带形式,如冲突的总和,不同阶级之间的冲突,意识的矛盾,思想斗争,政治斗争,等等。"③可以说,分工在作为生产力的时候,其可以带来物质生产的发展、物质结果的丰富;可是,同时作为生产关系的组成,其带来的却是所有制关系的局限——即私有制关系,尽管二者之间的矛盾"并没有威胁交往形式的基础",即私有制的延续。但是在资本主义条件,这种对立,即资产阶级和无产阶级的对立,已经成为不可调解的矛盾,不可延续,即桎梏。因此在此基础上,马克思提出无产阶级对于资产阶级的革命,即共产主义运动,"它推翻一切旧的生产关系和交往关系的基础,并且第一次自觉地把一切自发形成的前提看做是前人的创造,消除这些前提的自发性,使这些前提受联合起来的个人的支配"④。无产阶级革命不仅是政治上的革命,如之前历史上所出现过的,并且更是社会的革命,要彻底解决生产力与生产关系之间的矛盾,即"推翻一切旧的生产关系和交往关系的基础"。

可见,在资本主义社会条件下,政治革命和社会革命之所以可能,根本在于劳动实践领域生产力与生产关系的矛盾关系。生产力与生产关系之

---

① 《马克思恩格斯文集》(第1卷),人民出版社,2009年,第566页。

②③ 同上,第567页。

④ 同上,第574页。

所以构成对立,主要通过分工作为中介来完成的。一方面,分工作为生产力的组成,因为需求的变化,推动了物质生产的进步和物质成果的丰富;另一方面,分工作为生产关系的构成,产生了私有制。这一矛盾的关系在资本主义条件下已经成为生产力发展的桎梏,不可能再延续下去,只有彻底消除二者之间的对立才能实现。因此,政治革命要通过社会革命来最终完成,只有这样,才可以理解马克思为什么提出无产阶级不是用一种私有制代替另一种私有制,而是要消灭私有制本身。

分工构成了生产力与生产关系的活动中介,而政治革命与社会革命正是产生于这一逻辑关系基础之上并最终消除二者之间的对立,马克思唯物史观的革命内涵正是基于此,未来共产主义即是这种矛盾状态消除的体现。正如马克思在关于未来共产主义社会的描绘中所指出的,"在共产主义社会里,任何人都没有特殊的活动范围,而是都可以在任何部门内发展,社会调节着整个生产,因而使我们有可能随自己的兴趣今天干这事,明天干那事,上午打猎,下午捕鱼,傍晚从事畜牧,晚饭后从事批判,这样就不会使我老是一个猎人、渔夫、牧人或批判者"①。这里,马克思着重强调的正是基于分工的生产力与生产关系矛盾的消除,二者实现了统一,而这一矛盾消除的过程又是通过无产阶级政治革命和社会革命实现的。可以说,马克思的唯物史观正是革命实践的基础所在,包括政治革命和社会革命。

2. 经济基础和上层建筑

分工除了作为生产力与生产关系的中介之外,其也作为经济基础与上层建筑的中介而存在。杨耕指出了分工的中介作用,更是表明了马克思历史辩证法的逻辑,即生产力与生产关系不能以作用和反作用这一简单、线性的逻辑展开,而必须通过中介的方式才能形成历史运动过程。同样,在经济基础与上层建筑之间,也需要通过中介来展开,这一中介构成仍然是分工。不过,这里需要指出的是,分工在经济基础与上层建筑关系中的作用,明显区别于生产力与生产关系中的作用。笔者认为,在生产力与生产关系中,分工作为中介是处于阶级之间的,而在是经济基础与上层建筑关系中,分工则是处于阶级内部的。其实这一差异马克思也有过详细的陈

---

① 《马克思恩格斯文集》(第 1 卷),人民出版社,2009 年,第 537 页。

述，"分工也以精神劳动和物质劳动的分工的形式在统治阶级中间表现出来，因此在这个阶级内部，一部分人是作为该阶级的思想家出现的，他们是这一阶级的积极的、有概括能力的意识形态家，他们把编造这一阶级关于自身的幻想当做主要的谋生之道，而另一些人对于这些思想家和幻想则采取比较消极的态度，并且准备接受这些思想和幻想，因为在实际中他们是这个阶级的积极成员，并且很少有时间来编造关于自身的幻想和思想"①。可见，分工不仅构成了经济基础与上层建筑之间的中介，同时更为重要的是，它是阶级——资产阶级——内部的一种分工。其实除了意识形态，在国家和法的层面，分工扮演了类似的角色。例如，马克思指出："由于私有制摆脱了共同体，国家获得了和市民社会并列并且在市民社会之外的独立存在；实际上国家不外是资产者为了在国内外相互保障各自的财产和利益所必然要采取的一种组织形式"②，"现代的国家政权不过是管理整个资产阶级的共同事务的委员会罢了"③。因此，在马克思的理解中，联系经济基础与上层建筑的中介仍然是分工，只是分工在这里主要是指阶级内部的分工，而不是整个社会的分工。

正因为如此，分工所起的中介作用也是完全不同的。在生产力与生产关系中，分工使得二者处于对立的关系，但是在经济基础与上层建筑中，分工却将二者统一起来。马克思认为："在这一阶级内部，这种分裂甚至可以发展成为这两部分人之间的某种程度的对立和敌视，但是，一旦发生任何实际冲突，即当这一阶级本身受到威胁的时候，当占统治地位的思想好像不是统治阶级的思想而且这种思想好像拥有与这一阶级的权力不同的权力这种假象也趋于消失的时候，这种对立和敌视便会自行消失。"④可见，经济基础与上层建筑之间的分工是以维护阶级利益为根本前提的，它本质上属于如何更好地实现阶级统治，而不是否定阶级统治本身。另外，经济基础与上层建筑之间的分工还具有另外一种职能，即将阶级统治和阶级利益表达为一种普遍利益和"普遍统治"。马克思指出："每一个企图取代旧统治阶级的新阶级，为了达到自己的目的不得不把自己的利益说成是社会

①④　《马克思恩格斯文集》(第1卷)，人民出版社，2009年，第551页。
②　同上，第584页。
③　《马克思恩格斯文集》(第2卷)，人民出版社，2009年，第33页。

全体成员的共同利益,就是说,这在观念上的表达就是:赋予自己的思想以普遍的形式,把它们描绘成唯一合乎理性的、有普遍意义的思想",这样,"占统治地位的将是越来越抽象的思想,即越来越具有普遍形式的思想"。① 在国家和法的方面,存在相同的过程,"因为国家是统治阶级的各个人借以实现其共同利益的形式,是该时代的整个市民社会获得集中表现的形式,所以可以得出结论:一切共同的规章都是以国家为中介的,都获得了政治形式","由此便产生了一种错觉,好像法律是以意志为基础的,而且是以脱离其现实基础的意志即自由意志为基础的"②。由此可见,分工作为经济基础与上层建筑之间的中介是处于阶级内部的,并且这种内部分工起到了巩固并普遍化阶级统治和阶级利益。基于此,马克思从"相反"的方面引申出政治革命和社会革命。相比于生产力与生产关系的对立,无产阶级对资产阶级的政治革命和社会革命在此基础上得以可能。而经济基础与上层建筑的融合,使得除了政治革命与社会革命之外,任何改变资本主义社会的方式都成为不可能。因此,建立在唯物史观基础上的政治革命和社会革命从正反两方面得到了证明。

这里,需要提及的是有关上层建筑范围的争议。笔者认为,上层建筑既包括意识形态的内容,也涵盖国家和法等制度性内容。当然,意识形态的内容主要是指统治阶级的意识形态,并且其始终居于主导地位。不过,胡为雄在这一问题上持有不同的理解,他认为,在1859年之前,马克思所理解的上层建筑是指政治的、法律的上层建筑和观念的上层建筑。这一理解在马克思的叙述可以得到相关的证明。例如,在《德意志意识形态》中,马克思指出:"市民社会这一名称始终标志着直接从生产和交往中发展起来的组织,这种社会组织在一切时代都构成国家的基础以及任何其他的观念的上层建筑的基础"③;在《路易·波拿巴的五月十八日》中,马克思认为:"在不同的财产形式上,在社会生存条件上,耸立着由各种不同的,表现独特的情感、幻想、思想方式和人生观构成的整个上层建筑。"④可见,这一

---

① 《马克思恩格斯文集》(第1卷),人民出版社,2009年,第552页。
② 同上,第584页。
③ 同上,第583页。
④ 《马克思恩格斯文集》(第2卷),人民出版社,2009年,第498页。

时期,马克思确实把观念的上层建筑包含在上层建筑的概念当中。

但是在 1859 年之后,观念的上层建筑从上层建筑概念中被剥离出来,上层建筑仅仅是指政治的、法律的上层建筑。在《〈政治经济学批判〉序言》中,马克思指出:"这些生产关系的总和构成社会的经济结构,即有法律的和政治的上层建筑竖立其上并有一定的社会意识形式与之相适应的现实基础。"①之所以出现这种变化,胡为雄认为:"这与他的唯物主义历史观的全面形成完全一致",并且"马克思实际上概括的是两个系列的问题:社会经济结构这一现实基础决定法律的和政治的上层建筑;社会存在决定社会意识"。② 其中,马克思"明确地把人类社会生活形式分为物质生活、政治生活、精神生活三大类","经济结构对应着物质生活,法律的政治的上层建筑对应着政治生活,社会意识对应着精神生活","而社会存在对应着整个社会生活"。③虽然这一界定上层建筑范围的思路具有一定的合理性,但是整体上并不符合马克思的理解。马克思确实提出,"不是人们的意识决定人们的存在,相反,是人们的存在决定人们的意识"④,将精神问题独立出来考察,可是这是从整个社会生活来界定的。相反,上层建筑与经济基础的关系更多属于阶级内部问题,至少在阶级内部,作为统治阶级的意识形态内容,它仍然构成了上层建筑的组成部分。马克思在《德意志意识形态》中明确指出:"统治阶级的思想在每一个时代都是占统治地位的思想。这就是说,一个阶级是社会上占统治地位的物质力量,同时也是社会上占统治地位的精神力量","支配着物质生产资料的阶级,同时也支配着精神生产资料,因此,那些没有精神生产资料的人的思想,一般地是隶属于这个阶级的"。⑤ 不过,当其他阶级——如无产阶级——拥有属于自身的精神生产资料的时候,其明显不属于上层建筑的范畴,这时精神问题独立出来就显得更为合理了。

故而就笔者而言,马克思 1859 年之后将上层建筑界定为政治的、法律的上层建筑,并没有否定统治阶级意识形态作为上层建筑的当然组成,这也符合马克思关于经济基础与上层建筑通过分工处于阶级内部的看法,二

①④ 《马克思资本论节选本》,人民出版社,1998 年,第 32 页。
②③ 侯才、阮青、薛广洲:《马克思主义哲学史论》,中共中央党校出版社,2005 年,第 160 页。
⑤ 《马克思恩格斯文集》(第 1 卷),人民出版社,2009 年,第 550 页。

者之间的关系是巩固并普遍化了阶级统治和阶级利益,而不是如生产力与生产关系通过分工引出政治革命与社会革命。另外,胡为雄对于马克思三大社会生活的划分以及对应关系的区别,明显不符合马克思唯物史观中生产力与生产关系、经济基础与上层建筑的关系,这有将其引向自然唯物主义的危险,背离实践的唯物主义,这在后文将有专门的分析。

总而言之,在马克思的实践理论中,劳动分工作为生产力与生产关系、经济基础与上层建筑的中介,产生了两方面的结果:一方面,劳动分工作为生产力与生产关系的中介,二者处于矛盾的关系,这使得无产阶级政治革命和社会革命成为必然,并且通过政治革命和社会革命,从而在根本上消除这一对立关系。另一方面,劳动分工作为经济基础与上层建筑的中介,它处于阶级内部,并作为一种统一的关系而不是对立的关系,它巩固并普遍化阶级统治和阶级利益,这从"相反"方面要求无产阶级政治革命与社会革命。因为在革命实践之外,没有任何其他方式可以改变资本主义社会。正因为如此,可以清晰地看到,马克思的实践理论,除了直接带来对哲学的革命,并转向革命实践即政治革命之外。同时,这种革命实践展现为政治革命和社会革命,而政治革命和社会革命又根源于劳动实践领域的矛盾。正是在唯物史观基础上,政治革命和社会革命才得以可能,才可以通过无产阶级和资产阶级的阶级斗争形式来表现出来。

三、革命的历史逻辑表达:反思为中介的实践与认识统一

胡为雄将马克思关于观念的内容纳入精神生活中去,人类社会生活形式分为物质生活、政治生活和精神生活,"社会存在对应着整个社会生活"[①]。其实这一逻辑存在对马克思实践理论的理解偏差。因为在马克思的理解中,"物质生活的生产方式"即劳动实践,包括生产力与生产关系,而社会存在也对应着劳动实践;相反,社会生活、政治生活和精神生活都是

---

① 侯才、阮青、薛广洲:《马克思主义哲学史论》,中共中央党校出版社,2005年,第160页。

狭义上的指涉，它们根本上决定于劳动实践。因此，精神生活作为观念的内容涵盖两个层面：一是作为占统治地位的阶级意识形态，其构成了上层建筑的范畴，这在前文已有论述；二是作为一般性的观念内容，其构成与实践的矛盾关系。胡为雄将观念的内容完全纳入精神生活，并认为社会存在对应整个社会生活，物质生活、政治生活和精神生活实际处于社会存在之下。那么存在的风险在于，这会将马克思的实践理论转化为"存在与思维"的关系问题。虽然这一逻辑在恩格斯的《路德维希·费尔巴哈和德国古典哲学的终结》中已经成为较典型的界定，并且在国内学界也成为通行的看法，但是这并没有准确地表达马克思关于实践与认识的关系。

笔者认为，当认识作为占统治地位的阶级意识形态时，其属于上层建筑的范畴。这时，认识所要处理的是与经济基础的关系问题，当认识作为一般性观念时，其所要处理的是与实践的关系问题，这正是马克思所提出的"不是人们的意识决定人们的存在，相反，是人们的社会存在决定人们的意识"①。如果将观念的内容完全纳入精神生活中去，并将马克思的实践理论归结为"思维与存在"的关系问题，那么这就等于将马克思的实践唯物主义还原为自然唯物主义。

马克思关于实践与认识关系的叙述，比较早的可以追溯到关于德国实践与理论的分析。在《〈黑格尔法哲学批判〉导言》中，马克思从两个方面分析了实践与理论的矛盾关系：一是德国现状落后于德国理论，马克思认为："德国不是和现代各国在同一个时候登上政治解放的中间阶梯的。甚至它在理论上已经超越的阶梯，它在实践上却还没有达到"，"德国只是用抽象的思维活动伴随现代各国的发展，而没有积极参加这种发展的实际斗争"。二是在德国，可以通过彻底的理论实现彻底的革命实践，即"理论一经掌握群众，也会变成物质力量"，"德国是从坚决积极废除宗教出发的。对宗教的批判最后归结为人是人的最高本质这样一个学说，从而也归结为这样的绝对命令：必须推翻使人成为被侮辱、被奴役、被遗弃和被蔑视的东西的一切关系"。②恩格斯在这一问题上也提出了类似的看法，其认为："经济上落后的国家在哲学上仍然能够演奏第一小提琴：18世纪的法国对英国来说

---

① 《马克思资本论节选本》，人民出版社，1998年，第32页。
② 《马克思恩格斯文集》（第1卷），人民出版社，2009年，第13、11页。

是如此(法国人是以英国哲学为依据的),后来的德国对英法两国来说也是如此。"①可见,实践与认识之间存在一个矛盾的关系,二者通过一定方式相互作用,并最终向前运动、发展。另外,由这一矛盾关系延伸而来的,也是马克思实践理论中较为重要的组成,即马克思的革命理论与革命实践之间的关系问题。马克思正是基于此处理之前一直存在的理论陷入抽象思维的问题,而这又是实践理论根本区别于以往一切旧有哲学的不同之处。

(一)实践与认识的关系:反思作为中介

实践与一般性观念,即作为占统治地位的阶级意识形态之外的观念,是通过何种方式来实现二者之间的统一的?杨耕认为,马克思是通过反思作为中介来完成实践与认识的统一,他认为:"马克思实践反思理论的重要意义在于:它揭示出反思成为思维中'绝对的积极的环节'的真正原因,即实践活动的发展,同时,又揭示了思维运动具有'反过来思'的过程,即通过建立更高级的范畴体系对原有的范畴体系进行批判,并使之'变形'。马克思的实践反思理论揭示出思维的正向与反向两个方向的运动。"②欧阳康在这一问题上持有类似的看法,也将反思作为马克思统一实践与认识的中介,其认为:"回溯性认识指每一特定历史条件下的人们对于那些生存和活动于他们之前的人类社会的认识,也就是通常所说的认识历史或历史认识","回溯性认识作为对于人类自身的过去的存在方式与活动方式及其结果的认识,本质上属于一种反思性认识。这里的所谓反思,即黑格尔所谓的后思,是一种'跟随在事实后面的反复思考'"。③ 笔者认同反思作为中介统一实践与认识的矛盾关系,因为在马克思的理解中,围绕这一问题的展开也是遵循相同的逻辑,虽然马克思使用的是"自我批判",但基本上表达的即反思的内涵,这是一种批判性扬弃的过程。

马克思最为详细地展开实践与认识关系的分析,主要集中于《〈政治

---

① 《马克思恩格斯文集》(第10卷),人民出版社,2009年,第599页。

② 杨耕:《为马克思辩护——对马克思哲学的一种新解读》(修订本),北京师范大学出版社,2013年,第207页。

③ 欧阳康:《马克思主义认识论研究》,北京师范大学出版社,2012年,第207、209页。

经济学批判〉导言》有关"政治经济学的方法"部分。马克思在分析何为科学上的正确方法时,以人口为例指出思维的过程有两种路径。一种是"如果我从人口着手,那么,这就是关于整体的一个混沌的表象,并且通过更切近的规定我就会在分析中达到越来越简单的概念;从表象中的具体达到越来越稀薄的抽象,直到我达到一些最简单的规定";另一种是"行程又得从那里回过头来,直到我又回到人口,但是这回人口已不是关于整体的一个混沌的表象,而是一个具有许多规定和关系的丰富的总体了"。① 马克思认为:"在第一条道路上,完整的表象蒸发为抽象的规定;在第二条道路上,抽象的规定在思维行程中导致具体的再现",并且"后一种方法显然是科学上正确的方法"。② 从马克思的区分可以看出实践与思维处于一个运动、变化的过程,其中实践又是处于基础性的地位。马克思批判了黑格尔"把实在理解为自我综合、自我深化和自我运动的思维的结果"③,是实在产生了思维,而不是思维产生了实在。至于通过思维的运动过程仿佛看到思维产生实在,马克思认为:"其实,从抽象上升到具体的方法,只是思维用来掌握具体、把它当作一个精神上的具体再现出来的方式。但绝不是具体本身的产生过程。"④可见,实践构成了认识的来源,认识的过程即思维运动的过程,即再现具体的过程,而不是产生具体的过程。

那么认识与实践的矛盾关系如何产生认识的不断发展,即历史运动的过程。马克思通过简单范畴与具体范畴的比较得出了这一运动的过程。简单范畴即第一条道路,"完整的表象蒸发为抽象的规定";具体范畴即第二条道路,"抽象的规定在思维行程中导致具体的再现"。马克思认为:"简单范畴是这样一些关系的表现,在这些关系中,较不发展的具体可以已经实现,而那些通过较具体的范畴在精神上表现出来的较多方面的联系或关系还没有产生,而比较发展的具体则把这个范畴当作一种从属关系保存下来。"⑤可见,简单范畴对应的实践形式是较不发展的具体,具体范畴对应的实践形式则是比较发展的具体。其中,实践居于主导的地位,当实践

①② 《马克思资本论节选本》,人民出版社,1998年,第18页。
③ 同上,第18~19页。
④ 同上,第19页。
⑤ 同上,第20页。

尚未发展到比较发展的具体时,具体范畴是不会产生的,而简单范畴则属于较不发展的具体的条件下的精神表现,即观念和认识。

另外,更为重要的一点是,当实践由较不发展的具体前进到比较发展的具体时,简单范畴作为具体范畴的从属被保存下来,即否定性的扬弃过程。具体范畴是实践基础上对简单范畴的否定,但是这不是一个单纯的抛弃过程,而是一个保存既有范畴基础上的扬弃和否定,从而使得范畴达到更高阶段,即认识的运动、变化和发展的过程。因此马克思得出结论,"从最简单上升到复杂这个抽象思维的进程符合现实的历史过程"①,思维运动的过程即历史辩证法的过程,也即实践过程。

既然实践与认识作为实践理论的组成,构成了历史辩证法的过程,那么什么构成了二者矛盾关系的中介? 马克思认为:"所说的历史发展总是建立在这样的基础上的:最后的形式总是把过去的形式看成是向着自己发展的各个阶段,并且因为它很少而且只是在特定条件下才能够进行自我批判……所以总是对过去的形式作片面的理解。"因此,正确的理解应该是,"基督教只有在它的自我批判在一定程度上,可说是在可能范围内完成时,才有助于对早期神话作客观的理解。同样,资产阶级经济学只有在资产阶级社会的自我批判已经开始时,才能理解封建的、古代的和东方的经济"③。从马克思的叙述可以看出,"自我批判"构成了实践与认识统一的中介,并且,只有通过自我批判的方式,才能避免由思维产生实在,才能回到实在产生思维的正确认识逻辑中去。故而自我批判构成了实践与认识相互作用的中介。杨耕将马克思的自我批判过程理解为"反思是在自我批判基础上的批判"④,因此反思构成了实践与认识统一的中介。

在此基础上,杨耕总结了马克思历史认识的方法,即"从后思索法"。"'从后思索'就是从'发展过程的完成的结果'出发,通过对历史的'透视'和由结果到原因的反归来把握历史运动的内在逻辑",在这一过程中,"'透视'自始至终受着历史进程的制约,具有较大的相对性。但是我们决

① 《马克思资本论节选本》,人民出版社,1998 年,第 20 页。
③ 同上,第 23～24 页。
④ 杨耕:《为马克思辩护——对马克思哲学的一种新解读》(修订本),北京师范大学出版社,2013 年,第 202 页。

不能放弃客观性原则,放弃对历史的'客观的理解'"。① 由此可见,在历史过程中,实践与认识的矛盾关系处于一个不断运动、变化的状态,并始终以实践为制约,即现实的约束,因而具有相对性。但是这种相对性并不影响客观性的实现,即二者的统一。如何实现统一,马克思认为,理论需要彻底,"所谓彻底,就是抓住事物的根本。而人的根本就是人本身"②。基于此,也就可以理解德国现状落后于德国理论,通过理论的彻底性实现革命实践的彻底性,因为这一切都建立在实践基础之上。正如恩格斯所指出的:"不论在法国或是在德国,哲学和那个时代的普遍的学术繁荣一样,也是经济高涨的结果。经济发展对这些领域也具有最终的至上权力,这是在我看来是确定无疑的,但是这种至上权力是发生在各个领域本身所规定的那些条件的范围内。"③一方面,德国哲学是受到经济高涨的影响,它并不是脱离实践的抽象,尽管德国现状并未发展到这一水平;另一方面,随着实践的发展,理论的彻底性则得以可能。

此外,需要提及的一点是,既然反思或自我批判作为中介统一实践与认识,那么经常通过"反映"来理解实践与认识的关系处于何种地位? 笔者认为,按照马克思的实践理论,认识作为实践革命性变化的结果,不能通过反映来构建二者之间的关系,而只能通过反思或自我批判来统一二者。在国内学界,反映仍然流行于理解实践与认知之间的关系之中。一种理解是传统意义上的,它"把反映与映入、射入、照镜子作同一意义理解,认为认识是纯客观性的、一次完成的照镜子式的反映"④。或者,在斯大林辩证唯物主义和历史唯物主义范畴内,通过"实践-认识-再实践－再认识"的循环来达到与实践的统一,这不过是变换了形式的"照镜子式的反映"。

另外一种则是杨耕提出的"反映"新解,他认为:"思维反映存在揭示的是思维的内容,思维如何反映存在揭示的则是思维反映存在的方式、尺度、取向,是思维与存在在什么角度、层次、范围,通过什么形式、途径,达到

---

① 杨耕:《为马克思辩护——对马克思哲学的一种新解读》(修订本),北京师范大学出版社,2013 年,第 209 页。

② 《马克思恩格斯文集》(第 1 卷),人民出版社,2009 年,第 11 页。

③ 《马克思恩格斯文集》(第 10 卷),人民出版社,2009 年,第 599～600 页。

④ 杨耕:《为马克思辩护——对马克思哲学的一种新解读》(修订本),北京师范大学出版社,2013 年,第 228 页。

二者的统一。"因此,"思维对存在的反映不仅通过实践及其主体和客体的相互作用,而且通过思维自己构成自己的形式来进行","马克思、恩格斯'忽略'了思维自己构成自己的问题"。①

可以说,杨耕对"反映"的新解仍然不能化解反映替代反思造成的马克思实践唯物主义转向自然唯物主义的风险。因为一方面,反思或自我批判作为中介已经很好地解决了实践与认识的关系问题,并且这也是马克思的基本态度。另一方面,即使思维自己构成自己的问题仍然包含在实践与认识关系问题的范围之内,并没有超越这一关系,从而需要引入反映来构建思维与自身的关系。这一点即使恩格斯也曾明确指出:"例如在哲学中,它是发生在这样一种作用所规定的条件的范围内,这种作用就是各种经济影响(这些经济影响多半又只是在它的政治等等的外衣下起作用)对先驱所提供的现有哲学材料发生的作用","经济在这里并不重新创造出任何东西,但是它决定着现有思想材料的改变和进一步发展的方式,而且多半也是间接决定的,因为对哲学发生最大的直接影响的,是政治的、法律的和道德的反映"。② 可见,即使思维构建自身的过程仍然在根本上从属于实践与认识的问题,它可能构成政治、法律和道德的反映,但是这种反映从属于自我批判,不能从实践与认识的关系中引申出反映作为中介。

因此,笔者不同意引入反映作为理解实践与认识的中介,即使从思维构建自身的角度,这不仅不符合马克思的实践理论,而且也容易滑向自然唯物主义。因为反映很容易带有"决定"的色彩,虽然马克思、恩格斯也使用决定这一词。但是其在使用过程中是以实践理论作为根本依据的,绝不会侵蚀人的主体活动,实践也是以人的主体活动作为必要的组成。相反,反映很明显会忽略人的主体活动,将实践理论抽象为外在于人的存在。例如恩格斯指出,"根据唯物史观,历史过程中的决定性因素归根到底是现实生活的生产和再生产","如果有人在这里加以歪曲,说经济因素是唯一决定性的因素,那么他就是把这个命题变成毫无内容的、抽象的、荒诞滑稽的空话","这里表现出这一切因素的相互作用,而这种相互作用中归根到底

① 杨耕:《为马克思辩护——对马克思哲学的一种新解读》(修订本),北京师范大学出版社,2013年,第228、229页。
② 《马克思恩格斯文集》(第10卷),人民出版社,2009年,第600页。

是经济运动作为必然的东西通过无穷尽的偶然事件向前发展"。① 可见，与这种"经济因素是唯一决定性因素"相伴随的即是认识的"反映论"，它明显忽略了其他因素，尤其是人的主体活动。因此，反映不适合作为实践与认识的中介而存在，至少，这个词存在潜在的风险，其不能准确表达二者之间的矛盾关系以及相应的运动、变化、发展。

（二）革命的历史逻辑：革命理论与革命实践关系

与实践和认识紧密相连的另一个问题是，马克思围绕实践所引申出的革命理论与革命实践是处于一种什么样的关系之中？② 尽管马克思通过实践统一主体与客体、自然与社会，完成对旧有哲学的革命，并引申出革命实践；通过分工作为中介的生产力与生产关系的统一，使得革命实践中的政治革命和社会革命具有了现实的基础；通过反思或自我批判作为中介统一实践与认识，解决了思维与实践运动、变化、发展的问题。并且这一过程也是与革命性变化相适应的过程。但是唯物史观所引申出的革命实践不仅是一种现实的革命行动，同时它也是一种理论表达。换言之，唯物史观仍然是马克思所表述的理论内容，属于马克思的认识和思考的结果。至少其属于认识的范围，需要处理与实践的关系，从而达到二者之间的统一。因为唯物史观具有多重的属性，它不仅是一种理论和方法，同时也是一种革命实践和革命行动。

其实革命理论与革命实践的关系问题即历史必然性问题，二者统一于马克思的实践理论。也就是说，马克思的实践包含了作为理论的实践理

---

① 《马克思恩格斯文集》（第10卷），人民出版社，2009年，第591、592页。
② 革命作为框架性概念，其来源于马克思的唯物史观，自1848年前后马克思唯物史观的确立，革命在马克思的理论体系中始终作为逻辑起点和分析框架而存在，不能将革命划分为革命概念、革命理论和革命行动。换言之，革命是一个整体性概念，指的是革命实践，它在哲学层面意味着通过实践完成对哲学的革命；在政治社会层面意味着基于劳动实践领域的矛盾而延伸出的政治革命和社会革命；在革命理论层面，革命实践与革命理论之间是统一的，革命理论是革命实践在理论层面的表达，而革命实践则是革命理论的必然结果，二者共同构成历史运动过程。其中，实践贯穿于各个层面，这即马克思的唯物史观以及革命历史逻辑。当然，在马克思早期，即唯物史观确立之前，革命还不能作为一个整体性概念而存在，但是在论文的研究过程中，笔者基本上采用革命作为一个整体性概念。

论,同时也包含了作为活动的实践活动,二者在本质上是一致的。杨耕认为:"物质实践,即劳动首先是人以自身的活动来引起、调整和控制人与自然之间物质、能量交换的过程;在这个过程中,人和人之间又必然要结成一定的关系并互换其活动;同时,劳动结束时得到的结果,在这个过程开始时就已经在劳动者的头脑中作为目的以观念的形式存在着。"马克思正是通过实践包含并统一了这三重关系,"即人与自然的关系、人与人的关系以及人与意识的关系;而这些关系的总和又构成了基本的社会关系"①。至于历史,它"不过是人的实践活动在时间中的展开"②。可见,马克思通过实践统一了主体与客体(自然与社会)、人与人以及人与意识之间的关系,并且这三重关系统一于实践并在历史过程中展开,即历史辩证法的运动过程,它是"社会历史实践自身的内在矛盾运动及其解决"③。

实践在马克思的理论中既是对现实运动过程的描述,同时也是现实运动本身。因此,通过反思或自我批判作为中介的实践与认识的关系同样适用于实践本身。一方面,实践作为理论是与现实相适应的理论表述,是现实发展的产物,"只有当某种历史活动和社会关系达到充分发展、充分展示时,某种历史必然性才能真正全面地形成;只有在此时,人们才能理解、把握这种历史必然性"④。在当时的资本主义条件下,至少马克思认为这种现实条件已经成熟,实践理论关于必然性的描述也是自然而然的结果。另一方面,马克思的实践理论作为一种认识和观念,其来源于实践活动本身,这使其区别于既往一切旧有哲学,"不存在任何一种预成的、纯粹的、永恒不变的历史必然性或规律,任何一种具体的历史必然性都形成于一定的历史活动和社会形态中;当这种特定的历史活动和社会形态结束时,这种特定的历史必然性也就不复存在"⑤。由此可见,马克思的实践理论即对于实践活动反思的结果,实践既作为人的认识而存在,也作为人的活动而存在。

马克思在如何处理实践作为理论与实践作为活动的统一问题上,也有

①② 杨耕:《为马克思辩护——对马克思哲学的一种新解读》(修订本),北京师范大学出版社,2013年,第172页。

③ 张一兵:《马克思历史辩证法的主体向度》,武汉大学出版社,2010年,第92页。

④⑤ 杨耕:《为马克思辩护——对马克思哲学的一种新解读》(修订本),北京师范大学出版社,2013年,第173页。

过较为明确的阐述。例如,在《德意志意识形态》中,马克思指出:"共产主义对我们来说不是应当确立的状况,不是现实应当与之相适应的理想。我们称之为共产主义的是那种消灭现存状况的现实的运动。这个运动的条件是由现有的前提产生的。"①从马克思的描述可以看出,共产主义一方面作为理论,另一方面又不是简单地作为理论本身。共产主义作为理论时,它是从实践与认识的关系中产生的,是对现实反思并与现实相适应的结果。因此,这又使得共产主义不能简单作为一种理论,它更是对现实运动的表达,是现实运动本身,产生于现有的前提。在《共产党宣言》中,马克思更是直接指出:"共产党人的理论原则,绝不是以这个或那个世界改革家所发明或发现的思想、原则为根据的","这些原理不过是现存的阶级斗争、我们眼前的历史运动的真实关系的一般表述"。② 可见,共产主义确实是一种理论,但是它根本区别于之前所有的旧哲学,这种理论只是对现实运动过程的表达。换言之,共产主义理论就是现实的革命运动本身。

因此笔者认为,马克思通过实践所解决的自然与社会、人与人、人与意识之间的矛盾关系,其也构成了一种理论表达。但是实践理论并没有超出马克思理论体系之外,它作为一种理论同样适用于以反思或自我批判为中介的实践与认识的关系。基于此,实践作为一种理论与实践作为一种活动完成了统一,理论不过是与活动相适应的认识,而活动不过是理论在现实中的展开。从这一逻辑出发,马克思通过实践理论引申出的革命理论,与马克思所提出的革命实践也得到了统一,革命理论既是革命实践的一种理论表达,同时,革命理论也是革命实践本身,它就是现实的革命过程,即历史必然性。

四、小结

马克思的唯物史观,即马克思通过实践统一主体与客体、生产力与生产关系、实践与认识的矛盾关系并在时间中的展开。首先,马克思通过实

---

① 《马克思恩格斯文集》(第1卷),人民出版社,2009年,第539页。
② 《马克思恩格斯文集》(第2卷),人民出版社,2009年,第44~45页。

践解决旧有哲学领域一直存在的主体与客体相分离的问题,实现对哲学的革命,即消灭哲学。并且通过消灭哲学,马克思由理论层面转向现实层面,革命实践得以产生。作为对哲学革命的直接结果,革命实践主要表现为现实的政治行动,即政治革命以及社会革命。不过,政治革命和社会革命作为革命实践的主要构成,还存在根源性的起因,即马克思围绕分工统一生产力与生产关系、经济基础与上层建筑,分工又属于劳动实践的范畴。其次,在如何统一实践与人的认识关系问题上,马克思引入自我批判或反思作为中介,统一实践与认识。认识来源于实践,并存在于革命实践活动相适应的运动、变化、发展的过程。另外,马克思的实践理论作为理论本身也同样适用于实践与认识的关系,但是它不同于以往一切旧有哲学的地方在于,实践既是一种理论表达,更是现实的运动本身。因此,由实践所引申出的革命实践以及相应的革命理论,二者统一于马克思的实践唯物主义当中。

通过以上分析可以看出,马克思通过唯物史观——即实践的唯物主义,引申出革命,即革命实践,并且将其确立为历史发展的必然逻辑。在当时的资本主义社会,革命实践意味着政治革命和社会革命,它不仅构成一种革命理论,同时也是现实革命运动的真实状态。换言之,革命从何而来,根本在于马克思的唯物史观。唯物史观不仅是一种方法论和理论组成,更是现实实践活动本身,马克思赋予了它一种现实的物质力量,这不仅包括作为基础的生产力与生产关系、经济基础与上层建筑的矛盾关系,而且还包括资产阶级与无产阶级的政治对立和阶级斗争。

基于此,马克思确立了革命的叙事框架。革命的分析框架包含了对哲学的革命、政治革命和社会革命等内容,其意味着政治关系、社会关系和价值观念的根本性转变,即在未来社会实现矛盾消除基础上的统一,实现人的自由。正是在这一革命分析框架中,马克思开始了对政治革命、社会革命具体问题的探索。在政治领域,如专政、暴力、民主等问题,都处于革命的分析框架之中。如何准确地理解马克思的政治思想,尤其是民主思想,就需要通过革命分析框架来加以理解,而革命分析框架的来源正是马克思的唯物史观,即实践理论。因此,通过革命来理解马克思的民主思想,厘清民主与其他政治概念如专政、暴力之间的关系,这就得以可能。民主在马克思的理论中并不如雅克·泰克西埃所说的"革命是第一位的问题,相比于革命,民主是第二位的问题",这仍然是将革命与民主"平等对待",差异仅在于优先权问题。相反笔者认为,革命实践是马克思实践理论即唯物史观的直接结果,民主只能处于革命分析框架之中加以理解,尤其是政治革命的分析框架,因为民主在马克思的理论中主要是作为政治民主问题而加以阐述的。马克思的政治思想是民主的、非民主的,抑或反民主的,这些都是在政治革命分析框架中围绕具体革命问题而作出的阐述。

　　因此,只有通过分析马克思的实践理论以及由此引申出的革命实践,从而确立革命作为马克思理论体系的关键词,并在革命的分析框架之中探讨政治革命和社会革命过程中的民主问题,才能完整、准确地理解马克思的民主内涵。

第二章 革命框架中的专政、暴力与民主

唯物史观在马克思的理论体系中不仅作为方法论,同时也是作为理论的重要构成。马克思通过唯物史观引申出革命,包括对哲学的革命、政治革命和社会革命。那么革命在马克思的政治叙事中处于什么样的地位?笔者认为,虽然马克思通过唯物史观引申出革命,革命自然构成非常重要的概念。但是在马克思分析具体的政治对象时,革命不仅仅作为一个重要概念,其更是处于核心的地位。换言之,革命在马克思的政治叙事中是作为关键词而存在的,一切的政治分析都是处于革命的框架之中。按照观念史的理解,革命构成了马克思理论体系的关键词,并且它与社会行动紧密联系在一起。一方面,马克思的唯物史观即革命实践的逻辑,二者构成一体两面的关系;另一方面,马克思理论构成的主体是革命实践,尤其是政治革命活动。因此,革命作为马克思整个理论体系的关键词,或分析框架,是可以成立的。

那么革命在马克思的理论体系中就不单纯是一个重要概念的问题,而是一个总体性概念的问题,是所有其他概念得以展开的语境,如专政、暴力、民主,等等。其实这一点早在吴恩裕的《马克思的政治思想》中已有间接表述。吴恩裕在"唯物史观考释"之后,具体展开了马克思革命理论的内涵,其认为:"马克思的革命理论,和其他政治学者的革命论显然不同。其他政治学者只是讨论'革命的权力''革命的辩护'等问题,而马克思则推求革命的经济原因","任何革命,在马克思看来,都是由于人们实际生活中之物质的需要"。① 可见,马克思革命理论的内涵建立在唯物史观基

---

① 吴恩裕:《马克思的政治思想》,商务印书馆,2008 年,第 90、91 页。

础之上,从而区别于其他革命理论。或者说,马克思的革命理论正是来源于唯物史观。作为唯物史观核心的实践,即革命实践,革命实践在当时又主要集中于政治革命。如此一来,革命,即唯物史观的革命实践,在马克思的理论体系中就处于基础性的地位。不过吴恩裕并没有建立二者之间的直接联系,并将革命作为关键词,使其作为其他相关概念内涵及边界得以展开的语境,或分析框架。但是在其分析逻辑中,唯物史观与革命确实具有了这种关联。

在确立了革命作为马克思理论体系的关键词或分析框架之后,其他概念,尤其是专政、暴力、民主等概念的理解就需要置于这一语境之中。一直以来,对于马克思理论体系中的革命、专政、暴力和民主等概念的理解都存在许多争议,或者理解的偏差。这主要在于忽视了马克思对这一系列概念的使用都有具体的指涉,或者基于一定的前提。其中,这一前提或语境主要是指革命的分析框架。例如,在《反杜林论》中,恩格斯指出:"暴力在历史中还起着另一种作用,革命的作用","暴力,用马克思的话说,是每一个孕育着新社会的旧社会的助产婆","它是社会运动借以为自己开辟道路并摧毁僵化的垂死的政治形式的工具"。① 马克思在《资本论》(第一卷)中有过类似的表述,"所有这些方法都利用国家权力,也就是利用集中的、有组织的社会暴力,来大力促进从封建生产方式向资本主义生产方式的转化过程,缩短过渡的时间。暴力是每一个孕育着新社会的旧社会的助产婆。暴力本身就是一种经济力"②。从马克思、恩格斯有关暴力的态度可以看出,其充分肯定暴力对于革命的意义,但是马克思、恩格斯从来没有用暴力否定民主所具有革命的内涵,并且暴力只有在作为一种革命时才会具有这种积极意义。那么暴力必然处于革命之中,是置于革命的分析框架中去理解的。

可是后来对于革命与暴力关系的理解出现了简单化的倾向。例如,在《国家与革命》中,列宁认为:"马克思和恩格斯关于暴力革命不可避免的学说是针对资产阶级国家的","资产阶级国家由无产阶级国家(无产阶级专政)代替,不能通过'自行消亡',根据一般规律,只能通过暴力革命",

---

① 《马克思恩格斯全集》(第20卷),人民出版社,1973年,第200页。

② 《马克思资本论节选本》,人民出版社,1998年,第215页。

"无产阶级国家代替资产阶级国家,非通过暴力革命不可。无产阶级国家的消灭,即任何国家的消灭,只能通过'自行消亡'"。① 在列宁的理解中,革命的内涵被限定于暴力革命,其中暴力即无产阶级专政,并且列宁忽视马克思关于民主所具有的革命内涵。这样,革命等同于专政、专政等同于暴力、暴力等同于否定民主,这成为理解马克思革命实践的一般逻辑。可是这并不符合马克思革命叙事的具体指涉或分析框架。一方面,革命作为分析框架或语境,其他概念是处于这一框架之中的;另一方面,专政、暴力与革命的关系存在具体指涉,并不是简单的线性关系,更不是普遍化为一般规律,尤其不可忽视民主在马克思革命框架中的重要作用。

因此,对于马克思革命、专政、暴力、民主的理解,首先需要确定革命的分析框架,即确立革命作为马克思理论体系的关键词——唯物史观即革命实践。其次在此基础上,分析革命框架中专政、暴力、民主的具体内涵和边界。其中,专政并不是单纯意义上的暴力革命,专政在马克思的理论体系中有着双重指涉,既是关于无产阶级政治统治形态的一般表述,也是作为无产阶级政治革命的路径选择。同样,民主在马克思的理论体系中也具有双重的角色,一方面是作为革命手段,另一方面则是指涉无产阶级革命组织的形式问题,即民主的组织形式。相反,暴力在马克思的理论体系中要较为单一,主要是指革命语境下的革命手段。可见,在确立革命的分析框架之后,专政、暴力、民主等概念在马克思的理解中是处于一种复杂的关联状态,其内涵界定既需要考虑到革命分析框架,同时也需要明确具体的指涉,即所描述和分析的具体对象。只有这样,才能较为准确地理解马克思的革命实践以及专政、暴力、民主等概念的内涵和边界。

一、革命与对资本主义的根本批判

在马克思确立了革命的分析框架之后,如何理解马克思的革命内涵,这存在不少争议。列宁在《国家与革命》中对马克思、恩格斯的革命观作

① 《列宁选集》(第3卷),人民出版社,1972年,第188页。

出过概括,其认为:"马克思和恩格斯关于暴力革命不可避免的学说是针对资产阶级国家说的","恩格斯对暴力革命的颂扬同马克思的屡次声明完全符合……必须不断地教育群众这样来认识而且正是这样来认识暴力革命,这就是马克思和恩格斯全部学说的基础"。① 虽然列宁将革命作为马克思全部理论的基础所在,但是这并不同于革命的分析框架。因为革命在马克思的理论中作为分析框架或关键词,是一个中性的描述,表达的是对一个时代变化的整体性概括,其不等同于暴力革命或者专政。相反,列宁将马克思的革命限定为暴力革命,即使确立革命作为全部学说的基础,也是与马克思的革命分析框架存在一定出入。

一直以来,学界对马克思革命内涵的理解都延续了列宁的思路,将革命等同于暴力、专政和夺取政权。正如金观涛指出:"马列主义吸收黑格尔辩证法并将其运用到社会发展,提出历史唯物论,阶级斗争成为推动历史进步的基本力量。这时革命观念中进步含义不仅和激烈改变及斗争等含义合而为一,而且它同革命观念中用暴力夺取政权之意相联,从而导致暴力革命化和合法化","列宁对革命的定义实为暴力正当化最好的例子"。② 金观涛对马克思主义革命观的描述基本是准确的,对马克思革命内涵的界定也基本延续了这一列宁式逻辑。不过,金观涛更多是针对马克思主义革命观的批评,在马克思如何通过革命分析框架来阐释革命内涵问题上,仍然是存在偏差的。有时候,在马克思与马克思主义之间作出一定的区分是必要的,这一点马克思自身也作出过说明,尤其是在革命分析框架问题上。

除了通过革命分析框架来理解马克思的革命内涵之外,避免将革命简单等同于暴力革命和夺取政权,另外一个需要提及的是中国有关革命的惯性思维。这也构成理解马克思革命内涵的障碍所在。金观涛曾详细分析过革命观念及其内涵在中国的变化,如在中国传统文化的意义结构中,"革命观念有两个层面,第一个层面是直接来自改朝换代的几重意思,第二个层面为由第一个层面意义进一步细化而生成之内涵"。其中第二个层面意义包括如"天道",天道在当时主要是指"符合儒家伦理之统治""天地(天的代表)周期性变化"。③后来,尤其是随着 Revolution 概念的引入,革命内

① 《列宁选集》(第3卷),人民出版社,1972年,第188页。
②③ 金观涛:《革命观念在中国的起源和演变》,《政治与社会哲学评论》2005年第13期。

涵在中国发生了变化,"'革命'一词本来意义如易姓和王朝更替等传统内涵消失或隐藏,取而代之的是实行共和、整体的彻底激烈变革、进步等新的意义;它们成为二十世纪中国政治制度与社会行动正当性基础"①。

不过,革命内涵的重构仍然需要"天道"的支持,只是这时,天道已经由唯物论和辩证法所逐渐取代儒家伦理之统治和天地周期性变化。因为"黑格尔辩证法将任何规定性和其对立面(该规定的否定)的共存,视为事物发展的内在动力;如果将西方革命观念中的进步和求新价值纳入黑格尔的发展哲学,任何一种本质规定性的自我否定(对立面的斗争)将成为进步的原因,质变以及事物的矛盾性或内部激烈斗争即变成和进步等价之革命的主要内容,这时革命观念中进步之内涵就同革命另一重意义——激烈而彻底改变等同,点滴改良因不是质变也就和革命对立起来"。故而革命成为"新道义","暴力成为正当观念的普遍化和斗争哲学的成熟"。②这其实回到了列宁对于马克思革命内涵理解的轨道上,当然这也是中国普遍的马克思主义革命逻辑。虽然马克思肯定黑格尔的辩证法思想,并且在革命分析框架中有机结合进否定性历史运动过程。但是马克思的革命分析框架显然要复杂、多变和具体的多,不是单纯的阶级斗争和暴力夺取政权,尤其是马克思在革命分析框架之中还具体使用到许多其他概念,如民主、暴力、专政等。合理理解马克思的革命内涵,需要从革命分析框架出发。

(一)何为革命:基于唯物史观的分析

马克思对于黑格尔辩证法思想的继承是确定无疑的,其在1872年写道:"我公开承认我是这位大思想家的学生,并且在关于价值理论的一章中,有些地方我甚至卖弄起黑格尔特有的表达方式。"③对于辩证法,马克思只是祛除了黑格尔神秘的方面,并且在消除这一神秘外壳之后,将辩证法置于新的基础之上,从而根本不同于黑格尔的辩证逻辑。一方面,马克思认为:"辩证法在黑格尔手中神秘化了,但这绝没有妨碍他第一个全面地有意识地叙述了辩证法的一般运动形式";另一方面,马克思根本区别于黑

①② 金观涛:《革命观念在中国的起源和演变》,《政治与社会哲学评论》2005年第13期。
③ 《马克思资本论节选本》,人民出版社,1998年,第49页。

格尔的地方不在于辩证法本身，"在黑格尔看来，思维过程，即他称为观念而甚至把它转化为独立主体的思维过程，是现实事物的创造主，而现实事物只是思维过程的外部表现。我的看法则相反，观念的东西不外是移入人的头脑并在人的头脑中改造过的物质的东西而已"。① 可见，马克思用物质实践代替了黑格尔的自我意识，但是这并不影响辩证逻辑的存在。另外，正是基于辩证法"载体"的变化，马克思认为这又根本区别于黑格尔的辩证理论。

那么当马克思的物质实践与辩证逻辑应用于历史过程，其又是如何表现？这里，可以先撇开物质实践的问题，首先考察辩证法在历史运动过程中的一般形式。虽然马克思认为物质实践的辩证逻辑根本区别于黑格尔的自我意识的辩证逻辑，可是就辩证法的一般运动形式而言，二者又是一致的。

黑格尔在《精神现象学》中指出："只有当活的实体是建立在自身运动上时，或者说只有它是自身转化与其自己之间的中介时，它才真正是个现实的存在，是真正的主体"，"实体作为主体是纯粹和简单的否定性，是单一的东西分离为二或树立对立面的过程，而这一过程又是对这种漠不相关的区别及其对立的否定"，"中介是纯粹的否定性，它是一个纯粹的抽象，是一个单纯的形成过程，它通过一个积极的自我引导的过程使自我呈现出自我同一性，使真理成为发展出来的结果，同时将结果与其形式之间的对立予以扬弃"。② 从黑格尔的叙述可以看出，辩证法的过程，即形式的过程，是一个通过否定对立面从而达到更高阶段的运动过程，通过否定或扬弃对立面从而实现自身的发展。因此，黑格尔的自我意识的辩证运动过程可以总结为，"人的自我实现就是一个否定性的辩证过程，靠着这种否定性，人才能一步一步地冲破重重阻力，吞食各种对立面，不断地扩充自我，从而实现自我"③。可见，辩证法的一般运动形式即否定的过程，克服对立面，从而达到"自我"的更高阶段。

---

① 《马克思资本论节选本》，人民出版社，1998 年，第 49 页。

② 黑格尔：《精神现象学》，中国华侨出版社，2012 年，序言，第 4～5 页。

③ 张世英：《自我实现的历程——解读黑格尔〈精神现象学〉》，山东人民出版社，2001 年，序，第 1 页。

正是基于此,辩证法或形式逻辑区别于形而上学的地方在于,"前者只是一个形式的系统,由原始概念和命题(Primitive Ideas and Propositions)出发:并不断定经验中的任何真理。后者自以为是一个宇宙的真理,却又不是由分析物事得来的结果,不过止于分析抽象的观念而已"①。吴恩裕的这段比较主要在于阐明辩证法自身不构成真理本身,正如黑格尔所说,作为结果的真理,是需要扬弃结果与形式之间的对立,形式在这里即形式逻辑。而这也正是马克思继承黑格尔辩证法思想的前提所在,因为辩证法自身是中性的,它不构成任何抽象的真理,它需要具体的载体,而这一载体在黑格尔的理论中是自我意识,在马克思的理论中则是物质实践,载体的不同从根本上决定了辩证法思想结果的差异。

在这里,马克思并没有否定黑格尔辩证法的一般运动形式,相反其继承了这一形式逻辑。马克思认为:"黑格尔的《现象学》及其最后成果——辩证法,作为推动原则和创造原则的否定性——的伟大之处首先在于,黑格尔把人的自我产生看做一个过程,把对象化看做非对象化,看做外化和这种外化的扬弃。"②那么这一否定性、这一扬弃,即黑格尔辩证法的一般运动形式。马克思区别于黑格尔的地方不在于辩证法本身,而在于"载体"。马克思认为,黑格尔的第一个错误在于其所描述的人的本质的异化,"只是就它们的思想形式而言",是"抽象的哲学思维的异化",而不是现实的异化。因此,对这种"异己对象的本质力量的占有",也就不过是"对这些作为思想和思想运动的对象的占有"。③ 故而马克思要求"把对象世界归还给人",并承认:"人直接地是自然存在物","人有现实的、感性的对象作为自己本质的即自己生命表现的对象;或者说,人只有凭借现实的、感性的对象才能表现自己的生命"。④

当马克思用物质实践替代黑格尔的自我意识,并结合进辩证法的形式逻辑,这时,辩证法的否定、扬弃的过程即历史运动的过程,也是革命实践的过程。一方面,马克思的实践唯物主义是对旧有哲学的革命,但是这还

---

① 吴恩裕:《马克思的政治思想》,商务印书馆,2008 年,第 27 页。
② 《马克思恩格斯文集》(第 1 卷),人民出版社,2009 年,第 205 页。
③ 同上,第 203、204 页。
④ 同上,第 204、209、210 页。

不构成革命内涵的主旨;另一方面,实践唯物主义要求现实的革命实践、现实的政治行动,即政治革命,它所表达的即否定和扬弃,从而实现在更高阶段的发展。其中,辩证法起到了关键的作用。例如,马克思指出:"辩证法,在其合理形态上,引起资产阶级及其夸夸其谈的代言人的恼怒和恐怖,因为辩证法在对现存事物的肯定的理解中同时包含对现存事物的否定的理解,即对现存事物的必然灭亡的理解;辩证法对每一种既成的形式都是从不断的运动中,因而也是从它的暂时性方面去理解;辩证法不崇拜任何东西,按其本质来说,它是批判的和革命的。"[1]这里,辩证法所起到的即是革命的作用,只是它是建立在马克思的劳动实践基础之上的。在当时,这种否定和扬弃主要针对的是资本主义社会。不过,即使以劳动实践为基础,辩证法的一般运动形式在马克思的理解中仍然是成立的,这意味着确立对立面并加以扬弃和否定,从而实现运动、发展的过程仍然是合理的。

正因为如此,马克思在阐释革命内涵时,尤其是在针对资本主义社会的革命过程中,基于辩证法的一般运动形式,通过物质实践引申出两个具体层面。第一个层面是资本主义生产关系、交换关系对于物质生产能力的束缚,二者处于对立的状态。马克思指出:"资产阶级的生产关系和交换关系,资产阶级的所有制关系,这个曾经仿佛用法术创造了如此庞大的生产资料和交换手段的现代资产阶级社会,现在像一个魔法师一样不能再支配自己用法术呼唤出来的魔鬼了。""几十年来的工业和商业的历史,只不过是现代生产力反抗现代生产关系、反抗作为资产阶级及其统治的存在条件的所有制关系的历史",其具体表现为周期性重复出现的"越来越危及整个资产阶级社会生存的商业危机"。[2]

可见,资本主义生产力与生产关系之间的关系符合辩证法的一般运动形式,即存在对立面以及否定和扬弃对立面的过程。第二个层面是资产阶级与无产阶级的对立状态,马克思认为:"资产阶级不仅锻造了置自身于死地的武器,它还产生了将要运用这种武器的人——现代的工人,即无产者","在当前同资产阶级对立的一切阶级中,只有无产阶级是真正革命的阶级。其余的阶级都随着大工业的发展而日趋没落和灭亡,无产阶级却是

---

[1] 《马克思资本论节选本》,人民出版社,1998年,第49页。
[2] 《马克思恩格斯文集》(第2卷),人民出版社,2009年,第37页。

大工业本身的产物","资产阶级的灭亡和无产阶级的胜利是同样不可避免的"。①

从马克思的描述可以看出,资产阶级与无产阶级的相互关系同样符合对立、否定和扬弃的辩证运动过程,并且第二个层面根源于第一个层面,其产生又是基于马克思的劳动实践。这一无产阶级对资产阶级的否定,正如同之前资产阶级对封建贵族的否定,马克思认为:"在这些生产资料和交换手段发展的一定阶段上……封建的所有制关系,就不再适应已经发展的生产力了。这种关系已经在阻碍生产而不是促进生产了。它变成了束缚生产的桎梏。它必须被炸毁,它已经被炸毁了","起而代之的是自由竞争以及与自由竞争相适应的社会制度和政治制度、资产阶级的经济统治和政治统治"。② 这一过程即历史运动的过程,也是革命实践的过程。在马克思的理解中,劳动实践正是按照黑格尔的辩证法在历史过程展开的,只是在当时,这一对立面具体表现为资本主义。

马克思通过实践唯物主义,结合进黑格尔的辩证法,得出革命的历史运动过程,并且赋予革命以现实的物质根源和力量载体,即生产关系对于生产力的束缚以及相应的资产阶级与无产阶级之间的对立。正因为如此,马克思的革命实践要求现实的政治行动,通过无产阶级对资产阶级的阶级斗争并确立自身的政治统治,推进社会关系的根本性改变,从而达到社会的全新状态,即共产主义社会。

通过上述分析可以看出,马克思虽然确立劳动实践作为其理论的逻辑起点,但是这并没有否定围绕劳动实践的辩证运动过程,即历史过程。换言之,马克思的革命,其力量来自于何处? 可以说,辩证法的一般运动形式赋予了马克思描述革命实践的可能性。但是正是有了劳动实践这一逻辑起点,革命才能避免抽象化并转向现实的革命实践,即政治革命和社会革命。因为革命在现实政治社会生活中获得了自身的力量载体和物质根源,对立面及其否定和扬弃得以可能并成为必然,二者结合,马克思确立了自身的革命分析框架。

那么马克思所确立的革命框架,其阐释的革命内涵是什么? 换言之,

① 《马克思恩格斯文集》(第 2 卷),人民出版社,2009 年,第 38、41、43 页。
② 同上,第 36~37 页。

马克思所理解的革命如何区别于其他人对革命的阐释？笔者认为，基于马克思的唯物史观，革命是基于物质生产实践，通过否定、扬弃对立面，从而达到肯定自身并实现新的发展状态的历史运动过程。在马克思所描绘的这一历史过程中，需要注意四个方面的内容。

一是劳动实践的逻辑起点。这是马克思区别于旧有哲学并将哲学变为现实的根本所在，并且马克思正是通过实践唯物主义引申出革命的。

二是辩证法的一般运动形式，马克思完全继承了黑格尔的辩证法。一方面，马克思认为，通过确立劳动实践的逻辑起点，这使其根本区别于黑格尔；另一方面，辩证法的一般运动形式又是合理的，只是这一逻辑形式需要自身的"载体"。至少辩证法不能独立地成为历史规律，它一定是通过劳动实践才能在历史过程中展开。

三是基于辩证法的思想，由哲学革命转向现实的革命实践，这需要物质根源和力量载体或象征。一方面，物质根源在于资本主义所有制关系对于物质生产能力的束缚，直接表现为经济危机；另一方面，力量载体在于资产阶级与无产阶级的对立，二者之间的阶级斗争以及资产阶级的必然灭亡和无产阶级的必然胜利。

四是革命在马克思的理论中作为框架性概念，具有中性的特征。马克思在阐述革命内涵时，主要从实践唯物主义出发，描述现实的历史运动过程，因此它具有必然性。正因为其具有必然性，革命应该作为关键词优先于其他概念，并处于统领的地位，它描绘的是历史发展自然而然的结果。其他相关概念，如专政、暴力、民主等，应该置于革命的分析框架之中加以理解，而不能将革命的内涵缩小为一般性概念，即建立革命与其他概念之间的等同关系。

革命分析框架中其他概念的内涵及其边界，更多从属于革命这一框架性概念，并且与国别、具体指涉、革命形势等因素相关，而不能反过来用这一系列特殊、具体的因素替代基于唯物史观而确立的革命分析框架。总而言之，革命作为框架性概念在马克思的理论体系中居于核心的地位，它描述的是现实的实践活动，是通过对立、否定和扬弃，从而达到新的阶段或状态的历史运动过程，是一个中性的关键词。

（二）马克思对资本主义的肯定

在 19 世纪,马克思的革命分析框架主要的分析对象即资本主义,无产阶级对于资产阶级的革命构成了历史运动的主要内容。不过马克思也承认资本主义的积极意义,其同样符合革命的分析框架。因为资本主义对封建主义的革命在马克思看来,同样符合历史的辩证运动过程,即消除对立面并达到新的社会阶段。这一点在有关马克思革命理论的理解过程中经常被忽视。但是在革命形势出现变化,如革命的退潮或者革命过程中资本主义与封建主义的结合。这时马克思明显对资本主义的革命性持有肯定的态度,即资本主义在马克思的历史理论中承担着革命的角色与功能,是作为封建主义的对立面而出现的。自然,其应该否定、扬弃封建主义,而这又符合无产阶级政治革命的历史诉求。例如在德国,落后的政治状况决定了资产阶级争取民主和自由的行动即是对封建主义的革命,根本而言,这也符合无产阶级未来革命的诉求。马克思认为:"德国的特别是普鲁士的资产阶级反对封建主和专制王朝的斗争,一句话,自由主义运动,越来越严重了。"但是"真正的"社会主义却把"社会主义要求同政治运动对立起来,用诅咒异端邪说的传统办法诅咒自由主义,诅咒代议制国家,诅咒资产阶级的竞争、资产阶级的新闻出版自由、资产阶级的法、资产阶级的自由和平等",而"这一切前提当时在德国正是尚待争取的"。因此,"这种社会主义是这些政府用来镇压德国工人起义的毒辣的皮鞭和枪弹的甜蜜的补充"①。

从马克思的叙述可以看出,资产阶级的自由、民主运动与无产阶级的政治革命在对封建主义的革命态度上是一致的,故而资产阶级政治行动表现出革命的属性。当然,这一革命属性是相对于封建主义而言的。虽然马克思围绕资产阶级的革命性问题还补充了两点:一是德国最终还是需要通过无产阶级政治革命、社会革命来实现人的解放,如同在法国一样,德国之所以现在还停留在资产阶级政治革命的层面主要在于其政治的落后状况,"德国不是和现代国家在同一个时候登上政治解放的中间阶梯的。甚至它

---

① 《马克思恩格斯文集》(第 2 卷),人民出版社,2009 年,第 59 页。

在理论上已经超越的阶梯,它在实践上却还没有达到"①。这意味着德国仍然会回到马克思的革命轨道,即无产阶级对资产阶级的革命。二是德国在 1848 年革命过程中,资本主义并未实现对封建主义的革命;相反,其实现的是与封建主义的结合,放弃民主和自由,实行对无产阶级的暴力,那么资产阶级的革命属性是否还存在? 可以说,马克思并没有否定资产阶级作为封建贵族对立面所具有的革命属性,可能马克思在这一问题上确实出现过态度或情感的差异。但是马克思总体上是肯定资产阶级的革命属性,如其在《柏林的反革命》中指出:"不管柏林将遭遇到怎样的命运,二者必居其一:国王或人民,而人民高呼着'勃兰登堡在议会,议会在勃兰登堡'这个口号是一定会取得胜利的","斗争看来是不可避免的了。莱茵省的职责就是赶快用人员和武器支援柏林国民议会"。②

既然在马克思的理解中,资本主义相对于封建主义而言,具有革命属性。那么这种革命的角色和功能主要表现在哪些方面,马克思又是如何去肯定资本主义的积极意义、抑或合理性? 一方面,资本主义通过生产力的发展取代封建的所有制关系;另一方面,则是资产阶级确立自身的社会制度和政治制度、经济统治和政治统治,这是对封建贵族统治的革命性改变。资本主义及资产阶级取代其对立面——封建主义及封建贵族,确立新的社会形态。

在第一方面,马克思在《共产党宣言》中有过形象的表述:"资产阶级在它的不到一百年的阶级统治中所创造的生产力,比过去一切世代创造的全部生产力还要多,还要大。自然力的征服,机器的采用,化学在工业和农业中的应用,轮船的行使,铁路的通行,电报的使用,整个整个大陆的开垦,河川的通航,仿佛用法术从地下呼唤出来的大量人口——过去哪一个世纪料想到在社会劳动里蕴藏有这样的生产力呢。"③正是基于生产力的发展,资产阶级改变了封建社会的生产及交往形式,改变了封建贵族的专制统治和相应的社会关系。

在第二方面,与资本主义的物质生产相伴随,资产阶级必然要求对封

① 《马克思恩格斯文集》(第 1 卷),人民出版社,2009 年,第 13 页。
② 《马克思恩格斯全集》(第 6 卷),人民出版社,1961 年,第 17、22 页。
③ 《马克思恩格斯文集》(第 2 卷),人民出版社,2009 年,第 36 页。

建贵族的革命,包括政治革命和社会革命等。资产阶级争取自由和民主的政治运动即是革命性的要求。正因为资产阶级所具有的革命属性,即使在落后的德国,无产阶级在对待资产阶级问题上,也需要承认这一点。这意味着无产阶级联合资产阶级的可能性,至少二者在对待封建主义问题上态度是一致的。

在这一问题上,雅克·泰克西埃提供了充分的证明,其指出:"马克思和恩格斯不顾所有的承诺和礼物,拒绝与封建或王室反动派进行任何合作,坚持他们支持自由资产阶级的路线,尽管自由资产阶级是软弱的和易背叛的",之所以如此,根本在于"无产阶级和资本家两者都是现代社会的产物。作为阶级,它们尽管是根本对立的,但清算封建制度的残余对他们都有好处"。① 可见,《共产党宣言》中所描述的现代两大阶级的对立——资产阶级与无产阶级的对立,其得以可能,根本在于资本主义对封建主义革命的完成。

马克思在这一问题上也提供了充分的说明,例如其在《"莱茵观察家"的共产主义》一文中指出:"无产阶级不会问,人民的福利对资产者是重要的还是次要的,资产者是不是想把无产者当炮灰。他们根本不想知道资产者想怎么样,他们想知道的是资产者被迫追求的目的是什么。问题就在于什么能使无产阶级取得更多的手段以达到自己的目的:是目前的政治制度即官僚统治,还是自由派向往的制度及资产阶级统治……资产阶级的统治不仅使无产阶级在反对资产阶级本身的斗争中得到崭新的武器,而且还给他们创造了一种和过去完全不同的地位——他们已经成为一种公认的力量。"② 可见,资产阶级在面对封建贵族问题上应当是革命的,而且只能是革命的,无产阶级绝不会与封建贵族合作,因为"反动派之所以拒绝把政权交给资产阶级,显然不是为了把政权交给工人阶级"③。即使在如《路易·波拿巴的雾月十八日》中,马克思仍然延续了这一态度,其指出:"它先使议会权力臻于完备,为的是能够推翻这个权力。现在,当它已达到这一步

---

① [法]雅克·泰克西埃:《马克思恩格斯论革命与民主》,姜志辉译,社会科学文献出版社,2012年,第50、51页。

② 《马克思恩格斯全集》(第4卷),人民出版社,1958年,第210页。

③ [法]雅克·泰克西埃:《马克思恩格斯论革命与民主》,姜志辉译,社会科学文献出版社,2012年,第50页。

时,它就来使行政权臻于完备,使行政权以其最纯粹的形式表现出来,使之孤立,使之成为和自己对立的唯一对象,以便集中自己的一切破坏力量来反对行政权。"①通过马克思的叙述可以看出,革命首先在于消除封建主义这一对立面,而此一革命的主体即资产阶级,无产阶级不会因为与资产阶级的对立而在这一问题上与资产阶级不一致。并且正是基于资产阶级的革命属性,无产阶级与资产阶级的对立才得以可能。

马克思之所以肯定资本主义和资产阶级,根本原因还在于其革命的分析框架,即基于劳动实践的历史运动过程,尤其是其中的辩证法——通过否定对立面、达到新的社会形态。马克思认为,在资产阶级与无产阶级对立之前,资产阶级与封建贵族的对立构成了历史运动的主要内容。换言之,马克思时代的革命对象是资本主义,马克思时代之前的革命对象是封建主义,在两种历史语境下,革命都是成立的,也都具有自身的必然性和正当性。如果将马克思的革命理论仅仅与对资本主义的革命相联系,那么这就忽视了革命作为框架性概念和关键词对于马克思理论体系的意义。相反,只有承认革命作为马克思的分析框架,这样才能理解马克思在资本主义和资产阶级问题上肯定、积极的态度。资产阶级同样具有革命属性,正如同在资本主义时代,无产阶级具有革命属性一样——这正是马克思的历史逻辑所在。

(三)马克思对资本主义的否定

马克思对于资本主义的根本批判和否定同样基于革命的分析框架。按照劳动实践和辩证法的逻辑,历史在马克思的理解中,任何时代都有其对立面,而否定、扬弃对立面并达到新的社会形态构成了历史转换和时代变迁。马克思否定资本主义的前提在于:资产阶级战胜了封建贵族。不管是在劳动生产和所有制关系方面,还是在政治、社会统治方面,资本主义都构成了当时的时代特征。马克思在《共产党宣言》中明确指出:"在过去的各个历史时代,我们几乎到处都可以看到社会完全划分为各个不同的等级",

---

① 《马克思恩格斯文集》(第2卷),人民出版社,2009年,第564页。

"从封建社会的灭亡中产生出来的现代资产阶级社会并没有消灭阶级对立。它只是用新的阶级、新的压迫条件、新的斗争形式代替了旧的","我们的时代,资产阶级时代,却有一个特点:它使阶级对立简单化了。整个社会日益分裂为两大敌对的阵营,分裂为两大相互直接对立的阶级:资产阶级和无产阶级"。① 马克思的这段描述对于理解其否定资本主义极其重要。

第一,时代的改变,"我们的时代"属于"资产阶级时代",这意味着辩证逻辑的历史阶段发生了变化。在资本主义之前,资产阶级与其对立面封建贵族之间的斗争构成了历史运动的主体。但是在资本主义时代,资产阶级与无产阶级之间的斗争才是主要内容。

第二,社会日益分裂为两大阶级,并且阶级对立简单化为两大阶级——资产阶级和无产阶级。马克思并没有否定封建主义存在的可能性,同时也没有否定资本主义相对于封建主义所具有的革命属性。可是,即使存在封建主义力量,时代的构成主体已经转变为无产阶级及其对立面资产阶级。正是基于这两点,马克思判断当时已经处于资产阶级与无产阶级相互对立的时代状况。因此,对于资本主义的否定也就成为自然而然的结果并被一直延续下去。另外,这也符合马克思的历史运动逻辑,或者说革命这一框架性概念在 19 世纪的具体表现。

正是基于时代转换的判断,马克思通过革命的分析框架得出:19 世纪的历史运动主要通过无产阶级与资产阶级的对立来展现的。其实在时代判断这一问题上,很难对马克思作出充分的评价,因为其提供了判断的依据。但是否定时代判断的证据也是充分存在的。不过,有一点可以肯定,马克思革命分析框架的应用正是建立在这一判断基础之上。这里可以提供霍布斯鲍姆对于"革命的年代"②的判断作为参考。艾瑞克·霍布斯鲍姆认为,1789 年法国大革命和同时期的英国工业革命构成了"双元革命"(Dualrevolution)。这"不仅仅是'工业'本身的巨大胜利,而且是资本主义工业的巨大胜利;不仅仅是一般意义上的自由和平等的胜利,而且是中产

---

① 《马克思恩格斯文集》(第 2 卷),人民出版社,2009 年,第 31、32 页。

② [法]雅克·泰克西埃:《马克思恩格斯论革命与民主》,姜志辉译,社会科学文献出版社,2012 年,注释①,第 51 页。雅克·泰克西埃认为,霍布斯鲍姆与马克思在 19 世纪时代判断问题上是一致的,即资本主义时代。笔者认为作为时代判断,其可以作为分析的前提和依据,但是对于判断本身的确定性,则存在争议。

阶级或资产阶级自由社会的胜利","不仅仅是新生的资本主义社会取得胜利的历史,它也是这些新兴力量在 1848 年后的百年之中,从扩张转变为收缩的历史"。① 可见,资本主义构成了 19 世纪及之后历史的主要内容,马克思基于革命的分析框架将时代的主要内容描述为资产阶级与无产阶级的对立。而艾瑞克·霍布斯鲍姆既肯定社会主义或共产主义,同时也肯定"世界性反抗西方",认为这都构成了时代的主要内容,或者说历史运动逻辑的展开,当然,这里的逻辑并不一定是马克思所理解的历史辩证法。因此,笔者认为,马克思对资本主义的否定,根本在于历史辩证法的逻辑,前提在于时代判断——即资本主义时代。

另外,需要考虑的问题是革命形势的变化是否影响到马克思对于时代的判断,特别是对资本主义否定的即刻性。在 1848 年及之前,马克思坚持资本主义的时代判断以及相应的对资本主义的否定。但是在 1848 年之后,尤其是 19 世纪 50 年代以后,无产阶级政治革命进入低潮。这时,马克思是否延续了之前的态度? 在 1850 年《共产主义者同盟中央委员会告同盟书》中,马克思只是承认革命的暂时性低潮,仍然相信"新的革命即将爆发",因此在低潮时期,革命的原则以及对资本主义的否定仍然得到了坚持并被强化。马克思提出了"不断革命"的战斗口号。这里,不断革命意味着延续之前无产阶级对于资产阶级的革命,那么时代判断以及时代的主要内容构成得到了坚持。在 1864 年《国际工人协会成立宣言》中,虽然面对工人阶级政治运动的低潮,包括政治上的毫无作为、群众的漠不关心、失败,等等。但是马克思仍然坚持资本主义的时代判断,并指出资产阶级与无产阶级对立的存在乃至加深以及革命的前景。马克思承认 1848 年至 1864 年间"工业的发展和贸易的增长",但是"在现代这种邪恶的基础上,劳动生产力的任何新的发展,都不可避免地要加深社会对比和加强社会对抗",在经济上其表现为工人群众的贫困和"日益下降"以及工商业危机,在政治上其表现为"蛮横地收回了已经宣布过的让步",这一切导致的必然是无产阶级对资产阶级的革命行动。②

① 〔英〕艾瑞克·霍布斯鲍姆:《革命的年代:1789—1848》,王章辉译,江苏人民出版社,1999年,导言,第 2、5 页。
② 参见《马克思恩格斯全集》(第 16 卷),人民出版社,1964 年,第 5、9、10 页。

可见,马克思延续了对资本主义否定的态度,可能在无产阶级政治革命的具体手段上出现了变化,但在无产阶级革命要求上却没有发生任何改变。马克思逝世之后,在 1895 年,恩格斯面对革命形势的改变,仍然延续了马克思关于资本主义时代的判断以及革命的要求,其改变的仅仅在于"斗争方法"。恩格斯明确指出:"不言而喻,我们的外国同志们是决不会因此而放弃自己的革命权。须知革命权是唯一的真正'历史权利'","我们在这种合法性下却长得肌肉结实,两颊红润,好像是长生不老似地繁荣滋长"。① 可见,对资本主义的否定是马克思、恩格斯始终坚持的观点,而这一否定又是建立在时代判断和历史辩证法基础之上。只有通过革命这一框架性概念,才能更为深入地理解马克思对于资本主义的否定,正如在这一基础之上理解马克思对于资本主义的肯定态度和资产阶级的革命属性问题,二者在本质意义上都属于革命分析框架中的革命内涵,唯一的差别仅仅在于其所处的时代差异导致的历史阶段的变换。

二、专政的二重属性

专政在马克思的理论体系中是一个比较模糊的概念,其经常与暴力联系在一起,并处于民主的对立面。其实,这种混淆很大程度上与马克思在这一概念使用上的界限或对象有关。笔者认为,马克思对于专政概念的使用存在两种情况:一是专政作为无产阶级政治统治的一般形态/一般属性;二是专政作为无产阶级革命的路径选择/手段(这种情况下,专政与暴力革命存在混用)。这里,有两个标准可以界定专政概念具体被用于何种语境:一是无产阶级政治革命是否确立自身的政治统治;二是无产阶级政治统治对内的组织形式或对外的表现形态。

一般而言,在无产阶级政治革命确立了自身的政治统治条件下,在对外过程中,即应对资产阶级、封建贵族时,会表现出专政属性;相反,在对内组织及运行过程中,即无产阶级如何组织自身时,会遵循民主特别是普选

---

① 《马克思恩格斯全集》(第 22 卷),人民出版社,1965 年,第 608、610 页。

制的原则。可见,这时的专政更多地表现为无产阶级政治统治的一般形态或一般属性,它是把无产阶级革命由政治革命推向社会革命的必要环节,并且是基于对立面的存在,这一对立面即资本主义私有制及社会关系内容。在另一种情况下,即无产阶级尚未确立自身的政治统治,专政概念就会出现与暴力概念的混用,二者并未作出明确的区分,专政即通过使用暴力达到革命目标。这时,专政更多属于无产阶级政治革命手段问题,即路径选择——民主 VS 暴力,它与前一种情况存在较大区别。

(一)专政作为无产阶级政治统治的一般形态

无产阶级专政的概念可以追溯到《1848 年至 1850 年的法兰西阶级斗争》的一组文章中。马克思在《1848 年的六月失败》中提出这一口号:"推翻资产阶级! 无产阶级专政!"①后来在《1849 年六月十三日事件的后果》中,对这一概念作出了较为详细的阐述,"这种社会主义就是宣布不断革命,就是无产阶级的阶级专政,这种专政是达到消灭一切阶级差别,达到消灭这些差别所由产生的一切生产关系,达到消灭和这些生产关系相适应的一切社会关系,达到改变由这些社会关系产生出来的一切观念的必然的过渡阶段"②。1875 年,马克思在《哥达纲领批判》中再次阐述了这一问题,"在资本主义社会和共产主义社会之间,有一个从前者变为后者的革命转变时期。同这个时期相适应的也有一个政治上的过渡时期,这个时期的国家只能是无产阶级的革命专政"③。

从马克思的一系列论述可以得出以下四点。第一,专政是与无产阶级政治统治紧密联系在一起的。无产阶级专政之所以可能,正是因为无产阶级通过政治革命确立了自身的统治地位。第二,无产阶级专政之所以必要,根本在于对立面的存在,即资产阶级、封建贵族,尤其私有制的存在。在马克思的理解中,"工人革命的第一步就是使无产阶级上升为统治阶级","无产阶级将利用自己的政治统治,一步一步地夺取资产阶级的全部

---

① 《马克思恩格斯文集》(第 2 卷),人民出版社,2009 年,第 104 页。
② 同上,第 166 页。
③ 《马克思恩格斯全集》(第 19 卷),人民出版社,1963 年,第 31 页。

资本"①。可见,在确立了无产阶级政治统治之后,还需要由政治革命转向社会革命,即消灭私有制,这意味着无产阶级革命的对立面仍然存在,这种社会革命的展开需要通过专政来保证。第三,无产阶级专政的对象是对立面,即私有制,或者是资产阶级、封建贵族等。马克思从来没有用专政的概念描述无产阶级自身的组织形式和运转过程。第四,无产阶级专政并不等同于暴力方式,尤其是在由政治革命向社会革命转变的过程中,马克思从来没有将专政与暴力等同起来。这意味着,在确立了无产阶级政治统治之后,专政构成了无产阶级政治统治的一般属性或一般形态,它是继续革命的必要组成。但是它与暴力的关系并不明确,至少二者之间不存在如政治革命过程中的混用。

那么专政在无产阶级政治统治的条件下,具体内涵是什么,以及为什么必要?考茨基在《无产阶级专政》中曾对这一问题有过明确的阐述。其认为马克思在《哥达纲领批判》中有关无产阶级专政的表述,"在这里所说的不是一种政体,而是指一种在无产阶级夺得政权的任何地方都必然要出现的状态。马克思认为,英国和美国可以和平地,即用民主方法实现过渡。单这一点就可以证明,他在这里所指的不是政体"。正如恩格斯在《法兰西内战》第三版序言中所指出的,"巴黎公社就是'无产阶级专政'","但是这个专政并不同时就是废除民主,而是以普选制为基础的最广泛地应用民主。这个政府的权力应该服从普选制"。②

可见,专政是有关无产阶级政治统治一般形态或一般属性的描述,它并不是无产阶级政治组织形式及其运转方式的问题,即无关乎民主形式或非民主形式的问题。不过,考茨基并没有对专政的两种不同使用语境作出区分。雅克·泰克西埃则更为明确,其认为在恩格斯笔下,"无产阶级看来仅仅表示为铲除资本主义所必需的国家强制;无产阶级专政可能是一个合法化的民主政府在推行社会主义改造纲领时的合法行动"③。另外,雅克·格朗戎克也认为:"一切强力运行的政权都叫做专政,包括一种完全立

---

①　《马克思恩格斯文集》(第2卷),人民出版社,2009年,第52页。
②　[德]卡尔·考茨基:《无产阶级专政》,叶至译,生活·读书·新知三联书店,1963年,第24、25页。
③　[法]雅克·泰克西埃:《马克思恩格斯论革命与民主》,姜志辉译,社会科学文献出版社,2012年,第74页。

宪制的政权。"①因此,专政即表达一种权力的强制性原则,这是任何政治统治都具备的特质,不管是资产阶级政治统治,抑或无产阶级政治统治。

其实,马克思在《1848 年至 1850 年的法兰西阶级斗争》中,也对这一问题有过明确阐述。马克思对资产阶级政治统治和资产阶级恐怖有过这样的描述。"已经摆脱了一切桎梏的资产阶级统治,由于眼前总是站着一个遍体鳞伤、决不妥协与不可战胜的敌人——其所以不可战胜,是因为它的存在就是资产阶级自身生存的条件——就必定要立刻变成资产阶级恐怖","卡芬雅克不是对资产阶级社会实行军刀专政,而是靠军刀实行资产阶级专政"。② 通过马克思的叙述可以看出,专政是政治统治的一般属性,它可以表现为恐怖,也可以表现为其他方式。因为这里所指的不是达成无产阶级政治统治的过程,而是在确立无产阶级政治统治之后,如何将政治革命转向社会革命,抑或应对无产阶级对立面的问题。专政是任何政治统治的一般属性,无产阶级自然也不例外,并且为了消除对立面——资产阶级及其所有制,专政也就显得尤为必要。

总而言之,专政的一种适用语境在于无产阶级政治统治的确立,在由政治革命转向社会革命的过程中,其表达的是无产阶级政治统治的一般属性或一般形态,即强制性。这也是任何政治统治所具有的必要属性。不管是在之前的政治革命过程中,还是在之后的社会革命过程中,其都存在暴力或非暴力的路径选择,但这并不影响专政被用来描述无产阶级政治统治的一般属性问题。另外,之所以强调专政属性,根本还是在于对立面的存在,这使得任何忽略专政属性的无产阶级革命都会陷入困境。并且专政属性也是无产阶级革命要求的必然产物。即使在社会革命过程中,在应对对立面——资产阶级及其所有制时,专政属性之下同样有暴力和非暴力两种方式,这是专政通过何种形式来实现或表达的问题。例如,在《共产党宣言》中,"如果说无产阶级在反对资产阶级的斗争中一定要联合为阶级,通过革命使自己成为统治阶级,并以统治阶级的资格用暴力消灭旧有的生产

① [法]雅克·泰克西埃:《马克思恩格斯论革命与民主》,姜志辉译,社会科学文献出版社,2012 年,第 278 页。
② 《马克思恩格斯文集》(第 2 卷),人民出版社,2009 年,第 112、104 页。

关系"①。这里,用暴力消灭旧有的生产关系即在无产阶级政治统治确立的条件下,即在专政属性条件下。

那么专政属性如何表达或实现?马克思认为可以通过暴力手段。同样,专政也可能"是一个合法化的民主政府在推行社会主义改造纲领时的合法行动"②。因此,当专政被用来描述无产阶级政治统治一般属性的时候,其包含着革命的诉求,是无产阶级革命特定阶段的描述,是一个中性概念。它要表达的仅仅是一个事实——这个事实不仅存在于无产阶级政治统治当中,同样也存在于资产阶级政治统治之中——即强制性问题。当然,这一事实主要针对的是对立面,而不是自身。

(二)专政作为无产阶级革命的路径选择

当专政被用来表达革命手段的时候,不管是在政治革命过程中还是在社会革命过程中,这都显得非常容易理解。因为马克思的专政概念在很多时候都被等同于暴力。通过暴力的方式完成社会革命,即改变旧有的生产关系,这在前述部分已经有所提及。在此,专政与暴力就容易混用。不过,需要明确的是,在完成社会革命的过程中,同样存在民主方式的可能性,这一点在前文同样有所述及。

这里,主要阐述在政治革命过程中,通过暴力的方式完成政治革命并确立无产阶级政治统治,其中暴力与专政出现的混用现象。当然,这一混用可能与马克思自身并不存在紧密的联系。正如雅克·泰克西埃所言:"在1848年革命时期,无产阶级革命专政的概念看来紧密地联系于暴力革命和砸碎旧的官僚机器的必要性。"③而马克思在《1848年至1850年的法兰西阶级斗争》中也指出:"无产阶级就日益团结在革命的社会主义周围,团结在被资产阶级用布朗基来命名的共产主义周围","这种社会主义就是宣布不断革命,就是无产阶级的阶级专政"。④从马克思的叙述可以看

---

① 《马克思恩格斯文集》(第2卷),人民出版社,2009年,第53页。

②③ [法]雅克·泰克西埃:《马克思恩格斯论革命与民主》,姜志辉译,社会科学文献出版社,2012年,第74页。

④ 《马克思恩格斯文集》(第2卷),人民出版社,2009年,第166页。

出,社会主义即革命的共产主义与革命划上了等号,而社会主义与无产阶级专政也划上了等号,并且革命、专政、暴力仿佛建立了某种等同关系。可是问题在于,当时无产阶级尚未确立政治统治,那么这意味着在政治革命过程中,暴力与专政被混用了。暴力即专政,专政即暴力,它们都是作为无产阶级政治革命的手段而被使用。

基于此,在确立无产阶级政治统治的过程中,专政或暴力成为达成这种政治统治地位的路径选择。例如,马克思认为:"以其无孔不入而且极其复杂的军事、官僚、僧侣和司法机构像蟒蛇一样地把活生生的市民社会从四面八方网罗起来(缠绕起来)的中央集权国家机器⋯⋯市民社会身上的这个冒充为其完美反映的寄生赘瘤⋯⋯这种国家寄生物只是在第二帝国时期才得到它最后的发展⋯⋯它既给统治阶级本身带来耻辱,也给受它束缚的工人阶级带来耻辱。"①工人阶级政治统治地位的实现必须要通过打碎这一旧有的国家机器才能完成。无产阶级政治革命正"是反对国家本身、这个社会的超自然的怪胎的革命。是人民为着自己的利益重新掌握自己的命运。它不是为了把国家政权从统治阶级一个集团转给另一集团而进行的革命,它是为了粉碎这个阶级统治的凶恶机器本身而进行的革命"②。那么如何打碎这一旧有的国家机器,完成无产阶级的政治革命,这就涉及革命的路径选择问题。马克思认为:"我们知道,你们是对付无产者的武装力量;在我们有可能用和平方式的地方,我们将用和平方式反对你们,在必须用武器的时候,则用武器。"③这一点表现在公社"为工人阶级采取的措施",如"废除⋯⋯私人裁判权,废除⋯⋯掠夺劳动者工资的刑法典的权利","解除'忠诚的'国民自卫军的武装⋯⋯报复法令,(虽然)从未执行",等等。④ 可见,无产阶级确立自身统治地位的过程,即政治革命的完成,需要通过暴力的手段或其他方式来实现,而这即是无产阶级专政的表现。因此,无产阶级专政不仅表现在统治地位确立后转向社会革命的路径选择过程,在政治革命过程中,同样也是作为手段之一。在这一语境中,专

---

① 《马克思恩格斯全集》(第17卷),人民出版社,1963年,第584~586页。
② 同上,第587页。
③ 同上,第700页。
④ 同上,第573、577页。

政即暴力的代名词。

不过,结合马克思在 1875 年《哥达纲领批判》中的阐述——无产阶级的革命专政是资本主义社会和共产主义社会之间政治上过渡时期的国家形式。马克思对于专政概念的理解更倾向于无产阶级政治统治的一般属性,而不是作为政治革命或社会革命过程中的路径选择。专政作为革命路径选择的叙述更多集中于 1848 年革命前后,随后专政与暴力的混用就较少出现。即使在砸碎旧有国家机器问题上,专政与暴力出现了混同。可是马克思仍然指出了在和平允许的条件下,可以通过和平的方式来废除旧有国家机器、确立无产阶级政治统治。换言之,马克思在任何混用专政和暴力的地方,都为民主、和平的手段提供了空间,暴力、专政只是作为手段之一。因此笔者认为,专政在马克思的理论体系中更适合作为无产阶级政治统治的一般属性或一般形态来理解,而不适合作为革命路径选择之选项,混同于暴力手段,不管是在政治革命过程中还是在社会革命过程中。并且专政如同革命一样,是一个中性词,一种客观的描述,是革命在政治上的表达和实现。

当然,在无产阶级革命专政之下,不管是对于无产阶级政治统治的实现过程,如砸碎旧有的国家机器,还是转向社会革命的过程,如消灭私有制和相应的社会关系,都允许存在暴力或非暴力(即民主、和平)的手段选择。另外,这也可以很好地化解专政与暴力的混用,如在砸碎旧有国家机器问题上,这时正处于无产阶级政治统治的形成阶段。一方面存在无产阶级政治统治的专政属性;另一方面又是具体完成无产阶级政治统治的过程,可以说,专政(一般属性)通过专政(路径选择)来实现,而专政(路径选择)又实现着专政(一般属性)。总而言之,专政作为描述无产阶级政治统治一般属性的概念更为吻合马克思的专政内涵,专政作为无产阶级革命路径选择的内涵更多时候是与暴力革命的混用,这二者之间需要作出一定的区分。

三、暴力的单一属性

暴力在马克思的理论体系中可以称得上是流行词汇,甚至暴力与马克思的革命理论被划上了等号,革命与否的标准在于是否采用暴力革命的方式。的确,马克思在很多情况下都使用到暴力这一概念。例如在《共产党宣言》中,马克思指出:"首先必须对所有权和资产阶级生产关系实行暴力的干涉,即采取这样一些措施,它们在经济上似乎是不够充分和没有效力的,但是在运动进程中它们却会越出本身,成为变革全部生产方式不可避免的手段","共产党人认为隐瞒自己的观点和意图是可鄙的事情。他们公开宣布:他们的目的,只有用暴力推翻全部现存的社会制度才能达到"。① 在《共产主义者同盟中央委员会告同盟书》中,马克思重申了暴力革命的必要性,其指出:"发展不会采取这种和平进程。相反,革命已经迫近","工人应该武装起来和组织起来。必须立刻把整个无产阶级用步枪、马枪、大炮和弹药武装起来……在无法做到这一点的地方,工人就应该设法组成由它们自己选出的指挥官和自己选出的总参谋部来指挥的独立的无产阶级近卫军……对任何解除工人武装的企图在必要时都应予以武装回击。消除资产阶级民主派对工人的影响,立刻建立起独立和武装的工人组织"。②

在《宪章派》中,马克思对德法等大陆国家之外的英国无产阶级政治革命与暴力问题作过分析。其认为,对英国资产阶级而言,"如果说贵族是他们垂死的对手,那末工人阶级却是他们新生的敌人,因此他们宁愿同垂死的对手勾结,也不愿用实在的、并非表面的让步去加强日益成长的、掌握着未来的敌人","他们极力避免同贵族发生任何暴力冲突。但是历史必然性和托利党人都在推着他们向前走"。相反,"普选权的实行,和大陆上任何标有社会主义这一光荣称号的其他措施相比,都将在更大的程度上是社会主义的措施","实行普选权的必然结果就是工人阶级的政治统治"。③ 在《关于海牙代表大会》中,马克思对暴力的革命方式作出了限定,其认为:"我们从来没有断言,为了达到这一目的,到处都应该采取同样的手段。我们知道,必须考虑到各国的制度、风俗和传统;我们也不否认,有些国家,像美国、英国——如果可能用和平手段达到自己的目的。但是,即使如此,

---

① 《马克思恩格斯全集》(第 4 卷),人民出版社,1958 年,第 489～490、504 页。
② 《马克思恩格斯文集》(第 2 卷),人民出版社,2009 年,第 190、195 页。
③ 《马克思恩格斯全集》(第 8 卷),人民出版社,1961 年,第 390、391 页。

我们也必须承认,在大陆上的大多数国家中,暴力应当是我们革命的杠杆;为了最终地建立劳动的统治,总有一天正是必须采取暴力。"①在《哥达纲领批判》中,马克思对完全放弃暴力方式提出了批评,其认为:"他们没有勇气要求民主共和国","居然向一个以议会形式粉饰门面、混杂着封建残余、已经受到资产阶级影响、按官僚制度组织起来、并以警察来保卫的、军事专制制度的国家,要求只有在民主共和国里才有意义的东西,并且还庄严地向这个国家保证:他们认为能够用'合法手段'争得这类东西","庸俗的民主派把民主共和国看做千年王国,他们完全没有想到,正是在资产阶级社会的这个最后的国家形式里阶级斗争要进行最后的决战"。② 即使在《卡·马克思〈1848 年至 1850 年的法兰西阶级斗争〉一书导言》中,恩格斯也并未因革命形势的变化而否定暴力的必要性。其指出:"我们的主要任务就是毫不停手地促使这种力量增长到超出政府统治制度所能支配的范围,不是要把这个日益增强的突击队在前哨战中消灭掉,而是要把它好好保存到决战的那一天。"③

这里之所以大量引用马克思有关暴力的叙述,主要在于说明:一方面,暴力在马克思的理论体系中占有非常重要的地位;另一方面,暴力又是一个非常复杂的复杂,甚至有时候,暴力成为一种标签,反而替代了其背后丰富的革命内涵。笔者认为,马克思暴力概念的使用存在于以下场合。

第一,暴力是政治革命的主要路径选择,尤其是在大陆国家,因为其缺乏民主的方式来达成革命目标,那么,暴力就成为必要的革命手段。第二,即使在民主存在的背景下,如英国,暴力也不能完全放弃,因为争得民主的过程可能需要暴力的手段。并且面对资产阶级与封建贵族的结合,民主或缺乏或失效。那么无产阶级通过争得民主的方式来完成政治革命就需要暴力作为支撑,这一点在大陆国家表现的尤为明显。第三,在社会革命过程中,即确立了无产阶级政治统治的前提下,暴力手段仍然是革命路径选择之一,无产阶级专政在某种意义上即暴力的使用。同时,在砸碎旧有国家机器的过程中,暴力同样不可忽视。

---

① 《马克思恩格斯全集》(第18卷),人民出版社,1964年,第179页。
② 《马克思恩格斯全集》(第19卷),人民出版社,1963年,第32页。
③ 《马克思恩格斯全集》(第22卷),人民出版社,1965年,第609页。

那么马克思在使用暴力概念时,如何区别与其他人对暴力的使用,暴力的约束条件是什么? 笔者认为,通过上述有关马克思暴力思想的引述,可以概括出暴力概念的边界,其包括以下方面。

第一,暴力是服从于革命原则的。在马克思任何使用暴力的场合,其都与无产阶级政治革命或社会革命相关。换言之,暴力在马克思的理论体系中绝不是处于第一位的;相反,革命才是马克思的核心所在,暴力是服务于无产阶级革命目标的。不管是 1848 年前后革命的高潮时期,还是 1848 年之后革命的退潮,暴力的取舍都是围绕更好地实现无产阶级政治革命和社会革命这一总的目标。

第二,暴力的使用与国别相关。这一点在对马克思暴力思想的理解过程中经常被忽视。例如,在 1848 年前后,暴力成为马克思论述革命的常用词。可是这一时期,革命主要是在大陆国家如德国和法国展开。如在德国,政治落后的状况使得民主缺乏、封建力量强大、资产阶级软弱、无产阶级处于不利地位,因此通过何种方式来达成革命目标,暴力显得非常必要。如在法国,虽然政治上先进于德国,可是无产阶级面对资产阶级与旧有力量的结合,结果导致革命的失败。并且民主反而成为旧有力量获得统治地位的有力工具,因此暴力手段成为革命的首要选择。相反,在英国,马克思肯定了普选制对于实现无产阶级政治革命目标的意义,并且马克思后来也承认了国别因素对于革命路径选择的影响。

第三,暴力的使用与革命形势相关。在 1848 年前后,革命处于高潮时期,马克思判断无产阶级政治革命必然实现,因为结合当时迫切的革命形势,暴力成为最直接的革命方式。后来,随着革命的退潮,马克思开始侧重于通过其他方式来达成革命目标,尤其是民主的方式。这时,即使是在德国和法国——马克思一直强调暴力革命不可避免的国家,马克思也开始考虑非暴力方式革命的可能性,这一点在恩格斯的叙述中较为明显。

第四,暴力不可放弃,尤其是在面对资产阶级与封建贵族结合的条件下。马克思从来没有放弃暴力的使用,不管是在革命高潮还是在革命退潮,暴力都是革命的必要手段选择。在 1848 年以后,马克思明确阐述了革命手段的多种形式,包括民主的方式和暴力的方式,这并不意味着暴力革命失去意义。相反,在《哥达纲领批判》中,马克思重申了暴力手段的必要性,之所以必要,根本在于争取民主——即民主共和国——尚未实现,并且面对资产阶级与旧有力量的结合,一味强调"和平方式"是不合理的。更不要说在民主共和国中,在资产阶级与无产阶级的直接对立中,即决战中,放弃暴力是可笑的。恩格斯基本延续了马克思对于暴力的肯定,在其晚年的《导言》中,恩格斯同样强调了决战时武装斗争的可行性。

第五,暴力作为革命手段之一,或许是主要手段之一,马克思从来没有否定其他革命方式,特别是民主的方式。许多将马克思的革命理论等同于暴力革命的观点,忽视的正是这一点。马克思从来没有否定暴力之外的其他革命方式,即使在 1848 年革命高潮时期,即使在德国和法国,暴力之所以必要,不是因为民主不可行,而是在于民主的缺乏。既然缺乏通过民主方式达成政治革命的目标,那么只能选择暴力,暴力的必要性由此而来。另外在 1848 年前后,马克思在涉及英国无产阶级政治革命问题上,肯定了民主的意义。

基于暴力的使用场合及其约束条件(边界),这里需要指出,马克思的暴力思想区别于其他人对于暴力概念的使用,特别是一些人对于马克思暴力思想的曲解、误解,如将马克思的暴力思想与雅各宾主义、布朗基主义、巴贝夫主义等联系起来或等同起来。例如,塔尔蒙在《极权主义民主的起源》中指出:"雅各宾主义与马克思主义乌托邦的概念具有明显的相似性,历史必定要在它们之间得到终结。两者都认为自己的概念是强调完全的利益群体的和谐,而且并不依靠暴力来维持的,尽管要使用暴力——临时的专政来促成。"①塔尔蒙认为,极权主义民主遵循这样的逻辑,以雅各宾主义和巴贝夫主义为例。首先,"雅各宾专政的目的在于发动一场由美德来进行统治的运动,巴贝夫主义者一派则旨在实现人类平等的共产主义"。其次,如何实现这一目标,塔尔蒙认为:"为了拉开新世纪幸福的序幕,他们拥有行使必要的一切手段的自由。处于反对党的时期,他们进行破坏活动,即随意进行颠覆政府的恐怖的政治活动,发动革命。这些权利和无产阶级大革命的(临时)专政是同一事物的两个侧面。"结果,暴力和恐怖的流行导致的结果反而与革命的目标正好相反,"极权主义民主很快就演变

---

① [以]J. L. 塔尔蒙:《极权主义民主的起源》,孙传利译,吉林人民出版社,2011 年,第 261 页。

为一种高压政治和中央集权的政治模式,并不是因为它反对 18 世纪自由个人主义的价值,而是因为它最初对这些价值过于完美的追求态度"①。可见,塔尔蒙反对通过暴力、恐怖的方式达成革命目标的"极权主义民主"模式,这一革命不仅从革命目标上是错误的,即使从革命手段上也是不合理的,更不要说造成的完全相反的结果,而马克思的革命与暴力理论正是从属于这一极权主义民主脉络的。

此外,如雅克·泰克西埃同样持有类似的观点,其认为:"马克思和恩格斯受到雅各宾主义的巨大影响。"②不过事情可能并不如塔尔蒙所陈述的那样简单。至少暴力在马克思的理论体系中要考虑到使用的场合以及一系列的约束条件。不可否认,马克思确实与布朗基主义等存在一定的相似性,正如其在《1848 年至 1850 年的法兰西阶级斗争》中指出:"无产阶级……团结在被资产阶级用布朗基来命名的共产主义周围。"③可是,马克思已经明确表示,布朗基与社会主义之间的关联是资产阶级所给予的,而不是社会主义自身所包含的,至少暴力在无产阶级政治革命中已经完全不同于其他人对于暴力的使用,其内涵已经因为唯物史观而发生根本性改变。

笔者认为,马克思的暴力思想根本区别于雅各宾主义的地方在于以下四点。第一,暴力革命来源于革命的必然性,革命的必然性来源于唯物史观。马克思通过唯物史观引申出革命,革命成为历史运动过程的产物。正如马克思所言,革命理论不过是对革命事实的表述,它不是高居于其上的理论抽象。因此,革命是必然要发生的,也是正在发生的。第二,暴力作为无产阶级革命的路径选择,可能是主要的手段,但服从于革命目标,暴力不会超越革命成为替代革命的时代主题。暴力有其使用场合和约束条件,可能在形式上类似于雅各宾主义,但是内涵上已经发生根本性变化。暴力只是无产阶级政治革命路径选择的必要组成。第三,专政不等同于暴力、恐怖,专政更多表达的是任何政治统治的一般属性,无产阶级政治统治也不

① [以]J. L. 塔尔蒙:《极权主义民主的起源》,孙传钊译,吉林人民出版社,2011 年,第 258、260~261 页。
② [法]雅克·泰克西埃:《马克思恩格斯论革命与民主》,姜志辉译,社会科学文献出版社,2012 年,第 280 页。
③ 《马克思恩格斯文集》(第 2 卷),人民出版社,2009 年,第 166 页。

例外。马克思所指的专政和暴力,除了混用之外,主要在于担心无产阶级政治革命过程中一味强调"和平方式"以及社会革命过程中可能遭遇的通过和平方式难以破除的障碍。第四,暴力与民主的共存。作为无产阶级革命路径选择之一,暴力是必要的,但不是唯一的。另外,马克思自身也将暴力革命理论区别于雅各宾主义,如在《神圣家族》、恩格斯为《法兰西内战》所作的《1891年版导言》中。正因为如此,将马克思的暴力革命等同于革命恐怖,并加以指责,这并不符合马克思的革命理论体系。换言之,如果试图否定马克思的暴力思想,不应该从暴力革命或暴力与雅各宾主义的关联出发,而应该从唯物史观出发,否则这一切都是对于马克思理论体系的误解、曲解。

总而言之,暴力在马克思的理论体系中无疑占有着非常重要的地位,这导致其常常被等同于革命本身。但是这明显忽视了暴力在马克思理论体系中的复杂性。不过,相比于专政、民主,暴力在马克思的理论体系中所承担的角色与功能又是单一的,即主要作为无产阶级革命的路径选择之一而存在,可能是主要的手段或作为必要的手段。在政治革命过程中,暴力是不可或缺的;在社会革命过程中,在无产阶级专政条件下,马克思也没有放弃暴力手段;在应对旧有国家机器的过程中,在确立无产阶级政治统治过程中,暴力又显得尤为必要,一味地强调"和平方式"反而显得不符合实际情况。因此,暴力是马克思革命理论的必要组成,其具有单一属性——作为无产阶级革命路径的选择,同时暴力的内涵需要充分考虑到马克思的使用场合以及相关的约束条件,忽略这一点就会产生偏差并将马克思的暴力革命引向错误的方向。

四、民主的二重属性

民主在马克思的理论体系中无疑占有着非常重要的地位,虽然这种地位经常被忽略。不过,需要指出的是,民主在马克思的时代有着不同于今天的时代内涵。在今天,民主更多地与代议制、普选、权力分立等联系在一起,根本在于如何维持一个政治体系的运转,并表达一种正义的价值观念。

但是在 17 世纪左右,乃至 18 世纪,民主并非一个受欢迎的词汇。正如约翰·邓恩所指出的,它是作为一个"被鄙视的词"而存在的。经过法国大革命和美国独立战争,民主变成了一个受欢迎的概念,尤其是当它与革命联系在一起,这使得民主获得了自身的正当性。约翰·邓恩以西耶士为例,阐释了在法国大革命中,民主如何被附着于革命。西耶士在《论特权》中展开了对特权的抨击,"公开呼吁武装斗争",并与"法兰西贵族这一等级公开决裂",其"致力于摧毁将贵族们的世界囊括在一起的、由傲慢与矫饰筑成的大厦"。① 约翰·邓恩认为,西耶士的这种抨击很快转化为"公开的革命方案,并且将这经典的革命意识的宣言书在半个世纪之后传递给了年轻的卡尔·马克思"②。不过,约翰·邓恩指出:"'不要贵族'必定是这个国家所真正的朋友的战斗口号。但贵族的敌人绝不就是民主主义者",因为"对西耶士来说,这样的民主,不管它的危险有多严峻,也不可能在法兰西造成真正的威胁,因为它绝对无法实行"。③ 但是西耶士已经将民主附着于革命,这种革命是针对封建贵族的特权,即使其不认为民主可行,甚至民主也不一定就是受欢迎的。后来,随着法国革命的推进,民主越来越获得正当性,并且这种正当性来源于革命本身。约翰·邓恩认为,正是罗伯斯庇尔使民主获得了作为革命的正当性④"……在完成自我毁灭的任务之前几个月,它已经将这个古老的、战痕斑斑而如此长时期内又具有奇特学术气息的词,不可磨灭地铭刻在了革命的标准上,将它毫不愧疚地传递给了世界上其他人群,直至久远的未来。是罗伯斯庇尔,首先使民主作为政治效忠的核心起死回生:它不再是一个难以理解的词或是显然不可理喻的政府形式,而是一个被热烈赞扬、并且可能长期来看绝对是不可抗拒的

---

① ［英］约翰·邓恩:《让人民自由:民主的历史》,严钛译,新星出版社,2010 年,第 116 页。

② 同上,第 118 页。

③ 同上,第 122 页。

④ 约翰·邓恩引述了罗伯斯庇尔关于革命、恐怖、民主的关系论述:在和平时期,人民的政府依靠美德。在革命中,它就必须"自然而然地依靠美德与恐怖:美德,没有它恐怖就是极为有害的,而恐怖,没有它美德也无能为力",恐怖"只不过是即时的、严格的、刚正不阿的正义。因此它本身是正义的化身,与其说它是一条特殊的原则,毋宁说它是民主的普遍原则适用于国家最急迫的需求之结果"。基于此,约翰·邓恩认为,民主来源于革命的正当性得以完成。［英］约翰·邓恩:《让人民自由:民主的历史》,严钛译,新星出版社,2010 年,第 130 页。

吸引力之焦点与权力之源泉"①。

从约翰·邓恩的分析可以看出,民主在十八九世纪已经具有一种革命的内涵,是与革命紧密联系在一起的,并由"被鄙视的词汇"变成受欢迎的概念。约翰·邓恩认为,这种革命的意识一直延续到马克思身上,当然民主的革命内涵也不例外。笔者认为,这一结论是有其合理性的。在马克思的理论中,民主确实承担了革命的作用,是作为革命的路径选择之一。1848年革命之前,马克思甚至通过民主来阐释其革命思想,革命尚居于民主之下。1848年革命时期,在确立了革命的分析框架之后,马克思仍然没有放弃民主,并将民主纳入革命分析框架之中,作为达成革命目标的必要手段。

不过,马克思对于民主的使用并不局限于革命手段,民主同样作为革命的无产阶级政治组织的组织形式及运转方式。这一点经常被忽略,原因在于当时缺乏无产阶级政治统治的具体形态。但是以间接的方式考察共产主义者同盟、国际工人协会以及巴黎公社,可以看出,马克思始终坚持通过民主的形式来展开无产阶级政治组织的日常运转,即使是在革命的迫切时期,平等选举权也没有被抛弃。因此,民主在马克思的理论体系中有两个层面的应用:一是作为无产阶级政治革命的路径选择,二是作为无产阶级政治组织包括无产阶级政治统治的组织形式和运转方式。

(一)民主作为无产阶级革命的路径选择

马克思有关民主作为无产阶级革命路径选择的叙述是非常丰富的,即使在1848年革命时期。后来随着革命的退潮,马克思更是给予民主的革命内涵以充分确认。不过,民主在马克思的理论体系中并不是毫无原则的妥协、和平,相反,民主始终是以革命目标作为依据的。当然,民主有益于无产阶级政治革命的实现。同时,民主对于资产阶级而言,也具有革命的意义,只是其革命对象是封建贵族。这里,可以通过列举一系列马克思有关民主革命内涵的叙述,从而总结民主作为一种革命路径选择,在马克思的理论体系中所处的地位。1848年革命时期,在大陆国家如德国和法国

---

① [英]约翰·邓恩:《让人民自由:民主的历史》,严钛译,新星出版社,2010年,第131页。

等,马克思主张通过暴力的方式达成革命目标。但是马克思并没有否定民主对于无产阶级政治革命的意义,只是民主在这类国家尚不存在或难以争得。例如,在《危机与反革命》中,对于德国当时的政治状况,马克思指出:"如果议会取得胜利,组成了左派内阁,那末和议会并存的王权将被摧毁,国王只能扮演一个领薪俸的人民仆人的角色。"①在《1848 年至 1850 年的法兰西阶级斗争》中,对于法国的政治状况,马克思认为:"……通过普选权赋予政治权力的那些阶级,即无产阶级、农民阶级和小资产者,正是它要求永远保持其社会奴役地位的阶级。而它认可其旧有社会权力的那个阶级,即资产阶级,却被它剥夺了这种权力的政治保证。资产阶级的政治统治被宪法硬塞进民主主义的框子里,而这个框子时时刻刻都在帮助敌对阶级取得胜利,并危及资产阶级社会的基础本身。"②可见,民主是否具有革命内涵与民主是否存在从而不得不选择暴力手段是两类问题。

对于英国无产阶级政治革命,因为民主的存在,马克思更倾向于通过民主的方式达成革命目标,不过问题在于"争得民主"的过程并不一定是和平的。在《宪章派》中,马克思指出:"普选权就等于英国工人阶级的政治统治,因为在英国,无产阶级占人口的绝大多数……因此,在英国,普选权的实行,和大陆上任何标有社会主义这一光荣称号的其他措施相比,都将在更大的程度上是社会主义的措施","在这里,实行普选权的必然结果就是工人阶级的政治统治"。③ 后来,随着革命的退潮,不管是在大陆国家如德国和法国等,还是在英国、美国等,马克思都开始转向民主的革命方式,这一点得到全面的表述是在恩格斯为马克思《1848 年至 1850 年的法兰西阶级斗争》一书所写的导言中。例如,恩格斯指出:"因为这里斗争的条件已发生了本质上的变化。旧式的起义,在 1848 年以前到处都起过决定作用的筑垒的巷战,现在大都陈旧了"④,"世界历史的讽刺把一切都颠倒过来了。我们是'革命者','颠覆者',但我们采用合法手段却比采用不合法手段或采用变革办法要获得多得多的成就"⑤。

---

① 《马克思恩格斯全集》(第 5 卷),人民出版社,1958 年,第 472 页。
② 《马克思恩格斯文集》(第 2 卷),人民出版社,2009 年,第 114~115 页。
③ 《马克思恩格斯全集》(第 8 卷),人民出版社,1961 年,第 390~391 页。
④ 《马克思恩格斯全集》(第 22 卷),人民出版社,1965 年,第 603 页。
⑤ 同上,第 610 页。

通过马克思、恩格斯有关民主革命内涵的一系列论述可以看出，民主具有革命的内涵，可以通过民主手段达成无产阶级政治革命的目标。不过，如同暴力方式一样，民主在马克思的理论体系中同样具有相应的约束条件。笔者认为，理解马克思的民主作为一种革命手段，需要基于以下方面。

第一，民主一定处于革命的分析框架之中，服从于革命的目标。如同约翰·邓恩所指出的，18世纪左右，民主已经因为革命而获得正当性，这种革命的意义也为马克思所继承。因此，革命在马克思的理论体系中是处于第一位的，民主附着于革命，不过，马克思的革命来源于唯物史观，而不是如罗伯斯庇尔将革命与恐怖建立在民主、人民基础之上。

第二，有无民主的问题。虽然民主作为革命的路径选择，但是，这并不能得出无产阶级政治革命一定通过民主的方式来实现这一结论。因为，在缺乏民主的地方，或民主难以有效实现的地方，如德国和法国等，通过其他方式来完成革命就成为必要，如暴力革命。可见，通过民主的方式实现革命目标，其前提在于通过民主的方式可以实现革命目标。

第三，争得民主的问题。争得民主的问题在马克思有关民主革命内涵的叙述中显得非常必要。例如在英国，基于普选制，工人的多数可以导致无产阶级政治统治，但是只有在获得普选制的条件下，这一结论才能成立。因此，争得普选制，即争得民主，这一过程并不一定就是和平的。再如在德国和法国等，即使在革命退潮之后，民主的革命方式成为马克思的选择倾向。但是民主在这类国家面对的最大障碍就是资产阶级与旧有力量的结合，这使得通过民主来完成革命成为不可能。

正因为如此，马克思、恩格斯才提出民主共和国的问题——只有在民主共和国里才能通过民主的方式达成政治革命。但是如德国，尚未实现民主共和国——否定一味强调"和平方式"完成革命的倾向。

第四，民主是革命理论的必要组成。马克思始终承认民主所具有的革命功能，与暴力一样，民主也是马克思革命理论的组成部分，不可或缺。不管是在1848年革命时期，还是在1848年之后，通过民主来完成无产阶级政治革命都为马克思所接受。即使在无产阶级专政的条件下，在转向社会革命的过程中，马克思也肯定了通过和平、民主的方式改变社会关系，包括私有制。

（二）民主作为无产阶级政治组织的形式

在马克思的革命理论中，民主另一层面的应用在于无产阶级革命政治组织的形式问题，即无产阶级政治组织通过何种方式来运转，民主的抑或非民主的。可以说，马克思在无产阶级政治组织形式及其运转问题上始终持有民主的态度。不管是共产主义者同盟、国际工人协会，还是在巴黎公社问题上，马克思都坚持民主、平等的原则。

这一原则主要表现在组织原则、组织形式和如何对待反对派三个方面。在组织原则上，无产阶级政治组织需要坚持革命目标，即政治革命和社会革命；在组织形式上，无产阶级政治组织坚持所有成员之间的平等、普选制以及相应的监督机制；在对待反对派问题上，无产阶级政治组织不存在任何妥协和让步。其中，马克思认为，无产阶级革命政治组织"天然的"具有民主的形式，与此相对，如果反对派存在，那么必然是少数人战胜多数人，即非民主的形式。这一点马克思并未作出具体的分析，至少在马克思看来这是不构成问题的。

因此，笔者将其描述为无产阶级革命政治组织与民主形式之间具有"天然的亲和性"。其实，个中原因主要在于马克思的革命理论来源于唯物史观。基于唯物史观，无产阶级与资产阶级的对立构成了历史运动的过程，消除对立面——即资产阶级——构成了历史向前发展的结果，那么无产阶级必然构成多数，通过民主的方式展开组织形式，结果只能是坚持无产阶级的革命目标。对于组织的民主形式问题，后文还将有更为详细的论述，这里只需要明确一点：马克思在无产阶级革命政治组织形式问题上始终持有民主态度。

另外，马克思的民主态度还表现在如何对待"少数人"问题上，即无产阶级政治革命及其组织运转是不是依靠少数人来完成。如塔尔蒙，就将马克思民主思想纳入极权主义民主的谱系，并认为这最终导致"高压政治和中央集权的政治模式"的产生。或者如雅克·泰克西埃认为，马克思与雅各宾主义——专断、独断——存在关联。但是马克思从来都是否定无产阶级革命可以通过少数人可以完成，并且，无产阶级革命政治组织始终需要遵循平等、普选的原则。例如,马克思在 1846 年《反克利盖的通告》中就涉及这一问题,"他歪曲共产主义在欧洲各国的真正的历史发展,其实他对于这种发展是一无所知的,他把共产主义的产生和发展归功于这个埃萨伊同盟的荒唐的、神奇的、小说般的阴谋"①。

之后,1847 年共产主义者同盟的成立也是基于否定这类"少数人"阴谋革命的理论,"伦敦中央委员会表示愿意改变观念,它给同盟成员发了通讯,在通讯中说需要一种对目标更为严格的规定,不要以纯粹情感为基础的社会主义,并谴责了阴谋革命的方式"②。这种阴谋革命在无产阶级政治组织形式上的表现就是"少数人"决定,是明显的非民主要素,而马克思在这一点上是持根本的否定态度。1847 年、1850 年《章程》中对于"盟员平等"和选举的组织设计,其实也应合了马克思在这一问题上的态度,它否定革命依赖于"少数人"的非民主原则。另外,《章程》和《共产党宣言》中对于革命宣传的规定,也反映了革命是依赖于大多数人的,即无产阶级,而不是局限于"少数人"的阴谋革命。在 1891 年恩格斯为《法兰西内战》所作的《导言》中,其指出:"布朗基派的情况也并不好些。他们是在密谋派别中培育出来的,是靠相应的严格纪律团结在一起,他们认为,一批相对说来数目较少的意志坚决、组织良好的分子,在一定的有利时机不仅能够夺得政权,而且能够凭着一往无前的强大毅力保持政权,直到把人民群众吸引到革命方面并使之聚集在少数领袖周围。这首先就要把全部权力最严格地、独断地集中在新的革命政府手中","绝大多数的布朗基派不过凭着革命的无产阶级本能才是社会主义者","对于公社在政治方面的行动和失策,要由布朗基派负责"。③ 可见,马克思、恩格斯在"少数人"问题上,在无产阶级革命可以通过少数人来完成这一问题上,在无产阶级革命政治组织的权力集中于少数人问题上,始终是持否定态度的。

在无产阶级政治组织形式问题上,"少数人"问题还表现在"共产党人与无产者"的关系问题上。这一点马克思在《共产党宣言》中有过详细的规定:"共产党人同其他无产阶级政党不同的地方只是:一方面,在无产者

---

① 《马克思恩格斯全集》(第 4 卷),人民出版社,1958 年,第 19 页。
② [英]戴维·麦克莱伦:《马克思传》,王珍译,中国人民大学出版社,2010 年,第 169 页。
③ 《马克思恩格斯文集》(第 3 卷),人民出版社,2009 年,第 108、109 页。

不同的民族的斗争中,共产党人强调和坚持整个无产阶级共同的不分民族的利益;另一方面,在无产阶级和资产阶级的斗争所经历的各个发展阶段上,共产党人始终代表整个运动的利益","因此,在实践方面,共产党人是各国工人政党中最坚决的、始终起推动作用的部分;在理论方面,他们胜过其余无产阶级群众的地方在于他们了解无产阶级运动的条件、进程和一般结果"。① 从整段叙述可以看出,马克思所强调的共产党人作为"少数人",并不是体现在具体的政治组织及其运行过程中,并不是用共产党人去替代无产阶级本身,而更多是从革命的一般原则和革命的最终目标展开的,是政治组织的原则和前提,与《章程》中对革命目标的规定也相符合。因此,共产党人并不是共产主义者同盟内部的"少数人",也不是对"盟员平等"和普遍选举的否定,其正当性不是来自共产党人本身,而是来自革命的历史逻辑——即无产阶级政治革命。马克思从来没有用共产党人的"少数人"取代同盟内部的民主形式,即使在无产阶级专政的过渡时期,也不存在"少数人"的特殊地位,这一点通过1850年《章程》对民主选举和平等的重申可以得到确认。故而"少数人"问题主要限定于革命目标的坚定性,并且这种坚定性也不等同于通过少数人去完成革命目标。至于组织的民主形式及其运转,也不会受其影响。

五、革命与专政、暴力、民主的复杂关系

乔治·索雷尔在《论暴力》中曾指出:"每个人都抱怨社会主义讨论的模糊性:这种模糊性之所以产生,在很大程度上是因为当代社会主义者使用了一个与他们思想并不相称的术语"②。乔治·索雷尔的这段话陈述了一个事实,即关于马克思革命思想的理解存在很多种可能,这种可能即模糊性。确实,在马克思的理论体系中,围绕不同概念的使用及其边界,马克思并没有作出明确的区分。相反,马克思更多地围绕具体的对象来使用不同概念,这经常造成概念的模糊性。但是正如乔治·索雷尔所说,马克思

---

① 《马克思恩格斯文集》(第2卷),人民出版社,2009年,第44页。
② [法]乔治·索雷尔:《论暴力》,乐启良译,上海人民出版社,2005年,第38页。

相关概念内涵不同于当下社会主义者的思想本身。很多时候,对于马克思革命思想的理解更多是从自身出发,而不是从马克思本身出发,从当时的历史语境出发,这才是造成对相关概念理解模糊的主要原因所在。对于马克思革命、专政、暴力、民主等概念的理解,一方面需要置于马克思的逻辑结构中,尤其是唯物史观;另一方面,对于容易造成歧义、模糊的地方,需要作出更为详细的说明,从而避免误解。笔者认为,在马克思的革命分析框架中,专政、暴力、民主等概念需要在以下方面作出区分,明晰不同概念内涵、边界和约束条件。

(一)革命不等同于专政

通常意义上,容易将马克思的革命与专政划上等号,认为革命即无产阶级专政。马克思确曾指出,无产阶级对资产阶级的革命,即阶级斗争,必然导致专政。但是专政根本上不同于革命。首先,革命在马克思的理论体系中属于框架性概念,它来源于唯物史观,是基于消除对立面的历史逻辑。在资本主义时代,这一对立面即资产阶级及其所有制。马克思认为,在劳动实践领域,私有制约束了劳动实践,私有制作为劳动实践的对立面而存在;在政治领域,这种对立相应地表现为资产阶级与无产阶级的对立。因此,革命所表达的即消除对立面(包括资产阶级及其私有制)、实现新的社会形态的历史过程。革命是一个中性的概念,它在于陈述事实,"当一种现存的秩序(一种政治制度或一种社会-经济制度,或两者的结合)处在深深的震动中,就存在革命"[1]。

相反,专政是处于革命的分析框架之中,如果用数学的形式来表达——｛专政、暴力、民主……｝∈ 革命,专政需要通过革命来赋予内涵及规定边界,专政是无产阶级革命在特定历史阶段上的具体表现,专政即革命,专政形式不过是革命的推进方式——即革命路径选择。马克思对于专政概念的使用有两种情况:一是专政被用于描述无产阶级政治统治的一般属性或一般形态,这是任何政治统治都具有的必要属性,无产阶级也不例

---

① [法]雅克·泰克西埃:《马克思恩格斯论革命与民主》,姜志辉译,社会科学文献出版社,2012 年,第 250 页。

外,因此,专政表达的是一种强制性。至于在专政过程中,具体通过何种方式来实现或巩固无产阶级的政治统治、通过何种方式来完成社会革命——暴力 VS 非暴力,这则是另外一个问题,它主要依据现实的阶级斗争状况而决定。二是专政与暴力革命方式的混用,马克思确实在一些场合对专政与暴力未作区分即加以使用。尤其是在 1848 年革命前后,特别是在旧有国家机器问题上。因为面对资产阶级与封建贵族的结合,无产阶级政治革命难以通过民主的方式来完成——民主要么失效、要么被废除,这时,暴力就成为不可避免的路径选择。无产阶级在实现政治统治的过程中,需要砸碎旧有国家机器,这一过程又是通过专政来实现的。因此,专政与暴力被混用。

其次,在革命与专政的区别之外,二者又是紧密联系在一起的。马克思认为:"阶级斗争必然要导致无产阶级专政","这个专政不过是达到消灭一切阶级和进入无阶级社会的过渡"。[①] 可见,专政作为政治革命与社会革命之间的过渡阶段,它意味着革命的继续。换言之,专政不过是革命在这一过渡阶段上的具体"称谓",是革命的代名词。但是这种专政具体通过何种方式展开,则是另外的问题。雅克·泰克西埃认为:"从 1885 年起,恩格斯要我们想到,暴力革命并不是为砸碎官僚机器所绝对必要的。"[②]

总而言之,革命与专政在马克思的理论体系中既相互区别又相互联系,一方面,专政是处于革命的分析框架之中,专政所表达的是无产阶级政治统治的一般属性,即强制性。另一方面,革命又必然导致无产阶级专政,专政是革命理论的必要组成。但是将专政等同于革命的观点明显不符合马克思理论体系本身。

(二)专政不等同于暴力

对于专政与暴力的关系,通常存在两种误解:一是认为马克思的专政、暴力理论即革命恐怖主义,来源于雅各宾主义,二者之间并不存在根本的不同;二是认为马克思的专政思想即意味着使用暴力,暴力与专政之间存

---

① 《马克思恩格斯文集》(第 10 卷),人民出版社,2009 年,第 106 页。
② [法]雅克·泰克西埃:《马克思恩格斯论革命与民主》,姜志辉译,社会科学文献出版社,2012 年,第 74 页。

在等同关系。对于后一种误解而言,马克思是不是将专政等同于暴力? 在马克思的理论中,专政表达的是无产阶级政治统治的一般属性,即强制性,这并不意味着一定使用暴力。当然,暴力也是专政的一种形式。雅克·泰克西埃提出了这样的疑问:"专政是否一般地表示在马克思和恩格斯看来与国家的任何一种形式不可分离的强制,以及在这种情况下,问题的提出在于弄清无产阶级专政是民主形式或不是民主形式,或者相反,专政是否表示在严格意义上不存在政治形式、政治形式因内战的爆发而被悬置的时期中必然产生的暴力。"①

这一疑问包含三个方面的内容:第一,专政是不是表达一种强制性,即任何政治统治所具有的一般属性,无产阶级政治统治当然也不例外;第二,专政条件下是民主的形式还是非民主的形式;第三,专政是否放弃暴力的必要性。

笔者认为,专政是一个中性的概念,如同革命一样,专政允许暴力手段,但是其并没有否定民主的方式,同时暴力也是不可忽视的。② 不过,雅克·泰克西埃忽略了专政的另一方面,即专政主要针对的是资产阶级及其所有制。换言之,相对于无产阶级政治组织通过何种形式来运转的问题,专政更多地集中于无产阶级如何应对其对立面——资产阶级——的问题。专政具有对外性。因此,相较于暴力,专政处于更为优势的地位,类似于｛专政、暴力、民主……｝∈革命,｛暴力、民主｝∈专政。当然,这种从属关系是在政治革命路径选择问题上(这时,专政混同于暴力手段),或转向社会革命的过程中。

对于前一种误解,如塔尔蒙,包括雅克·泰克西埃在内,都将马克思的专政、暴力联系到雅各宾主义,这主要在于二者在形式上的相似性。一方

---

① ［法］雅克·泰克西埃:《马克思恩格斯论革命与民主》,姜志辉译,社会科学文献出版社,2012 年,第 64 页。

② 专政其实是革命阶段、革命属性、革命内涵有机结合的复合型概念。在革命阶段上,专政意味着确立了无产阶级政治统治地位;在革命属性上,专政意味着任何一种政治统治所具有的强制属性;在革命内涵上,专政意味着无产阶级由政治革命向社会革命的推进,专政形式不过是革命的推进方式,它可以与暴力联系在一起,但是这也并没有否定其他方式,如和平的、民主的过渡。当使用专政形式时,很多时候将其与民主抑或非民主形式联系在一切,其实,这是一种误解,专政形式的民主或非民主,并不是指组织形式民主化或集中化,而是指推进社会革命的路径选择,正如政治革命过程中"暴力 VS 民主"的革命路径选择。

面,雅各宾主义的革命恐怖在马克思的叙述中可以找到相应的表述;另一方面,忽略了马克思的具体对象,将马克思关于专政、暴力的论述普遍化。马克思确实承认专政、暴力的必要性,但是这种必要性主要来源于阶级斗争的现状。例如,在缺乏民主的条件下,只能通过暴力的方式达成革命目标;在资产阶级与封建贵族结合的背景下,民主反而成为专制的工具,抑或民主被废除,那么无产阶级只能诉诸于暴力方式以及专政下的暴力来达成政治革命的目标;在转向社会革命的过程中,并不能始终保证和平方式的有效性,因此基于专政而使用暴力就成为必然。

不过马克思在专政与暴力之外,同样肯定了民主的革命路径选择,如在对待英国这类国家,民主就可以作为达成革命目标的有效手段,革命恐怖就显得不切实际。另外,即使在对待旧有国家机器问题上,面对革命形势的变化,一味地使用暴力手段也显得不合时宜。这时,需要的就是民主、和平的手段。再考虑到专政与暴力处于马克思的革命分析框架之中,这一革命历史逻辑又是唯物史观的结果。那么,马克思理论体系中的专政与暴力在性质上根本不同于雅各宾主义。另外,雅各宾主义经常将革命恐怖与集权、独断联系起来,可是马克思始终在无产阶级政治组织形式上持有民主态度,专政与暴力不影响基于平等、普选、监督等原则的无产阶级组织形式及其运转方式。

因此,专政与暴力的关系,如同革命与暴力的关系,在马克思的理论体系中,一方面,专政是一个中性概念,暴力手段作为专政的一种表现形式;另一方面,暴力确实又是专政所必不可少的组成。但是专政绝不等同于暴力,这样一种简单化、线性的的逻辑明显不符合马克思理论体系本身。

（三）暴力与民主的共存

在理解马克思的政治思想时,有两种较为对立的观点:一种认为,"马克思、恩格斯的政治思想本质上是反民主的",这意味着暴力占据了马克思理论体系的核心地位;另一种认为,"马克思、恩格斯的思想是一种民主的思想",即"民主的必然性和为建立民主的斗争在马克思和恩格斯看来是目标要素……民主是无产阶级革命的最好政治表达"。[①] 可以说,这两种观念都是对马克思理论体系中民主与暴力关系的理解偏差。因为在马克思的革命分析框架中,革命必然涉及革命手段问题,不管是在政治革命过程中,还是转向社会革命。

民主与暴力都是作为革命的路径选择而被赋予内涵。首先,暴力并不否定民主的存在。在1848年革命高潮时期,针对大陆国家如德国和法国等,马克思无疑是坚持暴力革命的路径,但是与此同时,民主对于英国无产阶级政治革命的作用也是为马克思所承认的。后来,在19世纪50年代及以后,民主正式获得同暴力一样的革命路径选择地位。甚至在德国和法国,马克思也开始倾向于通过和平、民主的方式来达成革命目标。可见,马克思从未用暴力的革命手段来否定民主的可能性。当然,前提是民主的存在和民主的有效性。其次,肯定马克思对民主革命内涵的认同并不意味着暴力革命失去意义,民主同样也不否定暴力的存在。这主要表现在以下场合。一是争得民主的过程。民主具有革命的作用,但是争得民主的过程不排除使用暴力手段。二是面对旧有国家机器的时候,一味地选择"和平方式"是不切实际的。即使在革命退潮之后,暴力手段显得越来越不合时宜,可是放弃暴力却不为马克思所接受。三是当恩格斯反思1848年革命路径选择和革命形势判断所存在的问题时,民主无疑获得了优势地位,但是恩格斯同样肯定暴力的必要性,至少在未来的决战中,暴力作为手段有其存在的意义。

因此,在马克思的革命分析框架中,暴力与民主作为革命的路径选择始终处于一种共存的状态,暴力不能否定民主的可能性,民主亦不能否定暴力的必要性。在马克思看来,革命的路径选择主要依据阶级状况和革命形势而发生变化,革命的目标是处于第一位的,民主或暴力不过是达成这一目标的途经。任何用民主或暴力来标签化马克思革命理论的观点都是对这一逻辑关系的误解。后来,确实存在这一理解的偏差,如伯恩施坦将民主作为马克思革命理论的标签,彻底否定暴力手段,打破了民主与暴力在马克思理论体系中的平衡关系。再如,列宁过度强调暴力对于革命的作

---

① [法]雅克·泰克西埃:《马克思恩格斯论革命与民主》,姜志辉译,社会科学文献出版社,2012年,第249页。

用,将革命、专政等同于暴力革命,挤压民主在马克思理论体系中的生存空间,特别是民主作为无产阶级政治组织的形式,这同样是对民主与暴力关系的破坏。笔者认为,在马克思的革命分析框架中,民主与暴力始终处于一种共存状态,二者共同作为革命理论体系的必要组成,并且这种共存不仅表现在政治革命过程中,同样也存在于社会革命过程中。基于此,才能合理理解马克思革命分析框架中民主与暴力的关系,而不是简单地用一者否定另一者。

六、小结

马克思通过唯物史观引申出革命这一框架性概念,革命所表达的是现实的历史运动过程,通过辩证法的逻辑,革命意味着消除对立面从而达到新的社会形态。在马克思的时代,这种对立面即资产阶级及其所有制,而相对的无产阶级则是革命的政治载体。通过无产阶级对资产阶级的革命,最终实现共产主义,这一过程具有历史必然性。不过就革命这一框架性概念而言,它分为两个方面:一是当时条件下资产阶级与无产阶级的对立,二是资产阶级与封建贵族的对立。在后一种情况下,资产阶级及其私有制起到了积极的作用。因此基于这一点,在面对封建专制时,马克思始终坚持无产阶级与资产阶级在民主革命问题上的一致性。虽然后来出现了资产阶级与封建贵族的结合,可是马克思仍然坚信历史的逻辑演进。

难题在于,在确立了革命的分析框架之后,专政、暴力、民主等概念如何获得相应的内涵,其应用存在哪些边界,以及它们之间如何相互区别。根据马克思的唯物史观和革命理论,专政、暴力、民主具有以下属性。

第一,专政概念具有二重属性。一方面,专政主要用来描述无产阶级政治统治的一般属性或一般形态,是无产阶级如何对待资产阶级的问题,具有对外性,在专政之下,存在民主 VS 暴力的革命路径选择。另一方面,专政存在与暴力的混用,这时,专政即暴力手段,专政原有的内涵和属性也失去意义,因此对于专政概念内涵的理解,更适宜从强制性的角度来展开,二重属性更多是单一属性。

第二,暴力具有单一属性。不管是在政治革命过程中,还是在社会革命过程中,抑或面对旧有的国家机器,暴力都是革命的路径选择之一,或许是作为主要的革命手段。同时,暴力具有必要性,它是马克思革命理论的有机组成,不可或缺。

第三,民主具有二重属性。一方面,民主作为革命的路径选择之一,虽然这很多时候被暴力方式所掩盖,但是马克思承认民主革命内涵的可能性。另一方面,民主又是无产阶级政治组织形式及其运转方式,这是无产阶级如何对待自身的问题,它不同于对待资产阶级,马克思始终坚持通过民主的方式来实现革命政治组织的运转,包括无产阶级政治统治。在马克思的理论中,当民主被用于无产阶级政治组织形式时,革命与民主具有"天然的亲和性",仿佛革命的无产阶级政治组织一定会采用民主的形式来展开活动,而非民主的形式只适用于资产阶级和反对派。

总而言之,在理解马克思民主思想的过程中,不仅需要处理民主与革命的关系,同时还需要厘清革命框架中专政、暴力、民主的内涵及边界,只有在此基础上,马克思的民主思想才得以完全、合理、准确地展现出来。不可否认,马克思在这一系列概念及其相互关系上存在模糊性,并且这种模糊性影响到对马克思革命理论的准确理解。因此,基于"唯物史观→革命→专政、暴力和民主"这一逻辑关系来理解马克思的革命理论及相关概念的内涵就显得尤为必要。

第三章　无产阶级革命路径的民主选择

　　马克思通过唯物史观确立革命这一框架性概念,一方面,也是主要方面,在于唯物史观所阐释的历史逻辑。这一历史逻辑从劳动实践出发,并在政治上有相应的物质载体即阶级,其目标在于通过消除对立面从而达到全新的社会形态。因此,由哲学的革命转向政治的革命,由政治的革命发展为社会的革命,这一历史逻辑并不是抽象思维的产物,而是对现实关系的表达。基于此,革命实践成为马克思的分析框架所在,由民主转向革命也是通过唯物史观来完成的。另一方面,革命作为框架性概念的确立也有其历史语境。正如塔尔蒙所指出的,这是"欧洲传统秩序衰退的结果","宗教已经不被知性及情绪所支配了,僧侣等级的封建制度,由于受到社会的和经济的各种要因的冲击而崩溃了,而且迄今为止的以门荫身份为基础制度的社会概念也被抽象的、个别的人的理念所取代"。① 这时,"社会决定论"流行起来,这意味着"它无论在什么时候都是不得不接受的东西"②。另外,伴随着宗教权威的衰退,"除了国家,便没有道德的源泉,也没有道德认可的标准……政治理论和伦理标准不能完全分离"③。最后,财产问题也被纳入进来,"以道德为前提的教义转变成以社会经济为主的理论","这种追求美德为前提的自由原理,引发出了追求安全保障的激情"。④ 正是基于社会政治环境的变迁,革命和激进理论获得了土壤,历史语境对于马克思革命分析框架的形成具有重要作用。当然,这种作用是通过马克思自身的逻辑结构来完成的,即历史逻辑。

---

① ② ［以］J. L. 塔尔蒙:《极权主义民主的起源》,孙传利译,吉林人民出版社,2011 年,第 4 页。
③ 　同上,第 5 页。
④ 　同上,第 7 页。

那么,问题在于通过何种方式来完成无产阶级政治革命和社会革命?这就涉及革命的路径选择问题。在马克思看来,主要有两种方式来完成无产阶级革命,即暴力革命的方式和民主的革命方式。在 1848 年之前,民主尚未处于革命的分析框架之中,这时大量有关民主的论述还不是和革命紧密联系在一起的。1848 年革命高潮及之后的 19 世纪 50 年代,马克思开始阐述暴力革命的思想,同时,通过民主、和平的方式完成无产阶级革命也存在可能性,例如英国。50 年代之后,随着革命的退潮,马克思、恩格斯面对革命形势的变化,开始反思革命的策略问题,即越来越重视民主的革命内涵。不可否认,恩格斯晚年在这一问题上反思了 1848 年暴力革命的思想,不过这并不表示马克思、恩格斯放弃了暴力革命的必要性,民主与暴力始终作为无产阶级革命路径选择的必要组成,二者不可或缺。

在 1848 年前后,暴力占据着前台,但是不可忽视马克思有关英国和平革命的论述。50 年代之后,民主的革命方式开始凸显,但不可据此认为马克思放弃了暴力革命的必要性。因此,在无产阶级革命路径选择问题上,一方面,马克思持有暴力革命的思想,这是基于无产阶级与资产阶级的对立,以及争得民主的要求,还有官僚国家的问题;另一方面,随着革命形势的变迁,当暴力革命变得不再适应革命现实要求时,作出策略性的改变并不影响革命目标的实现。正因为如此,民主在马克思理论体系中的第一重含义就在于作为无产阶级革命的路径选择。

对于马克思民主思想而言,民主需要作出不同层面的区分,民主的革命路径与民主的政治形式之间是不能混淆的。民主首先意味着政治平等和政治与经济分裂的弥合,从而达到民主的充分实现。但是民主是否可以作为无产阶级达成革命目标的手段选择,则需要根据具体的革命形势而定,例如需要考虑到争得民主的问题,争得民主的过程是否是和平的;需要考虑官僚国家的问题,官僚国家对于民主的拒绝使得和平是否可能;需要考虑到革命形势的变迁问题,当不适宜大规模直接冲突的时候,通过民主的方式是否可能,等等。可见,马克思在多数时候使用民主这一概念,主要是指革命的路径选择问题,因为当时还尚未实现无产阶级的政治统治。

至于无产阶级政治组织的民主形式,这则是不证自明的问题,因为基于革命的原则,无产阶级所要实现的正是民主的充分实现。如泰克西埃在

"资产阶级民主共和国"问题上,认为马克思、恩格斯存在态度的转变和模糊之处,"一方面,民主共和国被认为是最适合于资产阶级统治的政治形式,另一方面,工人党要求建立民主共和国,因为民主共和国是最有利于无产阶级斗争的政治形式,以便组织起来和争取霸权。无产阶级解放的政治形式是'公社制度',而民主共和国只是无产阶级和资产阶级在其中进行最后决战的战场"。但在1891年的"理论小革命"中,恩格斯又提出了"无产阶级专政特殊形式的民主共和国"。① 看似泰克西埃指出了马克思、恩格斯在民主共和国问题上的态度变化,其实,泰克西埃混淆了马克思在民主革命路径选择与民主政治形式之间的适用差异。民主作为革命路径选择之一,主要基于革命形势的变化。对于资产阶级民主共和国而言,选择暴力革命亦或民主的革命方式,主要根据革命行动的可行性。相反,民主作为政治组织形式,则是不需要证明的,至于是民主共和国的形式还是公社制度,这主要依赖于之后的政治实践。因此,明确民主在马克思理论体系中不同的适用情况,就显得较为必要。这里,首先围绕马克思在无产阶级革命路径选择问题上的民主态度展开。

一、马克思由民主向革命的转向

1848年之前,马克思、恩格斯有较多关于民主和自由的论述,从《莱茵报》时期到1848年《共产党宣言》的诞生,马克思的思想经历了由自由、民主向革命的转变过程。这一转变过程并不如传统意义上所说的那么简单,即马克思实现了由革命民主主义者向共产主义者的转变,其忽视了通过革命分析框架来认识其他相关概念的内涵,而是直接通过阶级与唯物史观之间简单、线性的逻辑关系来阐释其他相关概念。因为在马克思早期论述自由和民主的时候,革命尚未成为马克思理论体系的关键词。随着唯物史观的确立,革命在马克思的理论体系中获得了框架性概念的地位。这里,框架性概念是指革命作为关键词,确立了主导的地位,其他相关概念如阶级、

---

① ［法］雅克·泰克西埃:《马克思恩格斯论革命与民主》,姜志辉译,社会科学文献出版社,2012年,第80~81、81页。

专政、暴力、民主等都在革命的分析框架中获得相应的内涵及边界。

相反,在1848年之前,革命仍然处于民主、自由等概念之中,不是通过革命来阐释自由和民主,而是通过论述民主和自由间接地表达了革命的倾向。可见,1848年之前的马克思并不能称之为革命民主主义者,而应该称之为民主自由论者。随着由唯物史观而确立革命的分析框架,民主在马克思的理论体系中重新被规定并赋予内涵,民主并未消失。但是在这时,民主的内涵已经根本上区别于1848年之前的论述。

(一)马克思由民主向革命的变化轨迹

《莱茵报》时期,马克思的批评矛头主要指向普鲁士的出版自由问题。马克思认为,普鲁士的书报检查令是"虚伪自由主义",它"为了造成一种改善的假象而不从本质上去改善事物",并且"把制度本身的客观缺点归咎于个别人"。① 因此,获取出版自由的根本办法在于"废除书报检查制度"②本身。并且马克思提到,出版自由是作为精神革命而存在的。就书报检查令而言,"普鲁士的作家……获得更多的真正的自由或观念的自由,获得更多的意识"③。精神革命与物质革命是相互联系的,"难道革命一开始就应当以物质的形式出现吗? 难道一开始它就是动手打而不是用口讲吗? 政府当局可以使精神的革命物质化;而物质的革命却必须首先使政府当局精神化"④。可见这一时期,马克思主要是从自由与民主的角度展开批判。"自由确实是人所固有的东西,连自由的反对者在反对实现自由的同时也实现着自由","各种自由向来就是存在的,不过有时表现为特权,有时表现为普遍权利而已"。⑤ 自由和民主被很好地与革命叙述结合起来,同时作为革命组成之精神革命,出版自由是必要的组成部分。因此,《莱茵报》时期的马克思更多是作为一个民主自由论者。

在《黑格尔法哲学批判》中,马克思较为集中地阐释了对于民主的理

---

① 《马克思恩格斯全集》(第1卷),人民出版社,1960年,第5页。
②③ 同上,第31页。
④ 同上,第48~49页。
⑤ 同上,第68页。

解。马克思认为："国家是抽象的。只有人民才是具体的"，"人民的主权
不是从国王的主权中派生出来的，相反地，国王的主权倒是以人民的主权
为基础的"。① 那么如何表达这种人民主权呢？马克思通过比较君主制与
民主制的关系，认为"在民主制中任何一个环节都不具有本身意义以外的
意义。每一个环节都是全体民众的现实的环节"，"民主制是作为类概念
的国家制度"，"民主制是内容和形式"，"在民主制中，国家制度本身就是
一个规定，即人民的自我规定"。② 相反君主制却与之相反。那么如何实
现这一人民主权和民主制呢？马克思认为，"要建立新的国家制度，总要经
过真正的革命"，并且以法国大革命为例，认为"立法权完成了法国的革
命。凡是立法权真正成为统治基础的地方，它就完成了伟大的根本的普遍
的革命。正因为立法权当时代表着人民，代表着类意志，所以它所反对的
不是一般的国家制度，而是特殊的老朽的国家制度"。③ 可是，这一立法权
意味着什么？马克思对此的叙述充分展示了民主——也即普选制，作为人
民主权的实现形式，并且这是革命性的改变。

　　马克思批评了黑格尔对于"一切人都直接参与一般国家事务的讨论和
决定"的否定，相反只有民主的因素"才能使国家成为机体"。④ 民主因素
表达的，即是"选举是真正的市民社会对立法权的市民社会、对代表要素的
真正关系……选举是市民社会对政治国家的直接的、不是单纯相像的而是
实际存在的关系"⑤。可见，马克思仍然将民主——也即在《莱茵报》时期
叙述的普选制——与革命结合在一起，是通过叙述民主来阐释革命的。

　　《德法年鉴》时期，马克思开始不断强调政治革命的重要性，也就是将
革命作为关键词来阐释其思想体系。按照观念史的研究方法，对比《莱茵
报》时期与《德法年鉴》时期，就可以看出其中的变化轨迹。在前一时期，
马克思在叙述革命时，都是以民主和自由作为关键词，包括出版自由、普选
制等，这构成马克思的主要指向，革命是被掩盖在民主之下的。但是在后
一时期，马克思逐渐将革命与民主结合起来，并且革命作为关键词不断趋

① 《马克思恩格斯全集》(第 1 卷)，人民出版社，1960 年，第 279 页。
② 同上，第 280~281 页。
③ 同上，第 315 页。
④ 同上，第 389 页。
⑤ 同上，第 396 页。

于重要。当然,这并不是说民主在马克思的理论中失去作用,而是说民主当然地作为革命的组成。只是民主的内容需要置于革命的分析框架中来作出具体的分析。

在《论犹太人问题》中,马克思开始强调政治解放的重要性。一方面,宗教问题需要从政治的层面来解决。马克思分别列举了德国、法国和北美各州三种情况,宗教问题实质上是政治不彻底的结果。例如,在德国,"不存在政治国家,不存在作为国家的国家,犹太人问题就是纯粹神学的问题……不管我们在神学中批判起来可以多么游刃有余,我们毕竟是在神学中移动";在法国,"这个立宪制国家中,犹太人问题是立宪制的问题,是政治解放不彻底的问题……犹太人对国家的关系也保持着宗教对立、神学对立的外观";只有在北美各州,"犹太人问题才失去其神学的意义而成为真正世俗的问题",因此,"一旦国家作为国家即从政治的角度来对待宗教,对这种关系的批判就不再是对神学的批判了"①。

另一方面,政治解放与人类解放紧密联系在一起。马克思认为,政治解放是与人的解放联系在一起的,政治解放"尽管它不是普遍的人的解放的最后形式,但在迄今为止的世界制度内,它是人的解放的最后形式"②。"任何解放都是使人的世界即各种关系回归于人自身。政治解放一方面把人归结为市民社会的成员,归结为利己的、独立的个体,另一方面把人归结为公民,归结为法人。只有当现实的个人把抽象的公民复归于自身,并且作为个人,在自己的经验生活、自己的个体劳动、自己的个体关系中间,成为类存在物的时候,只有当个人认识到自身'固有的力量'是社会力量,并把这种力量组织起来因而不再把社会力量以政治力量的形式同自身分离的时候,只有到了那个时候,人的解放才能完成。"③可见,马克思已经用政治解放超越了宗教革命和哲学革命,并且政治解放构成了人类解放的前提条件,这一解放的过程其实就是马克思意义上的革命过程。

其实,这一变化在《〈黑格尔法哲学批判〉导言》以及《1844 年经济学哲学手稿》中都有体现。例如在《〈黑格尔法哲学批判〉导言》中,马克思指

---

① 《马克思恩格斯文集》(第 1 卷),人民出版社,2009 年,第 26 页。
② 同上,第 32 页。
③ 同上,第 46 页。

出:"真理的彼岸世界消逝以后,历史的任务就是确立此岸世界的真理。人的自我异化的神圣形象被揭穿以后,揭露具有非神圣形象的自我异化,就成了为历史服务的哲学的迫切任务。于是,对天国的批判变成对尘世的批判,对宗教的批判变成对法的批判,对神学的批判变成对政治的批判。"①其中,马克思非常清晰地表述了由宗教批判向哲学批判、由哲学批判向政治批判的变化逻辑,而这一批判就是革命的另一种表述方式。再如在《1844年经济学哲学手稿》中,马克思指出:"对黑格尔的辩证法和整个哲学的剖析,是完全必要的","因为即使是批判的神学家,毕竟还是神学家",根本在于"不彻底性"。②而对于黑格尔的辩证法,马克思认为,相比于无神论以神作为中介,"社会主义作为社会主义已经不再需要这样的中介","社会主义是人的不再以宗教的扬弃为中介的积极的自我意识,正像现实生活是人的不再以私有财产的扬弃即共产主义为中介的积极的现实一样","共产主义是作为否定的否定的肯定,因此,它是人的解放和复原的一个现实的、对现一阶段历史发展来说是必然的"。③可见,由宗教革命、哲学革命转向政治解放、人的解放是一个明显的递进过程,这一过程正是马克思不断凸显革命作为关键词的重要表现。

在1848年左右,民主已经很好地被纳入到革命的分析框架之中。并且,在革命之中引入了阶级斗争、政治统治等描述。例如,在1847年马克思、恩格斯对卡尔·海因岑的批评中,二者共同阐释了这一思想。在《共产主义者和卡尔·海因岑》中,恩格斯指出:"共产主义者不仅根本不想同民主主义者进行毫无补益的争论,而且它们本身目前在党的一切实际问题上,都是以民主主义者的身份出现的。在各文明国家,民主主义的必然结果就是无产阶级的政治统治,而无产阶级的政治统治是实行一切共产主义措施的首要前提。"④这无异于说明,在共产主义者的政治革命过程中,民主可以作为一种手段被应用到无产阶级政治革命当中,从而最终实现共产主义。

---

① 《马克思恩格斯文集》(第1卷),人民出版社,2009年,第4页。
② 同上,第112页。
③ 同上,第197页。
④ 《马克思恩格斯全集》(第4卷),人民出版社,1958年,第306页。

在《道德化的批评和批评化的道德》中,马克思同样指出:"工人们在英国以宪章派为名、在北美以民族改良派为名分别形成政党,其战斗口号根本不是以共和制代替君主制,而是以工人阶级的统治代替资产阶级的统治"①,"宪章派就是因为同这些资产阶级激进主义者作斗争才在议会中给自己争得了席位"②。

在1848年的《共产党宣言》以及之前的《共产主义原理》中,革命与民主的关系已经得到厘清。例如,在《共产主义原理》中,恩格斯明确指出:"无产阶级革命将建立民主制度,从而直接或间接地建立无产阶级的政治统治","假如无产阶级不能立即利用民主来实行直接侵犯私有制和保证无产阶级生存的各种措施,那末,这种民主对于无产阶级就会毫无用处"。③ 在《共产党宣言》中,马克思、恩格斯认为:"工人革命的第一步就是使无产阶级上升为统治阶级,争得民主。"④因此,民主已经被纳入革命的分析框架之中,是作为无产阶级政治解放和共产主义实现的路径选择。

那么青年马克思为什么由早期的通过民主来阐释革命,逐渐转向以革命作为关键词,并通过革命来理解民主?另外,这种转变是否意味着民主在马克思的理论体系中失去作用,抑或,这种转变只不过是马克思本来意义上的民主内涵。

(二)哲学革命向政治革命的转向

马克思之所以选择革命作为关键词来阐释民主,主要与其批判的轨迹变化存在关联。马克思在批判的过程中存在着一个由哲学批判向政治批判的变迁。哲学批判在青年马克思时期是非常清晰的,如《〈黑格尔法哲学批判〉导言》以及《论犹太人问题》等,都明确表达了这一观点。马克思指出,在德国,"对宗教的批判基本上已经结束;而对宗教的批判是其他一切批判的前提"⑤,"这种批判撕碎锁链上那些虚幻的花朵,不是要人依旧

---

① 《马克思恩格斯全集》(第4卷),人民出版社,1958年,第336~337页。
② 同上,第347页。
③ 同上,第367页。
④ 《马克思恩格斯文集》(第2卷),人民出版社,2009年,第52页。
⑤ 《马克思恩格斯文集》(第1卷),人民出版社,2009年,第3页。

戴上没有幻想没有慰藉的锁链,而是要人扔掉它,采摘新鲜的花朵"①。在这里,宗教枷锁的破除只是第一步,接下来,还需要破除尘世的枷锁,即哲学枷锁。因此,马克思才说道:"对天国的批判变成对尘世的批判,对宗教的批判变成对法的批判,对神学的批判变成对政治的批判。"②在《论犹太人问题》中,马克思将这一逻辑进一步延伸并作出清晰的表达。马克思认为,"鲍威尔的错误在于:他批判的只是'基督教国家',而不是'国家本身',他没有探讨政治解放对人的解放的关系"③,而"在我们看来,政治解放对宗教的关系问题已经成为政治解放对人的解放的关系的问题"④。可见,由宗教批判到哲学批判、由哲学批判到政治批判、由政治批判(政治解放)到社会解放(即人的解放)已经在马克思的逻辑中清晰地呈现。

那么为什么马克思由哲学批判转向政治批判的过程,导致了革命替代民主成为关键词呢?这个可以从马克思对待费尔巴哈态度的转变作出解释。马克思在"大学时期与《莱茵报》时期虽有区别,但都倾向于理性的自由主义",而在"《德法年鉴》连同克罗茨纳赫时期……开始出离青年黑格尔派并诉诸费尔巴哈,在政治上转向激进民主主义"。⑤这里的转向激进民主主义,一方面得益于接受费尔巴哈的思想,另一方面又来源于对费尔巴哈的批判。在《1844年经济学哲学手稿》中,马克思肯定了费尔巴哈对于黑格尔哲学的批判,并认为费尔巴哈在三个方面做出了贡献:"一、证明了哲学不过是变成思想的并且通过思维加以阐明的宗教,不过是人的本质的异化的另一种形式和存在方式;因此哲学同样应当受到谴责;二、创立了真正的唯物主义和实在的科学,因为费尔巴哈使社会关系即'人与人之间的'关系也同样成为理论的基本原则;三、他把基于自身并且积极地以自身为根据的肯定的东西同自称是绝对肯定的东西的那个否定的否定对立起来。"⑥从马克思的叙述可以看出,费尔巴哈对于黑格尔哲学的批判已经远远超出哲学批判的范畴,它是对于过往哲学的根本性否定,是对于"人与人

---

①② 《马克思恩格斯文集》(第1卷),人民出版社,2009年,第4页。

③ 同上,第25页。

④ 同上,第27页。

⑤ 邹诗鹏:《激进政治的兴起:马克思早期政治与法哲学批判手稿的当代解读》,复旦大学出版社,2012年,第10页。

⑥ 《马克思恩格斯文集》(第1卷),人民出版社,2009年,第200页。

之间的"关系的真正发现。在马克思的理解中,这一理论原则是基于现实的表达,超越了过往哲学缺乏现实基础的抽象论述。因此,这就构成了哲学的革命,马克思已经开始转向激进和革命的立场。

很快,马克思就开始了对于费尔巴哈哲学的批判,因为费尔巴哈的哲学革命终究还是停留在理论的层面,并不是真正意义上的以现实为基础的理论表达。在《关于费尔巴哈的提纲》中,马克思指出:"费尔巴哈想要研究跟思想客体确实不同的感性客体,但是他没有把人的活动本身理解为对象性的活动。因此,他在《基督教的本质》中仅仅把理论的活动看做是真正的人的活动,而对于实践则只是从它的卑污的犹太人的表现形式去理解和确定。因此,他不了解'革命的''实践批判的'活动的意义"①,"哲学家们只是用不同的方式解释世界,问题在于改变世界"②。可见,马克思需要把理论原则真正地立于现实基础之上,这即哲学革命和哲学批判,而这一批判和革命的直接结果就是之前提到的政治解放和人的解放。马克思"不满意于费尔巴哈对现实政治的漠视态度"③,哲学批判只有通过政治解放才能实现。那么政治解放意味着什么?"第一,政治批判必然要求落实为社会革命,并体现为社会主义的实践建构;第二,政治解放必然要求表现为资产阶级政治意识的觉醒;第三,政治解放落实于私有制的克服以及财产关系的重新占有。"④因此,对于费尔巴哈的否定意味着哲学批判需要转向政治革命和社会革命,革命已然取代民主成为马克思理论体系的关键词。通过宗教批判、哲学批判到政治批判(政治解放)、社会解放(人的解放)的过程,民主已经不能充分表达马克思的思想内涵,革命自然而然走向前台,成为马克思整个思想体系的关键词。

(三)民主作为一种革命的规定

马克思的批判由哲学转向政治,革命作为关键词开始走向前沿,但是

---

① 《马克思恩格斯文集》(第 1 卷),人民出版社,2009 年,第 499 页。
② 同上,第 502 页。
③④ 邹诗鹏:《激进政治的兴起:马克思早期政治与法哲学批判手稿的当代解读》,复旦大学出版社,2012 年,第 12 页。

这并不意味着民主失去其地位。相反,民主被吸纳进革命的分析框架之中,变成无产阶级革命的路径选择之一。不管是在 1848 年之前还是之后,马克思都没有放弃民主作为革命理论的组成部分,民主只是通过革命获得相应的内涵及边界。这在前述的恩格斯《共产主义者和卡尔·海因岑》和马克思《道德化的批评和批评化的道德》部分已经有所论述,这里主要分析马克思、恩格斯如何对待英国宪章派的问题,可以再次证明,民主是在革命的历史逻辑中得以复活。马克思在《哲学的贫困》中指出,在英国,"资产阶级和无产阶级间的对抗仍然是一个阶级反对另一个阶级的斗争,这个斗争一旦达到最紧张的地步,就成为全面的革命"①。之所以如此,原因在于"工业最发达的英国就有最大的而且也组织得最好的同盟"②。因此,在资产阶级消灭了一切等级之后,无产阶级接下来要做的就是消灭一切阶级。"工人在组织这些罢工、同盟、工联的同时也进行政治斗争,现在工人们在宪章派的名义下形成一个巨大的政党。"③可见,宪章派构成了当时英国工人阶级政治斗争的组织和载体。到此为止,可能很难发现民主的影子,但是,问题的关键就在于英国的宪章派。宪章派在英国的政治斗争中,采取了怎样的革命策略以及选择了何种革命路径? 一方面,面对阶级斗争,工人阶级与资产阶级的对立是根本性的,"工人阶级在发展进程中将创造一个消除阶级和阶级对立的联合体来代替旧的资产阶级社会"④;另一方面,如何实现这种替代,宪章派的政治斗争主要通过民主的方式,这在恩格斯的《共产主义原理》中有明确的表述。"在英国可以直接建立这种统治,因为那里的无产者现在已占人民的大多数"⑤。相反,在德国和法国,因为还没有解决小农和城市小资产者的问题,即发展成为资产阶级与无产阶级的直接对立,但是理论上仍然存在通过民主方式建立这种统治的可能性。

由此可以看出,革命作为关键词,包含了民主的革命方式,也即民主可以作为一种革命的表达。这里,引出第二个层面的内容,其更好地解释了为什么马克思没有放弃民主? 这并不是由马克思自身所决定的,而是与当

① 《马克思恩格斯全集》(第 4 卷),人民出版社,1958 年,第 198 页。
② 同上,第 195 页。
③ 同上,第 196 页。
④ 同上,第 197 页。
⑤ 同上,第 367 页。

时对于民主内涵的理解存在关联。

"到17世纪时,民主这个词可以说仍然是个被鄙视的词。只有那些最为逍遥自在且屡教不改的异端分子……才能采取民主的政治立场,甚至也还得在秘而不宣的情况下,或者是在很亲密的小圈子中。"①在这里,邓恩清晰地描述了十七八世纪民主所处的状态。民主处于不受欢迎的地位,不仅有来自等级贵族的排斥,同时也包含了新兴资产阶级的否定。

一方面,在法国,如达金森认为:"民主是对王权的有益补充,而非其对手或是潜在的替代物……法国王权最急需的并不是对其进行限制而是对其进行指导;而且不管是贵族还是教会都没有任何能力单独为其提供这种指导。"②另外,还有一些理论家直接将"将欧洲封建主义结束后的政治时代看做是一种混合了君主的、贵族的和民主的因素并且在彼此之间保持着精心的平衡的政府体系,并且程度不等地欣赏品味着中世纪的贵族权力在抑制王权的任性方面所起的作用"③。可见,民主对于等级贵族而言,绝对不是受欢迎的事物,即使允许其存在,那也仅仅作为等级贵族的有益补充。

另一方面,同样在法国,民主不仅不能满足新兴资产阶级的政治需求。同时,还制造了巨大的政治恐怖。"1788年的法兰西与其说是'一个组织起来的政治实体国家',还不如说是'散居在两万五千平方里格的地头上的一大群人'",其需要转变成一个"政治上组织起来的国家",需要完善的"宪政秩序",从而"能够确保公民享有其自然与社会权利、巩固在其日常生活中有益于改善生活的因素,以及'逐渐地消除所有那些已经造成恶果的因素'"。④ 但是这一切通过革命和民主并没有得到实现,相反这造成的是更大的混乱、恐怖和对民主的忌惮。

不过,这并不妨碍民主与革命的结合。18世纪晚期,在法国结束与英国争夺世界霸主的战争之后,发现"自己也置身于革命之中,这场国内的战争如此剧烈,以至于它为这个世界提供了一个新的、具有独一无二的破坏性的政治概念——现代的革命观念,它不可抗拒地漫遍了欧洲大陆和其他

---

① [英]约翰·邓恩:《让人民自由:民主的历史》,严钛译,新星出版社,2010年,第75页。
②③ [英]约翰·邓恩:《让人民自由:民主的历史》,严钛译,新星出版社,2010年,第106页。
④ 同上,第115~116页。

地方"①。革命来源于对旧有等级特权的深深敌意,对于现实的种种不满,当革命行至罗伯斯庇尔之时,其将民主引入革命之中,他"使民主作为政治效忠的核心起死回生:它不再是一个难以理解的或是显然不可理喻的政府形式,而是一个被热烈赞扬、并且可能长期来看绝对是不可抗拒的吸引力之焦点与权力之源泉"②。伴随着这场"谩骂之词或劝诱之语构成的词语风暴"③,也即政治革命行动,民主反而作为革命的遗产得以保留下来,并且作为革命的象征改变了过去不受欢迎的地位。至少接受民主作为一种革命的人不再需要"秘而不宣",或者是局限在"很亲密的小圈子中"了。其实,在马克思的理论中,其接受了民主作为一种革命的叙述,并且这也符合当时的时代主题。

　　至少在当时,民主还不像 20 世纪那样,被赋予了不同侧面的理解,并且这不同的侧面可以是根本对立的。塔尔蒙曾区分了两种不同性质的民主内涵,即"自由主义民主"和"极权主义民主"。其实,"两个学派都断言自由是最重要的价值,然而一派认为自由的本质是具有自发性质的,并且,是在没有高压政策下自发产生的;另一学派,极权主义的民主主义则相反,信奉自由主义,认为如果不是为了追求集团的绝对目标,是为了达到其他成就的目的的话,那么自由是不会实现的"④。可见,不同性质的民主在自由的诉求上是一致的,但是对于自由的理解以及相应路径的选择决定了民主内涵的本质差异。塔尔蒙关于不同性质民主的区分,并不能准确反映 18 世纪左右民主的真实状态,倒是更为切合对自由的理解。因为当时,不管是新兴的资产阶级,抑或激进政治派别,都是承认自由的。可是在自由的取向和基础方面,却导致了不同的路径,即资产阶级消除一切等级而获得的自由与无产阶级消除一切阶级而获得的自由。民主是与革命联系在一起的,新兴资产阶级对民主并没有好感;相反,政治激进派别,包括工人阶级运动和政治斗争,却不排斥民主的方式。马克思从一开始倾向于"理性自由主义",后来转向"激进民主主义",再转向革命,其内在原因即在于

---

①　[英]约翰·邓恩:《让人民自由:民主的历史》,严钛译,新星出版社,2010 年,第 76 页。
②③　[英]约翰·邓恩:《让人民自由:民主的历史》,严钛译,新星出版社,2010 年,第 131 页。
④　[以]J. L. 塔尔蒙:《极权主义民主的起源》,孙传利译,吉林人民出版社,2011 年,第 2 ~ 3 页。

民主的革命内涵。另外,马克思对于普选制的呼吁,对于英国宪章派革命与民主结合的描述,都反映了这一深层逻辑。因此,时代赋予民主的革命内涵使得马克思不会轻易抛弃革命叙事中的民主组成部分,民主只是适应性的转变角色,成了革命理论的必要组成。

总而言之,马克思在青年时期,存在由民主向激进——也即革命——的转变过程,这通过 1848 年之前一系列著作的梳理,可以明确地得出这一结论。但是马克思由民主向革命的转向并不意味着抛弃了民主这一组成部分,其不过是由通过民主作为关键词来叙述革命转变为通过革命作为关键词来阐释民主,民主仍然是作为马克思革命理论的必要组成。究其原因,一方面在于马克思完成了由哲学批判向政治批判的转变,这使得革命越来越凸显,民主必须退居其后;另一方面,民主之所以仍然构成革命理论的必要组成,与那个时代对于民主的理解存在紧密关系。

民主在 18 世纪左右并不受到欢迎,但是经过革命,民主开始作为革命的遗产获得了充分的正当性,民主也是一种革命。正因为如此,民主在马克思的革命分析框架中重新复活。这里需要注意的是,18 世纪左右对于民主的理解不同于之后 20 世纪将民主作出不同性质的区分。如果按照观念史的方法作出区分,18 世纪左右革命作为关键词,以马克思为例,民主是被吸纳到革命分析框架之中的。与之相对,18 世纪左右,对于自由的理解反而存在不同性质的区分,这涉及到自由的内容和基础,比如消除一切等级的自由与消除一切阶级的自由之间的差异。19 世纪末至 20 世纪,以马克思主义为例,替代革命作为关键词的是阶级,在阶级框架中,民主开始了不同性质的区分,一种民主构成了革命,另一种民主则可能构成了否定革命。很多否定马克思民主思想的后继者,正是因为忽视了民主的时代内涵。马克思不仅在青年时期保留了民主这一组成部分,即使在后续的革命高潮时期以及晚年,其仍然没有放弃民主作为革命理论体系的当然组成。

二、革命高潮与被掩盖的民主

1848 年前后至 19 世纪 50 年代,这是革命高潮及退潮的时代。这一时期的马克思,经过由民主向革命的转变,革命已经作为关键词成为马克思理论体系的核心,面对当时的革命浪潮,革命与专政无疑具有不容置疑的正当性。但是在革命之中,民主是不是完全失去了其应有的意义,马克思之前将民主纳入革命的分析框架之中,是不是也被抛弃了? 另外,面对不同国家,马克思在分析革命时,民主是处于一个什么样的位置,是不是毫无差别地革命与专政? 正如泰克西埃指出:"我已经说过,无产阶级专政和不断革命可能在民主原则方面是成问题的。但我没有说过,这些概念的出现完完全全地意味着民主原则的消失。"①就此,笔者尝试分析这一时期,马克思是如何阐释其民主思想的。民主仍然没有因为革命的高潮而被放弃,同样民主作为无产阶级革命的路径选择仍然具有原来的意义,而且民主根据不同国家的革命形势和阶级装款受到区别对待,这一点尤其需要厘清。

(一)革命、专政、暴力的流行

1848 年之前马克思有关革命的阐释,在此不再作详细的论述。这里主要围绕 1848 年革命高潮及之后的时间里革命与专政的兴起。因为这种流行是与具体的革命形势联系在一起的,所以它可以更好地表达马克思在革命问题上的态度。在 1848 年《共产党宣言》这一纲领性文件中,马克思首先承认了阶级斗争的社会现实,即"一切社会的历史都是阶级斗争的历史"②。阶级斗争即意味着革命,它是由革命延伸而来的。马克思叙述了阶级斗争两个方面的内容,一方面是资产阶级与一切等级的阶级冲突,另一方面是无产阶级与资产阶级的矛盾。"从灭亡了的封建社会里产生出来的现代资产阶级,并没有消灭阶级矛盾。它不过用新的阶级、新的压迫条件、新的斗争形式代替了旧的罢了……资产阶级时代却有一个特点,它使阶级矛盾简单化了……即分裂为两大相互直接对立的阶级:资产阶级和无产阶级"③。这段话对于理解马克思的革命与民主较为关键,就其表面而

---

① 　[法]雅克·泰克西埃:《马克思恩格斯论革命与民主》,姜志辉译,社会科学文献出版社,2012 年,第 261 页。

② 　《马克思恩格斯全集》(第 4 卷),人民出版社,1958 年,第 465 页。

③ 　同上,第 466 页。

言,革命和阶级斗争构成时代的主题,革命、阶级斗争以及后续的专政和暴力的流行无可置疑。

但是当时的阶级矛盾并不是完全由资产阶级和无产阶级组成,马克思的具体论述也体现了这一点。相反,资产阶级与一切等级的冲突仍然占据着重要的地位。这意味着革命时代混杂着不同性质的阶级斗争,其差异来源于国别,即不同国家的阶级发展状况和阶级成熟度。因此,马克思的这段描述既是准确的又是模糊的,它为民主的被掩盖提供了充分的条件。因为它没有为民主在不同国家作为一种革命路径选择提供具体、详细的分析,这导致民主越来越被暴力革命的话语所掩盖。虽然马克思在《共产党宣言》的后续部分谈到了民主,如"工人革命的第一步就是无产阶级变成为统治阶级,争得民主"①。可是,专政与暴力抵消了民主的作用,"首先必须对所有权和资产阶级生产关系实行暴力干涉"②,共产党人的目的"只有用暴力推翻现存的社会制度才能达到"③。

在《新莱茵报》时期,马克思针对不同国家集中阐述了暴力革命的思想,暴力革命的描述看似让民主失去了应有的地位。在德国,马克思批评了"民主派过分陶醉于最初的胜利"以及出现的"灰心失望,并回到倒霉的、可惜是德国人所特有的唯心主义那里去"④的心态。马克思认为,民主派的失败主要在于没有明确"认识到自己的地位",即"在观点、利益和目的不一致的情况下,新时代的幸福是不能用假象的合理妥协和虚伪的合作等办法来达到的,这种幸福只有经过各个党派的斗争才能达到"⑤。这意味着民主派需要通过革命和斗争的方式,拒绝"假象的合理妥协和虚伪的合作"。否则,这才是真正的危险所在。那么如何看待革命以及围绕革命的争论?

马克思指出,革命"本来就可能成问题,因为它只是一个不彻底的革命,只是长期的革命运动的开端","革命打倒了君主专制的一切势力——贵族、官吏、军阀和牧师。它使大资产阶级独自获得了政权。它给了人民

---

① 《马克思恩格斯全集》(第4卷),人民出版社,1958年,第489页。
② 同上,第489~490页。
③ 同上,第504页。
④ 《马克思恩格斯全集》(第5卷),人民出版社,1958年,第25~27页。
⑤ 同上,第25页。

不必要交纳押金的出版自由的武器,给了他们结社的权利,至少在某种程度上也给了他们物质的武器——步枪",当然"革命的最重要的成果就是革命本身"。① 可见,马克思将革命理解为不断向前的过程,不仅包括思想武器,也包括物质武器——步枪,这一点为后续专政和暴力的流行提供了条件,进而进一步挤压了民主存在的空间。例如,在《危机和反革命》中,马克思认为:"在革命之后,任何临时性的国家机构都需要专政,并且需要强有力的专政。"②这不仅对资产阶级反对一切等级的斗争有效,对于无产阶级反对资产阶级的斗争同样有效。从这一系列的论述可以看出,马克思由革命延伸出来的阶级斗争、专政、暴力等概念成为替代民主的流行话语。但是这是不是意味着民主在德国完全失去作为革命的内涵,或许问题并没有这么简单。

在《1848 年至 1850 年的法兰西阶级斗争》的一组文章中,马克思对于法国的分析同样是围绕革命展开的,并且措词激烈,革命与专政完全走向了前台。面对革命的失败,马克思认为:"在这些失败中灭亡的不是革命,而是革命前的传统残余,是那些尚未发展到尖锐阶级对立地步的社会关系的产物",革命的进展"是在产生一个联合起来的、强大的反革命势力的过程中,即在产生一个敌对势力的过程中为自己开拓道路的"。③ 革命只会向前推进,这与对德国革命的态度是一致的。尽管革命处于不成熟的状态,但是阶级斗争却是不可避免的历史事实,无产阶级面对这种局面。正如在德国一样,需要"认识到自己的地位",即"原先无产阶级想要强迫二月共和国予以满足的那些要求,那些形式上浮夸而实质上琐碎的,甚至带有资产阶级性质的要求,就由一个大胆的革命战斗口号取而代之,这个口号就是:推翻资产阶级! 工人阶级专政!"④因此,马克思认为:"革命死了! ——革命万岁!"⑤这句话与"革命的最重要的成果就是革命本身"有着同样的意义,预示着这个时代的关键词是由革命构成的。那么无产阶级在革命过程中如何表现?

---

① 《马克思恩格斯全集》(第 5 卷),人民出版社,1958 年,第 73、77、78 页。
② 同上,第 475 页。
③ 《马克思恩格斯文集》(第 2 卷),人民出版社,2009 年,第 79 页。
④ 同上,第 103~104 页。
⑤ 同上,第 105 页。

马克思认为,在抛弃了空论的社会主义,"无产阶级就日益团结在革命的社会主义周围,团结在被资产阶级用布朗基来命名的共产主义周围。这种社会主义就是宣布不断革命,就是无产阶级的阶级专政,这种专政是达到消灭一切阶级差别,达到消灭这些差别所由产生的一切生产关系,达到消灭和这些生产关系相适应的一切社会关系,达到改变由这些社会关系产生出来的一切观念的必然的过渡阶段"①。这里,暴力是通过"用布朗基来命名的共产主义"来表达的,正如在德国是通过"步枪"来表达的一样。可见,不管是在德国还是在法国,在革命和阶级斗争的问题上,马克思都延伸出专政、暴力等概念。这一延伸并不意味着否定民主的革命内涵,但是其确实掩盖了民主在马克思理论体系中的应有地位,即使是在革命高潮时期。

在 1848 年和 1849 年革命退潮之后,马克思在《共产主义者同盟中央委员会告同盟书》中,总结了前一时期的革命实践,并重申了之前的观点——即革命、专政、暴力的正当性。马克思认为,在革命退潮之后,"工人应该设法使直接革命的热潮不致在刚刚胜利后又被压制下去。相反,他们应该使这种热潮尽可能持久地存在下去。工人不应该反对所谓过火行为,不应该反对人民对于可恨的往事有关的可恨的人物或官方机构进行报复的举动,他们不仅应该容忍这种举动,而且应该负责加以引导"②。在革命行动中,"为了坚决而严厉地反对这个从胜利的头一小时起就开始背叛工人的党,工人应该武装起来和组织起来。必须立刻把整个无产阶级用步枪、马枪、大炮和弹药武装起来;必须反对复活过去那种用来对付工人的市民自卫团"③。通过马克思的叙述可以看出,由革命和阶级斗争延伸而来的专政和暴力,获得了充分的正当性,并且马克思还提供了详细的做法以指导具体的革命行动,这和之前分析德国和法国的革命情况是一致的。

不过,马克思的分析既是准确的又是模糊的。其准确之处在于革命与专政、暴力的联系是无可置疑的,也是正当的;相反,其模糊的地方在于,为了适应当时的革命活动,马克思的叙述集中于革命与专政、暴力的联系方面,并未充分展开民主的革命内涵。虽然马克思也有关于民主的革命阐

---

① 《马克思恩格斯文集》(第 2 卷),人民出版社,2009 年,第 166 页。
② 同上,第 194 页。
③ 同上,第 195 页。

释,即使面对当时的革命高潮,但是这却是很容易被忽视的。正因为这种忽视,其导致了将革命等同于延伸出来的专政和暴力,并在相互之间建立简单、线性的逻辑关系。因此,在这层意义上,马克思的叙述是模糊的。1848 年前后的革命高潮,革命、专政和暴力的流行是不争的事实,但是民主被掩盖在革命分析框架之中也是事实。这不同于 1848 年之前民主被纳入革命的分析框架,当时民主与革命成熟地结合在一起,革命作为关键词包含民主这一必要的组成部分。可是,1848 年革命高潮时期,这种结合被有意无意地忽视了,更为关键的是,其存在被否定的倾向,而这种否定并不是马克思所应有的民主内涵。

(二)缺乏与拒绝民主:德法无产阶级革命路径选择

1848 年及之后的 19 世纪 50 年代,虽然在德国和法国,民主都处于被掩盖的状态,革命、专政、暴力成为流行词汇——这在前文已经有过较为详细的叙述,但是二者之间还是存在一定的差异的。德国与法国当时革命形势和阶级状况的差异表现,马克思在《共产党宣言》中有过明确的阐释:"法国的社会主义的和共产主义的文献是在居于统治地位的资产阶级的压迫下产生的,并且是同这种统治作斗争的一种文字表达,这种文献搬到德国的时候,那里的资产阶级才刚刚开始进行反对封建专制制度的斗争。"①可见,法国的革命所处的阶段是资产阶级与无产阶级的直接冲突,而在德国,这种矛盾尚未成熟,不管是资产阶级还是无产阶级,其作为现代大工业的产物,首要任务在于否定封建专制制度。这一系列的差异导致了民主被掩盖的原因存在些许不同,但这并不影响民主在德国和法国革命过程中所处于的模糊位置,并为专政与暴力的流行提供了充分条件。笔者尝试阐释,在革命、专政、暴力处于主导地位的情况下,民主在德国和法国革命过程中是不是完全缺失其地位和作用,抑或,即使民主失去作为革命的内涵,那么其中的具体原因又是什么,并且这种原因更多与革命的情势存在关联,而不是从根本上否定民主这一必要组成。

① 《马克思恩格斯全集》(第 4 卷),人民出版社,1958 年,第 495 页。

在德国,马克思首先通过对"真正的"社会主义的批评来表达民主和
自由的诉求。"真正的"社会主义"因循惯例地诅咒自由主义、代议制国
家、资产阶级竞争、资产阶级的出版自由、资产阶级的法、资产阶级的自由
和平等,并且向人民群众大力鼓吹,说什么在这个资产阶级运动中,人民群
众不仅一无所得,而且还有失掉一切的危险"。马克思对这种观念提出了
批评,认为"既然'真正的'社会主义就这样成为德意志各邦政府手中用以
对付德国资产阶级的一种武器,那末它同时也就成为直接表现反动的利
益,即表现德国市侩的利益的一种手段"①。从马克思的批评中可以看出,
面对封建专制制度,对于资产阶级革命中自由和民主的诉求,根本上是有
利于无产阶级革命活动的。"资产阶级革命的政治争取不是有待于取消,
而是有待于深化"②,这意味着民主与无产阶级政治革命之间的积极关系,
同时也应合了前述无产阶级"争得民主"的说法。在《共产党在德国的要
求》中,马克思、恩格斯也表达了类似的观点,"凡年满 21 岁的德国人,只要
未受过刑事处分,都有选举权和被选举权"③。可见,民主以及普选制之于
无产阶级的政治革命内涵并未失去。即使在德国革命的过程中,马克思、
恩格斯也并没有否定民主所具有的革命内涵,当然其叙述是模糊的。革
命、专政、暴力占据了主导的地位,但叙述的模糊是一回事,否定则又是另
外一回事。在《柏林关于革命的辩论》中,恩格斯指出:"联合起来的反动
派从使革命成问题这一点来着手反对民主","承认革命就是承认革命的
民主的一面,这是和大资产阶级背道而驰的,因为大资产阶级力图把革命
的这一面化为乌有"。④ 再如在《危机和反革命》中,马克思分析了当时德
国议会与国王之间的关系,这一分析也是基于德国当时落后的政治状况。
马克思认为:"如果柏林有人胆敢践踏多数人支持的立宪原则,如果用两倍
的大炮来对付 219 票的多数,如果不仅在柏林,而且在法兰克福有人竟敢
嘲弄多数,组成两个议会都不接受的内阁,从而挑起普鲁士和德国之间的

---

① 《马克思恩格斯全集》(第 4 卷),人民出版社,1958 年,第 496~497 页。
② [法]雅克·泰克西埃:《马克思恩格斯论革命与民主》,姜海辉译,社会科学文献出版社,
2012 年,第 39 页。
③ 《马克思恩格斯全集》(第 5 卷),人民出版社,1958 年,第 3 页。
④ 同上,第 73 页。

内战,那末,民主主义者知道他们需要做什么。"①

面对议会与国王的冲突,马克思肯定了民主的意义,只是这一肯定是与其革命内涵联系在一起的。马克思指出,危机的解决"要么是成立瓦尔德克内阁,承认德国国民议会的威望,承认人民的主权",因为柏林议会的"成立并不是根据宪法,而是依据革命";"要么是成立拉多维茨-芬克内阁,解散柏林议会,消灭革命成果,建立虚伪的立宪政体或者甚至是联合议会",而解散议会"只可能诉诸和 4 月 8 日的选民完全不同的另外一些选民,并且除了在屠刀的威逼下进行选举外,不可能有其他的选举"。② 马克思还对议会提出了假设和期望,"如果议会取得胜利,组成了左派内阁,那末和议会并存的王权将被摧毁,国王只能扮演一个领薪俸的人民仆人的角色"③。可见,民主在德国革命过程中仍然有其存在空间,但是这明显受到专政与暴力的挤压,从而限定其有效性。为了反对封建专制制度,资产阶级对于民主和自由的诉求,无产阶级政治革命同样受益,这一点马克思并没有否定,至少在理论上是认同的。不过,民主在理论上所蕴含的革命内涵是一回事,无产阶级革命实践是否可以通过民主和普选制达成革命目标则是另外一回事。

在法国,民主像在德国革命过程中一样处于尴尬的位置。但是不同的一点是德国革命首要任务在于推翻封建专制制度,资产阶级民主和自由对于无产阶级政治革命具有较大的亲和性。相反,法国革命当时面对的是资产阶级与无产阶级的直接斗争,不过面对无产阶级尚未成熟的阶级状况,以及资产阶级与封建贵族的结合,民主的革命内涵并未完全失去意义。马克思指出:"二月共和国事实上不过是,而且也只能是一个资产阶级共和国,但是临时政府在无产阶级的直接压力下,不得不宣布它是一个设有社会机构的共和国;巴黎无产阶级还只能在观念中、在想象中越出资产阶级共和国的防卫,而当需要行动的时候,他们的活动却处处都为资产阶级共和国效劳。"④

---

① 《马克思恩格斯全集》(第 5 卷),人民出版社,1958 年,第 469～470 页。
② 同上,第 471～472 页。
③ 同上,第 472 页。
④ 《马克思恩格斯文集》(第 2 卷),人民出版社,2009 年,第 100 页。

可以看出,在自由和民主问题上,无产阶级政治革命一方面可以反对共同的敌人,即封建贵族;另一方面,一旦无产阶级通过民主提出超越资产阶级范围的诉求,必然遭致资产阶级的反对,甚至是资产阶级与封建贵族的联合反对。这是由当时法国的阶级成熟度所决定的。虽然面对"资产阶级专政"和"资产阶级恐怖",无产阶级在政治革命过程中越来越倾向于革命、专政和暴力,可是这并没有改变民主的革命内涵,至少在理论上是存在的。例如,马克思在"1849 年 6 月 13 日"中有过这样的描述,这部宪法,"它通过普选权赋予政治权力的那些阶级,即无产阶级、农民阶级和小资产者,正是它要求永远保持其社会奴役地位的阶级。而它认可其旧有社会权力的那个阶级,即资产阶级,却被它剥夺了这种权力的政治保证。资产阶级的政治统治被宪法硬塞进民主主义的框子里,而这个框子时时刻刻都在帮助敌对阶级取得胜利,并危及资产阶级社会的基础本身"①。因此,民主和普选制并不是缺乏革命内涵,其缺乏的只是在当时阶级斗争条件下的现实有效性,即无产阶级专政。

正因为如此,废除普选权就成为资产阶级反对无产阶级的必要环节;相反,围绕普选权的斗争即使在革命实践中也不乏其积极意义,恩格斯在"1850 年普选权的废除"中指出:"普选权已经完成了自己的使命。大多数人民都上了有教育意义的一课,普选权在革命时期所能起的作用不过如此而已。它必然会被革命或反动所废除。"②即使在马克思、恩格斯言辞激烈地表达革命、专政、暴力的《共产主义同盟中央委员会告同盟书》一文中,民主及普选制也仍然处于马克思的革命分析框架之中,而并未被摒弃。马克思、恩格斯指出:

> 推翻现存政府以后,立刻就要选举国民代表会议……一、无论如何都不要让地方当局或政府委员用某种诡谲借口把一部分工人摈除于选举之外。二、各地都要尽可能从同盟盟员中提出工人候选人来与资产阶级民主派候选人相抗衡,并且要用一切可能的手段使工人候选人当选。甚至在工人毫无当选希望的地方,工人也一定要提出自己的

---

① 《马克思恩格斯文集》(第 2 卷),人民出版社,2009 年,第 114~115 页。
② 同上,第 178 页。

候选人,以保持自己的独立性,计算自己的力量,并公开表明自己的革命立场和本党的观点。①

这段论述其实是对 1848 年和 1849 年革命高潮时期的整体论述,也即对德国革命和法国革命的总结,可以看出,民主和普选制作为马克思革命理论的必要组成,不管是在革命之前、革命之中、亦或革命之后,都并未失去其革命内涵。

既然在有关德国革命和法国革命的叙述中,马克思并未完全放弃有关民主的革命内涵,那么为什么革命、专政、暴力又成为掩盖民主的流行词汇。并且就德国革命和法国革命而言,马克思也越来越倾向于专政和暴力的使用,以应对资产阶级的专政和恐怖。其中是什么原因造成了这一对民主的掩盖? 就笔者而言,其可能存在以下方面的原因。

一是民主的缺乏。不管是德国还是法国,无产阶级的发展都处于尚未成熟的状态,而德国阶级矛盾更是主要由封建贵族和资产阶级的矛盾构成。因此,争得民主的过程必然充满阻力,既可能存在封建贵族对于资产阶级民主和自由的否定,也可能存在民主威胁到资产阶级利益本身,从而导致资产阶级对于无产阶级的专政与恐怖。

二是拒绝民主。拒绝民主是在争得民主或争得部分民主之后,封建贵族或资产阶级废除民主的过程。从德国革命和法国革命可以看出,两国都存在废除民主的现象,如在德国议会与国王的冲突中,"如果国王取得胜利,组成了普鲁士亲王内阁,那末议会将被解散,结社的权利将被取消,报刊就会受到压制,就会颁布关于选举资格的法律,也许还会象上面所说的那样,再次招回联合议会的魂灵——而所有这些都是受到军事独裁、大炮和刺刀保护的"②;而在德国资产阶级与君主贵族联合起来共同反对无产阶级的过程中,"三月革命绝对没有使天赋君主屈服于人民的主权。这次革命只是迫使王权,迫使专制国家同资产阶级进行勾结,同自己的老对手进行协商","在三月以后,只存在两种力量。它们彼此互为防备革命的避

---

① 《马克思恩格斯文集》(第 2 卷),人民出版社,2009 年,第 196 页。
② 《马克思恩格斯全集》(第 5 卷),人民出版社,1958 年,第 473 页。

雷针。当然,所有这一切都是在'最广泛的民主基础上'进行的"。① 而在
法国,也存在类似的情形,不管是资产阶级对于无产阶级的反动,抑或封建
贵族对于资产阶级的反动,它最终都是以取消普选制的方式来进行的,"它
们希望把人民群众的政治权力降低为一种有名无实的权力,同时又能充分
玩弄这种权力"②。另外,不仅封建贵族和资产阶级会拒绝民主,革命的无
产阶级也存在拒绝民主的可能性,这在恩格斯的普选权"必然会被革命或
反动所废除"中有所提及。同时,这与无产阶级由政治解放转向社会解放
相关,在一种情况下,"政治民主不能超越它自己的范围和走向社会的解
放。政治国家和资产阶级市民社会的分离是不可克服的。必须用革命来
同时消灭'政治国家'和'市民社会'"③。因此,无产阶级也需要拒绝民主。
当然,无产阶级的拒绝是模糊的,马克思并没有明确的规定。

三是资产阶级的专政与恐怖。不管是在德国革命还是法国革命中,封
建贵族、资产阶级以及二者的结合,都对无产阶级政治革命实行了暴力和
恐怖,它们的统治地位都是通过"军事独裁、大炮和刺刀"来实现和保护
的。正因为如此,这使得民主在阶级斗争中很容易流于理论上的革命,而
缺乏现实的有效性,这也是为什么马克思、恩格斯不断使用革命、专政、暴
力的词汇。

四是小资产阶级和农民阶级的问题。虽然"小资产阶级和农民阶级,
即资产阶级社会的中间阶层,必定要随着他们境况的恶化以及他们与资产
阶级对抗的尖锐化而越来越紧密地靠拢无产阶级"④。但是现实的情况
是,在民主的革命过程中,小资产阶级和农民阶级完全可能成为无产阶级
的对立面,即使其存在向无产阶级"靠拢"的历史发展逻辑。如在德国,马
克思言辞激烈地批评民主派小资产者,"德国自由资产者1848年在对人民
的关系上扮演过叛徒角色,在即将到来的革命中将由民主派小资产者来担
任,而民主派小资产者现今在反对派中所持的态度,正和自由资产者在

---

① 《马克思恩格斯全集》(第6卷),人民出版社,1961年,第128页。
② 《马克思恩格斯文集》(第2卷),人民出版社,2009年,第115页。
③ [法]雅克·泰克西埃:《马克思恩格斯论革命与民主》,姜志辉译,社会科学文献出版社,2012年,注释①,第263页。
④ 《马克思恩格斯文集》(第2卷),人民出版社,2009年,第104页。

1848 年以前所持的态度相同"①。

　　正因为存在上述的原因,民主在德国革命和法国革命中失去其现实有效性——相比于革命、专政、暴力,即使存在革命功能与作用,那也是微不足道的。马克思在德国革命和法国革命的问题上,不断强调革命与专政的重要性,但并没有否定民主至少在理论上保留了革命的内涵,并且这一点在后续的政治革命过程中存在转变为现实的可能性。只是面对民主的缺乏、封建贵族和资产阶级对于民主的取消、反革命的专政与恐怖,以及小资产阶级和农民阶级存在的局限性,民主的革命路径选择明显不适应德国和法国的政治现实。正因为如此,德国和法国有关无产阶级政治革命的专政与暴力开始流行起来,并且具有革命的正当性,甚至建立与革命的简单、线性逻辑关系。很显然,这不仅不符合马克思有关民主与革命关系的完整但却模糊的叙述,同时其也忽视了德法之外其他国家在无产阶级革命路径选择上的特殊性。这种特殊性预示着:德国和法国革命过程中的专政与暴力的选择同样基于特殊性,其不能构成否定民主革命内涵的普遍形式。

(三)民主方式:英国无产阶级革命路径选择

　　1848 年革命高潮时期及之后的 19 世纪 50 年代,德国和法国成为马克思、恩格斯关注的焦点,这是由当时革命的情势所决定的。只是它带来了两个方面的后果:一是忽视了 1848 年之前、1848 年革命时期,以及 1848 年之后马克思对于革命与民主关系的叙述。例如,革命之前,马克思将民主纳入革命的分析框架之中;革命时期,在德国革命和法国革命的过程中,马克思并没有完全否定民主的革命内涵,至少其在理论上持保留了民主作为革命路径选择之一;而革命之后,不少重提民主与革命关系的论述被革命的热情以及不断革命的预设所掩盖。二是德国革命和法国革命爆发之时,所有人的目光都聚焦于两国,包括马克思、恩格斯在内。可是这并不是马克思、恩格斯革命叙述的全部,其同样触及其他国家的革命问题。例如英国和北美,那么这就提供了革命的不同路径选择,尤其是马克思对于民主

---

① 《马克思恩格斯文集》(第 2 卷),人民出版社,2009 年,第 190 页。

革命路径适用于英国的探讨,其被德法革命中专政与暴力的流行所遮蔽。因此,雅克·泰克西埃才提出这样的疑问:"马克思和恩格斯关于无产阶级专政的文章是众所周知的。但我们不能说,他们关于在盎格鲁－撒克逊世界和平过渡到社会主义的许多文章也是众所周知的。"①尤其是马克思对于英国无产阶级政治革命路径选择的分析。

对于 1848 年之前马克思、恩格斯有关民主过渡到社会主义的叙述,因为前文已经较为详细地展开,如《共产主义原理》中有关英国宪章派是否可以通过民主选举的方式来推动无产阶级政治革命等,在此不再赘述。这里主要针对 1848 年革命时期及之后的 19 世纪 50 年代,马克思、恩格斯有关其他国家——如英国——在无产阶级革命路径选择上的态度。首先需要区分的是英国与德法处于不同的革命阶段,而马克思在分析 1848 年革命问题时是存在具体对象和具体指向的,而不是完全意义上的普遍适用性。这一点在马克思分析德国革命的《资产阶级和反革命》一文中有过较为详细地交代,"普鲁士的三月革命既不应该和 1648 年的英国革命混为一谈,也不应该和 1789 年的法国革命混为一谈。在 1648 年,资产阶级和新贵族结成了同盟反对君主制度,反对封建贵族和反对占统治的教会。在 1789 年,资产阶级和人民结成了同盟反对君主制度、族规和占统治地位的教会"②。

正因为如此,德国革命中无产阶级与资产阶级反对共同的敌人——封建贵族,法国革命则是资产阶级与无产阶级的直接斗争,而英国工人阶级存在通过争得民主的方式实现无产阶级政治统治的可能性。可见,马克思有关革命的论述存在具体的指向,这也是为什么雅克·泰克西埃提出反问和质疑:"正义者同盟,以及接下来的共产主义者同盟,是德国流亡者组织。……人们可能忘记这是一个德国共产党组织。因为它的领导人、尤其是马克思和恩格斯,考虑的是欧洲范围的问题,他们的表述一开始就具有世界意义。《共产党宣言》尤其是这种情况。没有人想到把《共产党宣言》

---

① [法]雅克·泰克西埃:《马克思恩格斯论革命与民主》,姜志辉译,社会科学文献出版社,2012 年,第 285 页。

② 《马克思恩格斯全集》(第 6 卷),人民出版社,1961 年,第 124 页。

当做德国共产党宣言。相反,1850 年 3 月的《告同盟书》仅仅涉及德国。"①
这意味着《告同盟书》中有关革命与专政、暴力的关系并不一定适用于英
国等其他国家。反过来,英国的无产阶级政治革命可以存在其他路径
选择。

那么对于英国工人阶级政治革命的路径选择,马克思、恩格斯是如何
具体展开的呢? 1850 年,恩格斯在关于英国"10 小时工作制"问题上,提出
了英国工人阶级政治革命与民主的关系问题。恩格斯认为:"工人阶级根
据自己的经验深深地相信,他们的地位要得到任何可靠的改善,不能够依
靠别人,而应当亲自争取,首先应当采取的办法是夺取政权。工人现在应
当懂得,在他们还没有获得使工人可能在下院占多数的普选权之先,他们
社会地位的改善永远不会有保障。从这个角度来看,10 小时工作制法案
不再发生效力会给民主运动带来很大的好处。"②可见,工人阶级的政治行
动必须以革命的方式展开,但是革命却是可以通过民主和普选制的方式来
实现的,最终实现政治统治。因此,"争得民主"在英国可以表现为革命的
路径选择,故而恩格斯得出结论,"现在要恢复这个法案的效力,只有在普
选权的统治下才有意义,而普选权在工业无产者占 2/3 的英国就意味着工
人阶级的单独的政治统治和一切与此密切相联的社会制度的各种革命变
革"③。这意味着民主在英国具有革命的内涵,并且这一革命内涵具有现
实适用性,当然首先要做的是"争得民主"。

1852 年,马克思在英国宪章派与普选制问题上,也提出了类似的看
法。马克思认为:"普选权就等于英国工人阶级的政治统治,因为在英国,
无产阶级占人口的绝大多数,在长期的、虽然是隐蔽的内战过程中,无产阶
级已经清楚地意识到自己的阶级地位,而且甚至在农业地区也不再有农
民,而只有地主、资本主义企业主(农场主)和雇佣工人。因此,在英国,普
选权的实行,和大陆上任何标有社会主义这一光荣称号的其他措施相比,
都将在更大的程度上是社会主义的措施","在这里,实行普选权的必然结

---

① [法]雅克·泰克西埃:《马克思恩格斯论革命与民主》,姜志辉译,社会科学文献出版社,
2012 年,注释③,第 286 页。
② 《马克思恩格斯全集》(第 7 卷),人民出版社,1959 年,第 274 页。
③ 同上,第 285 页。

果就是工人阶级的政治统治"。① 马克思这段有关英国普选制与工人阶级
政治革命的叙述极为重要,一方面是延续了民主的革命内涵,这在 1848 年
之前已经完成,现在则通过分析英国的工人阶级政治革命再次得到强调,
尤其是处于 1848 年革命高潮时期及之后的 50 年代——革命已经越来越
被等同于专政和暴力的方式;另一方面,马克思确认了英国革命路径与德
法革命路径之间允许存在差异,这一差异基于国情的区别,尤其是阶级发
展状况和现代大工业的进展。并且马克思比较了不同的革命路径——暴
力方式与民主方式,至少通过民主的方式实现无产阶级的专政可能在一定
程度上优越于其他方式——即暴力革命的方式。因此,对于英国的无产阶
级革命路径选择,马克思、恩格斯都倾向于民主的过渡,并且是直接的表述
和确认,这一点是区别于对德法革命的分析。

但是英国可以通过民主和普选制的方式实现无产阶级的政治革命和
政治统治,这是不是意味着放弃一切暴力的形式? 这一点马克思并不认
同。同时,这一点又必须区别于将革命与暴力之间建立等同关系。在英
国,可以通过民主和普选制实现无产阶级的政治统治是一回事,无产阶级
"争得民主"的过程则是另外一回事。正如在德法革命过程中一样,无产
阶级面对来自封建贵族、资产阶级,乃至小资产阶级和农民阶级的反对,尤
其是封建贵族和资产阶级联合起来的专政与恐怖,那么放弃暴力是没有理
由的。马克思指出,对于资产阶级而言,"如果说贵族是他们垂死的对手,
那末工人阶级却是他们新生的敌人,因此他们宁愿同垂死的对手勾结,也
不愿用实在的、并非表面的让步去加强日益成长的、掌握着未来的敌
人"②。这与德法革命过程中出现的对于无产阶级的暴力和恐怖性质相
同。正因为如此,即使工人阶级可以通过民主的方式实现专政,但是"争得
民主"的过程却并不意味着放弃暴力。正如雅克·泰克西埃总结的那样,
"同宪章派的法律至上主义相反,恩格斯与马克思认为,在实施这个纲领的
过程中放弃使用暴力是没有道理的。只有在(以革命的方式)争得普选权

---

① 《马克思恩格斯全集》(第 8 卷),人民出版社,1961 年,第 390~391 页。
② 同上,第 390 页。

之后,和平过渡到社会主义才有可能"①。当然,这里着重强调的是马克思关于英国无产阶级革命路径选择上与德法的差异,至少"恩格斯(然后马克思)完全赞同这个纲领"②,即英国宪章派的民主和普选制。

因此,虽然英国无产阶级政治革命在1848年及之后的19世纪50年代并不是马克思、恩格斯关注的主要对象。但不容否认的是,民主与普选制的革命内涵在马克思的理论体系中并没有消失,并且是以英国的革命实践作为例证。相比于德法革命过程中民主的被掩盖状态,以及民主至多停留在理论的革命内涵。在英国,民主的革命内涵获得了理论与实践两个方面的支撑,并且这也是与1848年之前革命和民主的结合相符。一方面是德法革命中专政与暴力的流行,另一方面是英国革命中民主与革命的关系,这充分表达了马克思在无产阶级革命路径选择上的具体态度,这一态度基于不同国家大工业的发展程度以及阶级的发展水平。理解马克思的民主思想以及民主在马克思革命理论体系中的实际地位,英国与德法国具有同等的重要性和必要性,并且暴力与"争得民主"的关系在根本上区别于德法革命中革命与专政、暴力的关系。这是革命在不同国家处于不同发展阶段的自然结果。

总而言之,1848年革命时期及之后的19世纪50年代,马克思、恩格斯有关民主在革命分析框架中的地位和作用,越来越为革命与专政、暴力的联系所掩盖,这导致了民主革命内涵的式微。看似民主已经不是马克思革命理论所要考虑的问题,相反,专政与暴力才是这一时期的主流。那么这就导致与1848年之前马克思关于革命和民主结合的断裂。究其原因,一方面在于当时马克思主要的分析对象是德国革命和法国革命,而德法革命中大工业发展的落后状况以及无产阶级尚未成熟的阶级状态决定了革命的天平越来越倾向于暴力和专政,这导致给人们留下"马克思的革命等同于暴力"的表面印象。另一方面则在于忽视了1848年之前与1848年及之后50年代的连续性,马克思之前将民主置于革命的分析框架之中,民主已经具备了革命的内涵,其不会因为德法革命的具体情势而彻底否定民主的革命作用,从而产生割裂。更重要的是,在德法革命过程中,马克思至少保

---

① ② [法]雅克·泰克西埃:《马克思恩格斯论革命与民主》,姜志辉译,社会科学文献出版社,2012年,第285页。

留了民主在理论上的革命内涵。并且在为数不多的关于其他国家无产阶级革命路径选择问题上,民主的革命功能不仅得到理论上的支持,也获得了实践的肯定,即英国宪章派和民主的关系问题。因此,革命作为关键词在马克思的理论体系中具有普遍性的意义;相反,暴力亦或民主只是处于革命的分析框架之中,是具体意义的表达。它根据不同国家的革命情势而作为具体选择的结果,不能简单地建立暴力与革命的线性逻辑,从而否定马克思的民主思想以及马克思在不同国家无产阶级革命路径选择问题上的态度差异。至此,民主在马克思的革命理论中一直拥有着必不可少的地位和作用,即使面对德法革命的高潮。在 19 世纪 50 年代之后到马克思、恩格斯的晚年时期,民主仍然作为一种革命的路径选择而存在于马克思的理论体系之中。不过稍微差异的是:这一时期不再是专政和暴力对于民主的掩盖,而是民主不断重申其革命的内涵。

三、革命退潮与马克思在民主问题上的立场

随着 1848 年及之后 19 世纪 50 年代革命热情的消退,60 年代之后,民主在无产阶级政治革命路径选择问题上被"重新"加以考虑。之所以说是"重新"考虑,并不意味着 1848 年革命前后马克思忽视了民主方式在政治革命中的地位和作用,而是随着革命的退潮,民主至少摆脱了被掩盖的局面,获得了同通过暴力方式来完成政治革命的同等对待。正因为如此,从60 年代前后至马克思、恩格斯晚年时期,在其著述中又出现了大量有关民主问题的阐释,这一阐释并不是同 1848 年革命时期相割裂。相反,民主问题一直作为马克思理论体系的必要组成,只是因为革命形势的变化而获得了不同的表达空间。这一时期,马克思一方面再次强调了暴力方式与德法革命的关系问题;另一方面,马克思也赋予了民主方式与英国等国家无产阶级政治革命的关联以同等重要性,二者共同构成马克思革命理论的必要组成部分。

与此同时,基于革命退潮的现实,如何实现如德国和法国的无产阶级政治革命,这出现了显著的变化,即暴力方式与德法革命联系的松动,民主

获得了越来越重要的地位。但是这并没有改变 1848 年前后马克思确立的通过革命来规定民主内涵及其边界的基本思路，只是革命退潮的事实与革命的既有预期之间的张力已经影响到马克思在民主问题上的态度。马克思仍然坚持革命的历史逻辑，即使面对政治形势发生的明显变化，因此大量关于民主的分析并不是要倒退到 1848 年之前通过民主来阐释革命，而是在重申革命作为关键词的基础之上，更好地看待民主的革命内涵。这一逻辑明显区别于 1848 年之前和 1848 年的革命高潮时期。

（一）民主的重提

1848 年革命处于高潮时期，马克思对于德国革命和法国革命的集中叙述，导致了革命与暴力之间简单、线性的逻辑关系倾向。当然，这并不是马克思本来意义上关于革命的叙述。相比于此，19 世纪 60 年代以后，马克思在叙述政治革命时，更多从比较的角度——亦即英国与德法之间的比较，阐释无产阶级的政治革命，民主和暴力分别适用于不同国家无产阶级在政治革命过程中的路径选择。

1872 年，马克思在《关于海牙代表大会》中对革命的路径选择应适应国别情况这一问题作了较为明确的叙述。马克思首先承认并坚持政治革命的必然性，这一点继承了 1848 年之前由哲学革命向政治革命的转向，也符合 1848 年革命高潮时期的行动逻辑。马克思认为："工人总有一天必须夺取政权，以便建立一个新的劳动组织；他们如果不愿意像轻视和摒弃政治的早期基督徒那样，永远失去自己在尘世的天国，就应该推翻维护旧制度的旧统治。"①紧接着，马克思围绕不同国家的阶级发展水平，作出了区别对待：

> 但是，我们从来没有断言，为了达到这一目的，到处都应该采取同样的手段。我们知道，必须考虑到各国的制度、风俗和传统；我们也不否认，有些国家，像美国、英国——如果可能用和平手段达到自己的目

---

① 《马克思恩格斯全集》（第 18 卷），人民出版社，1964 年，第 179 页。

的。但是,即使如此,我们也必须承认,在大陆上的大多数国家中,暴
力应当是我们革命的杠杆;为了最终地建立劳动的统治,总有一天正
是必须采取暴力。①

这段论述对于理解马克思有关革命与民主之间的关系极为重要。一直以
来,革命与暴力紧密联系在一起,民主的革命内涵并没有得到详细地阐释
和确证,这很容易导致对于马克思民主思想的误解。在此,马克思确认了
一些国家和平过渡的可能性,而另外一些国家不可避免地使用暴力来夺取
政权。当然,在民主过渡的国家中,"争得民主"的过程并不拒绝使用暴
力,也不会放弃使用暴力,这一点也是暗含在马克思的逻辑中的,其在
1848 年革命时期有过相关论述。再者,即使在必须通过暴力方式来完成
政治革命的国家,民主仍然保持了理论上的可能性,这也是马克思在 1848
年前后分析德法革命时所持的观点。因此,马克思 1872 年在阿姆斯特丹
群众大会上的这篇发言。一方面弥补 1848 年革命时期有关民主与革命关
系论述的缺陷,使其完善明晰;另一方面则是对其的理解必须结合 1848 年
革命时期有关民主与革命关系的论述,1872 年的国别适用性并没有否定
1848 年前后在这一问题上的限制条件。

伴随着民主被"重新"提起,紧接而来的问题是否定暴力作为革命路
径选择的倾向,即建立民主与革命的等同关系,正如同 1848 年革命时期暴
力与革命的等同关系一样。因此,马克思除了将民主置于同暴力的等同地
位之外,还需要重新明确暴力方式在如德国和法国无产阶级政治革命中的
必要性。这也是民主被"重新"提起的适用性问题,马克思需要进一步明
晰革命分析框架中民主与暴力在国别上的差异。1875 年,马克思在《哥达
纲领批判》中确认了暴力方式与德国革命的关联。

马克思认为,一方面,纲领的内容并不是对于无产阶级革命的肯定,
"在资本主义社会和共产主义社会之间,有一个从前者变为后者的革命转
变时期。同这个时期相适应的也有一个政治上的过渡时期,这个时期的国
家只能是无产阶级的革命专政。但是,这个纲领既没有谈到无产阶级的革

---

① 《马克思恩格斯全集》(第 18 卷),人民出版社,1964 年,第 179 页。

命专政,也没有谈到未来共产主义社会的国家制度"①。另一方面,也是更为重要的,这个"纲领的政治要求除了陈旧的、人所共知的民主主义的废话,如普选权、直接立法权、人民权利、人民军队等等之外,没有任何其他内容。……所有这些要求从不属于空想的,都已经实现了。不过实现了这些要求的国家不是在德意志帝国境内,而是在瑞士、美国等等"②。这意味着纲领并不是根据德国的实际状况来阐释无产阶级的政治革命,相反,这种脱离实际的民主内容反而是对于革命的否定,是不利于革命行动的。

民主所具有的革命内涵确实存在,但是这并不是指德国。纲领所假定的民主内容只存在于其他国家,德国有其自身的阶级状况,德国的政治革命需要从现有的阶级发展水平出发。那么德国当时的政治状况是什么?它是"一个以议会形式粉饰门面、混杂着封建残余、已经受到资产阶级影响、按官僚制度组织起来、并以警察来保卫的、军事专制制度的国家"。因此,"只有在民主共和国里才有意义的东西",纲领却"认为能够用'合法手段'争得这类东西"③。正因为如此,马克思认为,德国的无产阶级政治革命必须是通过暴力的手段来实现,民主"重新"被提起并不意味着暴力革命失去其意义。恩格斯在1879年《德国反社会党人非常法》中也持有类似马克思的看法。在德国,"这种合法活动使得某些人开始觉得,似乎为了达到无产阶级的彻底胜利,并不需要其他任何东西了。在德国这样一个缺乏革命传统的国家里,这种现象可能成为危险的现象"④。那么什么才是德国工人阶级面对的真实状况,那就是"俾斯麦的暴行和支持俾斯麦的德国资产阶级的怯懦"⑤。因此,无产阶级需要打破这种幻想——即对"宪法自由信以为真并用来反对资本主义的统治"⑥。

在法国,暴力革命的作用非常明显地体现在1870年前后的普法战争和法兰西内战当中。为了"保卫巴黎,就只有武装它的工人阶级,把他们组织成为真正的军事力量,并使他们的队伍在战争中得到锻炼。……武装巴黎就无异是武装革命。巴黎战胜普鲁士侵略者,就无异是法国工人战胜法

---

①②　《马克思恩格斯全集》(第19卷),人民出版社,1963年,第31页。
③　同上,第32页。
④⑤⑥　同上,第170页。

国资本家及其国家寄生虫"①。因此,通过暴力的方式完成无产阶级政治革命是可行的,并且面对反革命的力量,武装的无产阶级也是实现无产阶级政治统治的重要保障。正如体现在《法兰西内战》中,"武装的巴黎是阻碍反革命阴谋实现的唯一的严重障碍"②。另外,无产阶级政治统治的巩固还需要在武装力量的支持下,"夺取政府权力","掌握公共事务",建立无产阶级的革命专政。

从这一系列的论述可以得出结论:面对法国的政治现状和阶级发展状况,无产阶级政治革命唯一可以选择的路径即武装和暴力,而绝非民主。因此,不管是马克思提出的"暴力是每一个孕育着新社会的旧社会的助产婆。暴力本身就是一种经济力"③。还是恩格斯重复指出的"暴力在历史中还起着另一种作用,革命的作用;暴力,用马克思的话说,是每一个孕育着新社会的旧社会的助产婆;它是社会运动借以为自己开辟道路并摧毁僵化的垂死的政治形式的工具"④。这都表明马克思从没有忽视暴力作为革命理论的必要组成。即使民主被"重新"提起,暴力的适用性也不是民主所能取代的,更不要说"争得民主"的过程不放弃使用暴力,德国和法国等大陆国家的无产阶级政治革命正是马克思暴力革命的主要依据。可见,准确理解民主与暴力在革命路径选择中的关系,关键在于明确马克思的论述始终围绕具体的革命形势和特定的国家对象。在民主处于被掩盖的时期,暴力并没有替代民主成为唯一的革命路径;相同的是,在民主被"重新"提起时,暴力也没有为民主所替代,二者始终处于一种相互依存的关系之中,共同构成马克思革命理论体系的必要组成。

(二)由暴力转向民主:德国和法国

真正改变民主与暴力在马克思革命分析框架中的平衡关系是在马克思逝世前后。这一时期,民主开始逐渐取代暴力成为无产阶级在政治革命

① 《马克思恩格斯全集》(第 17 卷),人民出版社,1963 年,第 335 页。
② 同上,第 346 页。
③ 《马克思恩格斯全集》(第 23 卷),人民出版社,1972 年,第 819 页。
④ 《马克思恩格斯全集》(第 20 卷),人民出版社,1973 年,第 200 页。

过程中的主要路径选择。1878 年,恩格斯在比较德国、法国、美国和俄国的工人运动时指出:"虽然法国的危机只产生了很不令人满意的结果,但是我认为,这个危机造成这样一种形势,即使得法国社会主义者有可能通过报刊、会议和工会来进行活动以及组成工人党——而这些就是我们在1871 年大屠杀以后的今天所能争得的一切。"①从恩格斯的叙述可以看出,即使如在法国这样一直以来宣布通过暴力方式完成无产阶级政治革命的大陆国家,也存在通过民主、和平的方式来完成革命诉求。恩格斯在得出这一结论时,仍然坚持德国无产阶级革命需要通过暴力的方式来完成。也就是说,19 世纪 60 年代之后,"民主"被重新提起,马克思尝试避免民主对于暴力在革命路径选择问题上的替代,但是这时恢复暴力的地位与作用已经明显出现了障碍,这才有了恩格斯对于法国工人阶级通过"报刊、会议和工会"的方式来完成革命任务的判断。

恩格斯的这一叙述并不是孤例。在 1884 年《家庭、私有制和国家的起源》中,恩格斯认为,民主共和国是"无产阶级和资产阶级之间的最后决定性斗争进行到底的国家形式"②。在民主共和国之中:

> 随着无产阶级成熟到能够自己解放自己,它就作为独立的党派结合起来,选举自己的代表,而不是选举资本家的代表了。因此,普选制是测量工人阶级成熟性的标尺。在现今的国家里,普选制不能而且永远不会提供更多的东西;不过,这也就足够了。在普选制的温度计标示出工人的沸点的那一天,他们以及资本家同样都知道该怎么办了。③

恩格斯的这段论述一方面清晰地表达了普选制——即民主方式——对于无产阶级政治革命的作用;另一方面,对于无产阶级与资产阶级的最后对立,恩格斯又保持着模糊的态度。但是关键在于,在这段论述之前,恩格斯指出了民主共和国条件下政府和资产阶级所结成的联盟,"有产阶级是直接通过普选制来统治的"④。其中,美国、法国和瑞士被归入民主共和国之

---

① 《马克思恩格斯全集》(第 19 卷),人民出版社,1963 年,第 133 页。
② 《马克思恩格斯全集》(第 21 卷),人民出版社,1965 年,第 196~197 页。
③④　同上,第 197 页。

中,而德国和英国虽然不属于民主共和国,但是却可以达到同样的资产阶级统治效果。那么这是否意味着在如德国和法国这样的大陆国家,在现有的政治条件下,需要避免一味地诉诸于暴力方式的革命,从而转向无产阶级的不断成长,并通过普选制的形式来实现自身的解放?从恩格斯的论述很难得出直接的结论,但是可以清晰地感受到暴力革命的适用性出现了问题,尤其是在德国和法国这样的大陆国家。

再如在1891年《德国的社会主义》中,恩格斯对于德国工人阶级与民主的关系明显持肯定的态度。恩格斯认为,一方面,"资产阶级曾经多次要求我们无论如何要放弃使用革命手段而呆在法律的框子里……遗憾的是,我们不能给资产者老爷们帮这个忙",这意味着暴力手段是不会被放弃的;另一方面,"现在并不是我们在'合法性害死我们'的地位。相反,合法性在如此出色地为我们效劳,如果在这样的情况下,我们来破坏合法性,那我们就是傻瓜"①,这表明在德国,民主的革命路径选择有其存在的空间。但是如果允许民主的方式存在于德国无产阶级政治革命过程中,那么这必然与之前的暴力适用性产生矛盾。因此,恩格斯从两个方面作出了解释:一是民主的方式只是暂时的,"上面所说的一切只适用于德国的经济和政治的发展是在和平环境中继续进行的情况。战争会使整个情况改变。而战争在今天或明天就可能爆发"。二是避免资产阶级的陷阱和无产阶级受到无谓的伤害。"问题毋宁说是这样,不正是资产阶级和它的政府会破坏合法性,以便用暴力来粉碎我们哪?而现在:'资产者老爷们,你们先开枪吧'"②。恩格斯的解释看似化解了民主方式适用于德国无产阶级革命的尴尬,但他并没有充分解释清楚——难道民主的革命路径选择不会逐渐替代暴力在德国革命的适用性,尤其是面对不断和平的局面。因此,毋宁说恩格斯在德国等大陆国家的无产阶级革命路径选择问题上开始出现了模糊和摇摆的态度,选择民主方式更加符合当下的政治局势,但是放弃使用暴力必然动摇整个有关德法等大陆国家无产阶级革命的判断。这样一来,一种有关暴力革命的摇摆、模糊和相对性的态度便形成了。

之所以说恩格斯在暴力革命问题上存在摇摆,主要在于由暴力向民主

---

① 《马克思恩格斯全集》(第22卷),人民出版社,1965年,第292页。

② 同上,第292~293页。

的转变这一倾向开始产生。一方面民主有替代暴力适用性的可能；另一方面,民主的形式又被附加上了限定条件,即暂时性,暴力仍然在最终意义上适用于德法等大陆国家的无产阶级政治革命。例如,恩格斯在 1886 年指出:"至少在欧洲,英国是唯一可以完全通过和平的和合法的手段来实现不可避免的社会革命的国家。当然,他从来没有忘记附上一句话:他并不指望英国的统治阶级会不经过'维护奴隶制的叛乱'而屈服在这种和平的合法的革命面前。"①这其实又恢复到了民主与暴力在革命分析框架中的平衡关系,即使在英国,"争得民主"的过程也是不放弃使用暴力的过程。1891 年,恩格斯在《"法兰西内战"一书导言》中又提到,法国巴黎公社"这种炸毁旧的国家权力并以新的真正民主的国家权力来代替的情形"具有重要性和必要性,"因为恰巧在德国,对国家的迷信,已经从哲学方面转到资产阶级甚至很多工人的一般意识中去了"②。可见,恩格斯又恢复了对于这种专政与暴力适用于德国和法国的判断。在 1891 年《社会民主党纲领草案批判》中,恩格斯更是明确指出:"在德国连一个公开要求共和国的党纲都不能提出的事实,证明了,以为在这个国家可以用和平宁静的方法建立共和国,不仅建立共和国,而且还建立共产主义社会,这是多大的幻想。"③这个时候,恩格斯又忽略了"民主的暂时性"和"资产阶级的陷阱及避免无产阶级的无谓损失",回到了之前民主与暴力在革命分析框架中的平衡关系——民主适用于英国等,但在"争得民主"过程中不放弃使用暴力;暴力适用于德法等大陆国家,民主没有实际的行动空间。

　　直到 1895 年,恩格斯在《卡·马克思〈1848 年至 1850 年的法兰西阶级斗争〉一书导言》中正视了这种摇摆和模糊态度,并且即使在德国和法国这类一直以来通过暴力方式来完成无产阶级政治革命的国家,恩格斯也认可了通过民主的方式来完成革命。恩格斯首先承认了对于革命形势判断的局限,"当二月革命爆发时,我们大家关于革命运动的条件和进程的观念,都受过去历史经验,特别是法国经验的影响。……我们关于 1848 年 2 月在巴黎所宣布的'社会'革命即无产阶级革命的性质和进程的观念,带

---

①　《马克思恩格斯全集》(第 23 卷),人民出版社,1972 年,第 37 页。
②　《马克思恩格斯全集》(第 22 卷),人民出版社,1965 年,第 228 页。
③　同上,第 274 页。

有回忆 1789—1830 年榜样的浓厚色彩,这是很自然和不可避免的"。因此,"我们早在 1850 年秋季就已宣称,至少革命时期的第一阶段已告结束,而在新的世界经济危机尚未到来以前什么也不会发生"①。可见,马克思、恩格斯至少当时已经承认了对于革命形势判断的错误,这也可以解释为什么有关民主的革命方式被重新提起。虽然在 1848 年革命时期,马克思、恩格斯并没有放弃民主的革命内涵,但却因为形势需要而有意无意忽略了。

随后,恩格斯重新思考并阐释了革命过程中暴力与民主的关系问题。"历史表明我们也曾经错了,我们当时所持的观点只是一个幻想。历史做的还要更多:它不仅消除了我们当时的迷误,并且还完全改变了无产阶级斗争的条件。1848 年的斗争方法,今天在一切方面都已经陈旧了,这一点是值得在这里较仔细地加以研究的。"②这无异于承认民主方式即使被应用于德国和法国的无产阶级政治革命也是合理的,因为它是根据改变了的无产阶级斗争的条件。正因为如此,恩格斯反思了 1848 年革命、1851 年路易·波拿巴政变、1870—1871 年巴黎公社以及 1871 年后欧洲工人运动中心由法国转向德国,并得出结论:"1871 年的轻易胜利,也和 1848 年的突然袭击一样,都是没有什么成果的。"③恩格斯认为:"因为这里斗争的条件已发生了本质上的变化。旧式的起义,在 1848 年以前到处都起过决定作用的筑垒的巷战,现在大都陈旧了"④,"世界历史的讽刺把一切都颠倒过来了,我们是'革命者','颠覆者',但我们采用合法手段却比采用不合法手段或采用变革办法要获得多得多的成就"⑤。而这一判断针对的正是一直以来通过暴力方式完成无产阶级政治革命的德国和法国等大陆国家。至此,恩格斯回应了在暴力革命问题上的模糊态度,肯定了由暴力向民主转化的趋势。

民主替代暴力成为无产阶级政治革命的主要路径选择,这一倾向直到马克思逝世前后才逐渐被提出,但其真正的产生要远远早于此。其实在 1848 年革命高潮时期,对于德法革命的暴力选择就已经为民主保留了理

---

① 《马克思恩格斯全集》(第 22 卷),人民出版社,1965 年,第 594~595 页。
② 同上,第 595 页。
③ 同上,第 600 页。
④ 同上,第 603 页。
⑤ 同上,第 610 页。

论上的可能性,至少民主的革命内涵并没有被抛弃。在之后的 19 世纪 50
年代,马克思通过强化民主适用于英国无产阶级政治革命来平衡暴力等同
革命的逻辑。而到了 60 年代,民主被"重新"提起以及对于暴力的替代,马
克思的再平衡过程已经表明,暴力路径在无产阶级革命过程中遇到了障
碍。直至马克思逝世前后,在暴力问题上开始出现模糊态度,即德法等大
陆国家存在通过民主路径实现革命的可能性。恩格斯在 1895 年完成的
《导言》直接正视了这一摇摆和模糊态度,肯定了民主对于暴力的替代。

那么什么原因造成了由暴力向民主转变的倾向? 恩格斯之前提出表
面的理由——"民主的暂时性"和"资产阶级的陷阱及避免无产阶级无谓
的损失",后来提出了更为根本的原因——"无产阶级斗争的条件发生了
根本的变化"。无产阶级斗争条件的变化不仅包括阶级成熟性,还包括大
工业的发展状况,这一点其实在 1864 年《国际工人协会成立宣言》中,马克
思也已作出承认。马克思指出:"工人群众的贫困在 1848 年到 1864 年间
没有减轻,这是不容争辩的事实,但是这个时期就工业的发展和贸易的增
长来说却是史无前例的"①,这也应合了恩格斯后来指出斗争条件发生的
改变——大工业的继续发展。另外,在阶级成熟性方面,马克思也承认了
这一现实,"工人阶级中另一部分先前积极的分子,受到了暂时增加工作和
工资的诱惑而变成了'政治工贼'……工人阶级的机关报刊由于群众的漠
不关心而相继停刊;的确,英国工人阶级过去从来没有像现在这样苟安于
政治上的毫无作为"②。这其实就是恩格斯指出斗争条件发生的变化——
阶级成熟性。

(三)革命作为关键词的重申

自 1848 年及之后 19 世纪 50 年代革命热情的消退,民主替代暴力在
马克思的理论体系中已经成为不可避免的趋势。即使马克思不断强调暴
力革命的适用性问题,以及民主和暴力同时对于革命而言不可或缺。但是
这在马克思逝世前后,还仅是被模糊地提出——暴力革命在德国和法国让

---

①　《马克思恩格斯全集》(第 16 卷),人民出版社,1964 年,第 5 页。
②　同上,第 10 页。

位于民主的方式。及至恩格斯 1895 年《导言》的完成,基本确定了在德法可以通过民主、和平的方式进行无产阶级政治革命。这样,质疑马克思的暴力革命,抑或建立马克思革命与民主的等同关系,都极其形成。其实任何暴力或民主的革命路径偏好都是对马克思革命理论体系的片面理解乃至误解。在马克思的理论中,革命是作为全部叙述的核心(即关键词),其他所有的概念都是围绕革命而展开的,包括民主和暴力,这意味着民主和暴力不过构成了革命的子概念。一方面,民主和暴力都具有革命的内涵,是在革命意义上被理解的;另一方面,民主或暴力不能替代革命成为关键词,其只是革命分析框架中的必要组成部分,并因为政治形势和国别差异而作为具体选择的结果。换言之,民主或暴力仅仅是革命路径选择的一种结果。当然,这种选择不以一者否定另一者。因此,即使 19 世纪 60 年代之后,民主存在替代暴力成为德法无产阶级革命的主要路径选择,这也不能改变民主作为革命的内涵规定,其仅仅意味着暴力因为现实条件的变化而失去作为革命方式的优先选择。这一点不管是在"重提"民主亦或是在民主替代暴力的过程中,都有明确的叙述,更不要说在强调暴力适用性的论述中。

在 1864 年《国际工人协会成立宣言》中,马克思承认大工业的发展和无产阶级的不成熟性构成了革命的障碍,但是这一障碍更多表现在暴力革命过程中,而不是否定革命历史逻辑本身。马克思指出:"工人阶级的广大群众到处都在日益下降,下降的程度至少同那些站在他们头上的阶级沿着社会阶梯上升的程度一样厉害","在现代这种邪恶的基础上,劳动生产力的任何新的发展,都不可避免地要加深社会对比和加强社会对抗"。① 可见,革命的历史逻辑构成了马克思思考工人阶级全部问题的起点。再如在 1873 年《政治冷淡主义》中,马克思批评了这种否定工人阶级现实斗争的政治冷淡主义。马克思认为:

> 如果说也曾宣扬政治冷淡主义的第一批基督徒曾经需要皇帝的帮助,来使他们从被迫害者变成迫害者,那末政治冷淡主义的当代信

---

① 《马克思恩格斯全集》(第 16 卷),人民出版社,1964 年,第 9~10 页。

徒则根本不相信,他们的永恒原则使他们必须放弃世间的欢乐和资产
阶级社会的暂时特权。但是必须承认,他们会以真正基督徒的苦行主
义来忍受 14 小时或 16 小时的劳动,只要这种劳动是由工厂工人承
担的。①

通过对比可以得出,工人阶级需要承受资产阶级自由和发展所带来的巨大
贫困和痛苦,这必然加剧二者之间的对立,无产阶级通过政治革命来改变
这一关系毋庸置疑。基本上,马克思在认识到革命退潮之时,其也坚持着
革命的历史逻辑。

　　当民主在被"重新"提起的过程中,民主所要表达的是什么样的内涵?
可以肯定的是,民主表达的仍然是革命的内涵,民主是作为一种革命的路
径选择来被理解的。马克思明确指出:"我们内部产生了一个集团,它宣称
要工人放弃政治活动。我们认为有义务声明:这种原则对我们的事业是极
其危险和有害的。工人总有一天必须夺取政权,以便建立一个新的劳动组
织;他们如果不愿意像轻视和摒弃政治的早期基督徒那样,永远失去自己
在尘世的天国,就应该推翻维护旧统治的旧政治。"②这表明,面对放弃政
治斗争,或者是局限于民主,马克思始终坚持革命的历史逻辑。暴力和民
主仅仅作为革命的"手段"而存在,并且民主是被纳入革命的分析框架中
来理解的。民主也不是适用于每个国家的无产阶级政治革命的每个阶段,
如德国和法国等大陆国家。而在强调暴力适用性的过程中,革命的历史逻
辑更是显而易见。

　　马克思之所以为暴力革命辩护,就是基于革命的必然性逻辑。例如,
马克思批评了德国落后的政治现状,试图通过"合法手段"来实现无产阶
级政治革命是不切实际的,"庸俗的民主派把民主共和国看做千年王国,他
们完全没有想到,正是在资产阶级社会的这个最后的国家形式里阶级斗争
要进行最后的决战——就连这样的庸俗的民主派也比这种局限于为警察
所容许而为逻辑所不容许的范围内的民主主义高明得多"③。可见,第一

---

① 《马克思恩格斯全集》(第 18 卷),人民出版社,1964 年,第 339~340 页。
② 同上,第 179 页。
③ 《马克思恩格斯全集》(第 19 卷),人民出版社,1963 年,第 32 页。

位的是革命的历史逻辑,第二位的是暴力适用性的问题。因此,马克思在暴力革命问题上,真正要表达的是革命的历史逻辑,而不是暴力本身,暴力适用性强调的是适应国别的革命路径选择差异——民主在此是失效的。

在由民主替代暴力的过程中,恩格斯在暴力问题上的模糊和摇摆态度,基本上可以归入"重提"民主和强调暴力适用性两种情况。当其倾向于在德国和法国通过民主方式来进行无产阶级革命时,民主是作为革命的内涵被规定;当其坚持德法等大陆国家暴力革命不可避免的时候,革命的历史逻辑才是叙述的重点,而不是区别于民主的暴力本身。这里,主要以1895年《导言》来展开,因为其基本上代表了由暴力向民主转变的完成和确证。在《导言》中,恩格斯更多将由暴力向民主的转变视为革命策略的变化,"在罗曼语国家里,人们也开始愈益了解到旧策略必须加以修改了","德国所作出的利用选举权……在法国……预先把广大人民群众——在这里主要是指农民——争取过来……耐心的宣传工作和议会活动……"①但是在革命的历史逻辑问题上,恩格斯并没有因为民主、和平方式的选择而有过改变,"我们的主要任务就是毫不停手地促使这种力量增长到超出政府统治制度所能支配的范围,不是要把这个日益增强的突击队在前哨战中消灭掉,而是要把它好好保存到决战的那一天"②。并且恩格斯还以罗马帝国时期的基督徒所受迫害为例来比照无产阶级的政治革命,其所要表达的即是民主方式相较于暴力革命更为适合当时的德国和法国。可见,恩格斯在最终意义上是以革命作为标准来评价暴力与民主的路径选择。只要民主更为适应当时的政治条件,只要民主可以更好地完成无产阶级政治革命,那么其可以替代暴力成为一直以来作为暴力适用性的典范国家(即德国和法国等大陆国家)的革命路径选择。

革命一直以来都构成马克思、恩格斯全部理论体系的关键词所在。随着革命形势的变化,"重提"民主、强调暴力的适用性、以及由暴力向民主的转化,这一切只是表明暴力方式在无产阶级政治革命过程中有效性的降低。但与此同时,革命作为关键词却并未发生改变。民主的凸显不过再次印证马克思有关革命的历史逻辑,即革命的必然性问题。因此,马克思、恩

① 《马克思恩格斯全集》(第22卷),人民出版社,1965年,第607~608页。
② 同上,第609页。

格斯晚年民主替代暴力的过程不过是重申革命的过程。

总而言之,19 世纪 60 年代之后,马克思、恩格斯在民主与革命的关系问题上出现了显著的改变。一方面,革命的民主路径获得了同暴力革命的同等地位。这区别于 1848 年革命及之后的 19 世纪 50 年代,那时,民主处于暴力的掩盖之下;这时,民主获得了类似当时暴力革命的地位。正因为如此,马克思强调了暴力适用性的问题,即德国和法国仍然只能通过暴力方式来完成无产阶级政治革命,这如同之前马克思为英国可以通过民主、和平方式过渡到社会主义的辩护。另一方面,也是更为重要的,在德法革命与暴力的关联问题上,马克思逐渐倾向于以民主替代暴力作为革命路径的主要选择,这打破了一直以来都存在于马克思革命分析框架中民主与暴力的平衡关系。但是这一平衡关系的打破并不意味着民主可以等同于革命;相反,它不过是重申了革命作为马克思整个理论体系的关键词。民主并未逾越马克思的革命分析框架,其只是无产阶级斗争条件改变的结果,它是比国别因素影响革命路径选择更为重要的因素。在马克思的理论中,革命的历史逻辑从未改变,改变的仅仅是国别因素或者后来影响更大的斗争形势,民主和暴力更多地作为革命策略而交替使用或相互依存。

四、小结

马克思在无产阶级革命路径选择问题上将民主视为必要的组成,这对于理解马克思的民主思想无疑有着重要的作用。在 1848 年之前,也即青年马克思时期,马克思最早倾向于民主和自由,并且通过民主来阐释革命思想。但是随着马克思由哲学革命向政治革命的转向(即唯物史观的确立和完成),革命成为理解整个时代的关键词,民主被纳入革命的分析框架之中并被赋予革命内涵。民主并未失去其地位和意义,并且这一关系一直被延续下来。在 1848 年革命高潮时期及之后的 19 世纪 50 年代,因为马克思叙述的对象主要是德国革命和法国革命,暴力作为革命的"代名词"开始流行,这无异于掩盖了民主在马克思革命理论中的原有地位。

其实,暴力与革命之间并不存在等同关系,即使面对德法革命,民主也被保留了至少在理论上的革命内涵。另外,在英国,马克思认为可以通过民主、和平的方式过渡到社会主义,实现无产阶级政治统治。因此,面对不同国家,无产阶级政治革命会根据国别因素——大工业发展状况和阶级发展水平——作出暴力方式亦或民主方式的革命路径选择。这一时期是暴力革命凸显期,即使马克思叙述了英国民主过渡和德法革命中民主在理论上的可能性,民主更多是处于被掩盖的状态。但是在马克思的革命分析框架中,民主与暴力都是作为必要的组成部分,维持着平衡的关系。在 19 世纪 60 年代之后及马克思、恩格斯晚年时期,民主获得了同暴力的同等地位,即在如英国可以通过民主方式完成无产阶级政治革命,而在德法等大陆国家则需要通过暴力方式来完成革命。但是随着革命形势的变化——即无产阶级斗争条件的改变,民主的地位开始凸显。这正如 1848 年革命时期暴力革命的地位凸显一样,只是这时民主开始打破二者之间的平衡关系,成为革命路径的主要选择。不过,民主替代暴力的过程并不是民主等同于革命的简单、线性逻辑关系可以成立,相反民主仍然处于革命的分析框架之中,只是革命形势变化导致民主作为无产阶级政治革命的路径选择要优于暴力方式。革命的历史逻辑并未发生改变。

通过分析马克思在无产阶级革命路径选择问题上的态度可以看出,民主即普选制一直都是马克思革命理论的必要组成。这一组成部分随着具体国情的差异和革命形势的变化或被掩盖,或凸显。在理解马克思民主思想的过程中,经常存在两种错误倾向:一是将马克思的革命理论等同于暴力革命,否定民主的革命内涵的存在;二是将马克思的革命理论等同于民主,认为马克思的政治思想根本上是民主的。其实这两种倾向都没有充分考虑到马克思在民主与革命关系问题上的具体态度和历时变化。只有将民主纳入革命的分析框架之中,详细考察民主与暴力关系的变化——相互依存或交替使用,并将这一变化联系到具体国情的差异和革命形势的变迁,这样才能更为准确地理解马克思民主思想的一个侧面——即在无产阶级革命路径选择上的民主方式。

第四章　无产阶级政治组织的民主形式

　　一直以来,围绕马克思民主思想的争论都集中于革命与民主、专政与民主、暴力与民主的关系问题上。然后基于这一关系的视角,得出马克思的政治思想是民主的,抑或非民主的。其实,这类判断存在两个方面的问题。一是民主、专政和暴力都处于马克思的革命分析框架之中,民主与革命并不是一个平行概念,作出二者之间的比较并不符合马克思的思想体系。即使比较民主与专政、暴力的关系,笔者在马克思对待无产阶级革命路径选择问题上作出过分析。民主作为马克思革命理论的必要组成,不可或缺,并不存在用专政和暴力替代民主的可能性。同样,反过来用民主替代暴力和专政也是不切实际的。它们的关系依赖于国别因素以及革命形势的变化,共同作为马克思革命理论的有机组成。可见,民主、暴力是马克思在无产阶级政治革命路径选择上的结果。

　　二是马克思在无产阶级政治组织形式上的态度是什么? 这一方面的内容经常被排除在马克思民主思想的争论之外。当然,在19世纪,无产阶级在政治统治形式上缺乏实际的例证,因此马克思也较少阐释无产阶级应该采取何种政治形式,是民主的政治形式,抑或非民主的形式。19世纪是政治革命的时代,亦即建立无产阶级政治统治的时代。但是正是基于马克思对于革命历史逻辑的判断,无产阶级确立自身的政治统治是历史发展的结果。至于无产阶级政治统治的形式是什么,马克思也并不是完全没有提及。即使提及较少,笔者认为,也可以间接的方式理解马克思在无产阶级政治组织形式问题上的态度,从而阐释马克思民主思想的另一个侧面。

　　因此,笔者在分析马克思对待无产阶级政治革命路径选择——民主抑或暴力方式——之外,尝试通过马克思在无产阶级政治组织形式问题上的态度,研究马克思民主思想的另一个重要组成。在 19 世纪,无产阶级政治统治的雏形仅有巴黎公社,并且这一时期还存在诸多的局限性,但是它确实构成了马克思论述无产阶级政治组织形式的主要部分。除此之外,通过间接的方式理解马克思在无产阶级政治组织形式上的态度,可以分析共产主义者同盟和国际工人协会这类工人国际组织及其形式,从而反观马克思在政治组织形式上的基本态度。在工人国际组织和无产阶级政治统治之间,政治形式在某种程度上存在·致性,至少组织形式的原则是不相冲突的。当然,除了以共产主义者同盟、国际工人协会和巴黎公社作为分析马克思有关无产阶级政治组织形式的对象外,其他有关这方面的论述也分别纳入这三个时期。

共产主义者同盟成立于 1847 年,它由之前的正义者同盟改组而来。正义者同盟“本身起源于早些时候的流亡者同盟。它最初的目标是把‘人权’和‘市民’引入德国,这个组织的成员大约一半来自手工业者,一半来自固定职业者”,“正义者同盟参与了布朗基和巴尔贝斯 1839 年组织的暴动,事情失败后,大部分成员逃亡伦敦,在那里成立了一个兴旺的团体”。① 马克思、恩格斯成立共产主义通讯委员会,“最重要的成果是……与伦敦共产主义者之间建立起了密切联系,伦敦共产主义者是当时德国工人最大的、组织最好的团体”②。可见,共产主义者同盟形成时期,正是马克思革命实践观确立和完成的阶段。但是这里需要严格区分革命路径选择与无产阶级政治组织形式之间的区别。即使当时根本不存在无产阶级的政治统治,并且当时的首要问题是无产阶级政治革命,马克思较少涉及政治组织形式问题,但是,通过有关共产主义者同盟的组织形式及其运转方式可以间接地理解马克思在这一问题上的态度。国际工人协会成立于 1864 年,其成立直接导源于革命形势的变化。1848 年革命失败之后,工人阶级政治斗争陷入低潮,但是随着“欧洲各个最发达的工业国工人阶级运动的新的高涨”③,至少马克思认为无产阶级政治革命的条件又已具备。成立国际工人协会就是要在新的条件下推动工人阶级政治革命的向前发展,马

① [英]戴维·麦克莱伦:《马克思传》,王珍译,中国人民大学出版社,2010 年,第 165 页。
② 同上,第 164 页。
③ 《马克思恩格斯全集》(第 16 卷),人民出版社,1964 年,第 15 页。

克思认为:"工人们已经具备了作为成功因素之一的人数;但是只有当群众组织起来并为知识所指导时,人数才能起决定胜负的作用。过去的经验证明:忽视在各国工人间应当存在的兄弟团结,忽视那应该鼓励他们在解放斗争中坚定地并肩作战的兄弟团结,就会使他们受到惩罚。"①基于此,在革命形势发生改变的前提下,成立国际工人协会就显得尤为必要。

国际工人协会是 1848 年革命失败后新的无产阶级国际政治组织,关键在于,马克思从其创立到不断发展的过程都参与其中。因此,通过分析无产阶级国际政治组织——国际工人协会,可以间接地理解马克思在无产阶级政治组织形式上的民主态度,即政治组织形式民主化的问题。另外,在 1876 年国际工人协会解体之后,1889 年社会主义国际成立,这一时期,恩格斯在无产阶级政治组织形式民主化问题上的态度也较为重要,尤其是对比前后时期,可以分析马克思、恩格斯在政治组织形式民主化问题上的态度是否一致,从而更好地阐明马克思在这一问题上的基本立场。1871 年的巴黎公社,在无产阶级政治组织形式问题上,马克思集中阐述了无产阶级在取得政治统治的背景下,如何组织并展开活动的问题。相比于共产主义者同盟和国际工人协会,巴黎公社以直接的方式展现了马克思在这一问题上的态度。虽然巴黎公社并不属于严格意义上的无产阶级政治统治,如马克思在 1881 年指出:"公社中的大多数人也根本不是社会主义者,而且也不可能是社会主义者。"②但是通过马克思的批判性分析,却可以直观地了解马克思对于无产阶级政治组织形式的理解。

在分析的过程中可以发现,不管是在直接还是间接的无产阶级政治组织形式问题上,马克思都一贯地持有民主的态度,即组织形式民主化,拒绝任何集中或专制的组织形式。这一点可以通过有关组织形式的三个层面得出结论,分别是组织原则与民主形式、组织形式中的民主与非民主要素,以及如何对待反对派等。另外,需要提及的是马克思关于未来社会组织形式的分析。"当阶级差别在历史发展进程中已经消失而全部生产集中在联合起来的个人的手里的时候,公共权力就失去政治性质。"③因为民主在马

---

①　《马克思恩格斯全集》(第 16 卷),人民出版社,1964 年,第 13 页。

②　《马克思恩格斯文集》(第 10 卷),人民出版社,2009 年,第 459 页。

③　《马克思恩格斯文集》(第 2 卷),人民出版社,2009 年,第 53 页。

克思的意义上即政治民主,不管是在无产阶级政治革命的过程中,还是处于无产阶级政治统治条件下。那么伴随着无产阶级政治革命向社会革命的转化,政治民主的消失也是自然而然的历史进程。但是政治民主的消失并不意味着民主本身的消失,就笔者而言,政治民主在社会革命的条件下,即共产主义社会,它被纳入了人的自由之中,民主即自由人联合体条件下人的自由状态。

一、组织原则对于组织形式的约束

不管是共产主义者同盟、国际工人协会这类国际性政治组织,还是巴黎公社这类政治统治形式,马克思在无产阶级政治组织形式问题上,始终存在一个前提性和原则性规定,即无产阶级政治革命目标。从共产主义者同盟成立到其发展,乃至最后的解体,无产阶级政治革命的原则性规定都得到了毫无保留的坚持,这一点在国际工人协会以及巴黎公社中都是一致的。因此,不管无产阶级政治组织通过何种形式展开活动,其一定是展开革命性的活动,即确立无产阶级政治统治并最终完成社会革命、实现共产主义。由此看来,在组织原则问题上,马克思并没有为"民主"提供任何空间。换言之,组织形式的构成及组织运转是以遵从和信仰无产阶级政治革命作为根本依据。不过,这一点并不适合从民主与非民主的角度展开分析。因为马克思的革命理论基于历史逻辑而来,也就是说,无产阶级政治革命具有历史必然性,在必然性问题上,根本不存在民主的争论。但是忽视组织原则对于组织形式的约束也会误解马克思在组织形式民主化问题上的态度。

(一)同盟的组织原则

1877 年,马克思在致威·布洛斯的信中指出:"恩格斯和我最初参加共产主义者秘密团体时的必要条件是：摒弃章程中一切助长迷信权威的东西。"①这意味着马克思否定当时正义者同盟中存在的各种权威迷信，也即非民主的因素，尤其是当这类非民主的因素建立在不科学的基础之上。那么马克思是不是否定一切的权威，事实并不是这样。马克思所理解的权威包含两个相联的方面。"现今的这个时代，即资产阶级时代，却有一个特点，就是它使阶级矛盾简单化了：社会日益分裂为两大敌对的阵营，即分裂为两大相互直接对立的阶级：资产阶级和无产阶级"②。基于此，要"使无产阶级形成为阶级，推翻资产阶级的统治，由无产阶级夺取政权"，"共产党人的理论原理，绝不是某一个世界改革家所臆想或发现的思想或原则为根据的。这些原理不过是当前进行着的阶级斗争的真实关系的总的表述，不过是现在我们眼前进行着的历史运动的表现"③。这段论述体现了马克思革命理论的历史逻辑，同时它也构成了无产阶级政治组织形式的原则性规定。马克思的逻辑也可以简单表述为：无产阶级政治革命和政治统治是历史发展的结果，而关于这一革命实践的理论不过是历史现实在理论上的表达，这并不是个别理论家或思想家的臆造。它是真实的历史过程，并且是正在进行的历史过程。因此，它构成了无产阶级政治组织形式的基本原则，其在共产主义者同盟中也得到了间接地表现。

在1847年《共产主义者同盟章程》中，第一条即"同盟的目的：推翻资产阶级政权，建立无产阶级统治，消灭旧的以阶级对立为基础的资产阶级社会和建立没有阶级、没有私有制的社会"④。而对于同盟的盟员，基于基本原则和目标要求，首要即在于服从这一根本目的。《章程》规定，盟员"生活方式和活动必须符合同盟的目的……承认共产主义……不得参加任何反共产主义的（政治的或民族的）团体并且必须把参加某集团的情况报告有关的领导机关……服从同盟的一切决议"⑤，等等。这意味着无产阶级的政治目标构成了组织成员唯一且最高的权威。马克思确实反对"迷信权威"，但是反对"迷信权威"不等于否定权威本身，尤其当这一权威是由

---

① 《马克思恩格斯全集》（第34卷），人民出版社，1972年，第289页。
② 《马克思恩格斯全集》（第4卷），人民出版社，1958年，第466页。
③ 同上，第479~480页。
④⑤　同上，第572页。

革命的历史逻辑所构成的。那么服从这一权威与民主形式之间并不存在矛盾，至少这在马克思的理论中是不存在问题的。

正因为如此，《章程》也规定了"所有盟员都一律平等，他们都是兄弟，因而有义务在一切场合下互相帮助"①。虽然马克思可能并不认同作为"兄弟"的表述，如戴维·麦克莱伦指出："原来的口号'一切人皆兄弟'为'全世界无产者，联合起来'所代替。（据说马克思宣布，有很多人，他绝不希望是他们的兄弟。）章程整体上仍然代表着马克思观点与伦敦共产主义者观点的折中。"②但是马克思至少接受了关于"所有盟员都一律平等"的看法，"兄弟"的原则与无产阶级政治原则不相符合，可"平等"原则却为马克思所接受，当然这是基于政治目标基础上的平等要求。可见从一开始，马克思在无产阶级政治组织形式问题上就持有"模糊"的态度。这种"模糊"态度一方面是否定非民主的因素；另一方面又是基于历史逻辑的服从要求，看似与民主要求相冲突，可它们都被很好地融合进马克思在组织形式上的整体看法。

1850年的《共产主义者同盟章程》是"科伦的同盟中央委员会在1850年9月共产主义者同盟分裂以后根据马克思和恩格斯的指示草拟的"③。这一《章程》应该更加符合马克思在无产阶级政治组织形式问题上的态度，但是对比1847年的《章程》，二者根本上是一致的。例如，在无产阶级革命目标上，"共产主义者同盟的目的是以宣传和政治斗争的一切手段达到破坏旧社会——推翻资产阶级，在精神上、政治上和经济上解放无产阶级和实现共产主义革命"④。正是基于这一根本目标，同盟要求盟员"不信仰一切宗教，平日不参加任何宗教团体和一切仪式（民法规定必须遵守的仪式除外）；了解无产阶级革命的条件、发展道路和最终目标；拒绝参加任何组织，拒绝支持任何敌视同盟的宗旨或可能阻挠实现这一宗旨的个别要求"⑤，等等。不过在这一修订的《章程》中，有关民主和平等的叙述基本没有，更多强调无产阶级政治革命的目标导向，以及由此决定的同盟盟员在

---

① 《马克思恩格斯全集》（第4卷），人民出版社，1958年，附录，第572页。
② ［英］戴维·麦克莱伦：《马克思传》，王珍译，中国人民大学出版社，2010年，第169页。
③ 《马克思恩格斯全集》（第7卷），人民出版社，1959年，注释331，第688页。
④⑤ 同上，第626页。

组织性和服从性上的要求。因此,它与 1847 年的《章程》在组织形式的规定上是基本一致的。结合 1847 年和 1850 年共产主义者同盟的《章程》内容,可以看出,马克思在无产阶级政治组织形式上的态度首要在于服从无产阶级政治革命的目标,这是作为组织形式的前提和原则而存在的,也即组织权威性所在,其要求的是服从和接受,并且拒绝任何与此相反的组织活动。在组织原则上,马克思同时很好地融合了民主因素与非民主因素。在无产阶级政治目标导向下,盟员都是作为平等的一员,这在马克思看来并不冲突,原因在于革命的历史逻辑,而不是任何个人"臆造"的结果。

(二)协会的组织原则

1864 年,马克思在《国际工人协会成立宣言》中阐述了工人阶级解放作为无产阶级政治组织的原则性要求。马克思指出:"夺取政权已成为工人阶级的伟大使命。工人们似乎已经了解到这一点,因为在英国、德国、意大利和法国都同时活跃起来了,并且同时都在努力从政治上改组工人政党"①,这意味着无产阶级政治革命目标作为根本的原则决定了组织形式。在 1864 年《协会临时章程》和 1866 年《国际工人协会章程和条例》中,都有相关的表述,"工人阶级的解放应该由工人阶级自己去争取;工人阶级的解放斗争不是要争取新的阶级特权,而是要争取平等的权利和义务,并消灭任何阶级统治"②。作为组织形式的前提和原则,它要求的是国际工人协会成员的服从和信仰。在《中央委员会告各团体工团书》中,其规定"接受入会的唯一条件就是承认协会的原则并缴纳入会申请书的费用"③。可见,组织形式的前提和原则在于革命的历史逻辑,即无产阶级政治革命的要求,在这一点上,作为无产阶级政治组织的成员需要遵从这一目标,并不存在无原则的民主形式,组织形式民主化也是建立在这一历史逻辑基础之上的。

1871 年,经过修订的《国际工人协会的共同章程和组织条例》延续并

---

① 《马克思恩格斯全集》(第16卷),人民出版社,1964 年,第 13 页。

② 同上,第 15、599 页。

③ 同上,第 579 页

强调了这一组织前提。例如《共同章程和组织条例》规定:"每一个承认并维护国际工人协会原则的人,都可成为国际工人协会的会员。每一个支部对它所接受的会员的品质纯洁负责。"①一方面,马克思在无产阶级政治组织的原则上坚持政治革命的历史逻辑,不允许存在不同意见,这正如共产主义者同盟组织的要求。另一方面,随着国际工人协会的发展,在这一组织前提和原则上,存在流传不足、理解偏差和不同意见。例如,"在 1866 年日内瓦代表大会上,章程经过某些补充和修改,同附在章程后面的组织条例一起由大会批准。1866 年秋,章程和组织条例由马克思和拉法格译成法文,于 11 月底在伦敦出版单行本……但这个版本没有流传开来"。另外,"1867 年章程和组织条例的英文本在伦敦出版了,出版英文本时考虑了 1864 年临时章程通过以后日内瓦代表大会、洛桑代表大会、布鲁塞尔代表大会、巴塞尔代表大会对章程所作的修改和补充……但是流传的章程文本中都没有反映这些修改和补充"②。

比流传不足造成的负面影响更大的是理解偏差和不同意见,它直接动摇了马克思在无产阶级政治组织原则问题上的要求。例如,"日内瓦代表大会和洛桑代表大会以后出版的英文本中也有许多重要的不确切的地方。此外,由于章程没有各种文字的正式版本,以致在好多国家出现了不准确的章程译文",更为严重的是"1866 年出版的右派蒲鲁东主义者托伦的法文译本把关于工人阶级的解放而进行的政治斗争的作用这一最重要的论点歪曲了"。③ 正因为如此,马克思在伦敦代表大会上提出了《章程和条例》的修订方案,其中最为关键的是重申无产阶级政治革命这一原则性要求,其作为无产阶级政治组织的前提条件需要协会成员的认同和服从。并且如果失去对于革命历史逻辑的承认,那么无产阶级政治组织形式的问题也就失去意义,更不要说有关组织形式民主化问题。

(三)巴黎公社的政治原则

无产阶级政治革命目标是政治组织形式的前提所在。在巴黎公社之

---

① 《马克思恩格斯全集》(第 17 卷),人民出版社,1963 年,第 477 页。
② 同上,注释 336,第 336~337 页。
③ 同上,注释 336,第 337 页。

前,即普法战争时期,马克思已经就工人阶级在这一战争过程中的角色功能作出了分析,其必须在无产阶级政治革命和国际联合的引导下,展开工人阶级的政治行动。马克思指出,法国工人阶级应该"去加强他们自己阶级的组织,这将赋予他们以海格立斯般的新力量,去为法国的复兴和我们的共同事业即劳动解放的事业而斗争。共和国的命运要靠他们的力量和智慧来决定"。相反,"如果工人们忘记自己的职责,如果他们仍然采取消极的态度,那末现在这场可怕的战争就会成为将来发生新的更可怕的国际战争的预兆,并且会在每一个国家内使刀剑、土地和资本的霸主们又一次获得对工人的胜利"[1]。可见,马克思强调无产阶级的政治行动作为第一位的要素。如果缺乏工人阶级的政治革命,那么无产阶级政治组织也就是空谈;同时,无产阶级通过何种方式组织起来并展开斗争,这建立在政治革命基础之上,放弃政治原则的组织形式是不存在的。

在巴黎公社时期,马克思对于政治革命——即组织原则和前提——的强调,更显得尤为迫切。在法国,无产阶级政治革命的目标导向之所以必要,主要有两个方面的原因。一是革命形势使然。马克思认为:"要保卫巴黎,就只有武装它的工人阶级,把他们组织成为真正的军事力量,并使他们的队伍在战争中得到锻炼。可是,武装巴黎就无异于武装革命。"[2]可是,巴黎无产阶级在战胜普鲁士侵略者的同时,也意味着对于资产阶级及其附属阶级的胜利,正因为如此,"国防政府在民族义务和阶级利益二者发生矛盾的时候,没有片刻的犹豫便把自己变成了卖国政府"[3]。基于此,武装的革命阶级与武装的反革命阶级之间的冲突不可避免,如果无产阶级在普法战争中不将其推向政治革命,那么面对的结果就是之前提到的"将来发生新的更可怕的国际战争"和"刀剑、土地和资本的霸主们又一次获得对工人的胜利"。马克思认为,法国工人阶级应该以政治革命作为目标导向,将民族战争继续向前推进,实现对于资产阶级的革命,确立无产阶级的政治统治。

二是无产阶级的历史属性(使命)使然。在法国,第二帝国的旧有国

---

① 《马克思恩格斯全集》(第17卷),人民出版社,1963年,第293页。
②③ 同上,第335页。

家机器,"仍然只是他们的阶级统治的最后可能形式"①。"历次的反动和革命所起的作用都只是把这一组织起来的权力——组织起来奴役劳动的强力——从这一手中转到另一手中,从统治阶级的这一集团转到另一集团","只有因对全社会负有新社会使命而得到鼓舞力量的无产阶级,即负有消灭一切阶级和阶级统治使命的无产阶级,才能粉碎阶级统治的工具——国家,也就是集中化的组织起来的窃居社会主人地位而不是充当社会仆役的政府权力"。② 可见,无产阶级政治革命是革命历史逻辑的要求,只有"公社才是帝国本身真正的对立物","工人阶级不是要实现什么理想,而只是要解放那些在旧的正在崩溃的资产阶级社会里孕育着的新社会因素"。③ 因此,无产阶级政治革命是无产阶级组织起来并展开活动的目标所在,放弃政治行动,即意味着无产阶级政治组织形式的不复存在。

这一时期,马克思、恩格斯在国际工人协会中反复强调工人阶级政治行动的必要性。例如在英国,恩格斯认为:"任何共和主义运动要是不转变为工人阶级的运动,就不能发展。"马克思同样认为:"任何共和主义运动要是不变成社会运动,决不能成为一支真正的力量"④,而社会运动首先就表现为政治革命运动。在法国,马克思认为:"即使公社被搞垮了,斗争也只是延期而已。公社的原则是永存的,是消灭不了的;在工人阶级得到解放以前,这些原则将一再表现出来。"⑤其中,这一原则即无产阶级政治革命的目标要求,即革命的历史逻辑。在美国,工人代表大会"决定今后要选举那些负有维护本阶级利益使命的、像他们本人一样的工人为自己的代表,来代替那些以玩弄政客手腕为职业的人",本阶级的利益使命意味着无产阶级政治革命的原则;在德国,"如果他们像曼努埃尔一样被赶出议会,那末这种压制和不容异己的做法会对人民起很大的影响……如果他们像倍倍儿和李卜克内西一样得到在议会讲坛上讲话的机会,那末全世界就会倾听他们的意见",这种影响和意见所表达的都是无产阶级政治革命的历

---

① 《马克思恩格斯全集》(第 17 卷),人民出版社,1963 年,第 587 页。
② 同上,第 586 ~ 588 页。
③ 同上,第 363、586 页。
④ 同上,第 669 ~ 670 页。
⑤ 同上,第 677 页。

史逻辑。① 可见,革命原则——即无产阶级政治革命,得到了马克思的确认。在巴黎公社以及国际工人协会中,无产阶级政治组织的任何表现形式都建立在政治革命基础之上。共产主义者同盟如此,国家工人协会以及巴黎公社也不例外。马克思认为:"不是第一天要求工人从事政治,而是一向都提出这个要求的"②,恩格斯同样指出:"绝对放弃政治是不可能的;主张放弃政治的一切报纸也在从事政治。问题只在于怎样从事政治和从事什么样的政治","唯有从事无产阶级政治,而不要做资产阶级的尾巴"③,这就是要确立无产阶级政治统治的目标。

二、组织形式中的民主与非民主要素

在确立了无产阶级政治组织的原则之后,组织具体通过何种形式展开革命性的政治活动,是民主的形式抑或非民主的形式,马克思在这一问题上始终持有较为一致的看法,即无产阶级政治组织一定是通过民主的形式来展开活动的。这种民主形式主要包括一般平等和普遍选举、组织的构成成员一律处于平等的地位、组织活动主要依赖于普遍的选举而展开。当然,组织形式中并不排除非民主的要素,并且这种非民主的形式在不同政治组织中也存在细微的差异。但是任何非民主的组织活动方式都是基于革命形势和阶级成熟性的结果。另外,民主形式始终居于主要的地位,马克思在任何时候都没有因为革命形势要求而废弃民主、采取专制和集中的方式展开活动,即"少数人"替代多数人。至少马克思是拒斥"少数人"代替无产阶级本身的。

(一)同盟运行过程中的民主与非民主要素

共产主义者同盟在具体运行过程中是通过何种方式组织起来的,其既

---

① 《马克思恩格斯全集》(第 17 卷),人民出版社,1963 年,第 697 页。
② 同上,第 698 页。
③ 同上,第 449、446 页。

包含了民主的要素,也有非民主的要素。但是基本上,马克思认同以民主的形式来展开同盟的日常运转,乃至革命时期的活动。在 1847 年的《章程》中,"同盟的组织机构是:支部、区部、总区部、中央委员会和代表大会"①。其规定了同盟的最高权力机关是代表大会,同时代表大会也是全盟的立法机关,总区部和中央委员会都需要向代表大会报告工作,向其负责。代表大会的成员由各个区部派遣或选举非本区的代表组成,其中"盟员不超过三十人的区部派代表　名,满六十人者派两名,满九十人者派三名,以此类推","各区部须赋予自己的代表以全权并给予详细的指示"。② 可见,一方面代表大会是最高权力机关,是比例代表制的结果,表达的是"所有盟员都一律平等",同时其又并不是完全"普选"的结果,允许通过派遣的方式产生,各个区部具有相当的权力。另一方面,代表大会又确实作为最高权力机关而存在,它至少具有"普选"意义上的正当性。对于中央委员会,其产生机制比较特殊,"中央委员会是全盟的权力执行机关……由代表大会指定为中央委员会所在地区的区部委员会选出"。并且"区部委员会和中央委员会的委员任期为一年,连选得连任,选举者可以随时撤换之"③。

可见,中央委员会确实作为"民主"的执行机关而存在,但不可否认,执行机关——中央委员会和区部委员会——又拥有相当大的自主权,只是这种自主权始终处于代表大会和选举的制约之下,即向其负责和可随时撤换。因此,同盟在组织运行过程中是以民主形式作为根本性的规定,同时马克思不反对在民主之中结合进非民主的要素,而这与当时的革命形势是一致的。例如,在 1848 年 3 月《共产主义者同盟中央委员会 1848 年 3 月 3 日的决议》中,就有因为革命形势需要而对民主形式作出的适应性调整。"目前巴黎是整个革命运动的中心;目前的形势要求对同盟进行非常有力的领导,为此无疑地必须使领导人员有权自行处理一切事务","布鲁塞尔中央委员会委托马克思:一俟情况许可,就亲自选择人员在巴黎成立新的中央委员会,其组成人员应该是最适当的盟员,为此甚至可以将不住在巴

---

① 《马克思恩格斯全集》(第 4 卷),人民出版社,1958 年,第 572 页。
② 同上,第 575 页。
③ 同上,第 574 页。

黎的盟员召去"。① 但是同时仍然保持民主形式在原则上的约束力,"布鲁塞尔中央委员会授权盟员卡尔·马克思在目前独自实现中央对同盟一切事务的领导,这项工作他要对即将成立的新中央委员会和即将召开的代表大会负责"②。因此,民主要素与非民主要素是混合在马克思有关无产阶级政治组织运行过程中的,其取舍主要依据革命形势变化的要求,但即使革命形势要求更多非民主的要素,也不能从根本上否定民主的要求。正如民主的要求不能从根本上否定政治组织的原则规定——即无产阶级的革命目标。

在 1850 年的《章程》中,马克思基本延续了同盟在组织形式上民主与非民主要素结合的态度。代表大会作为全盟的立法机关,中央委员会作为全盟的执行机关并向代表大会报告工作。同时,中央委员会由代表大会指定为中央委员会所在地的区部选举和补选。这里唯一细化的部分在于选举问题,即由 1847 年区部选举或派遣转变为完全通过选举的方式产生代表大会代表。同时,1850 年《章程》中规定了"区域会议是区的代表机关","区域会议必须在每年 7 月中旬召开一次会议,选举参加同盟代表大会的代表"。③ 这和之前的区部委员会和中央委员会"连选得连任,可随时撤换"原则是一致的,只是在其中强调了代表大会遵循民主选举的原则,这在 1847 年的《章程》中是较为模糊的。同时,不管是 1847 年的《章程》还是 1850 年的《章程》,其中都规定了"中央委员会出席代表大会会议,但没有表决权"④。可见,不管是 1848 年革命高潮时期,还是 1848 年之后马克思逐渐转向民主的革命路径选择,在无产阶级政治组织形式问题上,马克思的态度是基本一致的,即民主形式主导下结合进非民主的要素。区别于在革命路径选择问题上民主方式与暴力方式的灵活变化,马克思在无产阶级政治组织形式及其运转问题上的态度是较为一致的,至少马克思承认在无产阶级政治组织形式上的民主态度,虽然这一革命实践常常为人们所忽视。尤其是当政治革命作为首要任务被提出时,很少再有人去关心无产阶

① 《马克思恩格斯全集》(第 4 卷),人民出版社,1958 年,第 586、587 页。
② 同上,第 587 页。
③ 《马克思恩格斯全集》(第 7 卷),人民出版社,1959 年,第 628 页。
④ 《马克思恩格斯全集》(第 4 卷),人民出版社,1958 年,第 575 页;《马克思恩格斯全集》(第 7 卷),人民出版社,1959 年,第 628 页。

级通过何种形式组织起来并展开革命活动,共产主义者同盟至少间接提供
了这方面的例证。

(二)协会运行过程中的民主与非民主要素

在国际工人协会中,组织形式及其运转既包含民主要素,也有非民主
的要素。其中,民主要素占据着主导地位,而非民主要素的存在主要产生
于革命形势的必要性。从《协会临时章程》《国际工人协会章程和条例》到
《国际工人协会的共同章程和组织条例》,组织形式存在着细微的变化和
调整。但是总体而言,马克思在无产阶级政治组织形式问题上持有民主的
态度,这从一系列章程和条例的具体内容可以看出。

全协会工人代表大会(简称“代表大会”)在国际工人协会中无疑占据
着“主权”地位,如同在共产主义者同盟中享有的立法权和最高决定权。
代表大会是基于民主的原则而产生的,反映的是国际工人协会所有成员平
等的权利。在 1864 年《协会临时章程》中,代表大会每年召开一次,其组成
成员“由当时已经参加国际协会的工人团体派遣代表出席。代表大会的使
命是在全欧洲面前宣布工人阶级的共同愿望,最后批准国际协会章程,研
究使国际协会能顺利进行活动的方式方法,并任命协会的中央委员会”。
另外,“全协会代表大会在每年的会议上听取中央委员会关于过去一年的
活动的公开报告”①。可见,代表大会因为其民主和平等的基础而享有最
高的权力,并且对于其产生的中央委员会,拥有监督和任命的权力。不过
在 1866 年日内瓦代表大会之前,由于国际工人协会吸纳成员还处于发展
的阶段,临时中央委员会在组织代表大会时,还难以完全按照平等和民主
的方式展开活动,因此在《协会临时章程》中,代表大会的代表是由各工人
团体派遣产生。同时,对于代表大会与中央委员会的关系也是比较模糊
的,仅仅提到“任命”,对于如何产生及后续的监督并没有详细展开,只是
确认了中央委员会对代表大会负责、向其报告。这一系列非民主要素的存
在更多是基于当时政治形势和协会发展水平的现实要求。

———————

① 《马克思恩格斯全集》(第 16 卷),人民出版社,1964 年,第 16 页。

在 1866 年《国际工人协会章程和条例》中,对于代表大会的规定就开始细化。《章程和条例》规定:"国际工人协会的每个会员都有选举权和被选举权","在代表大会上每个代表有一票表决权"。① 这里,就将普遍选举的原则加以确认。另外,对于选举代表大会成员,《章程和条例》也作了说明,"每个分部,不论其人数多少,均有权派遣一名代表出席代表大会。如果某一分部没有经费派遣代表,它可以同其他分部合派一名代表","会员在 500 人以上的分部或小组,每 500 人可以增派一名代表"。② 可见,代表大会要尽可能地具有代表性,这一代表性正是基于比例代表和组成团体代表两方面的结合,从而尽可能地将代表大会建立在民主和平等的基础之上。

当然,这里对代表的产生仍然使用了"派遣"一词,这主要依赖于协会组成团体的自身特点,但是就协会的代表大会而言,已经完全基于民主的方式展开活动。在 1871 年《国际工人协会的共同章程和组织条例》中,基本确认了 1866 年《章程和条例》有关协会组织形式民主化的规定。③ 同时,对于"地方性团体、支部和小组"也作出了说明。"每一个支部均有权根据当地条件和本国法律的特点制定自己的地方性章程和条例。但是,此种章程和条例的内容,不得与共同章程和条例有任何抵触。"④因此,有关代表大会代表由各工人团体"派遣"这一规定,并不是完全意义上的非民主要素,相反它是按照民主的方式展开活动的,至少不应该与民主形式相抵触。

作为代表大会的执行机构——中央委员会,在 1864 年《协会临时章程》中规定,需要由代表大会产生并向其报告。中央委员会"是沟通各种互相合作的团体之间的联系的国际机关,它应该使一国工人能经常知悉所有其他各国工人阶级运动的情况;使欧洲各国中的社会状况调查工作能同时并在共同领导下进行,使一个团体中提出的但具有普遍意义的问题能由一切团体加以讨论,并且……立刻采取实际措施……在一切适当场合,中央委员会应主动向各个全国性团体或地方性团体提出建议"⑤。从中央委

---

① 《马克思恩格斯全集》(第 16 卷),人民出版社,1964 年,第 603 页。
② 同上,第 602～603 页。
③ 参见《马克思恩格斯全集》(第 17 卷),人民出版社,1963 年,第 478 页。
④ 同上,第 483 页。
⑤ 《马克思恩格斯全集》(第 16 卷),人民出版社,1964 年,第 17 页。

员会的活动方式可以看出,中央委员会与各个分部之间并不是一种命令关系;相反,二者之间更多是一种"团结和联合"的关系。中央委员会的权威来自组织前提和原则,即无产阶级政治革命的历史要求,但在具体活动过程中,却不是通过非民主的方式强制其组成成员接受命令,这也与其产生的基础——代表大会——相关。

在 1866 年《国际工人协会章程和条例》中,中央委员会改名为总委员会,其承担的职能以及工作方式基本继承了《协会临时章程》的规定,"团结和联合"的原则得到重申。在 1871 年《国际工人协会的共同章程和组织条例》中,总委员会负责沟通和协调的角色定位保持不变,同时,强化了对于代表大会负责的要求。例如,"总委员会必须执行代表大会的决议","总委员会有权接受或不接受新的支部和小组,但它们保留向应届代表大会提出申诉的权利","总委员会也有权将任何支部暂时开除出国际,听候应届代表大会裁决","总委员会有权解决属于一个全国性组织的团体或支部之间、或各全国性组织之间可能发生的纠纷,但是,它们保留有向应届代表大会申诉的权利,应届代表大会的决定才是最终决定"。① 可见,总委员会不享有强制协会各组成成员的权力,作为执行机关,其根本上向基于民主原则而产生的代表大会负责,这反映了马克思对于无产阶级政治组织形式的民主化态度。

作为国际工人协会组成的各工人团体、全国性组织和支部,其在协会范围内的活动方式也是基于民主的形式。1866 年《国际工人协会章程和条例》规定"在一切条件许可的地方建立中央委员会,其负责人员由该国的各个分部任命,并可以随时由各个分部加以撤换"②。可见,地方性组织也是按照民主的方式展开活动,不管是选择地方性组织的负责人员,还是派遣代表大会代表,其可能是通过"派遣"或"任命"的方式——看似非民主的形式。但是其都有相应的制约机制——即可以随时由"派遣"或"任命"的地方性组织加以撤换,这从根本上符合民主的活动方式,而不是非民主的强制或集中。

在 1871 年《国际工人协会的共同章程和组织条例》中,地方性组织的

---

① 《马克思恩格斯全集》(第 17 卷),人民出版社,1963 年,第 480～481 页。
② 《马克思恩格斯全集》(第 16 卷),人民出版社,1964 年,第 602 页。

中央委员会改名为联合委员会,联合委员会在活动过程中,"有权不接受或开除个别团体或支部。但它无权取消它们的国际组织的名称;它只能向总委员会提出将它们临时开除的建议"①。同样,总委员会在这一事项上又是向代表大会负责的。另外,《共同章程和组织条例》还规定了"地方性团体、支部和小组"的活动方式,它虽然居于联合委员会之下,但其"有权根据当地条件和本国法律的特点制定自己的地方性章程和条例",只要不与《共同章程和组织条例》相悖。并且《共同章程和组织条例》"建议国际的所有支部和分部以及附属国际的工人团体,废除各该支部或团体中的主席职位"。这明显要求各地方性团体、支部和小组以委员会的形式展开日常活动——即民主化的运转方式;"建议在工人阶级当中成立妇女支部",这意味着尽可能扩大地方性团体、支部和小组的民主基础。②

在国际工人协会中,不管是代表大会和总委员会,还是地方性团体、支部和小组,其都尽可能按照民主和平等的方式展开活动。尽管在组织形式中含有非民主要素,但是这类非民主要素的存在都是受制于民主的形式,并且其很大程度上是政治革命形势和协会发展水平的结果。马克思参与了从《协会临时章程》《国际工人协会章程和条例》到《国际工人协会的共同章程和组织条例》的整个过程。在这一系列有关无产阶级政治组织形式及其运行方式的具体问题上,马克思始终坚持民主的态度,反对任何否定平等、倾向专制和集中的要求,这在国际工人协会章程和条例的演变中得到了很好的证明。国际工人协会作为共产主义者同盟之后又一无产阶级政治组织,其在组织形式和运行方式上,延续了民主和平等的形式,对比共产主义者同盟和国际工人协会的章程和条例。可以看出,二者之间存在很多相似乃至相同的地方,之所以有这一结果,根本在于二者建立于共同的基础之上,即马克思有关无产阶级政治组织形式的民主化要求。

(三)公社运行过程中的民主与非民主要素

公社,作为"社会解放的政治形式"③,即社会革命之前的无产阶级政

---

① 《马克思恩格斯全集》(第17卷),人民出版社,1963年,第482页。
② 同上,第483页。
③ 同上,第593页。

治革命,其如何组织自身的政治统治,并通过何种方式展开斗争活动呢?马克思认为:"工人阶级不能简单地掌握现成的国家机器,并运用它来达到自己的目的。"①这里先撇开通过何种手段来打碎旧有国家机器的问题,着重于无产阶级政治组织形式及其运转过程。

公社作为无产阶级政治统治的实际例证,其组织形式直接反映了马克思在这一问题上的态度。公社的组织形式及其运转,首要在于选举,即普遍的选举,这同共产主义者同盟和国际工人协会强调基于平等的组成成员的民主选举是相一致的。"公社是由巴黎各区普选选出的城市代表组成的","其中大多数自然都是工人,或者是公认的工人阶级的代表","公社不应当是议会式的,而应当是同时兼管行政和立法的工作机关"。② 可见,公社是民主选举的产物,它是无产阶级政治组织的表现形式,并且这一机构代表了"主权"原则,享有最高的权力地位。比照共产主义者同盟和国际工人协会,其实公社类似于代表大会,它基于平等和民主选举而成,拥有"主权"。另外,普遍选举对于公社还有另外一层重要意义,即如何处理革命形势下组织形式中的非民主要素与一般条件下无产阶级政治组织形式民主化的要求之间的关系。例如,

> 要求社会正义的斗争,促成了三月十八日革命。在这一斗争中应运而生的中央委员会,不是作为政府,而是作为人民的哨兵进驻市政厅的。这是一个担任警戒和负责组织的委员会:警戒人民的胜利果实不致遭到明抢暗夺而丧失殆尽,负责组织表现民众意志的最终方式,即通过自由选举,产生一个不仅代表巴黎人民的想法,而且代表巴黎人民的利益的议会……公社议会成立之时,也即选举结果公布之日,中央委员会就将交出全部权力,牵身引退,对克尽厥职感到自豪,对大功告成感到欣慰……那时,巴黎将真正掌握自己的命运。其公社议会,对全国其他地区和中央政权而言,将是代表和维护巴黎利益的必要机构。③

---

① 《马克思恩格斯全集》(第17卷),人民出版社,1963年,第355页。
② 同上,第358页。
③ 罗新璋编译:《巴黎公社公告集》,上海人民出版社,1978年,第47页。

　　通过这一系列的论述可以看出,无产阶级政治组织形式中民主要素与非民主要素是有机结合在一起的,非民主要素一般和革命形势以及组织成熟度相关,而民主要素则一般占据着主导地位,这与同盟和协会是完全一致的。无产阶级政治组织与民主形式存在天然的亲和性,至少在马克思的理论中是不存在任何冲突的,而在巴黎公社直接的、具体的政治革命实践中,这也得以延续。因此,之后一种较为流行的看法是存在问题的——"由于迷恋选举,也使中央委员会和国民自卫军放下了巩固人民政权的其他内部任务——坚决粉碎首都的反革命势力、最迅速地摧毁原来的政府机关并建立自己的机关,等等"①。公社并不是"迷恋选举",而是无产阶级政治组织与民主形式之间的"天然"关系,问题仅仅在于对革命形势和组织成熟度判断的差异。

　　与"主权"相关的是公社附属机构或由公社产生的常设机构对其负责,这类似于中央委员会对代表大会负责。同时,代表以及机构成员应该允许"随时撤换"。例如,"一向作为中央政府的工具的警察,立刻失去了一切政治职能,而变为公社的随时可以撤换的负责机关","代表必须严格遵守选民的(确切训令),并且随时可以撤换"。② 这充分体现公社成员的平等原则。在同盟和协会中,"随时撤换"的要求也是组织形式的必要组成。在具体的普遍选举过程中,公社"选举分区进行,各区的选举委员会由中央委员会任命"③,这如同共产主义者同盟和国际工人协会的选举基于各组成团体或组成成员。不过,在同盟或协会代表大会选举过程中,并不存在向组成成员或团体任命选举委员会的要求。"委员名额定为九十名,每二万居民或余数超过一万者,得推选委员一名。"④这类似同盟和协会的比例代表制和区域代表制,不过,公社在区域代表方面有所降低,更多依赖于比例代表制。对于担任公社委员、代表或者机构成员等一切公职人员,"都只应领取相当于工人工资的薪金"。这一点在同盟和协会中也有类似的规定,如在国际工人协会中,会费主要被用于展开政治革命活动,如"发

---

　　① ［苏］凯尔任策夫:《巴黎公社史》,中国人民大学编译室译,生活・读书・新知三联书店,1961 年,第 299 页。

　　② 《马克思恩格斯全集》(第 17 卷),人民出版社,1963 年,第 358、359 页。

　　③④ 罗新璋编译:《巴黎公社公告集》,上海人民出版社,1978 年,第 39 页。

表文件及通讯费用,代表大会的组织工作和其他筹备工作的开支,等等"①,唯一提到支付薪金的也仅限于"总书记的薪金"。而大多数时候,即使是总书记的薪金,也因为资金有限而难以兑付,革命的政治活动更多依赖于组成成员的无偿性参与。

对于地方组织形式,由于"在公社没有来得及进一步加以发挥的全国组织纲要上说得十分清楚",马克思认为:"公社应该成为甚至最小村落的政治形式,常备军在农村地区也应该由服役期限极短的国民军来代替。设在专区首府里的代表会议,应当主管本专区所有一切农村公社的公共事务,而这些专区的代表会议则应派代表参加巴黎的全国代表会议。"②可见,马克思认为,不仅在巴黎应该通过公社形式来组织无产阶级,即使在地方、乃至农村,也应该通过这一民主形式来展开政治活动。并且马克思补充了中央层面与地方层面之间的关系,即地方层面选派代表参与全国代表会议,这一点也是马克思在同盟和协会中所持有的观点。

在无产阶级国际联合方面,马克思将同盟和国际的组织形式也引入巴黎公社当中,同盟和国际本来即无产阶级国际组织,要求"联合和团结",而在巴黎公社中,也应该强调工人阶级的国际联合。马克思认为:"民族的统一不是应该破坏,相反地应该借助于公社制度组织起来,应该通过这样的办法来实现,即消灭以民族统一的体现者自居同时却脱离民族、驾于民族之上的国家政权。"③

除了对于巴黎公社组织形式及其运转的具体阐述之外,马克思在维护无产阶级政治组织形式民主化的过程中,还通过批判一切非民主因素的方式来肯定民主因素对于政治组织形式的必要性。就巴黎公社本身而言,马克思指出:"用等级授职制去代替普选制是根本违背公社的精神的。"④并且,对于巴黎公社与伦敦秘密关系的质疑,马克思认为:"要是那样,在国际里就需要有集权的政府;但实际上它的组织形式恰恰给地方的主动性和独立性以最大的自由。其实,国际完全不是原来意义上的工人阶级政府,与

---

① 《马克思恩格斯全集》(第16卷),人民出版社,1964年,附录,第602页;《马克思恩格斯全集》(第17卷),人民出版社,1963年,第481~482页。

②③ 《马克思恩格斯全集》(第17卷),人民出版社,1963年,第359页。

④ 同上,第360页。

其说国际是指挥力量,还不如说它是一种联合。"①可见,马克思坚决反对无产阶级政治组织形式中的集权方式,既包括国际组织,也包括地方组织。正因为如此,马克思反对任何否定平等原则的"少数人"因素,即非民主要素。在1871年伦敦代表大会中,马克思建议:"绝对禁止成立任何真正的秘密团体","秘密组织是一回事,而真正的秘密团体又是另一回事;相反,必须同后者进行斗争","这种组织形式妨碍无产阶级运动的发展,因为这些团体不是对工人进行教育,而是要工人服从束缚工人的独立自主和模糊他们意识的那些强制性的和神秘的法规"。② "少数人"问题一方面是对无产阶级政治组织形式平等和民主方式的否定,另一方面也是与无产阶级政治革命背道而驰。另外,"少数人"问题,即秘密团体、密谋等,与基于革命形势和组织成熟度而结合进非民主要素不同,这类因素是以根本否定无产阶级政治组织形式的民主和平等为前提的,也是不受民主要素制约,不可能转向普遍选举和一般平等。

三、如何对待反对派:对组织原则的重申

在马克思的理论中,无产阶级政治组织形式如何,始终是为了无产阶级政治革命的目标、实现无产阶级的政治统治、最终完成社会革命和实现共产主义社会。并且,在组织原则与组织形式之间存在一种"天然的亲和性"③。

---

① 《马克思恩格斯全集》(第17卷),人民出版社,1963年,第682~683页。
② 同上,第703页。
③ 天然的亲和性主要是指:在马克思的理论中,随着民主的充分实现,即政治平等和政治与社会分裂的消除,民主形式会自动实现。换言之,民主内容相对于民主形式具有优先的地位,民主形式会随着民主内容的实现而自动完成。一方面,当时缺乏无产阶级政治统治形式的民主实践;另一方面,民主内容居于主要的地位,这使得马克思在民主形式问题上关注不够。或者,马克思认为民主形式问题并不影响无产阶级政治革命和社会革命的完成。但是随着之后民主实践的经验,民主形式并不自动地与民主内容相一致,如少数人问题。即使在假定根本利益一致的条件下,分歧的处理也并不是自动实现。正是基于此,不少学者对马克思在民主形式问题上的缺陷和不足提出批评,并指出民主形式会影响到民主内容的实现。换言之,民主内容停留在抽象层面,而民主形式这一具体层面最终制约了民主内容的有效实现。当然,这一切在马克思的逻辑结构中并不构成根本性的问题,在马克思的革命历史逻辑中,随着民主的充分实现,人的自由和解放得以完成,可以说,民主形式并不影响这一革命目标的完成。

"天然的亲和性"表现在,无产阶级政治组织一定是以民主的形式展开革命活动的。如果不是以民主的形式展开活动,即少数人战胜多数人,那么它一定不构成无产阶级的政治组织。同时,在坚持无产阶级政治革命诉求时,无产阶级也会自然而然通过普遍平等和一般民主的形式来活动,这一点在马克思的叙述中是不证自明的。因此,通过马克思在对待反对派问题上的态度,可以得出:第一,反对派并不适用于组织形式民主化,并且反对派必然导致非民主的组织活动方式;第二,无产阶级政治组织必然采取民主的方式展开革命活动,二者之间存在逻辑的递进关系,是自然而然的结果,至少马克思认为这是不需要作出进一步说明的。

(一)同盟如何对待反对派

如何对待政治反对派也是无产阶级政治组织形式的重要组成,在1847年的《章程》中,反对派被定义为"反盟罪行"。反盟罪行主要是指,"凡不遵守盟员条件者(见第二条),视情节轻重或暂令离盟或开除出盟"[①]。其中,"不遵守盟员条件"主要针对的是组织原则和组织前提,即无产阶级政治革命目标的规定,在这一点上,才可以称之为反盟罪行。因为马克思在盟员平等和组织形式民主上有一个原则性的限制条件,即允许权威的存在——革命的历史逻辑,无产阶级政治组织及其运转也需要在这个原则下进行,这也是马克思有关组织原则中权威与民主关系的基本规定。除此之外,对于犯有反盟罪行的盟员,"为了盟的利益必须对被暂令离盟者,被开除盟籍者和可疑者加以监视,使他们不能为害。有关这些人的阴谋活动必须立即通知有关各部"[②]。可见,对于反对派,不仅有开除出盟的处罚,还有后续的监视和强制措施,当然前提是可能会对同盟造成伤害。在这可以明显看到同盟在组织形式上的非民主因素,并且这种非民主方式可以非常容易地被引向暴力手段。

而马克思在这一问题上也是持认同态度的,因为1850年的《章程》基本上肯定了1847年《章程》中关于"开除出盟"和"监督可疑分子"的措施。

---

①② 《马克思恩格斯全集》(第4卷),人民出版社,1958年,第576页。

因此,无产阶级政治组织形式在对待反对派问题上允许强制措施的存在,不过这与前述在无产阶级革命目标上的权威和服从是一致的。当盟员违背革命的历史逻辑,那么其也就违背了组织原则,民主和平等的形式就不适用于非同盟成员,采取强制措施和监督可疑分子就是自然而然的结果。

正如以组织原则作为判断反对派的依据,吸纳盟员也是以组织原则为前提条件的,当然其中也包括被开除出盟的前盟员被重新吸纳进同盟。1847 年的《章程》就规定了,"被暂令离盟的盟员重新入盟问题,须中央委员会根据区部的提议处理"①。不过这一点在 1850 年的《章程》中并没有得到明确表述,因此马克思在这一问题上是持模糊态度的,虽然其可能更倾向于通过组织原则作为盟员的判断依据。例如在 1850 年马克思与沙佩尔的意见分歧中,马克思不认同"沙佩尔提出的关于在科伦建立全德区域委员会的建议",并且这种分歧已经转变为"中央委员会的少数派都公开起来反对多数派"。"除了私人的矛盾之外,甚至在协会里也出现了原则性的矛盾","即'德国无产阶级在未来革命中的立场'问题的辩论"②。那么马克思如何处理这一带有原则性的冲突,无产阶级的政治组织又如何对待这一问题? 马克思虽然反对沙佩尔的建议,但是"因为我不想破坏中央权力的统一",并且"既然现在出现了一系列新的情况,所以在我们的建议中这一点就不提了"。③ 但面对"少数派反对多数派","因为党的利益高于一切",马克思提出了"修改盟章"和"在伦敦组织两个区部"的建议。④ 之所以如此,根本在于马克思认为"这样可能会引起无益的争吵,这些人就其信仰来说还是共产主义者,虽然他们目前所发表的观点是反共产主义的",虽然"多数派有机会解散伦敦区部并把少数派作为不同意同盟原则的人开除出去",但是"我不想提这样的意见"。⑤ 因此,马克思在组织形式的原则问题上,态度是明确的,并以此作为对待反对派的根本态度,但是面对具体情势,马克思也会作出适应性调整,可是这以不伤害组织原则为前提。无产阶级政治组织形式在前提上遵循权威与民主一致的逻辑,在具体运转过

---

① 《马克思恩格斯全集》(第 4 卷),人民出版社,1958 年,第 576 页。
② 《马克思恩格斯全集》(第 7 卷),人民出版社,1959 年,第 616、617 页。
③ 同上,第 616 页。
④ 同上,第 617 页。
⑤ 同上,第 618 页。

程中,更多以民主形式作为依托,但是会根据革命情势和组织成熟度的需要结合进非民主要素。对于政治反对派,需要区分清楚其属于原则问题还是过程问题。

在过程问题上,政治反对派就需要替换为"盟员之间的争执"。在1850年的《章程》中可以清晰反映马克思在对待同盟内部意见分歧上的明确态度——即民主的解决方式。例如:

> 同一支部的个别盟员之间的争执由支部最后解决;同一区部内的个别盟员之间的争执由各区的总支部最后解决;不同区部的个别盟员之间的争执由中央委员会最后解决;对中央委员会的个人性质的控诉应转交代表大会。同一区部内的支部之间的争执由区的总支部解决;支部和它的区部之间的争执或区部之间的争执由中央委员会解决;同时,在第一种情况下,可以诉诸区域代表会议解决;在第二种情况下,可以诉诸代表大会解决。代表大会还应当解决中央委员会和同盟下级委员会之间的一切意见冲突。①

从这一规定可以看出,同盟的内部分歧,即非原则性争执,主要分为三个层面:一是个人层面,二是组织层面,三是上下级之间。在个人层面,只有超出区部范围的争执才可以诉诸于中央委员会。在组织层面,支部之间、区部与支部之间的分歧,不仅可以诉诸于上一级委员会,更重要的是可以通过区域代表会议和代表大会解决,这体现了充分的民主要素。而在中央委员会与区部之间的分歧中,也是通过代表大会去化解。可见,马克思在同盟内部分歧化解问题上持完全的民主态度。由此可见,民主是无产阶级政治组织的基本形式以及其运转过程中的主要依据。虽然在组织的原则上,马克思坚持对革命历史逻辑的服从,在组织运转过程中,非民主要素因为革命情势和组织成熟度的需要而被结合进民主机制之中,但是这一切并不影响马克思在组织形式问题上的民主态度。正如在政治革命路径选择上的"模糊"态度,马克思在无产阶级政治组织形式上也存在类似的"模糊"态

---

① 《马克思恩格斯全集》(第7卷),人民出版社,1959年,第628~629页。

度。这一"模糊"态度既可以将其引向民主的方向,也可以将其引向非民主——即暴力——的方向,而这一关系在马克思的理论体系中并不是作为不可调和的冲突而存在的,其需要置于一定的原则下作更为详细的辨别。

(二)协会如何对待反对派

无产阶级政治组织的原则与组织运行过程中的具体方式之间存在着直接的相关性,马克思在共产主义者同盟中已经坚持组织形式的民主化建立在组织原则基础上,即无产阶级政治革命的要求。在这一点上,马克思反对任何借用民主的方式否定政治革命的目标。在国际工人协会中,这一关系得到延续。在日内瓦代表大会之前,马克思在《临时中央委员会就若干问题给代表的指示》中就明确要求,"国际工人协会的目的在于把工人阶级的自发运动联合起来,把它纳入共同的轨道,但是绝不指使或强迫它接受任何空论社会主义的制度。因此代表大会不应该宣布任何特殊的合作制度"。这种合作制度的根本问题在于违背了无产阶级政治革命的要求,其是"改造以阶级对抗为基础的现代社会的各种力量之一","合作制度限于单个的雇佣劳动奴隶通过自己的努力所能创造的狭小形式,决不能改造资本主义社会"。① 因此,在国际工人协会及其代表大会中,不应该允许以民主的方式通过任何否定组织原则——即无产阶级政治革命——的任何观念和要求。

在 1867 年洛桑代表大会中,马克思在《国际工人协会总委员会向1867 年洛桑代表大会的报告》中重申了这一要求,资本和劳动之间的斗争表明,"社会只是由两个相互敌对的阶级即压迫者和被压迫者构成的,只有全世界工人的团结才能使我们走向彻底的解放。工人的彻底解放也正是国际工人协会所竭力追求的目标"②。可见,协会的组织原则与其具体运行方式有机结合在一起,不能以其中的一点否定另一点。

在 1868 年布鲁塞尔代表大会期间,面对斗争过程中的不同意见,即违背组织原则的观点。马克思在《国际工人协会总委员会第四年度报告》中

---

① 《马克思恩格斯全集》(第16卷),人民出版社,1964年,第218~219页。
② 同上,第634页。

明确指出:"国际工人协会并不是某一个宗派或某一理论的人为的产物。它是无产阶级运动自然而然发展的结果,而无产阶级运动又是由现代社会自然的和不可抗拒的趋势所产生的。……它既不允许别人恫吓自己,也不容许离开正确的道路。"①马克思在《年度报告》中的这一态度,主要针对协会内部的蒲鲁东主义者,而对法国和比利时蒲鲁东主义者的斗争,涉及组织原则的问题,故其不允许毫无原则的民主解决方式,经过这一斗争,蒲鲁东主义者已经转到集体主义的立场。② 在1869年巴塞尔代表大会时期,马克思围绕组织原则问题展开了同样的斗争。马克思在《总委员会关于继承权的报告》中就指出了革命的起点问题,"承认废除继承权是社会革命的起点,只能意味着引诱工人阶级离开那实行攻击现代社会真正应持的阵地","这在理论上是错误的,在实践上是反动的"。③ 这一斗争是马克思对巴枯宁无政府主义的反对,在国际工人协会中,它涉及的是革命原则的问题,而不是民主运行的问题。另外,如在看待欧洲大陆工人罢工问题上,马克思也始终坚持政治革命的原则。面对"关于这些罢工,有人说不是工人的贫困引起的,也不是资本家的横暴引起的,而是我们协会的阴谋诡计引起的"指责,马克思提出了自己的辩护,巴塞尔工人的经济斗争的爆发标志着瑞士社会历史的一个时代,"再没有什么东西能比这个运动的起点更具代表性了"。④

在1871年伦敦代表大会期间,马克思在反对派问题上进一步重申了政治革命的原则。在对待巴枯宁和其创立的社会主义民主同盟问题上,马克思持坚决反对的态度。在《国际工人协会总委员会致社会主义民主同盟中央局》中,马克思认为社会主义民主同盟违背了"允许每个支部在不违背协会的总方向的情况下自由制定它的理论纲领"的前提要求,并提出,"如果解散同盟以及同盟支部加入国际工人协会的问题最后决定了,那么,根据我们的条例,必须把每一个新支部的所在地及其人数通知委员会"⑤。这里,马克思已经提出了解散社会主义民主同盟的假设。但是到了1871

① 《马克思恩格斯全集》(第16卷),人民出版社,1964年,第365页。
② 同上,注释229,第757页。
③ 同上,第415页。
④ 同上,第417~418页。
⑤ 同上,第394页。

年伦敦代表大会期间，"这些条件始终未得到履行；事实上同盟始终未解散，而是一直保留着特殊的组织"①。因此，马克思在反对派问题上其实持有非常矛盾的态度。按照组织原则，任何反对派在违背无产阶级政治革命原则的条件下，协会应该予以开除出协会。当然，这一过程是按照协会的民主方式进行的，并且也是必然会发生的。另一方面，事实却是，按照民主方式并没有解决社会主义民主同盟作为反对派的问题。马克思尝试着以组织原则压倒民主过程的方式来解决社会主义民主同盟的问题，这里反映了马克思在无产阶级政治组织原则问题上的非民主态度。至少，民主在这一问题上是不适用的，虽然在组织运行过程中，民主得到了不遗余力地遵循。正因为如此，才有了1871年《共同章程和组织条例》中对于政治原则的重申。

到了1872年海牙代表大会期间，马克思已经在维护组织原则的问题上考虑对于协会组织形式的修改。在《社会主义民主同盟和国际工人协会》中，马克思对各种反对派提出了激烈的批评，其认为：

> 国际的创立者和新旧大陆各个工人组织的代表，在历次国际代表大会上批准了协会的共同章程，他们没有注意到，国际纲领的广泛本身有可能让游民钻进来，并且在它们内部建立不是要竭力反对资产阶级和各国现存政府，而是要竭力反对国际本身的秘密组织②。

这一系列的反对派以"自治和自由联合"攻击国际工人协会的威望，攻击总委员会的威望，因此，解决反对派问题，维护无产阶级政治组织的革命原则。"我们不能采取别的态度，只能把他们看做是叛徒或傻瓜，因为失去这些职能国际就将变成一个无形的、涣散的，用同盟的语言来说就是'无定形的'东西。"③可见，马克思在对待组织原则问题上，开始出现否定基于原则基础上的民主形式。在《卡·马克思关于总委员会的权力的发言记录》中，马克思围绕总委员会在对待反对派问题上提出："总委员会现在就有可

---

① 《马克思恩格斯全集》(第17卷)，人民出版社，1963年，第443页。
② 《马克思恩格斯全集》(第18卷)，人民出版社，1964年，第369页。
③ 同上，第484、486页。

能用一个接一个地暂时开出支部的方法来暂时整合整个联合会……只有在非常情况下才使用这种暂时开除的权力。"当然,强化总委员会的权力并不一定带来负面结果——即损害协会的民主活动方式,因为"只要总委员会不再是国际工人协会的多数人的代表者,那么即使我们承认总委员会有黑人曾长或者俄国沙皇的权力,这种权力反正也会是虚幻的",总委员会"只是一种精神力量,如果得不到全协会的赞同,它将是软弱无力的"。①从马克思的陈述可以看出,对待反对派——即违背组织原则的成员,民主的活动方式是受到限制的。并且即使民主在组织原则问题上是失效的,也不用担心总委员会权力过大对于民主的伤害,因为只要总委员会是大多数人的代表。那么其必然会以民主的方式运行。这一逻辑看似充满矛盾,但是它反映了马克思在无产阶级政治组织原则问题上的一致性和非民主化,而且基于组织原则的无产阶级政治组织活动,必然会产生民主的大多数。这其实类似于共产主义者同盟时期"少数派都公开起来反对多数派"问题的出现。如果出现这一现象,那么在组织原则失效情况下,民主方式自然也失去其意义。基于无产阶级政治革命原则的组织形式必然是民主化的,否定了革命前提,民主其实也已经消失,变成了少数派反对多数派。

对于1873年日内瓦代表大会,马克思已经选择拒绝参加。一方面,是面对政治形势变化导致的"工人无法选派真正的国际代表"②;另一方面,也是更为重要的,在对待反对派问题上,国际工人协会的组织原则已经受到侵蚀,民主形式也就失去意义并不复存在。可以说,马克思拒绝参加1873年日内瓦代表大会表明了马克思在反对派问题上的坚决态度,即非民主的态度。但是在马克思的理论中,在这一态度上即使是民主的,也不存在民主形式。故而也并不是非民主的。

(三)协会之后在反对派问题上的态度

国际工人协会解体之后,无产阶级的政治组织主要有1889年国际社会主义工人代表大会成立的"社会主义国际"。这一时期,恩格斯延续了

---

① 《马克思恩格斯全集》(第18卷),人民出版社,1964年,第729页。

② 同上,第742页。

之前马克思在无产阶级政治组织形式问题上的态度：一是组织原则问题，二是组织形式的民主化问题。因为 1889 年在巴黎有两个代表大会，一个是"根据 1888 年 10 月至 11 月法国工会波尔多代表大会通过、法国社会主义者特鲁瓦代表大会在圣诞节批准的决定召开的"，另外一个是"根据工会伦敦国际代表大会迟几个星期做出的决定召开的，而且委托可能派组织的代表大会"。① 这两个代表大会刚好在有关无产阶级政治组织形式问题上成尖锐对立，反映了马克思逝世之后恩格斯在这一问题上延续了之前的态度。例如在组织原则问题上，恩格斯对可能派的态度是，"可能派现在实际上是一个政府党——内阁社会主义者，并且享有这个地位的一切好处"，"如果今年在巴黎举行两个代表大会的话，其中一个不但会得到警方的保卫，而且会得到赞助。它将得到政府、省当局和巴黎市政委员会的赏识。它将受到祝贺和百般的巴结。它将得到官方的外宾在资产阶级共和国里所享有的一切优待和特权"。② 可见，可能派的代表大会完全否定了马克思关于无产阶级政治革命的目标要求，也就摒弃了无产阶级政治组织的前提和原则，那么其既不是无产阶级政治组织，更不会有无产阶级政治组织的民主形式。

在马克思的理论中，无产阶级政治革命目标下的政治组织形式与组织形式的民主化存在等同逻辑，而可能派代表大会否定了这一前提，那么非民主形式也就成为自然而然的结果。因此，在可能派代表大会自诩受委托于伦敦国际代表大会上，"议会委员会为代表大会准备了一大堆规章和指令，指望利用它们来堵住社会主义者的嘴，并使他们俯首听命。代表资格的审查、议事日程、表决方式——实际上整个议事规程都是由希普顿派事先拟定好，并以立即驱逐作为威胁而强加给代表大会的参加者"③。因此，这里就谈不上组织形式的民主化问题，因为它作为原则的缺失是自然而然的结果。当然，恩格斯在这一问题上是持批评的态度，"伦敦代表大会并不比一个受雇为资本家工作的工人更自由，也不比一个从敲骨吸髓的大地主那里租种三四英亩土地、面临要么接受他的条件，要么饿死的抉择的爱尔

---

① 《马克思恩格斯全集》（第 21 卷），人民出版社，1965 年，第 610 页。
② 同上，第 585 页。
③ 同上，第 599～600 页。

兰农民更自由"。当然,批评的最终指向还是要回到组织原则问题上来,"在这种情况下举行的代表大会将载入工人运动史册这已经是够可耻的了;可是还要在这样的或类似的条件下召开一个代表大会——这是绝不容许的"。可见,恩格斯明白问题的本质所在。① 其实,组织形式民主化的核心在于组织原则的必要性,这在《告欧美工人和社会主义者书》中已经得到重申,"代表大会在审查代表资格证和确定议程方面将是有主权的"②。主权的来源在于无产阶级政治革命的要求,即革命的历史逻辑,只有在此基础上,组织形式的民主化才有可能,也必然是可能的。

(四)公社如何对待反对派

反对派的存在在马克思的理论中,意味着在放弃政治革命原则的基础上,无产阶级政治组织形式民主化也会失去相应的适用性和有效性。因为无产阶级政治革命与无产阶级政治组织形式民主化是逻辑递进的关系,二者不可分割。巴黎公社时期,反对派主要表现为放弃政治斗争,同时,组织形式民主化也成为少数人的私有物,这不仅表现在巴黎公社时期法国的无产阶级政治斗争中,也普遍存在于国际工人协会及相关国家的斗争活动中。例如在英国,马克思提出了对于工联的批评。马克思认为:"工联是少数工人贵族的组织","工联本身是没有力量的——它始终是少数。它们不能领导无产者群众,可是国际却对这些人发生直接的影响;国际不需要组织工联来吸引工人;国际主义的思想一下子就把他们吸引住了。这是唯一能取得工人完全信任的团体"。③ 工联之所以表现为非民主形式,根本还是在于"对英国最大规模的革命运动采取了旁观态度","工联的章程里有一条是禁止干预政治的;工联只是在国际的影响下才采取了政治行动"。④因此,反对派由于抛弃了政治革命的前提,那么组织形式的民主化也就必然失效,这就表现为"少数人"的非民主形式。

这一放弃政治的行动同样出现在德国、法国等国家,如在德国,"施韦

---

① 《马克思恩格斯全集》(第21卷),人民出版社,1965年,第600页。
② 同上,第589页。
③④ 《马克思恩格斯全集》(第17卷),人民出版社,1963年,第694页。

泽和其他从俾斯麦那里领取薪俸的人士,都企图使支部的活动适合于政府的政策";在法国,不管是波拿巴和阴谋家在 3 月 18 日成立了专制独裁委员会,还是法夫尔、皮卡尔等在 9 月 4 日取得政权,都是基于对组织原则的废弃。① 基于此,无产阶级政治组织形式的民主化也就失去效用。

对于法国的巴黎公社,其面对的反对派主要是孔德派。马克思认为,法国工人已经超越了社会主义宗派的阶段——即孔德派。并且工人们知道,"孔德在政治方面是帝国制度(个人独裁)的代言人;在政治经济学方面是资本家统治的代言人;在人类活动的范围内,甚至在科学范围内是等级制度的代言人;他是一部新的教义回答的作者,这部新的教义回答用新的教皇和新的圣徒代替了旧教皇和旧圣徒"②。可见,作为反对派的孔德派,抛弃了无产阶级政治革命的原则,这不仅否定了组织形式的民主化,而且还用新的束缚代替旧的束缚并加在无产阶级之上,本质上属于无产阶级政治革命的对象之一。从马克思将孔德派定义为社会主义宗派就可以看出,它已经被排除在组织形式民主化适用范围之外。其中的逻辑关系在之前已经有过较为详细的叙述,在此不再赘述。这里只需要再提及一点,在马克思的理论中,"主张不谈政治的人"被定义为"宗派主义者"。③ 放弃政治斗争意味着放弃无产阶级政治革命与组织形式民主化的逻辑共存,这是马克思规定无产阶级政治组织形式的前提预设,从共产主义者同盟到国际工人协会,再到无产阶级政治统治的直接例证——巴黎公社,这一组织原则与组织形式之间的逻辑关系都没有发生改变。

四、民主在未来社会组织中的转向:假设与推论

马克思很少会为未来社会提供具体的方案,因为正如同无产阶级政治革命以及随之而来的社会革命。它并不是理论家头脑中"臆造"的产物,而是正在崩溃的旧有社会结构——即资产阶级社会——中孕育的新的社

---

① 《马克思恩格斯全集》(第 17 卷),人民出版社,1963 年,第 696 页。
② 同上,第 602 页。
③ 同上,编者注,第 699 页。

会因素,是历史发展自然而然的结果。这其实就是革命的历史逻辑,它构成了无产阶级政治革命合法性和正当性的根基所在,也是革命作为马克思整个理论叙述关键词的原因所在。正是基于这一历史逻辑,无产阶级承担着相应的历史使命和历史责任,其需要通过阶级斗争的形式确立无产阶级政治统治(即专政),作为过渡阶段,并通过专政和阶级斗争,最终消灭一切阶级。因为民主在马克思的理论体系中一般都指涉政治民主,不管是作为无产阶级革命路径选择还是作为无产阶级政治组织形式,它都属于政治的范畴。因此,随着政治革命向社会革命的转变并最终确立共产主义,政治阶级的消亡也就意味着政治民主的结束。这一推论基本是成立的。因为马克思在关于未来社会的描绘中,很少用到“民主”这一概念,而更多选择使用“自由”这一整体性的概念。如马克思在描述共产主义社会时指出:“只有在集体中,个人才能获得全面发展其才能的手段,也就是说,只有在集体中才可能有个人自由”,“在真实的集体的条件下,各个个人在自己的联合中并通过这种联合获得自由”。① 另如在《共产党宣言》中,马克思所指出的未来社会是“一个以各个人自由发展为一切人自由发展的条件的联合体”②。可见,自由概念成为描绘未来社会状态的总体性概念。

其实,类似的观点在其他学者那里也有相关表述。例如,雅克·泰克西埃认为:“共产主义是全面化的自治,因而不是民主的消亡,而是民主的充分发展。”③泰克西埃主要批评了列宁有关国家消亡和民主消亡的观点,继而认为民主并不是消亡了,而是在未来社会即共产主义条件下得到了更加充分的发展。因为列宁曾在《国家与革命》中指出:“只有那些没有想到民主也是国家、在国家消失时民主也会消失的人,才会觉得这是‘不可理解’的。资产阶级的国家只有革命才能‘消灭’。国家,指最完全的民主,只能‘自行消亡’”④;“资本主义社会里的民主是一种残缺不全的、贫乏的和虚伪的民主,是只供富人、只供少数人享受的民主。无产阶级专政,即向共产主义过渡的时期,将第一次提供人民享受的、大多数人享受的民主,同

---

① 《马克思恩格斯全集》(第3卷),人民出版社,1956年,第84页。
② 《马克思恩格斯全集》(第4卷),人民出版社,1958年,第491页。
③ [法]雅克·泰克西埃:《马克思恩格斯论革命与民主》,姜志辉译,社会科学文献出版社,2012年,第236页。
④ 《列宁选集》(第3卷),人民出版社,1960年,第185页。

时对少数人即剥削者实行必要的镇压。只有共产主义才能提供真正完全的民主，而民主愈完全，它也就愈迅速地成为不需要的东西，愈迅速地自行消亡"①。

比较泰克西埃和列宁有关马克思民主在未来社会的表述，可以发现，二者在根本上并不冲突。首先，泰克西埃对于列宁民主消亡的批评主要基于列宁否定了民主在未来社会存在的可能性。其实，列宁这里所指的民主更多是政治意义上的民主，而政治民主一直以来也是马克思民主概念的属性所在。伴随着政治阶级的消亡，不管是无产阶级革命路径选择，抑或无产阶级政治组织形式，政治民主都相应地失去作用，也即消亡，这是毋庸置疑的。其次，列宁没有为未来社会民主的转向提供清晰的描述，这让泰克西埃误以为列宁彻底否定民主在未来社会存在的可能性。泰克西埃认为，未来的共产主义是民主的充分发展，即"生产者自治"。

> 人对人的统治应该由人的自治，也就是全面化的民主来替代。生产过程的领导也是参与生产的人的活动的领导。领导者和被领导者的关系已经完全不同于统治者和被统治者的关系，但在那里，目的也只是作为调解原则的人自己对自己的自行领导。在证实之后，我们能接受集体合作活动的思想，在那里，领导者和被领导者的关系没有被取消，领导人是根据他们在一个自治小组中的能力被选举出来的……

正如"在氏族组织中，存在着首领，他们拥有权威，但不拥有在国家意义上的强制权力"②。可见，泰克西埃所理解的未来社会的民主不过是马克思的"自由人联合体"的思想，即政治民主消亡之后民主融合进自由之中。

因此，总结泰克西埃和列宁有关未来社会民主的论述，可以得出民主在未来社会发展两个方面的规定。一方面，马克思的民主概念主要指涉政治民主，政治民主在马克思的理论体系中要么作为无产阶级革命路径选择，要么作为无产阶级政治组织形式。随着政治阶级的消亡，具有政治属

① 《列宁选集》（第3卷），人民出版社，1960年，第248页。
② ［法］雅克·泰克西埃：《马克思恩格斯论革命与民主》，姜志辉译，社会科学文献出版社，2012年，第237页。

性的民主概念的消亡也是自然而然的结果。另一方面,民主在马克思理论体系中所表达的基于唯物史观和革命实践的人的平等和自由内涵并没有消失,其在未来社会即共产主义条件下得到了最充分的发展,即泰克西埃的"生产者自治",抑或马克思的"自由人联合体",或者笔者所认为的"民主融入自由之中"。

基于此,对于马克思民主在未来社会组织中的转向,可以围绕两个问题展开:第一,随着政治阶级的消亡,在未来社会中,民主是不是完全、彻底地消失了;第二,如果民主并没有消失,那么,在未来的自由概念中,其又是处于什么样的地位与角色。笔者认为,马克思所有关于民主(即政治民主)的叙述确实随着政治阶级的消亡而在未来社会中不复存在。但是马克思描绘的民主分为两个层面:一是作为无产阶级革命路径选择,即革命手段和革命策略;二是作为无产阶级政治组织形式,即通过普遍选举和一般平等的方式组织起来并展开政治活动。因此,民主在组织形式层面所表达的平等、自由思想其实与未来社会中自由人联合体的自由状态是相符合的。在自由人联合体中,个体无疑处于自由且平等的状态,并且这种平等是不受任何外界人为或非人为因素的束缚,尤其是经济关系的束缚。可见,自由表达的是一种人的平等关系,是区别于资本主义社会中自由掩盖下的不平等。

那么民主所表达的无产阶级成员之间的平等关系和共同参与,在阶级政治消亡的背景下,就转变为所有社会成员之间的平等参与——即自由状态。因此,笔者得出结论:民主在未来社会——即阶级政治消亡之后——是被吸纳进自由之中的,民主概念的内涵并没有彻底消失(当然,作为政治民主的概念已然消失),而是处于自由概念的整体框架之中,作为自由的另一种表达。或者说,自由是去除了政治属性的、彻底实现了的民主的另一种表达。

正因为如此,笔者认为,民主在未来社会并没有消失,而是彻底转换了自身的角色与功能,从之前在革命框架之中作为革命路径选择与革命组织形式,转变为阶级政治消亡之后人与人之间的平等关系,即自由状态。马克思之所以用自由概念来描述未来社会,主要在于民主和平等带有更多的政治属性。由于民主在未来社会被纳入到自由这一整体性概念之中,如同之前被纳入革命分析框架之中。因而民主可以在未来社会的不同层面表达这种平等关系,如经济关系层面、价值观念层面、社会制度层面,等等。换言之,民主并没有消失,民主作为一种价值、制度、关系等仍然存在于阶级政治之后的未来社会之中。

五、小结

除了马克思在无产阶级政治革命路径选择上的民主方式之外,马克思民主思想的另一个重要组成就是关于无产阶级政治组织形式民主化的问题。在研究马克思民主思想的过程中,经常涉及的都是暴力、专政与民主的简单对立,而没有充分考察马克思如何看待无产阶级政治组织形式及其运转过程。虽然在整个 19 世纪,无产阶级政治统治都没有实际的例证,即使有,也只是局限于巴黎公社这一并非完全意义上的无产阶级政治统治实践。但是通过考察无产阶级政治组织的其他实践,尤其是一系列间接的实践,如共产主义者同盟、国际工人协会等,可以间接发现马克思在无产阶级政治组织形式问题上的态度。同时,结合巴黎公社的革命实践,基本可以总结出马克思在这一问题上的看法。通过比较分析共产主义者同盟、国际工人协会以及巴黎公社可以得出,马克思在组织形式问题上持有民主态度,即无产阶级政治统治一定是基于平等和民主的方式展开政治活动的,而绝不是通过"少数人"集团或阴谋的方式来实践的,并且马克思坚决反对这种"少数人"取向在无产阶级政治革命活动中的负面作用。不过,马克思对于无产阶级政治组织形式民主化的肯定态度是与对组织原则和组织前提——无产阶级政治革命——的承认紧密联系在一起的。马克思认为,这二者之间存在逻辑的递进关系,笔者将之称为"天然的亲和性",否定其中任何一个方面都会造成这一逻辑关系的瓦解。当废弃革命原则时,组织形式的民主化也就不复存在了,少数取代多数成为自然而然的结果。当坚持政治革命时,无产阶级政治组织必须通过民主的方式组织起来并展开活动,而不存在任何其他的方式,尤其是专制和集中的形式,否则其只会转向无产阶级政治革命的反面。即使存在非民主要素,根本上也是受制于民主要素,并且非民主要素更多是基于革命形势和组织成熟度的结果,与组织形式本身的民主运行并不冲突,二者可以有机结合并构成组织形式的全部内容。

理解马克思的民主思想,既要充分辨析在无产阶级政治革命路径选择问题上民主与暴力的适用性及取舍问题。同时也要充分考察 19 世纪既有无产阶级政治组织形式及其运转方式,两个层面、不同角度的结合共同构成了完整的马克思民主思想内涵。当然,民主不仅存在于阶级政治时代,在马克思历史逻辑中的未来社会,民主也并没有完全消失;相反,其转换自身的角色与功能,被纳入自由这一整体性概念中。在未来社会,民主融入自由之中,正如民主在阶级社会被纳入到革命之中一样。或许,加上民主在马克思未来社会中的体现,这才真正地构成完整的马克思民主思想内涵。

第五章　马克思民主思想的演进及反思

民主在马克思的理论体系中无疑占有着不可或缺的地位,马克思通过革命这一框架性概念赋予民主以丰富的革命内涵。一方面,民主作为无产阶级政治革命路径选择之一,与暴力处于同等的考量地位;另一方面,对于无产阶级政治组织形式及其运转方式而言,民主始终是其主要构成。笔者认为,革命作为马克思理论体系及其时代的关键词,民主在其中所表达的也是一种革命的内涵,对于政治革命而言,民主可以作为革命的手段和策略,对于无产阶级政治统治而言,民主形式与内容的统一即革命的结果和表达。不过,随着革命形势的转换,除了马克思自身在民主问题上模糊、甚至相反的态度之外,马克思之后对于民主思想的理解出现了较大的差异。

弗伦茨·费赫尔指出:"马克思之后有两种不同的政治选择——社会民主主义和共产主义——任何一方都从马克思丰富的哲学中作出武断的选择,并且,很长时间以来,它们都宣称自己作为马克思的正统。"[1]可以说,费赫尔的判断是中允的,不管是社会民主主义(即伯恩施坦等)还是共产主义(即列宁等),其对于马克思理论的诠释都跳出了马克思自身的逻辑结构和历史语境。当然,革命形势的转换使得这种解释成为可能,但是逻辑结构的变迁则意味着革命这一框架性概念及相应的民主内涵都发生了改变。正是在此基础上,马克思的民主思想在不同的解释者那里呈现不同、甚至相反的认知。

一直以来,对于列宁与伯恩施坦的比较都是从修正主义的角度展开的,将列宁作为马克思的正统(Orthodoxy)。与之相对,伯恩施坦则作为对

---

① Ferenc Fehér, "Marxism as Politics: An Obituary", *Problems of Communism*, January – April, 1992, pp. 11 – 17.

马克思的修正,即反叛。以民主为例,列宁的民主集中制获得了普遍意义,相反,伯恩施坦的民主社会主义则是完全忽视阶级斗争的错误理论。不过,比较马克思与列宁、伯恩斯坦对于民主的理解,可以发现,马克思的民主思想有其逻辑结构和历史语境,随着时代变迁,马克思民主思想演化路径发生变化成为可能,其变化也一定是在全新的逻辑结构中完成的,这即是伯恩施坦与列宁赋予民主以不同内涵的原因所在。

因此,马克思之后民主思想的演进主要呈现为两条路径——列宁和伯恩施坦——这两条路径都是对于马克思理论体系的重新诠释,这种新的理解共同方面在于革命形势的改变,不同方面则在于对革命新形势判断的差异以及相应逻辑结构的区分,民主在特定的逻辑结构中获得了完全不同的意义。可见,单纯从正统与修正的角度来理解马克思之后的民主演化,这显得有些不足,其需要明确这种变化和差异何以产生,并将其置于同等的地位,只有这样才能较为真实地分析马克思之后的民主演进。

反观马克思之后的民主演进,对其的批评和指责较多,围绕这一问题的争论也较为激烈,并且很多时候,这种争论与差异都要追溯到马克思理论体系的正统性(Orthodoxy)。一方面,时代主题的转换以及不同分析路径所造成的差异因人而异,这很难归责于正统或修正这一简单化结论。另一方面,马克思自身的理论体系也是存在诸多模糊、甚至矛盾之处,这也为之后的不同理解提供了充分的材料。可以说,马克思的理论体系,包括民主思想,有其时代性和结构性。

在结构性方面,马克思的民主思想存在两个方面的问题:一是关于民主形式的模糊态度以及叙述的不充分,马克思一味强调民主内容,忽视了形式不足对于内容所造成的潜在威胁;二是其他概念如暴力、专政、阶级斗争等对于民主的侵蚀,虽然马克思将所有这些概念纳入革命的分析框架之中,并认为相互之间可以实现共存,从而服务于革命这一大的主题。同时,这也是适应形势变化而作出灵活的、适应性选择的要求,但是这类与民主在一定意义上相冲突的政治概念暗含着否定民主的倾向,尽管马克思并没有这样做。

在时代性方面,马克思的民主思想存在三个方面的挑战:一是历史逻辑问题,马克思所描述的革命主题以及历史在这一主题下的运动发展过程,即唯物史观所完成的并要求在政治、社会中继续完成的无产阶级革命。随着革命形势的改变,主题也发生转换。因此,革命这一框架性概念及其中的民主自然也面临挑战。二是革命动力及物质载体问题,这里的主要问题即在于无产阶级与资产阶级的二元对立作为历史运动的直接动力。虽然在马克思的分析中涉及到多个历史发展阶级,但是根本上还是要回到无产阶级与资产阶级这一简单的对立中去。因此,随着社会日益的多元化和不断分化,这种二元对立就自然受到质疑和挑战,并且在革命根源上,随着社会多样性的增多以及各类社会因素的凸显,即使不是以经济因素作为单一决定力量,即使是以平行四边形的合力表达历史运动,这都显得不足。三是资本主义社会对于民主的吸纳,这种吸纳不仅使民主形式更加充分、完善,而且使得民主价值成为资本主义的必要构成,从政治、社会到经济,民主开始流行起来。相反,马克思时代民主所具有的革命内涵被很好地化解,反而成为资本主义发展的积极要素。这样,马克思革命框架中的民主要素与非民主要素都可能出现失灵。

通过对马克思民主思想的反思可以发现,马克思的理论体系作为时代的产物,有其自身的逻辑结构,这一结构适应了时代的主题。但是基于时代主题的转换以及不同的分析结构,自然会导致对马克思理论体系——包括民主思想——理解的差异。并且马克思理论体系自身也存在结构内的问题和结构外的挑战。这种问题和挑战使得马克思的论述经常出现态度模糊、缺乏细节、忽略潜在的冲突和危险,甚至自相矛盾的地方,这就为之后的不同理解路径提供了充分的材料。可以说,不同的民主演进路径都可以提供充分的理由,并且将其描述为正统。但是问题在于,一方面,马克思的理论体系自身面临着问题与挑战,其需要置于当时的历史语境和自身的逻辑结构中加以理解。另一方面,后人的解释因为时代主题的变化、判断的差异以及分析结构的不同,理解的差异是自然而然的结果,只要不作简单化的处理即可。

一、列宁与伯恩施坦:马克思之后民主演进的不同路径

在1848年革命之后,革命形势开始不断趋于消退,这对于马克思的革

命理论体系无疑构成了巨大的挑战。虽然马克思始终坚持革命的历史逻辑并认为无产阶级政治革命必然实现，但是马克思同时也承认了革命形势对于无产阶级政治运动的影响，以及在这一影响下工人运动需要作出相应的改变。在《国际工人协会成立宣言》中，马克思指出，一方面，"工人群众的贫困在 1848 年到 1864 年间没有减轻，这是不容争辩的事实"，"工人阶级的广大群众到处都在日益下降，下降的程度至少同那些站在他们头上的阶级沿着社会阶梯上升的程度一样厉害"。因此，"在现代这种邪恶的基础上，劳动生产力的任何新的发展，都不可避免地要加深社会对比和加强社会对抗"，即无产阶级政治革命的必要性和必然性。另一方面，无产阶级政治运动的低潮也是不得不面对的事实，其造成这种情况的原因是多方面的，如"新的金矿的发现""暂时增加工作和工资的诱惑""维持或革新宪章运动的决定性失败""群众的漠不关心"①等。可见，革命形势的变化对于马克思理论体系的冲击是非常巨大的，这不仅是指暴力革命的问题，同时也是指通过民主的方式展开革命。尽管马克思始终坚持革命的历史逻辑，但是随着 19 世纪晚期革命形势的进一步消退，围绕马克思理论体系的重构就出现了各种不同甚至完全对立的观点。

列宁和伯恩施坦正是处在这一时代主题转换的背景下，对马克思的民主思想作出了完全不同的解释。不过这里需要注意的是，他们的解释不是单纯的截取马克思理论体系的一部分，然后不断丰富、拓展；相反，他们更多是从自己的逻辑结构出发，对马克思的思想体系，包括民主理论，作出了全新的界定，用以应对新的条件下无产阶级革命问题。列宁围绕阶级——阶级对立和暴力革命——重新阐释马克思的民主思想，得出了资产阶级民主与无产阶级民主的对立以及无产阶级通过暴力革命消灭资产阶级国家及其民主的结论。与之相对，伯恩施坦则围绕民主重新解释马克思的理论体系，民主变成第一位的要素，至于暴力革命则因为形势的改变而被完全放弃。并且将革命的目标推向未来，更加注重当下对于无产阶级状况的改变，马克思的诸多概念都在这一逻辑结构面前，要么被抛弃、要么被重新界定。

----

① 《马克思恩格斯全集》（第 16 卷），人民出版社，1964 年，第 5、9、10 页。

（一）列宁：围绕阶级的重构

在对革命形势的判断上，列宁认为，19 世纪末 20 世纪初的资本主义发展进入了帝国主义阶段，"帝国主义是作为一般资本主义基本特性的发展和直接继续而成长起来的。但是，资本主义只有发展到一定的、很高的阶段，才变成了资本帝国主义，这时候，资本主义的某些特性开始变成自己的对立物，从资本主义到更高级的社会经济结构的那个过渡时期的特点，已经全面暴露出来了"，"帝国主义是资本主义的垄断阶段"。其主要形式表现在五个方面：

一、生产和资本的集中发展到这样高的程度，以致造成了在经济活动中起决定作用的垄断组织；二、银行资本和工业资本已经溶合起来，在这个"金融资本"的基础上形成了金融寡头；三、与商品输出不同的资本输出有了特别重要的意义；四、瓜分世界的资本家国际垄断同盟已经形成；五、最大资本主义列强已把世界上的领土分割完毕。①

列宁的整段论述除了直接对资本主义和帝国主义的批评之外，其实根本还是在于对当时革命形势的判断，即革命的可能性问题。根据列宁的判断，当时革命退潮并不意味着革命可能性的消失；相反，随着资本主义进入帝国主义和垄断资本主义阶段，革命的条件更加充分、成熟，这反而为革命创造了必要的条件。例如，列宁所描述的"从资本主义到更高级的社会经济结构的那个过渡时期的特点，已经全面暴露出来了"，这就是意味着无产阶级政治革命的条件在这一时期才完全具备了。

基于此，列宁认为，无产阶级革命是不可避免的，这当然是对 19 世纪 50 年代以来，尤其是马克思、恩格斯逝世之后革命不断退潮的反驳和对革命形势的再认识。这一形势判断对于理解列宁的逻辑结构以及其中的民主思想是非常重要的，列宁正是根据革命的必然发生和正在发生，才得以

① 《列宁选集》（第 2 卷），人民出版社，1960 年，第 807、808 页。

围绕阶级(即阶级斗争和暴力革命)重新诠释马克思的理论体系。

列宁认为:"国家是阶级矛盾不可调和的产物和表现。在阶级矛盾客观上达到不能调和的地方、时候和程度,便产生国家","国家是'实行镇压的特殊力量'","国家是特殊的强力组织,是用来镇压某一个阶级的暴力组织"。① 可见,在列宁的理解中,阶级构成了国家的本质,马克思的国家学说和政权学说,根本也在于阶级斗争。因此,对于资本主义国家而言,其中资产阶级与无产阶级的对立是必然的结果。列宁认为:

> 资产阶级对无产阶级,即一小撮富豪对千百万劳动者"实行镇压的特殊力量",应该由无产阶级对资产阶级"实行镇压的特殊力量"(无产阶级专政)来代替。这就是"消灭作为国家的国家"。这就是以社会名义占有生产资料的"行动"。显然,以无产阶级的"特殊力量"来代替资产阶级的"特殊力量",这样一种更替是决不能靠"自行消亡"来实现的。

并且这种不能靠"自行消亡"意味着必须通过暴力的方式来实现无产阶级对资产阶级的政治革命:

> 既然国家是阶级矛盾不可调和的产物,既然它是驾于社会之上"并日益同社会脱离"的力量,那末很明显,被压迫阶级的解放,不仅非进行暴力革命不可,而且非消灭统治阶级所建立的、体现这种"脱离"的国家政权机构不可。②

在列宁的逻辑结构中,阶级构成了所有问题的本质,即逻辑起点和关键词,当然这一阶级分析之所以成立,根源在于列宁对于革命形势的判断,即垄断资本主义和帝国主义。正是在这一革命认知的基础上,列宁围绕阶级(阶级斗争和暴力革命)重新解释马克思的理论体系。

在肯定了阶级斗争和暴力革命之后,围绕资产阶级民主共和国问题,

---

① 《列宁选集》(第3卷),人民出版社,1960年,第175、185、190页。
② 同上,第185、176~177页。

列宁提出了两种不同性质的民主,这是从阶级角度对资产阶级民主共和国的彻底否定。列宁认为,民主共和国对于资本主义而言,不是阶级统治的弱化(即提供无产阶级政治革命的可能性)。相反,这是资产阶级统治的最好形式:

> "财富"的无限权力在民主共和制下所以更可靠,是因为它不依赖于资本主义的不好的政治外壳。民主共和制是资本主义所能采用的最好的政治外壳,所以资本一掌握(通过帕尔钦斯基、切尔诺夫、策列铁里之流)这个最好的外壳,就能十分巩固十分可靠地确立自己的权力,以致在资产阶级民主共和国中,无论人员、无论机构、无论政党的任何更换,都不会使这个权力动摇……我们赞成民主共和制,因为这是在资本主义制度下对无产阶级最有利的国家形式,但是,我们绝不应该忘记,即使在最民主的资产阶级共和国里,人民仍然是摆脱不了当雇用奴隶的命运。任何国家都是对被压迫阶级"实行镇压的特殊力量"。因此在任何国家都不是自由的,都不是人民的。①

与之相对,列宁提出了无产阶级性质的民主。列宁指出,"从资产阶级的民主转变为无产阶级的民主,从压迫者的民主转变为被压迫阶级的民主,从国家这个对一定阶级实行镇压的'特殊力量'转变为由人民的多数——工人和农民用共同的力量来镇压压迫者",这构成了阶级视角下无产阶级的民主内涵,即无产阶级性质的民主,无产阶级民主是"新型民主的(对无产者和一般穷人是民主的)国家和新型专政的(对资产阶级是专政的)国家"的结合。②

那么无产阶级民主的内容构成是什么? 列宁认为,第一,无产阶级民主建立在政治革命基础上,即无产阶级对资产阶级的暴力革命,建立无产阶级专政,并"实行'剥夺剥夺者'……变生产资料资本主义私有制为公有制"③。

---

① 《列宁选集》(第3卷),人民出版社,1960年,第181、186页。
② 同上,第207、200页。
③ 同上,第208页。

第二,"对一切公职人员毫无例外地实行全面选举制并可以随时撤换,把他们的薪金减低到普通'工人工资'的水平,所有这些简单的和'不言而喻'的民主措施完全可以把工人和大多数农民的利益结合起来,同时也就会成为从资本主义过渡到社会主义的桥梁"①。这意味着普遍选举和随时撤换的民主形式,列宁继承了马克思有关巴黎公社民主形式的论述。

第三,代议制的形式,列宁认为:"代议机构仍然存在,然而作为特殊制度的议会制,作为立法和行政的分工以及议员们享有特权的议会制,在这里是不存在的","如果没有代议机构,那我们就很难想象什么民主,即使是无产阶级民主"。② 这一点其实也反映了列宁在阶级问题上的根本态度——只要阶级属性改变了,那么形式并不构成实质问题。

第四,官吏机构的存在。列宁认为:"一下子彻底消灭各地的官吏机构是谈不到的。这是空想。但是一下子打碎旧的官吏机器,立刻开始建立一个新的机器逐步消灭一切官吏机构,这并不是空想。"不过,"依靠自己的工人的经验,建立由武装工人的国家政权维护的最严格的铁的纪律,将使国家官吏成为不过是执行我们的委托的工作人员,使他们成为负有责任、可以随时撤换的而且是领取普通薪金的'监工和会计'"③。

第五,集中制的问题。列宁区分了两种不同的集中制,当然无产阶级民主包含集中制的内容,即非民主要素。列宁认为:"无产阶级和贫苦农民把国家政权掌握在自己手中,十分自由地组织在公社内,把所有公社的行动统一起来打击资本,粉碎资本家的反抗,把铁路、工厂、土地以及其他私有财产交给整个民族、整个社会,难道这不是集中制吗? 难道这不是最彻底的民主集中制、而且是无产阶级的集中制吗?""伯恩施坦根本没有想到可能有自愿的集中制。……伯恩施坦同其他所有的庸人一样,以为集中制是只能从上面、只能由官吏和军阀强迫实行和维持的东西。""马克思故意使用'组织民族的统一'这种说法,以便提出同资产阶级的即军队的、官吏的集中制相对立的自觉的、民主的、无产阶级的集中制。"④这里,列宁提出

---

① 《列宁选集》(第3卷),人民出版社,1960年,第208页。
② 同上,第211页。
③ 同上,第212、212~213页。
④ 同上,第217、218页。

了无产阶级集中制与资产阶级集中制、自愿的集中制与非自愿的集中制、自下而上的集中制与自上而下的集中制之间的区别。当然,根本在于阶级属性的差异,但在民主问题上,集中成为无产阶级民主的必要组成。

最后,民主消亡的问题。列宁认为:"国家的消灭也就是民主的消灭,国家的消亡也就是民主的消亡","民主就是承认少数服从多数的国家,即一个阶级对另一个阶级、一部分居民对另一部分居民有系统地使用暴力的组织"。因此,随着"发展为共产主义,而到那个时候就没有任何必要对人们使用暴力,没有任何必要使一个人服从另一个人,使一部分居民服从另一部分居民,因为人们将习惯于遵守公共生活的起码条件,而不需要暴力和服从"①。这时,民主自然随着国家、专政、暴力的消亡而消亡。

列宁从阶级角度对无产阶级民主的描述,首先在于承认阶级斗争和暴力革命的必然性。在此基础上,资产阶级民主共和国问题就迎刃而解——其仍然属于阶级的范畴、属于无产阶级政治革命的对象。对于无产阶级民主的具体内容,列宁基本认同马克思有关巴黎公社民主实践的总结,但是列宁按照阶级的分析框架重新加以诠释。例如,"民主就是承认少数服从多数的国家,即一个阶级对另一个阶级、一部分居民对另一部分居民有系统地使用暴力的组织",这对于理解列宁的民主思想至关重要。

在列宁的逻辑结构中,民主与阶级斗争、阶级专政、暴力革命等相通相连,并不存在本质的差异。换言之,民主即专政、专政即民主,民主即暴力、暴力即民主。除此之外,列宁还为马克思的民主思想添加了新的内容,如民主集中制、民主专政等,这很大程度上是对民主实际运行的潜在威胁。尤其当列宁提出了无产阶级先锋队的时候,民主与集中、民主与专政的关系就容易出现失衡。列宁指出:"马克思主义教育工人的党,也就是要教育出一个无产阶级的先锋队,使它能够夺取政权并引导全体人民走向社会主义,规划并组织新制度,成为所有被剥削劳动者在没有资产阶级参加并反对资产阶级而建设自己社会生活的事业中的导师、领导者和领袖。"②这意味着普选制、随时撤换的原则、工人薪资等民主形式必然居于次要地位,相反,专政、集中等原则在无产阶级政治组织中不仅指向资产阶级,同时也内

---

① 《列宁选集》(第3卷),人民出版社,1960年,第241、241~242页。
② 同上,第192页。

含于无产阶级自身。

　　总体而言,列宁对于马克思理论体系的阐释,绝不是单纯地强调阶级斗争和暴力革命这一方面。相反,列宁在认同无产阶级政治革命必然进行和正在进行的基础上,通过阶级这一关键词和框架性概念,整个地重新解释马克思的思想体系。以民主为例,列宁认为,民主的本质在于阶级属性,当阶级属性问题解决了,那么民主的具体形式问题是不重要的、至少是次要的。列宁将专政、集中等与民主存在潜在冲突的政治概念与之并列,其并列的前提即在于阶级属性的一致性。但是在实际运行过程中民主必然受到限制,尤其当列宁提出先锋队、导师、领导者、领袖等,民主很可能因为阶级属性的一致性而流于形式,马克思有关巴黎公社民主实践所提出的无产阶级民主形式如普选制、随时撤换的原则、工人薪资等都会不复存在。当然,列宁围绕阶级重新理解马克思的民主思想,这并不能作价值上正确与否的简单判断。但是可以肯定的是:列宁确实对马克思的理论体系作出了全新的解释,这一诠释一方面基于对革命形势的肯定性判断;另一方面在于阶级分析结构的确立,其结果是民主在阶级分析框架中得到复活并被重新界定——即无产阶级民主与资产阶级民主的对立。民主的本质在于阶级属性,阶级属性的一致性使得民主与专政、暴力等成为同义词,同时,阶级属性的一致性使得民主的形式问题变得不再重要。

(二)伯恩施坦:围绕民主的重构

　　在对革命形势的判断上,伯恩施坦根本不同于列宁,其不认为无产阶级的革命条件已经成熟,更不认为革命必然进行和正在进行,其反对这样的观点——“我们面临着指日可待的资产阶级社会的崩溃,社会民主党应当根据对这种即将到来的巨大社会灾变的指望来确定自己的策略或使自己的策略以它为转移”①。与此相关,伯恩施坦反对马克思理论体系中有关革命很快到来的判断,以《共产党宣言》为例,“对于现代社会发展所下的预断,如果只就它对于这一发展的一般趋势的描绘来说,是正确的。但是

---

　　① 《伯恩施坦文选》,人民出版社,2008 年,第 100 ~ 101 页。

它的许多具体结论,首先是它对于发展所需时间的估计,则是错误的"①。

那么现实的革命形势是怎样的状况? 伯恩施坦认为:"就政治上说,我们看到一切先进国家的资本主义资产阶级的特权一步一步地向各种民主制度让步。"②换言之,在伯恩施坦的理解中,暴力革命的条件在资本主义国家已经不再充分,仍然坚持过去暴力革命、革命很快到来的观点也显得不合时宜。这不仅构成对马克思理论体系的挑战,更是当下社会民主党所要应对的现实问题。

之所以形成这种情况,伯恩施坦认为,主要在于资本主义民主制度的发展和成熟,这提供了无产阶级政治运动的新的条件。"随着民主制度的增加,在我们其他方面的社会生活中缓慢地但是坚定地开辟了道路的那种更为人道的看法,在意义更为重大的阶级斗争面前也将不仅不却步不前,而且同样要为阶级斗争创造出更为缓和的解决方式。在一百年以前需要进行流血革命才能实现的改革,我们今天只要通过投票、示威游行和类似的胁迫手段就可以实现了","现代民族国家的政治制度愈是民主化,巨大政治灾变的必然性和机会就愈减少。谁只要坚持灾变论,他一定会像这一理论的彻底拥护者以前也做过的那样,尽可能反对上述的那种发展并且试图加以阻止。但是难道所谓无产阶级夺取政权就只能是通过政治灾变夺取政权吗"。③

基于此,伯恩施坦得出结论:通过民主的方式来展开无产阶级政治运动显得更加符合现实的革命形势,并且通过和平、民主的方式逐渐改变,从根本上并不与马克思的革命原则和革命目标相冲突。同时,相比于当下可以作出的改变,革命的终极目标显得并不重要。伯恩施坦指出:"不断地前进比一场灾变所提供的可能性更能保证持久的成功","我根本无法相信终极目的,因此也不能相信社会主义的最终目的……但是我坚决地相信社会主义运动,相信工人阶级的向前迈进,他们一定会通过把社会从商人地主寡头政治的统治领域改变成真正的民主制度(它的一切部门都是受工作和创造的人们的利益指引的)而一步一步地实现自己的解放"。④ 可见,在

①② 《伯恩施坦文选》,人民出版社,2008 年,第 101 页。
③　同上,第 106、102 页。
④　同上,第 104、137 页。

伯恩施坦的理解中,民主以及通过民主的方式逐渐改变工人阶级状况的选择并不与马克思的理论体系相冲突,反而这更加符合革命形势变化的要求。

基于对革命形势的判断,伯恩施坦围绕民主重新阐释马克思的理论体系,其中,民主作为关键词和框架性概念,开始显示出至关重要的作用。第一,伯恩施坦将"民主解释为不存在阶级统治,解释为一种社会状况的名称,在其中任何阶级都不能享有同整体对立的政治特权"①。这里,民主类似于马克思所描绘的革命及未来社会,具有整体性,民主不再单纯是一种革命手段或无产阶级自组织形式;相反,它被用于描述一种社会状态。在这种社会状态中,阶级问题得到了解决,那么这也就意味着马克思意义上革命的完成或基本完成。与之相对,伯恩施坦批评了布朗基主义以及布尔什维克将民主理解为"镇压力量"的做法,这等于否定了列宁关于民主的本质在于阶级属性的判断。

第二,伯恩施坦理解的民主不仅包括多数问题,更包含少数问题。伯恩施坦指出,民主的消极解释,"它不像人民的统治一词那样给多数人压迫个人这一思想留有余地,而这一思想是绝对违背现代意识的。今天我们认为,由多数人压迫少数人是'不民主的',尽管它起初曾被认为同人民的统治完全没有矛盾","正是按照今天的理解,民主这一概念包含着一个法权观念:社会的一切成员权利平等,而多数人的统治(人民的统治在任何具体的场合都将归结于此)就受到这一观念的限制。这一法权观念愈是被采用,愈是支配一般的意识,民主就更加同一切人的尽可能最高程度的自由具有同样的意义"。② 可见,伯恩施坦警惕民主形式中多数对于少数的潜在威胁,这并不会因为列宁所说的阶级属性的一致性而自动解决。民主意味着所有社会成员的"权利平等",那么不仅要保护多数人的权利,更好维护少数人的权利。

第三,民主的充分发展和成熟可以避免专制主义条件下的暴力和恐怖,并将革命纳入和平、渐进的轨道。伯恩施坦指出:"专制主义或者半专制主义既使自己的支持者也使自己的敌人对它的能力的大小产生错觉。

---

① 《伯恩施坦文选》,人民出版社,2008 年,第 267 页。
② 同上,第 267~268 页。

因此在专制主义统治着或者还存在专制主义传统的国家里，就有夸大的计划，夸大的言论，进退不定的政策，对于颠覆的恐怖和对于镇压的希望。"相反，"在民主中，各党派和站在它们背后的各阶级很快就懂得自己的力量的限度，而且任何时候只着手实现根据当时的形势看来能够合理地指望做到的事情。即使当它们把自己的要求抬得比认真考虑的稍高一些，以便在不可避免的妥协时——而民主就是妥协的大学——可以放弃，那么这也是有分寸的"①。因此，民主是在民主存在和发展的条件下展开政治革命的方式，它意味着当民主充分实现的时候，再通过专政、暴力、恐怖的方式已经显得不合时宜。"民主在原则上是阶级统治的消灭，即使它还不是阶级在事实上的消灭。"②

第四，民主有助于无产阶级自身的发展和成熟。伯恩施坦在这里指出了无产阶级政治革命过程中被马克思所忽视的一个问题，而这一问题在列宁那里是以先锋队的方式加以解决的，即无产阶级自身的数量、能力、素养、品质等。伯恩施坦认为："对于一个在数量上和文化上都不发达的工人阶级来说，普选权可以长期表现为选举'屠夫'本身的权利，但是随着工人的数目和知识的增长，它就成为使人民代表从人民的主人转变成人民的真正仆人的工具。"并且，"自由人格的培养和保障是一切社会主义措施的目的，也是那些表面上的强制措施的目的。对这些措施的比较精确的研究始终表明，这里所涉及的那一种强制，是应当提高社会中的自由的总和，它所给予的自由应当比它所剥夺的要多，而且是给予比它所剥夺的更为广泛的人群的"③。可见，工人阶级的"个人责任"对于无产阶级政治革命而言并不显得那么不重要。

第五，在官僚主义问题上，伯恩施坦持有完全不同于列宁的态度。一方面，伯恩施坦没有提出集中制的问题。另一方面，也是更为重要的，伯恩施坦并不单纯局限于普选制、随时撤换的原则、工人薪金等民主形式，而是在于"建立一切行政单位和成年公民具有相应的经济上个人责任的广泛分散的自治"，即生产社会化。"如果没有它们，那么所谓生产资料的社会占有所引起的后果恐怕只会是生产力的无度的荒废、无意义的实验和无目的

---

① ② 《伯恩施坦文选》，人民出版社，2008年，第270页。
③ 同上，第270、274页。

的暴力行动,工人阶级的政治统治事实上只能以受到各种革命俱乐部恐怖专政支持的一种专政的革命中央权力的形式来实现。"①

伯恩施坦通过民主阐释马克思的理论体系,建立了围绕民主而展开的无产阶级革命理论。在伯恩施坦看来,随着革命形势的变化,包括资本主义民主制度的充分发展,无产阶级政治革命不再局限于过去的暴力革命。"具有各种僵化的等级制度的封建主义几乎到处都必须用暴力来炸毁",但是"现代社会的各种自由制度同那些制度的区别恰恰在于,自由制度是有伸缩性的,有变化和发展能力的。用不着炸毁它们,只需要继续发展它们。为此需要组织和积极的行动,但不一定需要革命的专政"。②

基于此,围绕民主重新建构马克思的理论体系变得可行。伯恩施坦选择民主作为关键词,民主不仅构成形式和手段,而且也是目的和关于消除阶级对立之后社会状态的描述。正因为如此,伯恩施坦认为:"争取民主和造成政治的和经济的民主机关,是实现社会主义的不可缺少的先决条件。"③换言之,民主的实现以及在资本主义民主中实现民主的充分发展,即无产阶级革命的过程。在这一点上,列宁和伯恩施坦有一定的相似性,民主(或民主消亡)都扮演着革命是否完成的判断标准。不过,伯恩施坦所理解的民主不受阶级属性的制约。因此,民主同样可以在资本主义条件下发展到人的解放,这是民主自身所提供的可能性。相反,列宁更多强调民主的阶级属性以及基于阶级属性基础上民主与专政、暴力、集中的无差别性。伯恩施坦所引述的瑞士社会民主党机关报《前进报》中的一段话最能表现这种差异——"逐步用社会民主的扩大来代替阶级斗争,把阶级斗争吸收到民主的发展里面来"④。

可以说,伯恩施坦围绕民主重新诠释马克思的思想体系,这明显不符合马克思围绕革命这一关键词所建立的无产阶级革命理论体系。一方面,伯恩施坦有充分的理由选择民主、放弃暴力。因为当时的革命形势已经发生改变,并且资本主义条件下民主制度的发展提供了改变工人阶级状况的可能性。另一方面,伯恩施坦所确立的民主分析结构,既反对暴力革命的

---

① 《伯恩施坦文选》,人民出版社,2008 年,第 278 页。
②④ 同上,第 284 页。
③ 同上,第 283 页。

观点,同时剔除马克思理论体系中关于暴力革命的言论,如《共产党宣言》等。因此,伯恩施坦所理解的马克思理论体系,绝不单纯是发展其思想体系中有关民主的这一部分——正如列宁不是单纯地发展马克思理论体系中有关暴力革命和阶级斗争的部分一样。相反,其确立了民主作为逻辑起点和分析结构,其他相关概念如阶级斗争、专政、暴力等重新获得内涵及边界,或者直接弃而不用。在此基础上,伯恩施坦完成了马克思思想体系的民主化。伯恩施坦在新的革命形势下对马克思理论的"修正",不能简单地判断为正确或错误,因为马克思的历史语境和逻辑结构都已经发生变化。唯一可以肯定的是,不管是列宁还是伯恩施坦,其都与马克思的理论体系存在出入。至于对这种出入的事实判断,伯恩施坦和列宁都忽视了马克思理论体系自身的完整性;至于对这种出入的价值判断,只能留给不同的读者作出自己的结论。

(三)对列宁和伯恩施坦重构的评价

目前国内已有大量有关伯恩施坦和列宁理论的评述,但是就研究的现状而言,在观点上基本呈现一致。虽然在这一致性的研究成果中,存在个别不同的意见,可是这种不同意见并没有从逻辑结构上展开,从而较为客观地评价马克思与伯恩施坦、列宁之间的关系。一方面,对于革命形势变化所引起的马克思理论发展问题,研究者和阐释者存在比较一致的看法,即革命形势变迁需要马克思理论作出相应地改变和创新。但是在何者为马克思理论的"继承者"问题上,即正统性问题,则存在较大争议。

例如,徐觉哉指出:"面对自由资本主义向垄断资本主义的过渡,实践向理论提出了一系列新的课题,伯恩施坦竭力想通过'拉长'马克思的学说,使它与实践相一致"[1];陈学明也认为:"马克思主义并不是一种凝固、僵化的学说,它随着时代的变化而需要不断加以修正和发展,其生命力就在于与时俱进。恩格斯逝世以后的 19 世纪末 20 世纪初与马克思主义诞生时的 19 世纪中叶相比,形势已发生了很大的变化。面对这种新的形势,

---

① 徐觉哉:《关于伯恩施坦几个观点的评析》,《当代世界与社会主义》2007 年第 6 期。

马克思主义研究者对马克思主义原先的一些理论观点加以检验、修正是题中应有之义。"①可见,面对革命形势的变化,马克思理论的"修正"是必要的。问题在于,肯定何者的"修正"是正确的？例如,徐崇温直接批评了将伯恩施坦视为马克思主义的正统,而将列宁看做"最大的修正主义者"这一观点,其认为:"有人为了把民主社会主义编造成马克思主义的正统,并把它强加给中国特色社会主义,不惜肆意曲解国家共产主义运动史和马克思主义发展史,颠倒是非,把修正主义鼻祖伯恩施坦说成'只是重复了恩格斯的话',而同修正主义进行坚持不懈斗争的列宁,反倒被说成是'最大的修正主义者'。这就给我们提出了把被颠倒了的是非再颠倒过来的历史任务。"②陈学明也持有类似观点,虽然伯恩施坦面对马克思理论"修正"的必要性,其"致力于这样一项工作本来也是顺理成章、名垂后世的事。问题在于,伯恩施坦怀着一种与马克思主义'脱毛',即与马克思主义相决裂的不正常心态,借助于对马克思主义的重新检验,对马克思主义进行疯狂的攻击","与此相应,当他对马克思主义加以全面否定时,他的修正主义路线也就系统化了"。③

不过,也有学者对正确的"修正"持有不同看法,即肯定伯恩施坦的改变和创新,不再一味通过肯定列宁来否定伯恩施坦的理论贡献,避免一直以来的正统与修正之争。例如,徐觉哉指出,对于马克思主义理论体系而言,"既要把握其整体性以及包罗万象的特色,又要把握其理论体系中的不同方面在不同时间、地点、条件下的变动性,一旦失去效应,就要进行修正、充实、更新、发展","从这一点而言,伯恩施坦能根据时代的变化和世界社会主义运动出现的新问题,不拘泥于马克思主义的个别结论,而根据新情况进行探索,提出符合当时历史发展要求和有利于推动社会历史进步的理论见解和政策应对,这是值得肯定的","我们不能因为伯恩施坦的这些认识与马克思主义经典作家的某些判断不一致,就统统视之为'异端',即使由于方法上的原因导致结论的错误,也不能随意扣帽子,而应该把它放在

---

①③ 陈学明、朱南松:《评伯恩施坦修正主义路线的形成及其教训——对伯恩施坦在恩格斯逝世后发表在〈新时代〉上的几篇文章的探讨》,《马克思主义与现实》2007年第5期。

② 徐崇温:《列宁与伯恩施坦:到底是谁修正了马克思主义?》,《毛泽东邓小平理论研究》2007年第7期。

当时的时代背景下,在历史实践的检验中,来判别其缺失和相对的合理性"。① 因此,面对历史语境的变迁,马克思理论"修正"的必要性凸显出来,至于"修正"的正统性和正确性则是学界比较具有争议性的话题。

另一方面,不管是对伯恩施坦或列宁的肯定,抑或否定,目前学术界在这一问题的争论上都忽略了逻辑结构的问题。这不仅是指马克思理论体系展开的逻辑结构,即唯物史观和革命分析框架,同时也包括马克思之后不同理论家和革命家在阐释或创新马克思理论时所采用的分析结构。例如,在《关于伯恩施坦几个观点的评析》一文中,作者仅仅列举了伯恩施坦"崩溃论""和平长入社会主义论""最终目的和运动"等方面,证明伯恩施坦在面对革命形势变迁时对马克思理论的解释和创新,并将这一"修正"归结为马克思理论内含的原理或要求,结果是"对社会主义革命思想的重要限制或者削弱",或者"社会主义变革的概念有着十分确定的界限"②。但是对于伯恩施坦在何种逻辑结构中展开对马克思理论的"修正",作者并未作出明确的交代。因为伯恩施坦之所以能够提出系统性的"修正"。除了革命形势变迁这一外部要素之外,更为重要的是:伯恩施坦具有自身内在的逻辑结构,正如马克思通过革命这一分析框架来展开其整个理论体系。当然,这一问题并不单纯存在于为伯恩施坦的辩护之中,在论证列宁作为马克思理论正统的"继承者"和正确的"修正"中,同样存在忽视列宁自身的分析结构。毋庸置疑,列宁面对革命形势的变迁,尤其是俄国国内的阶级状况,马克思理论的"修正"不可避免。

但是在如何"修正"马克思的理论,特别是如何将马克思的革命理论运用于落后国家的无产阶级革命问题上,列宁产生了自身的分析结构,即阶级分析框架,这一点经常在为列宁辩护的理论研究中被忽略。因此,在首先肯定马克思理论面对革命形势变迁冲击的同时,明确马克思理论得以展开的逻辑结构,以及马克思之后不同理论家和革命家阐释和创新马克思理论的分析结构,这是正确处理马克思与伯恩施坦、列宁之间关系的重要前提。可以说,马克思理论体系的产生有其历史语境和逻辑结构,马克思

---

① 徐觉哉:《关于伯恩施坦几个观点的评析》,《当代世界与社会主义》2007 年第 6 期;徐觉哉:《对伯恩施坦主义的重新解读》,《社会科学》2008 年第 10 期。

② 徐觉哉:《关于伯恩施坦几个观点的评析》,《当代世界与社会主义》2007 年第 6 期。

之后的"修正"同样基于历史语境的变迁和逻辑结构的再造。在这一点上,"修正"并不成为一个真正意义上的问题;相反,"修正"有其必然性和必要性,正统或正确的争论可以先撇开价值的判断,而是分析其是否符合革命形势变迁的要求以及逻辑结构内部的自洽性。正因为如此,笔者认为,在学理上,不管是伯恩施坦还是列宁,其基于不同逻辑结构阐释和创新马克思的理论体系,不过是应对历史语境变迁的解释结构差异问题。

通过上述分析,可以得出:列宁抑或伯恩施坦,其都存在围绕革命形势的认知和基于自身的分析框架对马克思理论体系的重构,在这一过程中,民主的内涵都得到了重新界定。在革命形势问题上,马克思虽然承认革命形势不利于无产阶级政治革命的立刻实现,但是其始终坚信革命在不远的将来必定会到来,即使恩格斯晚年在《导言》中对革命的策略选择作出明确的"修正"建议:一方面,革命策略的改变仍然属于革命的范畴;另一方面,这并不意味着放弃暴力和起义。恩格斯指出:"这是不是说,巷战在将来就不会再起什么作用了呢? 绝不是。这只是说,自 1848 年以来,各种条件对于民间战士已经变得不利得多,而对于军队则已经变得有利得多了。所以说,将来的巷战,只有当这种不利的情况有其他的因素来抵消的时候,才能达到胜利。"①可见,在马克思、恩格斯的理论中,革命的必然到来与革命形势发生的改变是不相矛盾的。列宁对于革命形势的判断与马克思较为接近,但是在革命到来的时间判断问题上,其认为革命必然进行和正在进行。相反,伯恩施坦则认为像 1848 年那样的革命高潮和暴力革命不会再出现,基于资本主义民主制度的发展,通过民主的方式改变无产阶级的阶级状况成为革命形势变化条件下的适应性选择,并且这种选择并不违背马克思的革命要求。

基于革命形势认知的差异,列宁和伯恩施坦选择了完全不同的分析结构,并且二者的逻辑结构也根本不同于马克思的革命分析框架。马克思通过革命这一框架性概念来分析专政、暴力和民主。其中可以根据形势的变化,选择有利于无产阶级政治革命的策略,既包括民主的方式,也包括暴力的手段。并且还根据不同国家国情的差异和阶级成熟性的区别作出适应

---

① 《马克思恩格斯文集》(第 4 卷),人民出版社,1958 年,第 548~549 页。

性的调整。另外,对于无产阶级政治组织形式而言,民主形式成为马克思的当然选择。基于此,专政获得了更加中性的界定,即意味着一种强制属性,它既包含于资产阶级政权当中,也属于无产阶级政权的必要属性,它不等同于暴力,但也不与民主发生冲突。

与马克思的革命分析框架不同,列宁选择了阶级作为逻辑起点,资产阶级与无产阶级的对立构成了分析所有政治、社会、历史问题的立足点。民主在列宁的逻辑结构中获得了阶级属性,并且,只要在阶级属性上具有一致性,民主与专政、暴力等可以相互等同。另外,在无产阶级政治组织形式问题上,列宁虽然认同马克思有关巴黎公社的论述,但是其引入了先锋队、导师、领导者、领袖等内容,这无疑是对民主形式的潜在威胁。当然,在列宁的逻辑结构中,只要获得阶级属性的一致性,这些都不构成对民主形式的真正威胁。

伯恩施坦则选择了民主作为关键词,围绕民主重新建构并阐释马克思的理论体系。在伯恩施坦的理解中,民主构成了无产阶级在新的革命形势下改变自身状况的适应性选择,并且民主绝不单纯是一种手段或形式,其更是作为对消除阶级对立后社会状态的描述,即未来社会。伯恩施坦一方面认为,围绕民主的革命不再需要暴力、专政,并将马克思理论体系中的相关论述予以剔除;另一方面,其着重展开了民主通过各种形式改变无产阶级自身状况并推动革命的向前发展,包括保护少数、个人责任、能力、品格等。基于各自逻辑结构的差异,列宁忽视了马克思关于民主作为无产阶级革命路径选择之一,以及不同国家基于国情差异和阶级成熟性区别而选择民主或暴力的方式来完成革命。其一味强调暴力革命的必然性和必要性,将阶级斗争、革命、暴力、专政,乃至民主等全部等同起来,这造成了民主地位的缺失以及民主实践的困难。对于伯恩施坦而言,其同样忽视了民主和暴力作为马克思革命分析框架中的必要组成部分,马克思从来没有放弃暴力对于革命的意义,并且在争取民主的过程中,仍不排除使用暴力的可能性,更不要说在政治革命和社会革命过程中,放弃暴力革命显得是多么的不切合实际。

因此,不管是列宁还是伯恩施坦,其对马克思理论体系包括民主思想的诠释,都是基于各自的分析框架和对革命形势的认知,其绝不是单纯地发展了马克思理论体系中的某一部分而忽视了马克思思想的完整性。换言之,列宁和伯恩施坦有关马克思理论的重构在某种意义上都是一种"修正"。但是因为马克思的理论体系面对革命形势的变换,"修正"不能作单纯的价值判断,更何况,马克思思想体系中的模糊态度和潜在的对立也为不同的重构提供了丰富的材料和可能性。理解马克思的民主思想,需要将其置于马克思的历史语境和逻辑结构中去;理解马克思之后民主思想的不同演进,也需要将其置于历史语境的变换和不同逻辑结构的演绎中去。

二、结构之内与结构之外:马克思民主思想的反思

对马克思民主思想的批评和反思可谓形形色色,但有些批评是有失公允的。例如国外对于马克思理论体系的批评经常将其与激进主义关联起来,并与之后苏联的政治实践及其后果联系起来,从而达到对马克思思想体系的批评。这一批评路径并不能完全否定,毕竟马克思的革命理论与之前的激进主义、之后的列宁主义和苏联政治实践之间确实存在关联性。但是问题在于,这种批评容易流于表面,它更多是从事后的政治后果反过来指责马克思理论体系的问题所在。不可否认,马克思的革命理论确实存在诸多矛盾之处、乃至缺陷和不足。但是这种反思必须置于马克思的革命分析框架之中,只有在承认马克思的概念框架之后,才能在马克思的分析结构中指出其不足所在。换言之,在 19 世纪的历史背景下,马克思的革命理论不过作为诸多革命理论之一,不管是在时代主题的判断上,还是在自身理论主题的选择上,马克思都契合了那个时代。因此,对马克思民主思想的反思只能首先从其结构内部展开,而不能简单地从事后的政治后果将其与激进主义、极权主义简单地关联起来,这并没有触及马克思理论体系的关键所在。

另一方面,时代主题的转换,即革命的退潮,这一历史背景的变化确实对马克思的理论体系构成了巨大挑战,这也是不可否认的。围绕历史语境的变迁,不同的人会根据马克思的思想作出不同,乃至完全相反的诠释,如列宁和伯恩施坦等。革命历史语境变迁的最大冲击在于马克思有关革命历

史逻辑的前提假设。马克思所有的理论分析都建立在革命必然发生和正在发生的基础上,革命构成了历史运动的过程。一旦革命这一时代主题发生变化,那么对于马克思整个理论体系都是致命性的。除此之外,马克思在分析历史运动的过程中,不管是作为基础性和起决定性作用的经济问题,还是作为政治上不同阶级的对立问题,马克思的历史动力和物质载体都明显地表现为"二元对立性",即辩证法被结合进唯物史观之中。历史辩证法是马克思唯物史观的关键所在。随着资本主义的发展,社会不断趋于复杂、多元和多样,这种通过二元对立达到更高阶段的历史运动过程显得过于简单。这并不是否定辩证法与实践的结合,只是现实为其发挥作用和有效发挥作用提供的空间不断缩小。再者,就民主而言,在马克思的理论体系中,其具有革命内涵。至少在当时,民主即意味着一种革命的表达。但是随着资本主义对民主的吸纳,这造成的结果已经远远不同于马克思、恩格斯所理解的民主的革命内涵。换言之,尽管马克思认为,通过和平、民主的方式,无产阶级也有可能完成政治革命、确立政治统治,最后实现社会革命。

　　不过问题在于,民主的革命功能已经弱化,民主被很好地结合进资本主义体系之中,变成建设性力量,而不是革命性力量,民主成为资本主义的标签之一。这时,在马克思所指出的暴力革命条件不充分、不成熟的前提下,民主也失去了相应的革命内涵,那么马克思的革命理论体系自然会面对巨大的质疑。这一系列由时代变化所带来的对马克思理论体系的挑战,虽然无关乎马克思的逻辑结构本身,但造成的实际后果却也是显而易见的。并且马克思之后不同革命家和理论家围绕马克思民主思想的诠释也基于不同的分析结构,以积极应对时代变迁所造成的挑战,正统性(Orthodoxy)问题由此而生。可是,通过对马克思民主思想结构内(即逻辑结构)与结构外(即历史语境)的反思可以发现,正统性问题其实并不存在,因为这两方面的变化和挑战已经将马克思的理论体系作为时代的产物定格在19世纪。

　　因此,基于结构内外对马克思民主思想的反思,不仅有助于理解马克思的民主内涵,同时也可以更好地比较马克思与马克思之后民主演进的过程。这里,结构之内的反思主要是指:通过唯物史观以及相应的革命分析框架,在马克思的逻辑结构之内,展开民主概念的适用性分析,包括民主概念的边界是否清晰、内涵是否准确,以及与其他相关概念如专政、暴力等是否匹配等问题。结构之外的反思主要是指:随着历史语境的转换和革命形势的变化,马克思的理论体系面对外部要素的冲击,特别是资本主义社会所出现的一系列新的变化。这对马克思民主理论的适用性造成了困难,包括民主革命内涵的弱化、民主与资本主义关系的缓和、社会不断趋于复杂、多样和多元等。

通过结构之内与结构之外对马克思民主思想的反思,可以更好地理解马克思革命理论体系,包括民主理论。其作为时代的产物,以及随着时代变迁所面临的"修正"的必要性,而不同的"修正"又是基于回应新的时代挑战和自有逻辑结构的展开。

(一)结构之内的民主反思

1. 民主形式的问题

马克思在民主形式问题上无疑是存在不足的,克兰西伯格(Sigmund Krancberg)对此曾作过严厉的批评,其包括以下方面:

第一,马克思将民主视为剥去其基本问题的真理,并将其全部内容通过精确的辩证法去表达。在此,马克思严重依赖黑格尔的逻辑学,形式和内容不可分割,也即实践和理性情感表述的现象与本质问题。这一描述是抽象的,远离现实,也是很难把握的。马克思叙述民主看上去是确定的,但有关民主的社会内容,其具体方面是什么,其政治原则是什么,并不清楚。

第二,马克思将民主界定为人民的自我决定,但却忽视了其民主概念叙述存在的陷阱。马克思没有考虑有关民主的两种不同情况:一个是人们仅仅概念上的统治,大众参与不过是一个形式;另一个是知性公民尝试建立社会秩序,其中,尊严和平等得到充分表达。

第三,在普选制方面,马克思为普遍选举所吸引,在《批判》中呼吁无限制选举,但对于民主代表制下的政治多数与其对立面的关系,仅通过扩大公民权并不能解决。因此,马克思对于民主的粗糙表述,并没有理解民主并不是僵化的教条,而是一种政治安排。在其中,具有理想和价值的人民,不断寻求最好和最平等的政府形式。

第四,在议会民主方面,作为《新莱茵报》的编辑,马克思对民主表示不屑,尤其是议会民主。他认为渐进主义与政治改革没有价值,尽管其刚刚被资产阶级的陪审团赦免了煽动性言论罪名,对于任何民主的嗤之以鼻。马克思通用无产阶级、民主、人民,好像其没有任何区别,这其实是一个很好的将民主与共产主义和无产阶级联系起来的宣传策略,等等。① 克兰西伯格的批评可以说切中了马克思在民主形式问题上的局限性,并且这种不足根源于马克思对于内容和本质的重视,这使得在本质属性一致的基础上,形式方面可以处于次要的地位。后来,列宁之所以提出民主的阶级属性,原因也在于此。

虽然雅克·泰克西埃提出,马克思、恩格斯有关于无产阶级民主政治形式的论述,例如,"1847—1848 年的论点是以肯定民主原则的观点被提出的。在该论点中,民主制度不仅仅是为准备最后决战的有利条件而斗争的战场。民主制度看来也是适合于实施社会主义(共产主义)改造的政治形式"。"1891 年是制定德国社会民主党的《爱尔福特纲领草案》的年份,在这个纲领中,他(恩格斯)引入了一个全新的论点:民主共和国,或者更确切地说,非官僚化或去官僚化的民主共和国是无产阶级专政的特殊形式。"当然,泰克西埃也承认了马克思在政治形式问题上可能存在的不足及其复杂性。例如,"我仍然觉得1852 年的说法表明了相对于1847—1848 年而言的说法的倒退",只是,"1852 年也是马克思第一次以清晰的形式提出英国的和平过渡的论点的年份"。② 可见,在泰克西埃的理解中,尽管马克思在政治形式问题上存在模糊、甚至矛盾的论述,但是这并不影响马克思对无产阶级民主政治形式的肯定,即民主共和国的问题。不过,泰克西埃只是指出了其中的一个方面,另一个方面则是克兰西伯格所指出的——即使马克思存在对民主政治形式的肯定,那么这样的肯定是否充分,马克思的论述是否足以保证无产阶级民主政治形式的有效性。换言之,马克思在政治形式上的缺失极容易导致灾难的结果,即政治不民主、乃至集权和专制。

---

① Sigmund Krancberg, "Karl Marx and Democracy", *Studies in Soviet Thought*, Vol. 24, No. 1 (Jul., 1982), pp. 23 –35。另外,可参见研究现状部分有关克兰西伯格的详述。

② [法]雅克·泰克西埃:《马克思恩格斯论革命与民主》,姜志辉译,社会科学文献出版社,2012 年,第88 页。

因此,马克思在民主形式上存在两个方面的疑问:第一,无产阶级政治组织,即在无产阶级政治统治和专政状态下,是否采用民主的形式,马克思既欢迎过民主形式,也有过非民主的表述;第二,在肯定无产阶级民主政治形式的前提下,马克思有关民主形式的论述是否充分,是否足以保证民主运行及结果的有效性,马克思是否忽略了在本质一致的条件下可能存在的形式对于内容的偏离。

其实,马克思有关民主形式的论述主要集中在共产主义者同盟、国际工人协会以及巴黎公社。一方面,马克思基于政治上的平等,以及弥合政治与社会的分裂,提出了民主的充分实现,这意味着民主形式作为无产阶级政治组织的自然结果,包括普选、代表制、随时撤换的原则、工人薪金以及议行合一、人民主权等原则,这在同盟、协会以及公社中都有相关的论述。另一方面,根据革命形势的要求,有力的领导以及一定的自决权也是允许的,这意味着对前述民主原则的让步,虽然这种让步在马克思看来并不影响民主本质的实现。但是问题在于,一旦突破民主的形式,允许民主形式之外的非民主要素,这对于无产阶级政治组织而言无疑是潜在的威胁,更不要说马克思在民主形式上的原则性规定在现实政治实践中可能遭遇的挫折。例如,伯恩施坦提出的少数人问题,无产阶级的数量、能力、素质、品格等,这一系列民主运行的现实障碍并不会因为民主本质的实现而自行解决。

由此可见,在肯定马克思民主思想的同时,其在民主形式问题上的局限也不可忽视。不管马克思所理解的民主具有怎样的革命内涵,以及马克思笔下的民主如何作为民主的本质和内容,即民主的真正实现,其有效运转都不可能回避形式的问题。并且民主形式的粗糙会直接带来民主实践的困难,而这种困难很可能造成非民主的结果,这正是马克思所忽略的问题所在。

2. 其他概念对民主的侵蚀

在马克思的革命分析框架之中,民主与暴力、专政等概念是共存的,其共同构成革命这一历史逻辑。马克思并不反对暴力,因为暴力从革命角度而言具有积极意义,与此同时,马克思亦不反对民主,更何况民主在当时意味着革命的内涵。至于民主与暴力的关系,马克思并没有作过多的考虑,因为这并不构成真正的问题所在,关键在于革命的实现。根据革命形势的变化,马克思在民主问题上持有模糊的态度,在暴力问题上也有过这类似的态度——如果马克思不是将大陆国家的革命问题作为自己论述的重点。很显然,在马克思的理论中,将民主与暴力共同置于革命分析框架之中,并不存在根本性的矛盾。但是现实却是,这两个概念之间存在潜在的冲突,这种冲突并不会因为革命这一历史逻辑而自行化解。

斯拉沃热·齐泽克(Slavoj Zizek)曾将暴力分为主观暴力和客观暴力,其中主观暴力,"即由清晰可辨的行动者所展现出的暴力的迷人诱惑"。客观暴力又分为符号暴力和系统暴力,符号暴力即"语言和语言形式之中存在着海德格尔称之为'我们存在之寓所'(Our House of Being)的'符号'暴力",系统暴力即"存在某种为了经济及政治体系顺畅运作而通常会导致的灾难性后果的东西"。[1] 通过齐泽克的分类可以看出,主观暴力是比较清晰的,即实实在在表现出来的暴力行为,相反,客观暴力,不管是符号暴力还是系统暴力,都显得较为隐晦,它"内在于事物的'正常'状态里"[2]。

如果以暴力的分类来划分马克思所理解的暴力,可以看出,暴力在马克思的理论中显得比较单一,只是用来实现革命的历史逻辑。因此,其直接表现为暴力的革命行为,即主观暴力。当然,无产阶级对资产阶级的暴力革命并不涉及自身。换言之,暴力革命并不意味着否定自身的民主形式,它只是反对阶级之间的民主共存。但是问题在于,马克思的革命分析框架作为完整的理论体系及有关未来社会的一般描述,其必然涉及齐泽克所说的客观暴力问题,即暴力暗含于这一革命体系之中。当无产阶级政治组织通过民主形式展开活动,其中符号暴力及系统暴力的存在是不可避免的。这时,如何规避暴力对于民主的潜在威胁,如何限制非民主要素的增长? 这都成为马克思革命分析框架中不同概念之间的关系问题。但是马克思并没有过多考虑这一问题,正如同在民主内容实现的情况下忽视民主形式问题,革命历史逻辑中暴力与民主潜在的冲突关系问题也被忽略了。

齐泽克认为,规避客观暴力的办法在于,"有时,当面对困境,一个人唯

---

[1] ［斯洛文尼亚］斯拉沃热·齐泽克:《暴力:六个侧面的反思》,唐健、张嘉荣译,中国法制出版社,2012年,第1、2页。

[2] 同上,第2页。

一要做的真正'实际的'事情是抗拒实时介入的诱饵(Lure),并利用耐心、批判性分析来'守株待兔'。介入(Engagement)仿佛从四面八方向我们施加压力"。并且其还列举了马克思介入的实例。"针对这种伪紧迫感,我们或许会想祭出马克思在1870年写给恩格斯那封美妙的信。当时,有一小段时期,欧洲革命看似再次迫在眉睫。马克思在信中传达了十足的惊恐:革命家难道就不能再等几年吗? 他当时还未完成他的《资本论》。"①当然,齐泽克的方法并不一定正确,但是这提出了一个问题:有时候,相比于主观暴力,客观暴力更容易被忽视,而这种忽视正是积极介入过程中所应注意的。

马克思一方面宣扬暴力的革命内涵,这是基于革命的历史逻辑;另一方面,在无产阶级革命过程中,民主形式与内容实现了统一,民主得以充分实现,这是通过革命实践来完成的。暴力在这两方面都存在对民主的潜在威胁。另外,如专政这一概念也存在类似的问题,尽管在马克思的理论中,专政更多倾向于一般强制性,即资产阶级政权具有专政属性,那么无产阶级政权也应具有强制属性。正如革命分析框架中暴力与民主的关系一样,专政之下的强制也存在同样的问题,即基于阶级对立所可能引入的非民主要素。不管是阶级之间的主观暴力,还是阶级内部的客观暴力,民主都极易受到暴力、专政等概念的侵蚀,非民主因素孕育于专政、暴力之中。例如后来,列宁理论中革命与暴力的直接等同、阶级内部民主因素的弱化与非民主因素的强化等,这些都与忽视其他概念对民主的潜在威胁有关。基于马克思的革命实践理论,像齐泽克提出的避免"介入"是不切实际的,但是这一威胁与侵蚀却是现实存在的。

不管是民主形式的问题,还是其他概念对民主的侵蚀问题,在马克思的历史语境及逻辑结构中,这一系列概念的运用都是比较简单的,并不如后来对每一个概念的具体分析和实践反思。民主形式可能成为民主内容的限度、民主形式自身所暗含的暴力因素等,这在马克思的革命理论中是不存在的。一方面,这根源于马克思理论体系的历史语境和逻辑结构;另一方面,也是更为重要的,现实经验的缺乏使得马克思不可避免地忽略结

---

① [斯洛文尼亚]斯拉沃热·齐泽克:《暴力:六个侧面的反思》,唐健、张嘉荣译,中国法制出版社,2012年,第7页。

构内潜在的矛盾和冲突,只是这一责任并不在马克思自身。

(二)结构之外的民主反思

1. 革命历史逻辑的困难

历史语境的转换无疑从外部给马克思的理论体系带来冲击,虽然这并不影响马克思的理论作为时代的产物。但是结构之外对马克思民主思想的反思仍然是有意义的,至少可以提供哪些因素的变化使得马克思理论体系面临局限和挑战,并由结构外转向结构内,从而避免两个方面的问题:一是过度将马克思与马克思之后的理论和实践关联起来,即正统性问题;二是在理解马克思理论体系包括民主思想的过程中,忽视其历史语境和逻辑结构,出现将其普遍化的倾向。首先对马克思的理论体系造成冲击,并且冲击最大的,要数时代主题的转换。虽然马克思已经意识到革命形势的变化,但是马克思始终坚信革命的必然发生和正在发生,即使马克思晚年时期不再过度强调暴力革命的可能性,这意味着革命向渐进、和平转换的可能性。可是一方面,马克思始终没有放弃暴力的革命内涵,这等于承认革命的必然发生并不可将其推向未知的未来,如伯恩施坦;另一方面,从唯物史观引申出来的革命分析框架仍然是马克思理论体系的主要构成,民主仍然具有革命的内涵。

这里,可以通过霍布斯鲍姆(Eric Hobsbawm)有关"时代"的论述,分析时代转换对于马克思理论体系的巨大冲击。在霍布斯鲍姆的理解中,资本的时代在 1870 年左右就已经开始没落了,紧接着资本时代而来的是帝国的时代,这意味着资本主义的胜利,继续马克思意义上的社会主义革命已经失去了历史语境。霍布斯鲍姆指出:"自由主义的胜利时代开始于革命的失败,结束于漫长的经济萧条","紧接着自由主义胜利而来的新时代,将是大不一样的",①这一新的时代即社会主义失去革命条件的资本主义胜利和统治地位的巩固。霍布斯鲍姆引述了布克哈特(Jacob Burckhardt)关于帝国时代的形象描述:"人权的现代说法包括了工作权利和生存权利。

① ［英］艾瑞克·霍布斯鲍姆:《资本的年代:1848—1875》,张晓华等译,江苏人民出版社,1999 年,第 416 页。

人们再也不愿将最重要的事情交给社会去处理,因为他们想要的是不可能获得的,而他们认为只有在政府的强行规定下方可获得","群众要求安定,要求工资。如果他们能从共和当中获得安定和工资,他们或紧紧依靠共和;如果能从君主制度获得安定和工资,他们会紧紧依靠君主制度。如果两者都无法给予他们,他们毫不考虑地会支持首先保证他们能得到他们想要的东西的体制"。① 在这一点上,马克思的无产阶级政治革命理论明显失去了优势,工人阶级政治运动的热情和动力都不断弱化,这并不是革命本身的问题,而是时代对革命提出的问题。

对于社会主义而言,更为严重的在于马克思之后基于不同逻辑结构回应时代挑战的新的诠释。"第一,最明显也最新奇的,是独立的工人阶级政党和运动的出现,它们一般都带有社会主义倾向(也就是日益倾向马克思主义),其中德国社会民主党既是先驱,又是令人印象最为深刻的典范。虽然这时候的政府和中产阶级认为它们最危险,然而事实上,社民党是赞成自由主义理性启蒙运动的价值和假设"。还有一种"倾向是群众性民族主义政党和运动从先前的激进自由主义桎梏中解放出来,有些争取民族自治或民族独立的运动逐渐趋向社会主义,至少理论上是这样,特别是当工人阶级在本国能发挥重要作用的时候;但这只是民族社会主义,而非国际社会主义,而且民族成分多于社会主义成分"②。围绕马克思的社会主义出现的这两种倾向,前者已经破坏了革命的分析框架,民主反而成为诠释马克思革命理论的关键所在。至于后者,即使其革命性和激进性表现明显,但是这从根本上与马克思的无产阶级革命理论存在差异。因此,属于马克思的革命必然发生和正在发生的时代已经渐渐消失,之后围绕无产阶级革命的理论及实践都是基于不同逻辑结构回应时代挑战的产物。

随着时代主题的转换,马克思的革命历史逻辑开始受到质疑,革命并不必然发生,革命也并不一定正在发生。在资本主义国家,"无论是经济上还是政治上,19世纪中期资本主义世界的结构都没有崩溃。它进入了一个新的阶段,它缓慢地从经济上和政治上修改了自由主义,它还留有充分

① [英]艾瑞克·霍布斯鲍姆:《资本的年代:1848—1875》,张晓华等译,江苏人民出版社,1999年,第420页。
② 同上,第421页。

的余地","在1875年后的一两代之间,胜利的资产阶级固若金汤","也许资产阶级对其前途有点担心,然而'进步'无疑仍会继续下去,这是不可避免的,而且是以资产阶级、资本主义社会的形式,笼统说来是以自由社会的形式继续下去"。相对于此,在"那些被统治的、低开发的贫穷落后国家,其情况便有所不同,如俄国这类处于胜利者世界和受害者世界之间的国家,其情况也不一样。在这些国家中,'大萧条'开创了即将到来的革命年代"①。前者,革命并不必然发生、并不一定正在发生;后者,革命必然发生但并不是马克思意义上的革命、革命正在发生亦不是马克思意义上的革命。

对于马克思革命分析框架中的民主而言,其革命的内涵也在不断褪去。在确立了民主的资本主义国家,即使无产阶级政党坚持革命的目标,但是民主的方式已经逐渐改变了革命的性质。在缺乏民主的落后国家,革命已经被等同于暴力革命,并且民主开始基于阶级对立区分出属性的差异。总而言之,随着马克思革命历史逻辑的消退,马克思革命分析框架中的民主也不得不面临着转型。同时,围绕马克思的一系列概念也开始了基于实践经验的反思过程,包括民主,其形式问题获得了更多的考虑。

2. 历史动力及物质载体的问题

在马克思的革命分析框架中,革命的历史逻辑根源于经济因素,换言之,劳动实践领域的矛盾构成了历史运动的动力所在。马克思曾指出:

> 人们在自己生活的社会生产中发生一定的、必然的、不以他们的意志为转移的关系,即同他们的物质生产力的一定发展阶段相适合的生产关系。这些生产关系的总和构成社会的经济结构,即有法律的和政治的上层建筑竖立其上并有一定的社会意识形态与之相适应的现实基础。物质生活的生产方式制约着整个社会生活、政治生活和精神生活的过程。不是人们的意识决定人们的存在,相反,是人们的社会存在决定人们的意识。社会的物质生产力发展到一定阶段,便同它们一直在其中运动的现存生产关系或财产关系(这只是生产关系的法律

---

① 〔英〕艾瑞克·霍布斯鲍姆:《资本的年代:1848—1875》,张晓华等译,江苏人民出版社,1999年,第422~423页。

用语）发生矛盾。于是这些关系便由生产力的发展形式变成生产力的桎梏。那时社会革命的时代就到来了。①

与革命时代相适应，生产力与生产关系、经济结构与上层建筑的矛盾，通过资产阶级与无产阶级的阶级对立表现于资本主义时代，马克思认为："我们的时代，资产阶级时代，却有一个特点：它使阶级对立简单化了。整个社会日益分裂为两大敌对阵营，分裂为两大相互直接对立的阶级：资产阶级和无产阶级。"②阶级对立、阶级斗争，即革命，构成了历史前进的动力所在。毋庸置疑，马克思继承了黑格尔的辩证法思想，并且在《资本论》1872 年第二版跋中也承认了这一点，辩证法的二元对立、通过否定对立面、达到更高阶段的发展状态这一逻辑在马克思的革命历史逻辑中得到了很好的贯彻。例如，在历史动力问题上，基于生产力与生产关系的二元对立，在政治上表现为无产阶级与资产阶级的阶级斗争。革命的发展过程根源于生产力否定生产关系从而达到更高的生产力发展水平，政治上则表现为无产阶级通过否定资产阶级从而达到更高的政治发展阶段，即新的社会形态。

后来，恩格斯在这一问题上作出了更为完整的表述。1890 年恩格斯在致约瑟夫·布洛赫的信中指出，一方面，"根据唯物史观，历史过程中的决定性因素归根到底是现实生活的生产和再生产。无论马克思或我都从来没有肯定过比这更多的东西。如果有人在这里加以歪曲，说经济因素是唯一决定性的因素，那么他就是把这个命题变成毫无内容的、抽象的、荒诞无稽的空话"。这是否定经济因素作为唯一的决定因素，但是这并不是不否定经济因素作为决定性因素。另一方面，"第一，我们是在十分确定的前提和条件下创造的。其中经济的前提和条件归根到底是决定性的。但是政治等等的前提和条件，甚至那些萦回于人们头脑中的传统，也起着一定的作用，虽然不是决定性作用"，"第二，历史是这样创造的：最终的结果总是从许多单个的意志的相互冲突中产生出来的，而其中每一个意志，又是由于许多特殊的生活条件，才成为它所成为的那样。这样就有无数互相交

---

① 《马克思资本论节选本》，人民出版社，1998 年，第 32～33 页。
② 《马克思恩格斯文集》（第 2 卷），人民出版社，2009 年，第 32 页。

错的力量,有无数个力的平行四边形,由此产生出一个合力,即历史结果,而这个结果又可以看做一个作为整体的、不自觉地和不自主地起着作用的力量的产物"。① 这里,恩格斯尝试适应现实条件的改变,引入多种因素作为历史动力的组成,但是从根本上而言,这仍然是基于二元对立的辩证运动过程(即革命的历史逻辑)。

问题在于,历史动力以及物质载体自身是存在问题的。除了前述在存在民主的资本主义国家和不存在民主的落后国家对社会主义的重新理解之外,就马克思所说的无产阶级本身,其抽象多于现实。霍布斯鲍姆曾指出:"几乎所有观察过工人阶级情况的人,都同意所谓的'无产阶级'绝不是一个均质的群体,即使在一国之内也不是。事实上,在许多新政党兴起以前,人们在谈论'工人阶级'时,习惯用的便是复数而非单数","被社会主义者笼统冠以'无产阶级'的群众,其内部区分其实非常分明,以致我们根本不期望能够根据任何事实断言他们具有单一的阶级意识"。②

另外,霍布斯鲍姆也指出了这种差异的具体表现,主要包括以下方面:第一,"现代工业化工厂中的典型无产阶级,往往还是一个小型但迅速成长中的少数,他们与大多数出卖劳动力的工人大不相同。后者是在小作坊、农场小屋、城市陋巷或露天底下从事林林总总的工作,这些工作充斥在各城市、农村乃至乡下地区"。第二,"当时还有更为明显的社会和地理来源的差异,以及国籍、语言、文化和宗教的差异"。第三,"工业经济本身所发展出的庞杂结构,是另一个妨碍劳工阶级意识和组织的因素"。第四,"即使我们不把农业劳动阶级算在内,工人阶级也是个性质不一样,也不容易统一成具有单一凝聚力的社会群体"。③ 可以看出,如果根据现实社会群体的差异,阶级这一概念是很难从现实经济社会关系中产生出来的。马克思之所以从历史辩证法的视角展开历史运动过程,这是受到了黑格尔较大的影响。但是事实在于,这一历史动力以及相应的物质载体并不完全、充分地来源于现实社会,这还不考虑之后资本主义社会日益所出现的多元

---

① 《马克思恩格斯文集》(第10卷),人民出版社,2009年,第591、592页。

② [英]艾瑞克·霍布斯鲍姆:《帝国的年代:1875—1914》,张晓华译,江苏人民出版社,1999年,第145页。

③ 同上,第145、146、148、152页。

化、多样性和复杂性。并且资本主义经济发展并不总是制造危机,其存在化解风险并持续发展的可能性。

可以看出,虽然马克思、恩格斯在一定情况下对历史动力作出了细节上的调整,但这并不影响历史的辩证逻辑。这一深受黑格尔影响的革命历史逻辑具有浓厚的抽象理性,却不能有效符合现实的社会情况。对马克思的民主思想而言,这无异于否定了民主所具有的革命内涵,即使通过阶级意识整合的方式产生阶级对立,可是这一抽象假设在现实发展面前,面临着越来越多的挑战和质疑。因此,基于历史动力及相应物质载体的假设,这一基础上的民主内涵是难以持续的,其在马克思的结构之内可能成立,但时代主题的转换充分暴露了缺陷所在。

3. 资本主义对民主的吸纳

民主在马克思的革命分析框架之中,重要方面在于其革命内涵,而不是阶级属性。在马克思的理论中,民主更多作为革命性质的概念。在资本主义条件下部分存在,但是民主的充分实现必须通过无产阶级政治革命,基于政治平等,以及弥合政治与社会之间的分裂来完成。本来,民主对于无产阶级而言,如同暴力、专政等扮演的角色,属于革命性质的。但是一旦资本主义将民主纳入到资本主义社会体系之中,并将其作为积极的组成部分,那么民主在马克思逻辑结构中的革命性将不断趋于弱化,这是马克思晚年时期以及马克思之后越来越明显的趋势。霍布斯鲍姆指出:"自 1870 年后,大家已愈来愈清楚地看出:各国政治的民主化已势所难免。不论统治者喜欢不喜欢,民众都会走上政治舞台。而后者也的确这么做了","虽然这些发展是由代表人民的意识形态信念所促成的,可是促成它们的各国政府对它们并不热衷","诚然,19 世纪 90 年代的社会主义骚动以及俄国革命的直接和间接影响,都强化了民主运动;不过,不论民主化是用何种方式进行,在 1880—1914 年间,绝大多数的西方国家都已顺应了这个不可避免的潮流。民主政治已经无法再行拖延。自此,问题就变成该如何操纵它了"。① 从霍布斯鲍姆的论述中可以看出,面对民主所具有的革命内涵,尤其是随着无产阶级登上政治舞台并从事革命实践,资本主义并不是一味地

---

① [英]艾瑞克·霍布斯鲍姆:《帝国的年代:1875—1914》,张晓华译,江苏人民出版社,1999年,第 100、101、101~102 页。

选择拒斥民主化的趋势。尽管在马克思看来,民主在资本主义条件下,可能存在通过民主的方式完成无产阶级政治革命。资本主义对于民主的吸纳以及相应的控制,使得马克思革命分析框架中的民主逐渐成为资本主义的建设力量。更为致命的是,民主甚至成为资本主义价值、形式和行为的标签。

其中,较为典型的对于民主的吸纳要数北美,邓恩(John Dunn)对这一吸纳过程有过较为详细的论述。邓恩认为:"在美国的政治领袖从事伟大的斗争时使用的语言中,民主这个词一贯是以众所周知的负面典型形象而出场的,这个负面的典型来源于雅典人的经验,而美国的政治领袖们必须不惜一切代价避免这样的后果。只有在对既往的追溯中,当美国新的宪法付诸实行、新的国家渐上正轨的时候,那一想法才大为改变。"[1]可见,民主对于当时的资本主义国家而言,并不是一个大受欢迎的词汇,因为其内涵中带有很强的革命属性。

因此,北美建国在民主问题上如何作出选择?邓恩认为,其存在以下可能:第一,"他们可以选择拒绝接受他们新国家中的最为民主的因素,即这个国家为了自由的男性在近乎政治平等的条件下更为广泛地普遍参与制定和采取公共决策,而提供给他们的那种极为显要的地位"。第二,"他们也可能——就像麦迪逊提及的那样——反其道行之,将政治平等(此时仍然仅限于男性,而与此同时对数量堪称巨大的奴隶毫不表示愧疚)的原则大胆推进,那就冲击并且推翻了财产权利,废除了债务,重新分配了大土地所有权,并且再造了一个彻头彻尾平等的社会"。第三,"更为现实的可能是,他们也可能非常轻易地根本就不做什么选择,从任何强加美国这个新国家的中央权力的这一要求上退缩回来,因为他们害怕这种加强必定会再一次造成一个异化的、潜在地总是专制的结构——这可是他们刚刚付出了如许的代价才得以避免的东西"[2]。不过,就结果而言:

> 可以确定的是,1787年做出的这个选择显而易见并没有将追求平等的那股子冲劲从美国绵延不绝的政治想象中消除掉。但是它给

①　[英]约翰·邓恩:《让人民自由:民主的历史》,严钛译,新星出版社,2010年,第77页。
②　同上,第86、87页。

了那股冲劲一种很显著的特性,使得它在美国的政治想象中远不是那么具有活力、韧劲和突出地位,而与此相较,它在后来两百年的世界上其他社会的政治想象中,则显得更有活力和韧劲,也更为突出。①

可以看出,就美国而言,当时民主并没有成为主要的政治追求,但是其在可能的范围内为民主的延续提供了可能。虽然如托克维尔在研究美国民主时,认为"民主无所不至地遍布在美国生活方式之中,遍布在当民主森然逼压而来时,对此有所察觉的种种意识之中"②。这样的分析不无道理,但却显得并不完全符合当时的现实情况。邓恩对此的分析则要更为直接:

> 人们普遍感觉他们久已享有的自由——恰是这种自由,随着时光的流逝,将成为美国这个源远流长的民主历史的证据——受到了威胁,而美国革命是焦急地对这一威胁作出的反应。一旦已经成功地捍卫了那些自由,或者以武力赢回了那些自由,美国人所建立的、确保那些自由将来也不会丧失的那一宪政秩序,回顾起来看,似乎是他们非常明智的一种练习(Exercise):练习着去通过政治自由所需的条件进行思考,去贯彻从这一公众普遍参与的思考过程中得到的结论。③

可见,问题的根本并不在于民主,"不受限制的权力永远都是个人自由的威胁",这才是问题的关键所在,也是美国革命的逻辑起点。当然,这并不是否认:"民主的政府面对的关键挑战,是要确保公共利益和私人权利不受党派上的多数的威胁,而同时又并不牺牲掉民主政府的精神和形式。"④换言之,民主是在追求自由和确保自由的过程中"不经意"实现的。当然,这与当时为民主所保留的"活力、韧劲和突出地位"有关。但是根本而言,它是实践经验的结果,通过消除其革命内涵,并将其吸纳到资本主义社会体系之中,使其成为建设性要素,最终成为资本主义价值、形式和行为的标签。

---

① [英]约翰·邓恩:《让人民自由:民主的历史》,严钛译,新星出版社,2010年,第88页。
② 同上,第77页。另外可参考[法]托克维尔:《论美国的民主》,董果良译,商务印书馆,1988年。
③ [英]约翰·邓恩:《让人民自由:民主的历史》,严钛译,新星出版社,2010年,第78页。
④ 同上,第80、83页。

霍布斯鲍姆对于 1875—1914 年欧洲的分析同样适用于美国,即对民主的操纵显得尤为必要。

资本主义对于民主的吸纳,这对马克思革命分析框架中的民主内涵是致命性的。民主作为一种革命,基于革命的历史逻辑以及政治上的阶级对立和阶级斗争,其所要实现的革命目标是确立无产阶级政治统治并完成社会革命。但是民主现在反而成为巩固无产阶级革命对象的积极性要素,甚至是普遍标签。这不仅是对民主革命内涵的瓦解,更是对整个革命分析框架的质疑。这也不是伯恩施坦的民主社会主义所能应对的。因为民主现在已经逐渐失去其革命内涵,并逐渐被赋予阶级属性,一种如同列宁意义上的阶级属性,只是这一阶级属性远非阶级对立,更多是民族、地区、文化、不同发展阶段之间关系的表达。

三、小结

马克思民主思想的内涵有其历史语境和逻辑结构,其历史语境在于革命这一时代主题,同时这也构成了马克思理论体系的主题;其逻辑结构则在于围绕革命这一框架性概念所构筑的思想体系。民主意味着革命,其在革命分析框架中同暴力等概念处于平行的地位,相互依赖,不可或缺。但是随着革命形势的变化以及时代主题的转换,马克思之后对于民主思想的诠释已经完全基于不同的时代回应,并且不同理论家和革命家的诠释路径也遵循着差异的逻辑结构,而不是简单地将马克思理论体系中的某个组成部分推向极端。因此,其构成了完全不同的诠释过程。其中,列宁和伯恩施坦比较具有代表性。表面上看,伯恩施坦继承了马克思的民主思想,列宁继承了马克思的暴力理论;但实质上,二者都是基于时代主题转换和不同逻辑结构的理论重构。换言之,作为时代产物的马克思革命理论体系,一旦离开了相应的历史语境和逻辑结构,之后的诠释必然存在根本性的差异。这里并不是对不同的诠释作价值上对与错的判断,而是承认不同解释者的理论解释与马克思理论体系之间事实上的区别。

就马克思的理论体系及体系中的民主思想而言,其也存在模糊甚至矛盾的地方。在逻辑结构内部,有关民主的形式以及其他概念与民主之间的关系等,都存在潜在的风险,这容易导致非民主因素的产生。但更大的挑战还是来自于结构之外的时代转换,即使在马克思所处的时代,尤其是马克思的晚年时期,从逻辑起点、历史运动过程、物质载体到民主本身,都面临着一系列的挑战。任何一个外部的挑战都可能构成对马克思理论体系的致命性伤害。在马克思的逻辑结构内,不同概念之间处于一种脆弱但稳固的平衡状态,但是一旦面临外部因素的变迁以及具体政治实践的反思,问题也就随之而来。马克思理论体系结构内外的困难也为之后对马克思理论诠释的差异,甚至对立提供了丰富的素材,这还不包括马克思在民主问题上的"模糊态度"。即使马克思的思想体系可能存在种种问题,但是其重要意义在于提出了正确的问题,即资本主义条件下的革命历史逻辑——如果将革命解释为"基于物质生产实践,通过否定、扬弃对立面,从而达到肯定自身并实现新的发展状态的历史运动过程"。

纵使马克思有关革命必然发生和正在发生的有效性存在问题、纵使民主的革命内涵被资本主义体系所消解并作为资本主义的建设性力量和普遍标签,这一问题在马克思之后仍然没有得到有效地解决。因此,对于马克思理论体系包括民主思想的研究,关键不在于正统性的塑造,而在于问题的发现。至于问题的解决,不可能再像马克思时代那样积极地投入政治革命和社会革命之中。但如齐泽克所言的避免"介入"(Engagement)又显得过于消极,可能的路径在于有限度"介入",即马克思实践理论的适应性"复活",这主要基于对现实条件和有限理性的判断。

第六章　马克思民主理论对中国民主建设的意义

马克思的民主思想无疑对中国的民主建设具有重要的意义。从历史角度而言，马克思所提出的具有革命内涵的民主概念，经过列宁的创新和发展，演变为社会主义民主与资本主义民主的二元对立。社会主义民主的特殊性构成了民主在社会主义国家中的内涵所在。

首先，马克思确立了民主所具有的革命内涵。这一革命内涵和民主的真正实现基于消灭私有制和解放全人类，正如荣剑、杨逢春所指出的：

> 马克思、恩格斯第一次把民主同消灭私有制、解放全人类联系在一起，卓越地继承了前人的一切优秀成果，深刻地批判了封建专制政治和资产阶级民主的固有弊端，系统地总结了无产阶级解放运动的实际经验，阐明了无产阶级新型民主的实质及其特点，从而完成了对传统民主观的伟大变革，把民主真正地推向了一个新的历史高度，为无产阶级建设最彻底的民主政治奠定了重要的理论基础。①

不过，这里存在一个普遍的模糊之处，即在马克思的时代，无产阶级民主与资产阶级民主的对立尚未完全形成。一方面，马克思肯定民主的革命内涵以及民主之于无产阶级政治组织的必要性，这主要针对民主在资本主义条件下并未充分实现，同时，它也是实现政治平等的要求，这有利于无产阶级政治革命。另一方面，政治上的平等并不等于无产阶级革命的实现，消除政治与社会之间的分裂才是根本所在，即私有制的问题。可见，马克思的

---

① 荣剑、杨逢春：《民主论》，上海人民出版社，1989 年，第 140 页。

民主概念区别于其他民主观的地方在于平等形式与平等内容的统一。因此,马克思、恩格斯的民主观确实同消灭私有制、解放全人类联系在一起,即民主的革命内涵,但尚未实现与资产阶级民主的直接对立,这一任务是由马克思的后继者完成的。

其次,基于马克思有关民主革命内涵的规定,列宁创新并发展马克思的民主学说,衍生出阶级民主的观点,即资产阶级民主与无产阶级民主、资本主义民主与社会主义民主。当然,阶级民主的形成伴随着逻辑结构的改变以及历史语境的转换。一方面,列宁通过阶级重构马克思的革命理论体系,民主也是在阶级框架之中被赋予内涵的。另一方面,历史语境的变化使得马克思理论的发展与创新显得必要,如何延续这一革命历史逻辑,阶级分析框架显得必要。在此基础上,列宁提出:"国家是阶级矛盾不可调和的产物和表现。在阶级矛盾客观上达到不能调和的地方、时候和程度,便产生国家。反过来说,国家的存在表明阶级矛盾的不可调和。"与此相对,"民主就是承认少数服从多数的国家,即一个阶级对另一个阶级、一部分居民对另一部分居民有系统地使用暴力的组织","资本主义社会里的民主是一种残缺不全的、贫乏的和虚伪的民主,是只供富人、只供少数人享受的民主。无产阶级专政,即向共产主义过渡的时期,将第一次提供人民享受的、大多数人享受的民主,同时对少数人即剥削者实行必要的镇压"。① 可见,列宁通过阶级分析方法延续马克思的革命历史逻辑。基于不同的逻辑结构,适应差异的历史语境,马克思民主的革命内涵转变为阶级民主的对立,即分属不同性质的民主形态。正是在此基础上,民主与专政有机统一。因为民主可以区分为资产阶级与无产阶级,那么民主自身就暗含着对对立面的否定,即专政。列宁认为:"无产阶级专政,即被压迫者先锋队组织成为统治阶级来镇压压迫者,不能简单地只是扩大民主。除了把民主规模地扩大,使民主第一次成为供穷人享受、供人民享受而不是供富人享受的民主之外,无产阶级专政还要对压迫者、剥削者、资本家采取一系列剥夺自由的措施","凡是实行镇压和使用暴力的地方,也就没有自由,没有民主"。② 民主与专政的有机结合看似矛盾,但基于阶级民主的分析方法,二者并不

---

① 《列宁选集》(第 3 卷),人民出版社,1960 年,第 175、241、248 页。
② 同上,第 247 页。

矛盾,民主本身即专政的另一种表达。

中国的革命和建设基本上继承了列宁的阶级民主以及民主与专政的有机结合。例如,毛泽东在《论人民民主专政》一文中明确指出:"中国人找到马克思主义,是经过俄国人介绍的。……十月革命一声炮响,给我们送来了马克思列宁主义。十月革命帮助了全世界的也帮助了中国的先进分子,用无产阶级宇宙观作为观察国家命运的工具,重新考虑自己的问题。走俄国人的路——这就是结论。"①可见,中国革命与建设中的民主理论直接来源于列宁以及俄国的革命经验。因此,阶级民主以及民主与专政的统一构成了中国革命与建设的民主内涵。

毛泽东认为,人民民主专政包含两个方面,一方面,"人民的国家是保护人民的。有了人民的国家,人民才有可能在全国范围内和全体规模上,用民主的方法,教育自己和改造自己……向着社会主义社会和共产主义社会前进"。另一方面,"对于反动阶级和反动派的人们,……只要他们不造反,不破坏,不捣乱,也给土地,给工作,让他们活下去,让他们在劳动中改造自己,成为新人。……这是我们对于原来是敌对阶级的人们所强迫地施行的,和我们对于革命人民内部的自我教育工作,不能相提并论"②。从毛泽东的论述可以看出,在民主性质问题上,资产阶级民主与无产阶级民主是根本对立的,分为敌我矛盾和人民内部矛盾。在民主形式问题上,则主要以"民主的即说服的方法,而不是强迫的方法",尽管对于"反动阶级和反动派的人们""施仁政"。但是这受到民主阶级属性的约束,二者之间存在本质的差异。正因为如此,民主即包含着专政,专政是民主的另一种表达,二者共同建立在阶级民主基础之上。在这一逻辑脉络中,"人民当家做主"③作为中国革命与建设中的民主表述就显得易于理解。因为"通过对不同历史阶段上的人民范畴和人民当家做主实现程度的具体分析,揭示历

---

① 《毛泽东选集》(第4卷),人民出版社,1991年,第1470、1471页。
② 同上,第1476、1477页。
③ 将中国革命与建设中的民主理解为"人民当家做主"成为一种较普遍的理论解释,并且"人民当家做主"也被解释为马克思(主义)民主观的创新和发展以及在中国革命与建设中的具体化、中国化,参见李铁映:《民主论》,人民出版社、中国社会科学出版社,2001年,第24~27页;郭丽兰:《马克思民主观的文本研究》,人民出版社,2014年,第200页;周志平:《马克思民主思想研究》,中国出版集团2013年,第70~71页。

史上各种民主的具体本质和特点,将性质不同的民主类型区别开来"①,换言之,"人民当家做主"即阶级民主的中国化,是适应中国革命与建设的民主范畴。

既然中国革命与建设中的民主内涵直接来源于列宁的阶级民主,阶级民主是适应逻辑结构变化和历史语境转换的结果,是列宁对于马克思民主理论的创新与发展。那么马克思的民主理论之于中国民主建设的意义又是什么?

首先,需要明晰的是马克思民主理论与列宁阶级民主之间存在的联系与差异。一方面,马克思的革命历史逻辑通过列宁的阶级分析框架得以延续并发展。另一方面,阶级民主在马克思的理论体系中尚未完成,马克思通过革命来阐释民主,民主意味着无产阶级革命路径选择以及无产阶级政治组织形式。那么这意味着马克思民主理论中的革命内涵处于被掩盖或被忽略的状态。因此,恢复马克思民主理论的革命内涵显得较为必要,尤其是随着资本主义对于民主的吸纳,民主成为资本主义体系的组成部分和流行"标签",单纯的阶级民主难以对抗资本主义民主的"扩张"和话语权。并且阶级民主并没有充分反映马克思时代民主所处的实际状况以及所具有的相应内涵。

其次,恢复马克思民主理论的革命内涵,并不是放弃或者否定民主的阶级属性。相反,通过革命来阐释民主,以及分析民主的阶级属性,可以更好地巩固社会主义民主的地位。并且这也较为符合民主的发展状况。最后,通过分析马克思有关民主内涵及民主形式的叙述,并基于马克思民主理论的反思,可以更好地服务于中国的民主建设,理顺其中的逻辑,发现其中的问题,推动中国的民主建设。

基于此,马克思民主理论对中国民主建设的意义主要表现在四个方面。第一,民主具有一般性,即民主的普遍性、革命性。这来源于马克思民主理论的革命内涵,它意味着平等形式(即政治平等)和平等内容(即消除政治与社会之间的分裂)的统一。第二,民主的阶级性。民主的阶级属性并不产生于马克思的时代,而是随着资本主义对民主的吸纳而完成的。换

---

① 李铁映:《民主论》,人民出版社、中国社会科学出版社,2001 年,第 27 页。

言之,民主在资本主义条件下被剥离了革命内涵,变成一种有助于资本主义的建设形式,并成为普遍的"标签"。当今,强调民主的阶级属性仍然必要,只不过,这一阶级民主的对象主要指向资本主义对民主的吸纳。第三,民主与专政的统一。这里的专政不是内含于阶级民主;相反,专政是革命具体阶段的描述,即无产阶级政治统治地位的确立。它是任何政治统治都具有的一般强制属性,区别于暴力。在专政条件下,无产阶级社会革命的推进可以通过不同的路径,暴力抑或民主,但是对于无产阶级政治组织形式而言,民主形式是"天然的"选择。同样,民主与权威也是统一的,民主并不否定权威,权威建立在平等形式与平等内容统一的基础上。第四,民主形式的重要性。在马克思的时代,因为缺乏无产阶级政治统治的实践,民主形式问题并没有充分展开。而在列宁时代及之后,民主形式与民主性质问题经常出现混淆,二者之间边界模糊,这导致民主形式发展不充分。相反,资本主义民主"标签"的形成正是得益于民主形式的充分发展,资本主义对于民主的吸纳正是通过发展民主形式来完成的。因此,恢复马克思民主的革命内涵,不仅可以丰富和拓展中国的民主建设,同时也是对抗主流资本主义民主的重要武器,这也正是马克思民主理论之于中国民主建设的意义所在。

一、民主的一般性

民主的一般性即民主具有普遍性,抑或革命性,这是基于马克思的唯物史观和革命分析框架而来的民主内涵。在马克思的理论体系中,因为资本主义在政治上的不平等以及无产阶级和资产阶级相对发展的历史趋势,民主在一定条件下承担着无产阶级革命的功能,作为革命路径选择之一。同时,基于平等内容与平等形式的统一,以及消除差异的需要,无产阶级自身政治组织与民主形式之间存在"天然的亲和性",即无产阶级政治组织通过民主的形式展开运转。无产阶级政治组织的民主形式区别于资本主义条件下不充分的民主形式,一方面在于政治平等的充分实现,另一方面则在于消除政治与社会之间的分裂,使得民主获得社会基础。正因为如此,在马克思所处的时代,民主具有普遍性,是一个一般性范畴。针对封建主义,资本主义通过政治民主完成对封建主义的革命;针对资本主义,无产阶级通过弥合政治与社会之间的分裂完成对资本主义的革命。可见,民主具有一般性,即普遍性和革命性。

不过马克思有关民主的一般性区别于之后民主在资本主义条件下所具有的"一般性"(即标签化)。首先,马克思的民主理论经过列宁的创新和发展,成为阶级民主,即有差异抑或对立的民主,故很难存在民主的一般性问题。其次,民主在资本主义条件下成为一种普遍性的存在,并推向全世界,民主成为普遍的"善"。正是在这一对比中,民主一般性属性的解释权和话语权为主流资本主义国家所占据。例如,查尔斯·蒂利认为:"民主本身是一种善(Good),因为在某种程度上它给予某一政权下的人民以集体的力量来决定自己的命运。总之,它使普通百姓免受在大多数政权中流行的暴政和社会混乱之苦。而且,在大多数情况下,它意味着更好的生活条件,至少是当它涉及诸如接受教育、医疗保健和法律保护时。"[1]正是基于民主作为一种普遍的"善"的假设,在主流资本主义国家,任何形式的民主理论与实践都离不开这一逻辑前提。换言之,资本主义对于民主一般性的解释是通过将民主普遍化、标签化来实现的。

查尔斯·蒂利列举了四种主要的民主解释路径抑或判断标准,分别是"宪法的(constitutional)、实质性的(substantive)、程序的(procedural)和过程取向的(process-oriented)"。其中,"宪法的"方式主要是指:"在民主制内,我们可以区分君主立宪制、总统制和议会中心制,还可以区分联邦制和单一制。"问题在于"在宣称的原则和日常实践之间的巨大差别"。"实质性的"方式主要是指:"某一政权创造的生活条件及政治:这个政权是否促进人类福祉、个人自由、安全、公正、社会平等、公众协商与和平解决冲突?如果做到了这些,我们也许可以称之为民主政权而不管其宪法是怎样写的。"问题在于"原则之间的折中"以及忽视"政治体制(包括民主体制)"问题。"程序的"方式是指:"大量公民参与的真正竞争的选举是否在政府的人员和政策上经常产生变化。"问题在于"虽然它们比较方便,但它们只

---

① [美]查尔斯·蒂利:《民主》,魏洪钟等,上海人民出版社,2009 年,第 5 页;Charles Tilly, *Democracy*, New York: Cambridge University Press, 2007, p. 6。

适用于涉及的政治过程的概念极端狭窄的时候"。"过程取向的"方式是指："确定某些少量的处于不断变化的过程作为判定某一情形是否民主的标准。"问题在于它描述了"最小量的民主制度,而不是一系列连续的变量",以及"每一项都是在大的界限内起作用,如果超出界限,其中的某些标准就会相互冲突"。① 蒂利的概括基本涵盖了主流资本主义国家基于民主作为一种普遍的"善",其存在的主要内容和形式。

当然,围绕民主是否充分实现,仍然存在较大的争议。一种观点认为："民主是一种'我们'(西方)已拥有的东西,但我们慷慨而理想地渴望把民主输出到地球上较不幸的地方。"②另一种观点认为："按照现代政治(不仅仅指那些好像被'官方'承认的处于民主化进程中的政治)的议程民主一直是'未完成的事业'。甚至当普选权已实现或当公众选举成为政治体系的核心部分时,民主还远没有实现。"③但是不管是哪种观点,其并不影响民主作为普遍"善"的存在,并作为人类社会(不管是主流资本主义社会,还是主流资本主义社会之外的其他国家)的未来发展方向。因此,民主在主流资本主义社会具有一般性属性,即民主的普遍性。对于主流资本主义国家,不管民主是否充分实现,民主构成资本主义的一般组成;对于非主流资本主义国家,基于民主作为普遍的"善",民主构成判断其他国家的事实标准和价值标准。有关民主的争议是处于民主作为一种普遍的"善"的框

---

① ［美］查尔斯·蒂利:《民主》,魏洪钟等,上海人民出版社,2009 年,第 6~9 页;Charles Tilly, *Democracy*, New York: Cambridge University Press, 2007, pp. 7–11。

② ［英］安东尼·阿伯拉斯特:《民主》,孙荣飞、段保良、文雅译,吉林人民出版社,2005 年,第 3 页。例如,弗朗西斯·福山在《历史的终结及最后之人》一书中指出,"许多过去的专制主义国家现在已经被民主主义所淘汰;而过去的'后专制主义'不是走向了民主制度,就是已发展成为纯粹的专制主义国家","随着人类走进本世纪的岁末,专制主义和社会主义计划经济这两大危机只留下唯一一个竞争者作为具有潜在的全球价值的意识形态,那就是自由民主制度。它是个人自由和民权的学说。法国和美国革命两百年之后,自由和平等的原则已经证明它不仅是持久的,而且也是可以复活的","自由的发展是历史的中心问题","如果我们现在还无法想象出一个完全不同于我们自己这个现实世界的世界,或者未来世界没有以一种明显的方式来体现对当今秩序的彻底改善,我们就应该承认历史本身已经走到了尽头"(参见［美］弗朗西斯·福山:《历史的终结及最后之人》,黄胜强、许铭原译,中国社会科学出版社,2003 年,第 45、47、58 页)。可见,自由与民主不仅构成主流资本主义国家普遍的"善"。同时,也构成人类社会普遍的"善",在专制主义面对合法性危机的条件下,在不能想象出替代自由与民主的背景下,未来人类社会的发展方向就是朝着自由与民主的普遍的"善"前进。

③ ［英］安东尼·阿伯拉斯特:《民主》,魏洪钟等,吉林人民出版社,2005 年,第 137 页。

架之中,蒂利的概念很好地展现了这一点,在民主的一般性这一逻辑前提上,并不存在根本上的争议。

主流资本主义社会对于民主一般性的规定,在中国也有着较大的影响。不管是在民主理论的研究中,还是在中国民主建设的实践中,民主与自由作为普遍的"善"成为不可忽略的影响因素。

例如,刘军宁指出:"西方学者认为,民主政治作为普世价值已经成了世界的潮流和政治文明的标杆","在现代西方社会中,民主政治首先指的是人民通过根据他们的自愿同意选举出来的代表来帮助他们当家做主,即所谓代议民主","现代民主政治是代议(制)民主。在今天这个世界上,凡是公认的民主国家,都实行代议民主","民主政治的出现是人类文明发展的一个重大标志,是一个国家通向长治久安的唯一途径。它的诞生是因为人类社会需要建立一个既能保障人民权利自由,又能处理公众事务的政府"。当然,民主也不是"万能药""包治一切","其内部还有诸多的张力和艰难的平衡,在统一与效率之间、代表性与治国能力之间、冲突与认同之间等"。但是"从历史和比较的观点看,民主的真正优点不在于它能比其他政治形式更能自夸实现人间天堂,而在于有能力防止出现人间地狱","民主政治是普世的价值。既然是普世的价值,这就意味着民主政治是可以移植的。民主政治的具体制度虽然难以照搬,但是民主政治的普遍原理却是完全相通的。因此,文化差异和国情等借口不能成为抗拒民主政治的理由"[①]。可以看出,刘军宁基本沿用了主流资本主义社会有关民主作为普遍"善"的叙述,民主具有一般性,构成人类社会(不分国家、民族、文化、阶段等)的普遍目标。虽然其承认民主形式方面的具体差异以及民主实践的特殊性,但是这一差异性和特殊性以承认民主作为一种普遍的"善"为逻辑前提。

再如,俞可平将中国的改革与发展概括为增量改革,这构成了一个增量民主、通过治理达到善治的过程。俞可平认为:"善治就是使公共利益最大化的社会管理过程。善治的本质特征就在于它是政府与公民对公共生活的合作管理,是政治国家与公民社会的一种新颖关系,是两者的最佳状

---

① 刘军宁:《民主二十讲》,中国青年出版社,2008年,编者序。

态","善治实际上是国家的权力向社会的回归,善治的过程就是一个还政于民的过程","根据增量民主的观点,治理和善治思想对于中国的政治改革而言具有特别重要的意义,中国政治发展的基本目标之一,应当是不断走向与社会主义市场经济体制相适应的善治。这种建立在民主基础之上的善治,我们称之为民主的治理。这种民主的治理应当是中国政治的主要发展方向"。① 可见,善治作为一种普遍的"善",构成人类社会的发展方向和世界趋势,而善治的基础又在于民主的实现。换言之,民主(治理)构成了普遍的"善",这与主流资本主义国家将民主规定为一般、普遍并不存在本质的差异。

不过,在中国民主建设过程中,占据主导地位的并不是民主作为一种普遍的"善"的主流资本主义民主观,而是延续了列宁的阶级民主,即强调民主的特殊性、差异性,而不是民主的一般性和普遍性。例如,李铁映指出:"在阶级社会中,国家和民主具有阶级性。它们都属于一定的阶级,不存在超阶级的国家和民主。这是马克思主义国家学说、民主理论的一个根本观点","马克思主义民主理论同资产阶级民主理论的原则区别在于:前者透过资产阶级民主的形式,揭露其资产阶级专政的阶级实质,而后者则竭力掩盖资产阶级民主的阶级实质,把它说成'全民民主''一般民主''纯粹民主'。"无产阶级民主根本区别于资产阶级民主,其表现在"基本原则""实现途径""最终目的"三个方面。社会主义民主作为新的民主类型,表现在四个方面。分别是"社会主义民主是工人阶级及其他劳动人民当家做主的民主","社会主义民主是社会成员中绝大多数人享有的民主","社会主义民主是由工人阶级政党领导、组织工人阶级及其他广大劳动群众参加管理和监督的民主","社会主义民主是实现劳动解放的民主"。② 可见,无产阶级民主、抑或社会主义民主,基于阶级民主的逻辑前提,其表现出民主的差异性和特殊性。

当然,在向未来社会的发展过程中,不排除无产阶级民主的一般性,即对资产阶级民主替代之后的唯一、真正的、新的民主类型。但是就阶级民

---

① 俞可平:《治理与善治》,社会科学文献出版社,2000年,第8、11页;俞可平:《增量民主与善治》,社会科学文献出版社,2003年,第161页。

② 李铁映:《论民主》,人民出版社、中国社会科学出版社,2001年,第43、55、68~80页。

主而言,无产阶级民主抑或社会主义民主,首先表现为差异性和特殊性,而不是一般性和普遍性。基于阶级民主的逻辑前提,在资产阶级民主与无产阶级民主、社会主义民主与资本主义民主这一区分之外,中国的民主理论与实践还衍生出"中国式民主""中国特色民主""特色民主"与西方民主之间的区分。例如,苏长和指出:"西式民主在内部失灵以及外部推销过程中制造出的动荡,与中国民主政治和制度模式取得的成就形成了强烈对比,民主政治的坐标系正在发生位移。一种内生的、新的制度模式在喷薄而出的时候,外来的概念或者旧模式中的概念是解释不了的","确立民主政治的中国坐标,并不是说用自己的政治坐标要求别人,而是要用自己的民主政治坐标定位自己,以坚强的制度自信指引自己的发展道路,用自己的政治话语将中国民主政治的道理讲清楚。"①再如,黄继荣指出:"长期以来,人们习惯于用西方发达国家的民主化版本来定义民主,于是,多党政治、自由竞选、舆论自由、军队国家化、分权制衡等,就很自然地被看成是民主化的'通用指标'。显然,这种版本的解释标准会因为难以达成政治共识而制约中国民主化的积极探索。"因此,探索"中国式民主"就显得较为必要,"所谓'中国式民主'并不意味着中国已经形成了固定的民主模式,走出了自己的道路,'中国式民主'只是指这样一种在既有体制框架下,特别是在保持共产党执政地位的前提下,旨在化解大众参与压力,进而实现'民主治理'目标的诉求和努力"②。可以看出,西方民主与中国民主的区分,仍然是阶级民主在新的条件下的自然延伸,它着重强调民主的特殊性和差异性,区别于主流资本主义社会有关民主一般性和普遍性的规定。

但是问题在于,中国的民主建设在延续阶级民主的逻辑前提下,在与主流资本主义社会有关民主作为一种普遍的"善"的对比和竞争中,处于弱势乃至失声的地位。如何解决这一问题,如何阐述中国民主所具有的普遍意义,这不仅需要对中国民主的特殊性和差异性作出解释,同时也需要对资本主义民主作出反思。其中,马克思的民主理论之于中国民主建设的意义就凸现出来。

首先,主流资本主义社会有关民主作为一种普遍的"善"的规定,忽略

① 苏长和:《确立民主政治的中国坐标》,《求是》2014 年第 11 期。
② 黄继荣:《"中国式民主"的理论建构》,《经济社会体制比较》2010 年第 3 期。

了两个重要方面的内容,而这两个方面也正是马克思民主理论革命内涵的意义所在。一方面,民主作为政治平等的主要诉求,是一个历史演变的过程。马克思肯定资本主义以及民主对于封建主义的否定作用,但是民主,尤其是表达政治平等的普选权问题,自19世纪产生以来,迟至20世纪才逐渐解决女性、少数族裔等群体的选举权问题。因此,马克思才赋予民主以革命的内涵,作为无产阶级革命的可能路径之一。另一方面,资本主义可以逐步解决平等的形式问题,即民主和普选权。但是资本主义无法解决平等的内容问题,即消除政治与社会之间的分裂。这一分裂导致的结果是民主形式受制于社会之中的所有制关系,基于财产差异的存在,民主和普选权并不能充分实现。因此,主流资本主义社会将民主作为一种普遍的"善",既忽略了民主的历史演进,也掩盖了民主所具有的革命内涵,而这一革命内涵正构成了民主的普遍性与一般性。

其次,就中国的民主建设而言,不管是自身的民主实践,还是对抗主流资本主义社会的民主扩张,需要恢复和回归马克思有关民主革命内涵的规定,这一规定正是民主的一般性与普遍性所在。基于阶级民主的逻辑前提,一味强调民主的特殊性和差异性,这不仅不利于与资本主义民主的竞争,也与马克思民主理论的革命内涵存在出入。恢复和回归马克思民主的革命内涵,并不是否定民主阶级属性的存在,而是将民主首先置于革命分析框架之中,使民主的一般性和普遍性获得准确、合理的规定,即建立在弥合政治与社会分裂基础上政治平等的实现,也是平等内容与平等形式的统一,是差异的真正消除。

总而言之,民主具有一般性和普遍性,但是这一一般性不是主流资本主义社会有关民主作为一种普遍"善"的规定,而是马克思民主理论的革命内涵,它构成了民主形式与民主内容的真正统一。中国作为社会主义国家,需要恢复民主的一般性和普遍性,这不仅有利于中国的民主建设,同时也是对抗主流资本主义民主的必要需求。

二、民主的阶级性

民主的阶级性,抑或阶级民主,主要起源于列宁,这在前文已经有较为详细的论述。这里需要指出的是,列宁之所以提出阶级民主,区别于马克思民主理论的革命内涵,主要有两个方面的因素。首先,列宁在革命形势判断上的差异。19 世纪末 20 世纪初,围绕无产阶级革命形势的争论不断,但总体的判断认为,革命处于低潮时期,通过暴力的方式完成无产阶级政治革命显得较为不可取。例如,恩格斯在晚年明确指出并反思道:

> 历史表明,我们以及所有和我们有同样想法的人,都是不对的。历史清楚地表明,当时欧洲大陆经济发展的状况还远没有成熟到可以铲除资本主义生产的程度;历史用经济革命证明了这一点……既然连这支强大的无产阶级大军也还没有达到目的,既然它还远不能以一次重大的打击取得胜利,而不得不慢慢向前推进,在严酷顽强的斗争中夺取一个一个的阵地,那么这就彻底证明了,在 1848 年要以一次简单的突然袭击来实现社会改造,是多么不可能的事情。①

既然恩格斯都对革命形势作出"悲观"的判断,更遑论伯恩施坦等对革命形势的判断。伯恩施坦认为:

> 随着民主制度的增加,在我们其他方面的社会生活中缓慢地但是坚定地开辟了道路的那种更为人道的看法,在意义更为重大的阶级斗争面前也将不仅不却步不前,而且同样要为阶级斗争创造出更为缓和的解决方式。在一百年以前需要进行流血革命才能实现的改革,我们今天只要通过投票、示威游行和类似的胁迫手段就可以实现了……现代民族国家的政治制度愈是民主化,巨大政治灾变的必然性和机会就愈减少。谁只要坚持灾变论,他一定会像这一理论的彻底拥护者以前也做过的那样,尽可能反对上述的那种发展并且试图加以阻止。但是难道所谓无产阶级夺取政权就只能是通过政治灾变夺取政权吗。②

既然如此,马克思革命理论体系中的暴力革命,以及革命正在、必然实

---

① 《马克思恩格斯文集》(第 4 卷),人民出版社,2009 年,第 540、541 页。
② 《伯恩施坦文选》,人民出版社,2008 年,第 106、102 页。

现就被推向未来,甚至被逐渐取消,马克思的整个革命理论体系面临被"修正"的危险。与之相对,列宁对革命形势提出了完全不同的看法。列宁认为,进入帝国主义阶段的资本主义不是弱化了阶级对立和阶级矛盾,而是强化了阶级冲突和暴力革命的必要性。正是在此基础上,列宁围绕阶级重构(重新解释)马克思的革命理论体系,阶级构成了国家的本质,阶级对立和暴力革命是不可避免的结果,与之相对,民主也需要作出阶级属性的区分,不同性质的民主相互之间是根本对立的。①

正是基于列宁的阶级民主,中国在革命与建设的过程中,首先承认的即民主的阶级性。例如,毛泽东曾指出:"我们的民主不是资产阶级的民主,而是人民民主,这就是无产阶级领导的、以工农联盟为基础的人民民主专政"②,其中民主的阶级属性居于主导的地位。再如,邓小平也曾明确指出:

中国人民今天所需要的民主,只能是社会主义民主或称人民民主,而不是资产阶级的个人主义的民主。人民的民主同对敌人的专政分不开,同民主基础上的集中也分不开,我们实行的是民主集中制,这就是民主基础上的集中和集中指导下的民主相结合……中国在粉碎"四人帮"以后出现一种思潮,叫资产阶级自由化,崇拜西方资本主义国家的"民主""自由",否定社会主义。这不行。③

在承认民主的阶级属性基础上,邓小平强调了民主建设的重要性,例如,邓小平指出:

政治上,充分发扬人民民主,保证全体人民真正享有通过各种有效形式管理国家、特别是管理基层地方政权和各项企业事业的权力,享有各项公民权利,健全革命法制,正确处理人民内部矛盾,打击一切

---

① 列宁有关革命形势以及围绕阶级分析框架重构马克思的革命理论体系,详细参见本书第五章。

② 《建国以来毛泽东文稿》(第4册),中央文献出版社,1990年,第502页。

③ 《邓小平文选》(第2卷),人民出版社,1994年,第175页;《邓小平文选》(第3卷),人民出版社,1993年,第123页。

敌对力量和犯罪活动,调动人民群众的积极性,巩固和发展安定团结、生动活泼的政治局面。[①]

由此可见,民主的首要属性在于阶级性,阶级性构成民主的本质属性。

其次,在承认民主的阶级属性前提下,通过民主的方式、通过有秩序的民主参与,形成"安定团结、生动活泼"的建设局面。民主的阶级性来源于列宁,在中国的革命与建设中得到延续,并成为马克思主义民主理论以及中国化马克思主义民主观的主要内容。例如,郑杭生认为:

> 正如国家是阶级的国家一样,作为国家形式、国家制度的民主也总是阶级的民主。民主的阶级性主要可以通过这样三点来把握:第一,不论何时何地,掌握国家政权的阶级总是决定着该种民主的实质;第二,一定阶级的民主总是与一定阶级的专政联系在一起的;第三,一定阶级的民主总是为该阶级的利益服务的。我认为这几点都是颠扑不破的马克思主义观点。[②]

当前,"中国式民主""特色民主""中国特色社会主义民主"与西方民主的对立延续了这样一种阶级民主的分析和叙述结构,甚至包括"贤能政治"或"精英政治"(Political Meritocracy)[③]也属于阶级民主范畴内的表达,其逻辑前提正是民主的阶级属性。

由此可见,民主的阶级性构成中国民主建设的本质规定。但是正如忽略马克思民主理论的革命内涵一样,民主的阶级性本身并不存在问题,问题在于其对立面的"错位"。首先,民主是否存在阶级属性,抑或阶级性是否构成民主的本质属性或重要属性? 答案显然是肯定的。不过问题在于,民主的阶级属性是伴随着资本主义对于民主的吸纳来完成和确立的。换言之,在列宁提出阶级民主的时候,主流资本主义尚未将民主纳入资本主

---

① 《邓小平文选》(第2卷),人民出版社,1994年,第322页。

② 郑杭生:《树立正确的民主观》,《中国人民大学校刊》1989年第795期,载黄文扬主编:《国内外民主理论要览》,中国人民大学出版社,1990年,第237页。

③ See Daniel A. Bell, *The China Model: Political Meritocracy and the Limits of Democracy*, Princeton: Princeton University Press, 2015.

义体系之中,民主也未构成资本主义的普遍"标签"。这个时候,民主的革命内涵,也即马克思意义上的民主理论,仍然占据着重要的地位。但是随着资本主义的向前发展,民主的革命内涵被不断弱化,成为"修饰"资本主义的建设性力量,即民主的普遍化和标签化。只有当民主作为主流资本主义所认同的一种普遍的"善"的规定,民主的阶级属性才凸现出来。

其次,民主的阶级属性如果要得到创新和发展,那么必须承认民主的革命性、一般性和普遍性。这是发展阶级民主的"力量源泉",也是马克思民主理论的意义所在。相反,如果不能承认民主的革命内涵以及其一般意义,那么一味强调民主的阶级属性只会约束和限制民主的内涵和功能,并将民主特殊化和差异化,从而在与真正的阶级民主(即成熟资本主义对于民主的吸纳和推广)竞争过程中处于弱势和不利的地位。这既是中国民主建设的问题,也是民主在世界范围内发展的问题。

资本主义对于民主的吸纳,使得民主的革命内涵不断弱化,由革命性力量演变为建设性力量,实现民主与资本主义的耦合。一方面,资本主义有吸纳民主的能力。虽然在马克思的时代,民主承担着革命的功能,但是民主作为政治平等,这一平等的形式仍然可以为资本主义所容纳。尽管在无产阶级革命高潮时期,资本主义在形式平等和民主问题上并没有持积极的态度,可这并不影响之后资本主义或积极或消极地接受民主。例如,在1848年革命时期,马克思对德国革命和法国革命持暴力革命态度的一个重要原因即在于:德法两国在民主问题上的障碍。在德国,恩格斯指出:"联合起来的反动派从使革命成问题这一点来着手反对民主","承认革命就是承认革命的民主的一面,这是和大资产阶级背道而驰的,因为大资产阶级力图把革命的这一面化为乌有"。[①] 在法国,马克思指出:"资产阶级的政治统治被宪法硬塞进民主主义的框子里,而这个框子时时刻刻都在帮助敌对阶级取得胜利,并危及资产阶级社会的基础本身。"[②]因此,普选权的废除成为资产阶级的自然选择。由此可见,民主的革命内涵正因为资本主义社会缺乏民主、拒绝民主或害怕民主而承担着革命的功能,甚至在晚年时期,恩格斯仍然强调民主之于无产阶级所具有的革命内涵。但是,

---

① 《马克思恩格斯全集》(第5卷),人民出版社,1958年,第73页。
② 《马克思恩格斯文集》(第2卷),人民出版社,2009年,第115页。

自 1870 年后，大家已愈来愈清楚地看出：各国政治的民主化已势所难免。不论统治者喜欢不喜欢，民众都会走上政治舞台。而后者也的确这么做了……虽然这些发展是由代表人民的意识形态信念所促成的，可是促成它们的各国政府对它们并不热衷……诚然，19 世纪 90 年代的社会主义骚动以及俄国革命的直接和间接影响，都强化了民主运动；不过，不论民主化是用何种方式进行，在 1880—1914 年间，绝大多数的西方国家都已顺应了这个不可避免的潮流。民主政治已经无法再行拖延。自此，问题就变成该如何操纵它了。[①]

这里，问题并不在于资本主义被迫接受民主，而在于这一接受民主的过程以承认社会的不平等为前提。平等的内容制约着平等的形式，政治与社会的分裂仍然存在。民主的革命内涵正在于消除政治与社会之间的分裂，一旦承认这种分裂的合理性，那么，资本主义接受民主的能力和条件就成熟了，民主也由革命性力量转变为建设性力量。

另一方面，资本主义将缺失或被掩盖了革命内涵的民主普遍化、标签化，并推向世界。这时，民主的阶级属性就成为真正的问题，阶级民主被阐述为民主的普遍形式。正如弗朗西斯·福山所指出的："世界普遍史的可能性"，在于"自由民主"：

在所有社会的发展模式中，都有一个基本程序在发挥着作用，这就是以自由民主制度为方向的人类普遍史。在这个历史进程中，民主制度肯定会有昌盛的高潮和衰败的低谷。但是，把自由民主制度在某一个国家甚至世界某一个地区所经历的失败作为整个民主的弱点来对待，看起来实属狭隘和短见。民主制度进程本身的轮回和中断与有方向性的世界普遍史并不矛盾，正如经济周期的存在不会否定长期经

---

① [英]艾瑞克·霍布斯鲍姆：《帝国的年代：1875—1914》，张晓华等译，江苏人民出版社，1999 年，第 100、101、101 ~ 102 页。

济增长一样。①

可以看出,民主的普遍化和标签化已经演化为人类的"普遍史",即人类社会的共同发展方向和前进目标,这一带有目的论色彩和必然性意味的民主的普遍的"善",正成为任何尝试弥合政治与社会之间分裂、改变平等形式与平等内容不一致的障碍。

中国的民主建设面对主流资本主义民主作为一种普遍的"善"的全球扩张,处于不断弱势的地位。并且随着一味强调中国民主建设的特殊性和差异性,加剧了民主话语权和民主实践弱化的速度。中国的民主建设需要改变这一民主发展的困境,首要在于承认民主原初的革命内涵,并正视民主在主流资本主义社会所存在的阶级属性。

一方面,基于马克思的唯物史观,革命所要解决的是不平等和消除差异的问题,尤其是基于社会之中所有权而导致的内容不平等。不管是民主抑或暴力,其都作为无产阶级革命路径选项构成,革命这一历史逻辑并不能与暴力抑或民主划上等号。"革命是基于物质生产实践,通过否定、扬弃对立面,从而达到肯定自身并实现新的发展状态的历史运动过程。"②革命的关键在于社会形态之根本改变。这一改变的目标是消除平等内容与平等形式、社会与政治之间的分裂,从而达到消除差异,真正恢复人作为人的存在。正因为如此,民主在马克思的理论体系中承担的另一重属性即无产阶级政治组织民主形式,存在向前发展的必要性,这正是马克思由政治革命向社会革命过渡的叙述。因此,中国的民主建设需要恢复马克思民主理论的革命内涵,承认民主的普遍性和一般性,"对抗"主流资本主义社会有关民主作为一种普遍的"善"和作为人类社会的"普遍史"。

另一方面,通过恢复马克思有关民主的革命内涵,认识到民主在资本主义社会所具有的阶级属性。只是民主的阶级属性区别于之前一直以来列宁式的阶级民主观。虽然二者之间存在联系,但是差异也是明显的。列宁的阶级民主出于推动革命的需要,"超前"地完成对资本主义民主的阶

---

① ［美］弗朗西斯·福山:《历史的终结及最后之人》,黄胜强、许铭原译,中国社会科学出版社,2003年,第54~55页。

② 详细分析参见论文第二章。

级批判,可是后续的发展并没有扩张民主的生存空间。相反,这带来了民主的差异性和特殊性,无法对抗民主在主流资本主义社会所具有的一般性和普遍性。因此,既要肯定列宁对于阶级民主的贡献,也要在新的条件下开辟新的"阶级民主"理论,突破民主的特殊性和差异性束缚,不断扩大民主的生存和发展空间。

总而言之,马克思民主理论之于中国的民主建设,意义主要表现在两个方面:一是普遍性,二是阶级性。其中,普遍性区别于主流资本主义社会中民主作为一种普遍的"善",抑或作为人类社会的"普遍史",它主要通过强调民主的革命内涵来确立民主的普遍价值,即消除政治与社会之间的分裂、实现平等形式与平等内容的统一。阶级性区别于一直于来列宁有关阶级民主的论述,它主要说明民主在主流资本主义社会仍然以承认不平等为前提。如弗朗西斯·福山指出:"所有真正的民主社会原则上要消灭各种习俗上的不平等",但是正如科耶夫所指出的:"无阶级社会并不是说要消灭所有的社会不平等,有些不平等之所以继续存在某些方面是由于事物的本性而不是人的愿望所决定的,因此是必然的而且是无法根治的。在这样的条件下,这种社会应当可以说已经实现了马克思的'自由王国'。"即便如此,这一平等标准也难以达到。"即使在最完美的自由社会也会有严重的社会不平等,这说明,作为此类社会基础的两大原则,自由和民主之间还处于持续的紧张状态","如果要根除那些看上去是'不可避免的和无法根除的'不平等,肯定会创造出一个魔鬼般的强权国家"。随着左翼挑战的失败抑或左翼披上自由主义的外衣,在未来,"尽管平等人的不平等认可是反自由民主的人最惯用的批评,但我们有理由认为更大并且最终更严肃的威胁则是来自右翼,即来自自由民主给予不平等人以平等的认可的倾向"①。

可见,在新的历史条件下,以是否承认平等作为判断民主阶级属性的前提,这也正是马克思民主的革命内涵所在。中国的民主建设需要吸收马克思民主理论所提供的有关民主的普遍性与阶级性,一方面在强调民主特殊性与差异性的同时,阐释民主的普遍性和一般性。另一方面,在原有阶级民主理论基础上,开辟出新的"阶级民主"理论。如此,中国的民主建设

---

① [美]弗朗西斯·福山:《历史的终结及最后之人》,黄胜强、许铭原译,中国社会科学出版社,2003年,第327、329、331、331~332、338页。

才能获得长足的空间,而不是在普遍性与阶级性两方面受制于主流资本主义社会的民主观。

三、民主与专政的统一性

民主与专政的统一主要源自列宁。列宁基于阶级对立和阶级分析框架,将民主与专政结合起来,变成一体两面的统一体。这一看似冲突、矛盾的概念如何统一起来,需要置于列宁的阶级分析框架中加以考察。

第一,列宁认为,民主是具有阶级属性的,并不存在所谓的"纯粹民主"或一般"民主":

> 谢德曼之流和考茨基之流高谈"纯粹民主"或一般"民主"来欺骗群众,掩盖了现代民主的资产阶级性质……对资产阶级来说,向人民掩盖现代民主的资产阶级性质,把它说成一般民主或"纯粹民主",是有好处和必要的……让资产阶级继续掌握整个国家权力机关吧! 让一小撮剥削者继续利用旧有的、资产阶级的国家机器吧。①

很显然,面对资产阶级占据统治地位、掌握统治权力,任何宣扬民主的一般、纯粹、普遍的辞藻都无法改变民主的阶级属性,即民主在本质上属于资产阶级统治的组成部分。

第二,列宁认为,之所以存在阶级民主,之所以不存在资产阶级所宣扬的一般"民主"或"纯粹民主",根本在于"生产资料所有权和政权掌握在剥削者的手里,所以根本谈不上被剥削者即极大多数居民的真正自由和真正平等"②。可见,解决民主的阶级属性,根本在于实现政治平等并消除政治与社会之间的分裂,即所有制问题的解决。

第三,如何解决资产阶级民主的问题。因为资产阶级民主所掩盖的是资产阶级专政的本质,所以与之相对,必然用无产阶级专政取代之。与此

---

① 《列宁选集》(第 3 卷),人民出版社,1972 年,第 710、711 页。
② 同上,第 710 ~ 711 页。

同时,通过无产阶级专政解决资产阶级专政,从而实现无产阶级民主,这一民主形式才构成真正的民主。列宁指出:

> 民主共和制、立宪会议、全民选举等等实际上是资产阶级专政;要把劳动从资本的压迫下解放出来,除了用无产阶级专政代替这种专政以外,没有别的道路可走……这是用无产阶级专政代替事实上的资产阶级专政(以民主的资产阶级共和制伪装起来的专政)。这是用穷人的民主代替富人的民主。这是用大多数居民即劳动者的集会和出版自由代替少数剥削者的集会和出版自由。这是民主具有世界历史意义的大大扩大,是假民主变为真民主,是人类摆脱资本的桎梏,因为资本歪曲和缩小了一切民主,甚至是最"民主的"共和制的资产阶级民主。这是用无产阶级国家代替资产阶级国家,这种代替是使国家根本消亡的唯一道路。①

列宁的分析清晰地表明,正是由于阶级对立和阶级矛盾的存在,使得资产阶级的任何民主形式都改变不了专政的本质,即对无产阶级的否定。与之相对,改变这一局面,根本在于形成无产阶级的专政,即对资产阶级的否定。因此,专政指向否定资产阶级,民主意味着在否定资产阶级的基础上,民主得到充分的、真正的实现。这样,看似矛盾的两个概念——民主与专政——得到有机统一。换言之,无产阶级民主等同于对资产阶级的专政,无产阶级的专政是为了实现在资产阶级专政条件下不能真正实现的无产阶级民主。艾蒂安·巴里巴尔将列宁的"无产阶级专政"分解为三个方面的内容:

第一,国家权力(State Power),"资产阶级民主是阶级专政,无产阶级民主同样也是阶级专政"。这意味着,"现代社会是基于资产阶级与无产阶级之间的对抗,国家权力为资产阶级所独享,同样,这一国家权力也不为资产阶级内部各个部分所分割"。

第二,国家机器(State Apparatus),"在历史过程中,统治阶级国家权力

---

① 《列宁选集》(第3卷),人民出版社,1972年,第712、713页。

的存在和实现,离不开物质形式的发展和国家机器的运转……如正规军、警察、法律机构以及国家管理结构或'官僚结构'"。这意味着,"对资产阶级国家权力的革命,必须伴随着对资产阶级物质形态的国家机器的否定"。

第三,社会主义和共产主义(Socialism and Communism),"只有共产主义是一个无阶级的社会","社会主义等同于无产阶级专政,无产阶级专政不是'向社会主义过渡'的形式,也不是'通向社会主义的道路',它等于社会主义本身",这意味着,"不存在两个不同的目标——首先是社会主义,然后,第二个目标,即向共产主义过渡、建设共产主义","这一目标从一开始就决定了无产阶级的斗争,战略和战术"。①

可以看出,基于阶级分析框架,列宁所描绘的专政构成了资产阶级国家权力和国家机器的对立物,是无产阶级国家权力和国家机器,并且这一否定必须在物质形态层面得到完成。另外,专政不构成无产阶级革命的具体阶段,它不过是实现共产主义的"工具"所在,并不存在单独的社会主义目标,目标只有一个,即共产主义。那么这意味着专政可以取代民主而成为资产阶级政治统治的替代物,并构成未来共产主义实现的"垫脚石"。

民主在资本主义条件下不过是资产阶级专政的伪装,那么在无产阶级专政条件下,作为实现共产主义目标的工具,专政即全部意义所在,民主即无产阶级专政,二者之间是一种等同关系。正如同资产阶级条件下,民主不过是"安抚"对立阶级的伪装,那么在无产阶级条件下,民主不过是对敌对阶级——资产阶级的一种伪装。国家权力,即专政,在资产阶级条件下为资产阶级所独享,并且是完整的、统一的,不为阶级内部任何派别所分割。与之相对,在无产阶级条件下,基于国家权力的统一性和完整性,它同样强调不可分割和不可分享。民主服从于专政,民主本不过就是专政的"另一种说法",因为阶级利益在根本上是一致的,只有阶级对立才会带来根本利益的矛盾和相互否定。

列宁有关民主与专政的统一(即民主与专政一体两面,正如资产阶级民主的本质在于资产阶级专政,无产阶级民主的实质在于无产阶级专政,民主不过是专政的"代名词",阶级的利益是一致的,只有阶级之间的利益

---

① Etienne Balibar, *On the Dictatorship of the Proletariat*, Fran&ccedilois Maspero, 1976, pp. 59 –62.

是对立的、相互否定的)基本上为中国的民主建设所继承。例如,毛泽东在
《论人民民主专政》中指出:

> 骂我们实行"独裁"或"极权主义"的外国反动派,就是实行独裁
> 或极权主义的人们。他们实行了资产阶级对无产阶级和其他人民的
> 一个阶级的独裁制度,一个阶级的极权主义……革命的专政和反革命
> 的专政,性质是相反的,而前者是从后者学来的。这个学习很要
> 紧……总结我们的经验,集中到一点,就是工人阶级(经过共产党)领
> 导的以工农联盟为基础的人民民主专政。[1]

可以看出,问题的关键不在于民主,而在于专政,在于性质不同乃至相反的
专政本身。换言之,基于阶级对立,不同性质的阶级专政是相互对立、冲突
的,但是二者之间形式又是一致的,即"前者是从后者学来的。这个学习很
要紧"。

民主的本质正在于专政本身,脱离专政的民主不过是一种"伪装",是
不实际的。为什么民主在无产阶级专政条件下才成为真正的民主,其关键
不在于民主本身,而在于专政本身,无产阶级专政优于资产阶级专政,它代
表了绝大多数人的利益,这才使得民主成为现实,民主的现实在于阶级自
身的一致性,不存在阶级之间的民主优劣对比。再如,邓小平也曾指出:

> 无产阶级专政对于人民来说就是社会主义民主,是工人、农民、知
> 识分子和其他劳动者所共同享受的民主,是历史上最广泛的民主……
> 发展社会主义民主,绝不是可以不要对敌视社会主义的势力实行无产
> 阶级专政……不对他们专政,就不可能有社会主义民主……事实上,
> 没有无产阶级专政,我们就不能保卫从而也不可能建设社会主义。[2]

可见,民主与专政是一体两面的关系,正是因为解决了无产阶级专政的问
题,无产阶级民主才得以成立。民主不能脱离专政独立存在,民主的具体

---

[1] 《毛泽东选集》(第4卷),人民出版社,1991年,第1478、1480页。
[2] 《邓小平文选》(第2卷),人民出版社,1994年,第168、169页。

实践也是在承认专政的前提下展开的。

正因为民主不过是专政的"代名词",只强调阶级对立基础上专政的重要性,而忽视了民主自身实践的必要性。这一忽略是民主与专政一体两面关系的自然结果。因为不存在阶级之间民主实践的优劣对比,只存在阶级之间的优劣比较以及相应的民主真伪。这并不是否认民主与专政的统一性。相反,民主与专政在马克思的理论体系中也是统一的,只是问题在于:如何避免一味强调阶级对立和专政,进而挤压民主具体实践的空间和可能,这也是中国民主建设的重要内容。解决这一问题,从而为民主实践提供更大的空间可能,可以通过恢复马克思有关民主与专政的统一性。

专政在马克思的理论体系中更多时候是一个一般性的概念。除了在一些情况下,专政混同于暴力革命之外,专政的内涵还是较为清晰的。第一,专政是革命的特定阶段,是革命历史逻辑的具体环节,是无产阶级政治统治地位的确立。马克思指出:"在资本主义社会和共产主义社会之间,有一个从前者变为后者的革命转变时期。同这个时期相适应的也有一个政治上的过渡时期,这个时期的国家只能是无产阶级的革命专政。"[1]可见,无产阶级在完成政治革命、确立政治统治地位的阶段,即专政阶段。专政是对无产阶级政治统治的描述,是通向社会革命的必要环节。在这一点上,马克思与列宁之间存在差异。在列宁的语境中,专政扮演着最终、唯一目标——共产主义的"工具",但是在马克思的理解中,专政是一个过渡阶段,专政即革命在这一特定阶段的"代名词"。

第二,专政在无产阶级政治统治条件下存在,正如专政一样存在于资产阶级政治统治条件下,专政具有一般属性,是任何政治统治所具有的强制属性。例如,马克思指出:"卡芬雅克不是对资产阶级社会实行军刀专政,而是靠军刀实行资产阶级专政。"[2]恩格斯也曾指出:"近来,社会民主党的庸人又是一听到无产阶级专政这个词就吓出一身冷汗。好吧,先生们,你们想知道无产阶级专政是什么样子吗?请看巴黎公社。这就是无产阶级专政。"[3]可以看出,在资本主义社会,存在相应的资产阶级专政,那么

---

① 《马克思恩格斯文集》(第3卷),人民出版社,2009年,第445页。
② 《马克思恩格斯文集》(第2卷),人民出版社,2009年,第104页。
③ 《马克思恩格斯文集》(第3卷),人民出版社,2009年,第111~112页。

在无产阶级政治统治条件下,无产阶级专政也就是自然而然的结果。正因为如此,如雅克·泰克西埃认为:"无产阶级专政看来仅仅表示为铲除资本主义所必需的国家强制;无产阶级专政可能是一个合法化的民主政府在推行社会主义改造纲领时的合法行动。"① 另外,雅克·格朗戎克也认为:"一切强力运行的政权都叫做专政,包括一种完全立宪制的政权。"②

第三,国家是不可避免的结果,并且这一不可避免的结果存在着不利的方面。无产阶级政治统治的确立应该尽可能消除这一不利方面,其消除的办法正是民主形式。更何况,民主形式在这一条件下获得了成熟的条件,演变为真正的民主。例如,马克思指出:

> 使国家变成"自由的",这绝不是已经摆脱了狭隘的臣民见识的工人的目的。在德意志帝国,"国家"几乎同在俄国一样地"自由"。自由就在于把国家由一个高踞社会之上的机关变成完全服从这个社会的机关;而且就在今天,各种国家形式比较自由或比较不自由,也取决于这些国家形式把"国家的自由"限制到什么程度……在共产主义社会中国家制度会发生怎么样的变化呢? 换句话说,那时有哪些同现在的国家职能相类似的社会职能保留下来呢? 这个问题只能科学地回答;否则,即使你把"人民"和"国家"这两个词联接一千次,也丝毫不会对这个问题的解决有所帮助。

恩格斯也认为:

> 国家无非是一个阶级镇压另一个阶级的机器,而且在这一点上民主共和国并不亚于君主国。国家再好也不过是在争取阶级统治的斗争中获胜的无产阶级所继承下来的一个祸害;胜利了的无产阶级也将同公社一样,不得不立即尽量除去这个祸害的最坏方面,直到在新的自

---

① [法]雅克·泰克西埃:《马克思恩格斯论革命与民主》,姜志辉译,社会科学文献出版社,2012年,第74页。

② 同上,第278页。

由的社会条件下成长起来的一代有能力把这个国家废物全部抛掉。①

由此可以看出,不能因为"国家是一个阶级镇压另一个阶级的机器"。基于阶级对立的前提,就可以得出:国家的本质在于"阶级镇压"抑或专政,并认为专政存在阶级之间对比的优劣,民主依附于专政。问题的关键在于,国家作为不可避免的"祸害",如何消除其不利方面才是主要内容。专政作为任何政治统治的一般属性或一般形态,不能因为专政的优越性而否定解决国家这一"祸害"抑或不利方面,更不能因此挤压民主的可能性空间。否则结果只会导致马克思所描述的,"你把'人民'和'国家'这两个词联接一千次,也丝毫不会对这个问题的解决有所帮助"。

通过上述分析可以得出,马克思理论体系中专政与民主的统一性,并不是专政(包括国家性质、国家形态)的优越性以及专政可以取代民主。相反,专政与民主统一的内涵表现在两个方面。一方面,专政作为无产阶级政治革命的自然结果和无产阶级政治统治的一般属性。其构成革命在特定历史阶段的表达,对于革命的路径选择,仍然存在暴力抑或民主的选项。这依赖于具体国情以及相应的阶级状况,专政并不混同于暴力革命。相反,专政处于暴力或民主革命路径选择之上。

另一方面,专政区别于国家,国家作为不可避免的结果,存在不利的方面,但是,专政更集中于政治统治的一般强制属性。不能通过阶级对立得出国家优越性和专政优越性。专政仅仅是无产阶级政治统治的一般描述。相反,国家这一"祸害"不利后果的消除正是依赖于民主形式,即无产阶级政治组织的民主运转。在确立无产阶级政治统治的背景下,通过普选权可以实现形式的平等,又因为逐渐完成对社会的革命,平等也获得了内容。

因此,民主形式与民主内容实现了真正的统一,这也是区别于民主在资本主义条件下的关键方面。换言之,民主拥有自身的优越性,但是这一优越性不是来自于专政,而是来自于革命(它在具体的历史阶段表现为专政)。基于此,专政获得两个方面的规定性:一是社会革命方面,专政并不能决定革命的路径选择(暴力 VS 民主);二是无产阶级组织形式方面,专

---

① 《马克思恩格斯文集》(第3卷),人民出版社,2009年,第111页。

政并没有肯定抑或否定民主形式,更没有使民主处于附属的地位。相反,国家不利后果的消除使得民主形式显得必要,并且因为条件的成熟,民主形式与民主内容完成统一(区别于民主在资本主义条件下不能充分实现,抑或资本主义不愿实现哪怕是形式上的平等)。这也是革命的应有之义。

正是基于马克思有关专政与民主的统一(这一统一包含专政的一般性和民主的必要性,并且专政在于陈述革命历史逻辑的特定阶段,民主描述的是特定阶段中的具体方面),民主获得了自身的生存与发展空间。民主不再如列宁所阐述的那样依附于专政,专政的优越性并不存在。相反,专政更多作为任何政治统治的一般属性。既然如此,专政与民主的统一不再是一体两面的关系,而是一般性与必要性的关系。这一统一内涵的变迁,根本在于马克思的革命历史逻辑,而不是简单的阶级分析框架。在列宁的阶级分析框架中,专政的优越性经常挤压民主的可能性空间,而在马克思的革命分析框架中,民主获得自身独立的可能性空间。专政并不构成区分资产阶级与无产阶级的关键所在,相反,民主在资产阶级政治统治与无产阶级政治统治背景下却存在真实的差异。因此,中国的民主建设不在于否定民主与专政的统一性,而在于如何阐释这一统一性的内涵,为民主空间提供更大的可能性,马克思在这一问题上的阐释无疑有着重要的作用。

四、民主形式的重要性

在无产阶级政治组织形式问题上,列宁较早地提出了集中制的问题。1903年,列宁在俄国社会民主工党第二次代表大会上指出:

> 许多党员认为联邦制是有害的,把联邦制应用于俄国当前的实际是同社会民主党的原则相抵触的。联邦制之所以有害,是因为它把独特性和隔阂合法化,使之提高为原则,提高为法律……我再说一遍:我们不承认任何必然存在的壁障,因此在原则上反对联邦制。

与之相对,列宁认为:"集中制要求中央和党的最遥远、最偏僻的部分之间没有任何壁障,这难道不清楚吗?我们的中央将得到直接了解每一个党员的绝对权利。"①1904年,卢森堡在《俄国社会民主党的组织问题》一文中对列宁的"集中制"提出质疑和批评。应克复认为:"针对卢森堡的批评,列宁在1905年将'集中制'的概念改为'民主集中制'的概念。列宁申明,集中制有专制主义的集中制、官僚主义的集中制,而俄共所实行的则是民主的集中制。也就是说,集中制有两种。"②1906年,在俄国社会民主工党统一代表大会上,有关党的组织原则的民主集中制得以确立,在《提交俄国社会民主工党统一代表大会的策略纲领》中,列宁明确指出:"党内民主集中制的原则是现在一致公认的原则。"③列宁有关党的组织形式的民主集中的论述,是否与回应卢森堡的批评相关,这不得而知,但是可以肯定的是:集中制是组织形式中的重要部分、乃至关键部分。在这一点上,应克复的判断是较为合理的,其认为:

　　　　尽管列宁称他所提出的集中制标以民主的集中制,但其重点是"集中",这一贯为列宁所强调。譬如,1920年列宁仍强调:"无产阶级的无条件的集中制和极严格的纪律,是战胜资产阶级的基本条件之一。"列宁还认为,无产阶级取得政权之后必须实行无产阶级专政,而无产阶级专政要求在党内仍"需要实行极严格的集中制和极严格的纪律"。"谁要是把无产阶级政党的铁的纪律哪怕是稍微削弱一点(特别是在无产阶级专政时期),那他事实上就是帮助资产阶级来反对无产阶级"。④

那么列宁为什么提出集中制,并且集中制的合理性抑或在内逻辑是什么,

---

①　《列宁全集》(第7卷),人民出版社,1986年,第248、249页。
②　应克复:《"民主集中制"的由来与演变》,《炎黄春秋》2012年第10期。
③　《列宁全集》(第12卷),人民出版社,1987年,第214页。
④　应克复:《"民主集中制"的由来与演变》,《炎黄春秋》2012年第10期。当然,应克复将列宁的民主集中制侧重点放在集中制上面,对此的不同意见也是非常之多的,如辛向阳:《列宁民主集中制理论的思想来源》,《思想理论教育导刊》2011年第2期。但是不管是应克复对列宁侧重于集中制的批评,还是其他学者对应克复的批评,认为民主与集中共同存在于列宁的理论之中,并且这一理论来源于马克思、恩格斯,问题的关键在于,列宁为什么提出集中制,集中制的合理性在于什么,回答这一问题比简单批评或肯定集中制更为重要。

这是理解无产阶级政治组织形式民主集中制的关键所在。

列宁曾指出：

> 实际上，为争取完全的平等以至为争取承认民族自决权而斗争，不是我们全党的义务吗？因此，如果我们党的任何一部分没有履行这项义务，那么按照我们的原则，它必然要受到谴责，必然要由党的中央机关去纠正。如果明明完全有可能履行这个义务却故意不去履行，那就是背叛行为。①

列宁的这段描述基本阐释了集中制的逻辑基础，因为在"完全的平等"和"民族自决权"这一最高目标面前，即使是民主形式也不应该得出与之相对、相反的结论。那么这一目标的来源又是什么？这要追溯到列宁围绕阶级重构马克思的理论体系。

列宁将资产阶级国家和资产阶级政治统治归结为资产阶级专政这一本质，民主不过是作为专政的"伪装"。基于阶级分析方法，与资产阶级专政的是无产阶级专政，无产阶级专政构成无产阶级政治统治的本质所在，那么相对于统治的本质而言，统治的形式要居于次要的地位，至少不应该违背统治本质而一味强调统治的具体形式。正是在这一逻辑的基础上，民主形式是服从无产阶级专政本质的，并依附于无产阶级专政。换言之，当民主作为资产阶级专政的"伪装"，民主亦可以作为无产阶级专政的"伪装"，这一"伪装"是针对对立阶级的。只要满足无产阶级专政，那么这一"伪装"采用何种形式则并不重要。

另外，还有一个重要的原因是：在阶级分析框架中，差异只存在于阶级之间，而不会存在于阶级自身。因为阶级对立导致阶级专政，阶级专政作为阶级的最高属性，代表了特定阶级的最高利益。那么一方面，阶级自身从属于这一"最高利益"——阶级专政；另一方面，即使阶级自身存在"不同利益"，但基于只存在阶级之间的差异，不存在阶级自身的差异，这一"不同利益"也是可以为"最高利益"——阶级专政所消化、吸收的。如果

---

① 《列宁全集》（第7卷），人民出版社，1986年，第250页。

用通俗的语言加以表述,即使阶级自身允许存在民主形式,其也会或主动或被动地实现阶级自身的一致性——阶级专政;即使阶级自身不存在民主形式,集中更为容易、适宜地带来与阶级本质即阶级专政之间的一致性。

正因为这一内在逻辑,列宁才提出了集中制这一无产阶级政治组织形式,再加上战争的形势要求,集中制就更为顺理成章。但是,集中制的根源在于阶级自身不存在差异,这一差异和对立只存在于阶级之间。由此可见,应克复认为:"列宁的治党思想的双重性,以及由于当时所处的环境使他更多地强调集中,为斯大林日后通向个人专制留了一条门径"①,这一分析显得较为表面化,没有触及列宁有关集中制和民主集中制背后的内在逻辑。

中国的民主建设与发展,基本延续了列宁基于阶级分析的民主集中制形式。首先,这一民主形式来源于阶级对立和阶级矛盾。例如,毛泽东曾指出:

> 人民这个概念在不同的国家和各个国家的不同的历史时期,有着不同的内容。拿我国的情况来说,在抗日战争时期,一切抗日的阶级、阶层和社会集团都属于人民的范围,日本帝国主义、汉奸、亲日派都是人民的敌人。在解放战争时期,美帝国主义和它的走狗即官僚资产阶级、地主阶级以及代表这些阶级的国民党反动派,都是人民的敌人;一切反对这些敌人的阶级、阶层和社会集团,都属于人民的范围。在现阶段,在建设社会主义的时期,一切赞成、拥护和参加社会主义建设事业的阶级、阶层和社会集团,都属于人民的范围;一切反抗社会主义革命和敌视、破坏社会主义建设的社会势力和社会集团,都是人民的敌人。②

可见,尽管人民的内涵和范围存在变化,但是人民概念的内涵及边界都是通过阶级对立这一分析方法得出的。与之相对,对立阶级——即人民的敌人,也是基于阶级分析而得以成立。

其次,对于无产阶级政治统治形式而言,它依附于阶级专政这一事实

---

① 应克复:《"民主集中制"的由来与演变》,《炎黄春秋》2012年第10期。
② 《建国以来毛泽东文稿》(第6册),中央文献出版社,1992年,第317页。

和本质,但是,具体采用何种形式以及在阶级本质这一根本属性上的一致性,并不受具体形式的影响。例如,毛泽东又指出:

> 专政的制度不适用于人民内部。人民自己不能向自己专政,不能由一部分人民去压迫另一部分人民。人民中间的犯法分子也要受到法律的制裁,但是,这和压迫人民的敌人的专政是有原则区别的。在人民内部是实行民主集中制……但是这个自由是有领导的自由,这个民主是集中指导下的民主,不是无政府状态。无政府状态不符合人民的利益和愿望。①

可以看到,对于无产阶级政治组织而言,其可以采用民主的形式,也可以采用集中的形式,其中,集中居于主导地位。一方面,集中居于主导地位,这一形式的来源在于阶级对立,阶级本质在于专政,阶级自身具有一致性,并不存在阶级内部的根本对立和差异。另一方面,民主形式的存在依附于阶级专政这一本质,即“自由是有领导的自由”。民主不管是在应然层面还是在实然层面,都应该与阶级本质相一致,民主的合理性在于“按照我们的经验,这是解决人民内部矛盾的一个正确的方法”②。因为阶级自身具有一致性,通过集中的形式已然可以完成阶级一致性,只是民主的方法也为实践所证明是“一个正确的方法”。

之后,邓小平在无产阶级政治组织形式即民主集中制问题上丰富并拓展了这一概念的内涵。不过在概念边界的确定上,阶级分析方法仍然占据着主导的地位,因为民主集中制的产生即在于阶级对立。例如,邓小平曾指出:“没有民主,就没有集中;而这个集中,总是要在民主的基础上,才能真正地正确地实现。没有无产阶级的民主和无产阶级的集中,也就没有社会主义,资本主义就要复辟”,“不实行民主集中制,不但脱离人民群众,脱离党员群众,而且上级脱离下级,甚至在同级里也势必造成少数人或个人脱离多数,少数人或个人专断的局面”。③ 这里有两重内涵:一是民主的阶

---

① 《建国以来毛泽东文稿》(第6册),中央文献出版社,1992年,第319、320页。
② 同上,第322页。
③ 《邓小平文选》(第1卷),人民出版社,1994年,第304、305页。

级性,民主依附于专政这一阶级实质,专政来源于阶级对立;二是民主作为一种重要的工作方法,即毛泽东所阐述的"一个正确的方法"。

改革开放之后,一方面是吸取之前的政治教训,另一方面是推动社会主义市场经济建设的需要,民主内涵的拓宽显得尤为重要。邓小平指出:"我们的目标,是想造成一个又有集中又有民主,又有纪律又有自由,又有统一意志、又有个人心情舒畅、生动活泼,那样一种政治局面。这就是社会主义民主的政治局面,这就是我们今天和今后所要努力实现的政治局面","就国内政策而言,最重大的有两条,一条是政治上发展民主,一条是经济上进行改革,同时相应地进行社会其他领域的改革"。① 可以看出,民主在改革开放之后中国特色社会主义建设阶段内涵的拓宽,正如同民主在革命和建设阶段内涵的存在一样,都是基于"一个正确的方法"的原因。根本而言,在阶级自身一致性的前提下,集中始终居于主导的地位,民主不过扮演着解决问题方法的角色。当然,这并不否定民主形式的主要作用,即使民主形式居于主导地位,在阶级自身一致性问题上,民主形式也会自然而然地实现与之的统一。只是这一民主形式的主导地位需要置于革命分析框架之中,即马克思理论中有关民主形式与革命目标一致性的问题。

在马克思的理论体系中,无产阶级政治组织与民主形式之间存在"天然的亲和性"②。首先,无产阶级政治组织的运转应该基于民主形式,不管是共产主义者同盟、国际工人协会,还是有关巴黎公社问题上,马克思都持有完全的民主态度。这一民主形式包括所有成员的普遍平等、普选权、监督,以及随时撤换的权利等。民主形式的充分实现依赖于两个方面的要素:一是普遍的政治平等,二是政治与社会之间分裂的弥合。马克思革命理论的展开也正是基于这两个方面,一方面,政治革命的完成实现了普遍的政治平等;另一方面,社会革命的完成消除了政治与社会之间的分裂。因此,民主在无产阶级政治统治条件下具有充分实现的条件,无产阶级政治组织与民主形式之间具有"天然的亲和性"。

其次,马克思有关组织原则与组织形式关系的问题。组织原则即革命

---

① 《邓小平文选》(第 2 卷),人民出版社,1994 年,第 176 页;《邓小平文选》(第 3 卷),人民出版社,1993 年,第 116 页。

② 详细分析参见论文第四章。

目标,革命目标在于消除差异,尤其是基于私有制而造成的差异,并实现每个人自由而全面的发展与所有人自由而全面的发展之间的统一。组织形式即民主形式,民主形式很好地统一了每个人自由而全面的发展与所有人自由而全面的发展,它构成了平等形式与平等内容的统一。马克思认为,组织原则与组织形式之间构成递进关系,二者相互统一,并不存在对立与矛盾。换言之,当组织原则被放弃时,组织形式也就不复存在;而当组织形式存在之时,必然导向组织原则。例如,马克思在国际工人协会总委员会的问题上曾指出:"只要总委员会不再是国际工人协会的多数人的代表者,那末即使我们承认总委员会有黑人曾长或者俄国沙皇的权力,这种权力反正也会是虚幻的",总委员会"只是一种精神力量,如果得不到全协会的赞同,它将是软弱无力的"。[①] 可见,总委员会的权力与民主形式之间存在一致性,当民主形式不能有效运转时,这一组织权力是失效的,也是与革命目标相悖的;而当组织权力背离革命目标时,必然不是基于民主形式产生的。这一看似矛盾的关系在马克思的逻辑结构中被很好地结合在一起。

对比马克思与列宁有关民主形式的论述,可以看出,列宁基于阶级对立,将专政作为阶级统治的本质所在,专政构成全部问题的关键。那么民主形式抑或集中形式,只要遵从专政这一阶级自身的一致性,都是合理的。至于具体采用何种形式——民主形式、集中形式抑或民主集中形式,则是居于第二位的问题,它依赖于专政的具体情况而转移。与此对应,马克思基于革命的历史逻辑,将民主形式与无产阶级政治统治置于同等重要的地位,无产阶级政治统治必然采用民主的形式,因为它们共同处于革命分析框架之中。一方面,平等形式与平等内容的统一通过民主形式得以展现;另一方面,平等形式与平等内容的统一正是政治革命与社会革命的结果。正因为如此,在马克思的理解中,民主形式的充分实现,其结果只能是革命目标;而革命目标的充分表达,亦是只能通过民主形式来实现。不管是马克思基于革命分析框架,认为民主形式与革命目标之间完全一致,还是列宁基于阶级分析框架,在专政这一阶级自身一致性的基础上,民主形式与集中形式可以共存并依赖具体情势而变化,二者都忽略了无产阶级政治组

---

① 《马克思恩格斯全集》(第18卷),人民出版社,1964年,第729页。

织民主形式内部可能存在的冲突、矛盾,乃至与革命目标或阶级自身一致性之间的背离。

在马克思主义民主理论体系中,民主形式的重要性经常是一个容易被忽略的问题。这不仅指向马克思民主理论的革命内涵,同时也指向列宁的阶级民主和民主集中制。但是民主形式并不是一个可以随意处置的问题,"曾经被作为'仅仅'政治'形式'看待的东西比一种对经济和社会权力专心关注所能表达的东西有着远为更大的潜在和实际重要性"①。一方面,资本主义对于民主的吸纳、对于民主革命内涵的消解,正是通过民主形式的建设来完成的。民主成为主流资本主义社会的"标签",正是通过重视民主形式的建设来实现的,正如安东尼·阿伯拉斯特所指出的:

> 对"资产阶级"民主所提供的美德、好处和机会加以贬低的任何倾向都应予以坚决抵制。"资产阶级"民主是一项应该继续添砖加瓦而不是加以鄙视和无视的成就。那些直到最近才开始改变而之前从来不知道它的国家比如南非或波兰,或者是难以恢复它的国家比如智利和捷克共和国,可能是最能深刻欣赏它的。②

另一方面,这并不是否认马克思有关民主的革命内涵,以及民主所要实现的平等形式与平等内容的统一。换言之,资本主义对于民主的吸纳并不能成为否定马克思民主理论的依据,"多个角度证明'资产阶级'民主是一个欺骗性的黎明,实现地只是众多为之努力奋斗的人所希望的一个部分"。例如,"民选政府发现向大型私有公司的愿望弯腰是必需的,极大形塑公共意见的媒体能够被百万富翁买来卖去,被他们看做只不过是一些私有财产(当然情况也确实如此),这个事实证实了一个积极和有效的民主要和垄断性资本主义共存是多么地困难"③。

对于中国的民主建设而言,基于列宁的阶级民主和民主集中制,民主形式与集中形式之间的调和是一件比较困难的事情,其困难的原因在于民

---

①② 〔英〕安东尼·阿伯拉斯特:《民主》,孙荣飞、段保良、文雅译,吉林人民出版社,2005年,第138页。

③ 同上,第138、142页。

主依附于专政(即阶级自身的一致性)这一逻辑结果。如何更好地实现民主形式,可以吸收马克思有关民主形式与革命目标统一性的论述。

首先需要明确的是,无产阶级政治组织应该通过民主形式展开活动,二者之间具有一致性。这时,集中形式与民主形式的潜在冲突得以化解。通过将集中与民主的关系替换为权威与民主的关系,并将其置于革命分析框架之中,可以有效缓解阶级对立和阶级专政逻辑中民主依附于专政这一结果。民主形式不应该处于专政之下,作为第二位的问题;民主应该置于革命分析框架之中,作为第一位的问题,与革命相统一。

其次要重视民主形式建设。马克思认为民主形式会自动实现革命目标,但是民主实践表明,民主形式的运转完全可以制造与革命目标不一致的结果,这一结果的产生正是因为忽略了民主形式的复杂性。资本主义在民主形式建设上的努力可以作为借鉴和警示,借鉴在于民主形式的建设方法和建设内容,警示在于通过民主形式建设消解了民主的革命内涵,构成马克思(主义)民主理论和实践的重要挑战。

总而言之,中国的民主建设离不开对民主形式的重视,而民主形式的建设首要又在于恢复马克思革命分析框架中民主与革命的统一、民主作为第一位的问题,在此基础上,通过民主形式的创新与发展,化解可能存在的民主形式与革命目标之间的不一致,从而超越主流资本主义社会有关民主形式的普遍定义,对抗主流资本主义社会在民主形式上的"标签化"态度。

五、小结

马克思民主理论对于中国民主建设的意义,主要在于恢复民主的革命内涵,即民主作为无产阶级革命路径选择之一,以及民主作为无产阶级政治组织形式。因为中国的民主观念和民主实践基本继承了列宁基于阶级分析框架而来的阶级民主,这一对于马克思理论体系的重构有其时代背景和逻辑结构。但是在现实的运行过程中,也面临着一系列创新的需要,尤其是如何对抗主流资本主义社会有关民主的普遍化、"标签化"。一方面,中国的民主建设需要挖掘更多的学术资源;另一方面,马克思的民主理论作为中国民主建设的重要历史来源之一,可以开辟出民主创新与发展的新空间。

第一,基于阶级民主的逻辑,中国的民主建设容易导向特殊性和差异性,面对主流资本主义社会有关民主普遍性、一般性的话语权,需要恢复中国民主的一般性内涵,即中国的民主建设符合民主的一般性要求。但是这一一般性内涵不同于主流资本主义对于民主内涵的"标签化"处理,而是回到马克思有关民主的革命内涵,即普遍的政治平等以及政治与社会之间分裂的弥合;它构成了平等形式与平等内容的统一,区别于主流资本主义在普遍民主的背景下对于民主革命内涵的稀释和消解。确立了中国民主的一般性,也就获得了同主流资本主义有关民主普遍性竞争的机会与可能。

第二,民主的阶级性不可忽略。民主是否具有阶级性,这一问题的最好回答是列宁的阶级民主观。但是真正将民主纳入资本主义体系,将民主由革命性力量转变为建设性力量,是在列宁之后。更何况,列宁有关民主阶级属性的判断更多依赖于阶级专政,民主依附于专政,难以获得独立的发展空间。因此,重新阐释民主的阶级性内涵就显得较为必要。一方面,这是对抗主流资本主义有关民主普遍性的需要;另一方面,这也是中国民主优越性的体现,即中国民主在消除阶级性、真正实现平等形式与平等内容统一问题上的优势。

第三,民主与专政的统一性。民主与专政的统一需要回到马克思的革命分析框架之中,将专政界定为无产阶级政治统治的一般属性,它表达着任何政治统治所具有的强制属性。专政意味着革命的特定阶段,是革命历史逻辑的具体组成,在这一革命阶段,民主是无产阶级政治组织的"天然"形式,它并不否定民主的生存空间,也不将民主置于专政的附属地位。民主与专政的统一,即革命与民主的统一(革命历史逻辑的展开即民主的充分实现过程),在无产阶级政治统治地位确立阶段,民主形式构成无产阶级政治组织形式的"天然"选择。

第四,民主形式的重要性。一直以来,基于阶级分析框架,民主形式抑或集中形式作为专政的附属物,是处于第二位的问题,在阶级自身一致性的逻辑延伸下,结合革命形势的需要,集中反而更容易符合阶级专政这一阶级实质。这样,容易造成在民主形式建设上的缺失。通过马克思的革命分析框架,民主是作为第一位的问题,与革命相统一的。

因此,民主形式获得自身的发展空间。只是马克思在民主形式问题上也存在不足,即认为民主形式与革命目标自动地完成统一,殊不知,民主形式建设的不足完全可以造成与革命目标的背离。另外,主流资本主义对于民主的吸纳,对于其革命内涵的瓦解,也正是通过强调民主形式建设来完成的。由此可见,民主形式的重要性日益凸显,中国民主建设的发展以及对于主流资本主义民主的竞争和超越,离不开民主形式建设这一重要组成。

正是在建设中国民主这一时代要求下,在竞争主流资本主义有关民主一般化、普遍化、"标签化"的背景下,马克思民主理论的革命内涵提供了丰富的学术资源和理论支撑。一直以来,列宁基于阶级分析框架而来的阶级民主观,为中国的革命和建设所继承,其对于中国的民主建设和发展起到了不可或缺的作用。但是随着时代背景的变换,这一阶级民主观的内涵及外延都面临着拓展的需要。

例如,在民主与专政的关系问题上,虽然专政确实处于优先地位,但是专政更多指涉革命的具体阶段,革命与民主的统一性应该为专政与民主的统一性所延续。可是,现实中民主依附于专政,并且在阶级专政这一阶级实质和阶级自身一致性这一逻辑前提下,民主并不能很好地实现与革命的统一,变成与集中竞争生存空间的状态。

在民主与阶级的关系问题上,民主确实存在阶级属性,但是这一阶级属性意味着民主是否充分实现,随着普遍的政治平等以及政治与社会之间分裂的弥合,民主的充分实现得以可能,而不是民主处于阶级专政的附属地位,变成阶级自身一致性的一个重要补充。

在民主与暴力的关系问题上,革命框架中的民主意味着民主自身所具有的革命内涵(如在资本主义条件下,民主不能充分实现——政治不平等、政治与社会之间的分裂,那么,消除这一民主充分、真正实现的障碍,即革命过程),但是基于阶级对立和阶级专政,暴力革命绝对化,民主的革命内涵处于被掩盖的尴尬状态。

在民主形式问题上,不仅有马克思对于民主形式问题考虑的不充分,也有阶级对立、阶级专政、阶级自身一致性背景下对民主生存空间的挤压，使其难以获得充分的发展空间。

在与主流资本主义有关民主的竞争问题上，主流资本主义对于民主的吸纳和"标签化"这一历史趋向，并没有得到充分考虑，社会主义民主反而处于弱势和话语权缺失的地位，这不仅不利于社会主义民主自身的发展，也助长了主流资本主义民主的全球扩张，等等。因此，如何化解中国民主建设过程中存在的一系列问题，办法不在于向主流资本主义民主"靠拢""屈服"，而在于如何从马克思革命理论体系中挖掘新的学术资源和理论支撑。基于马克思民主理论与列宁阶级民主观的历史延续性，可以通过恢复马克思民主理论的革命内涵来助力中国的民主建设和发展。

结束语　马克思民主思想与中国民主制度的生长

目前，不管是国内学界还是国外学界，在马克思民主思想研究领域都存在一些不可回避的问题。在国外，大部分研究者流行通过自由主义来评价马克思的民主思想，不论是对其持肯定态度抑或否定态度。例如，一些批评者一般将马克思的民主思想与激进主义、极权主义联系起来，而这种联系的构建，标准又在于自由主义民主理论；同理，在肯定马克思民主思想的过程中，一些研究者尝试各种方法来论证马克思民主思想与自由民主的耦合性，甚至不惜重构马克思的整个理论体系。由此可见，国外马克思民主思想研究仍然无法面对马克思民主的革命内涵，即民主作为一种革命，以及民主作为无产阶级政治组织的"天然"形式，而这一系列民主的内涵又是来源于马克思的唯物史观和革命分析框架。但是国外研究者多是从之后民主在资本主义条件下发展的状况，反过来"想象"马克思民主思想的内涵应该是什么，而不是从马克思当时所处的历史语境和所分析问题的逻辑结构来展开马克思的民主理论。

在国内，马克思民主思想研究长期受制于阶级分析框架，将马克思革命分析框架中的一个必要组成——阶级，抽离出来，重新建构马克思整个理论体系，并付诸于正统/正确之争。阶级分析框架经历了以下发展阶段，首先是阶级分析方法对无产阶级民主的彻底否定，一味强调集中和服从；其次，改革开放以后，为了提供无产阶级民主的可能性，开始在阶级分析框架中强调无产阶级民主的重要性和必要性，并且通过国家与社会关系的视角为无产阶级民主提供更为充分的依据。但是国家与社会关系的视角，其最终落脚点仍然在于阶级分析方法，并不能从根本上改变民主的阶级属性、回到马克思的民主内涵。

正因为如此,多数有关马克思(主义)民主具体领域的研究,或者在研究进路上的创新,都始终难以有实质性的进展。如何在阶级分析方法之外提供新的研究进路,从而合理、准确地理解马克思的民主内涵,这需要回到马克思的历史语境和逻辑结构之中,由此展开民主思想的内涵及边界。

基于国内外马克思民主思想研究领域所存在的这一带有普遍性的问题,笔者尝试回到马克思的历史语境和逻辑结构中分析马克思的民主理论,进而为马克思民主思想研究新的进路提供可能。回到马克思的历史语境和逻辑结构来阐释马克思的民主内涵,首要在于明晰唯物史观以及由唯物史观所引申出的革命分析框架。毋庸置疑,唯物史观在马克思的理论体系中处于非常基础性的地位,一方面,其作为马克思理论体系的必要组成;另一方面,其又是马克思整个理论得以展开的方法论。因此,探析唯物史观以及相应的革命分析框架就显得尤为必要。马克思通过唯物史观,即实践观,首先完成的是对哲学的革命,将这种外在于人的并反过来制约人的抽象存在变成现实社会中活生生的人的存在,即人的实践。

在此基础上,马克思完成了对既有抽象哲学的革命,即消灭哲学,将哲学变成现实。在消灭哲学的同时,因为哲学已经变成现实的实践,马克思由哲学革命转向了政治革命和社会革命,而政治革命和社会革命同样基于现实的劳动实践,即生产力与生产关系、经济基础与上层建筑。由此可见,马克思通过唯物史观引申出革命。革命一方面在于消灭哲学,另一方面则在于革命实践,即无产阶级政治、社会革命。革命构成了马克思整个理论体系的逻辑起点,即分析框架。换言之,革命与唯物史观是一体两面的关系,唯物史观即要求革命实践。最后,马克思通过实践统一了革命理论与革命行动,革命理论不过是革命实践在理论上的表达,革命行动是活的革命理论。因此,唯物史观以及相应的革命分析框架构成理解马克思全部政治理论的关键所在,这也是马克思理论体系的逻辑结构所在,其中民主、暴力、专政等概念的内涵及边界得以确定。

正是在革命分析框架的基础上,马克思政治理论中的专政、暴力、民主、革命等概念之间的关系得以厘清,避免混淆于马克思之后基于不同逻辑结构对这一系列概念内涵的重构。在马克思的革命分析框架中,革命既包含了对资本主义的肯定,又包含了对资本主义的否定。在马克思所处的时代,革命实践即对资本主义的政治革命与社会革命,其在政治上的载体即无产阶级。对于无产阶级而言,专政具有两重属性,一方面,专政是任何政治统治所具有的强制属性,不管是资产阶级政权抑或无产阶级政权;另一方面,专政也意味着暴力革命,当然这一点在马克思的理论体系中处于模糊不清的位置,其经常与暴力革命相混同。严格意义上来说,专政只具有单一属性,即无产阶级革命在特定阶段上——由政治革命向社会革命过渡——的革命内涵。但总体而言,专政不过是革命在特定历史阶段的表现形态,具有一般性,而不能等同于暴力、权力集中和否定民主。专政并不否定民主,更不将民主置于附属的地位。

至于暴力,其作为无产阶级革命路径选择之一,无疑具有清晰的内涵和边界。但是在理解马克思暴力革命的过程中,经常忽略了暴力革命的适用性问题,即暴力适用于何种国家、何种阶级发展状况等,反而一味强调暴力革命的普适性。特别需要注意的是,暴力与民主在马克思理论体系中的关系问题。不容否认,暴力抑或民主都作为无产阶级革命路径选项构成,二者相互依存、不可或缺。马克思从未用民主方式否定暴力方式,亦从未用暴力方式否定民主所具有的革命内涵,不管是1848年的革命高潮时期,还是19世纪50年开始、60之后革命的退潮,以及马克思、恩格斯晚年在无产阶级革命策略上的反思。总而言之,暴力与民主作为无产阶级革命路径选项构成,其选择的差异主要基于不同国家的国情,即阶级成熟度问题。当然,这一微妙的平衡关系也正是19世纪所独有的阶级状况所决定的。

在此之外,民主亦是无产阶级政治组织的"天然"形式,虽然这一点在研究领域经常被忽视,特别是马克思有关共产主义者同盟、国际工人协会以及巴黎公社组织形式的论述。马克思始终认同无产阶级政治组织应采用民主的形式展开活动,不管革命处于何种阶段,这与马克思的唯物史观以及革命实践相关,它是消除外在于人的抽象存在,以及实现人与人之间自由、平等的必然要求。因此,明晰民主在马克思理论体系中所具有的二重属性就显得较为必要。通过革命这一框架性概念,在对马克思政治理论中相关政治概念的理解过程中,需要消除一直以来存在的几种误解,包括将革命等同于专政、将专政等同于暴力、将暴力与民主视为不可共存等,而这一误解的消除正是得益于唯物史观以及相应的革命分析框架。

通过革命分析框架,可以准确、合理地理解马克思的民主内涵。首先,就民主作为无产阶级革命路径选择而言,这意味着民主在马克思的理论体系中具有革命的功能,如同暴力方式一样,其同样也是一种革命策略和革命手段。在 1848 年之前,因为唯物史观尚未完成、哲学革命也尚未实现,马克思更多是从民主的角度阐释革命的诉求,而不是如同之后通过唯物史观和革命来阐释民主。1848 年革命高潮时期以及之后的 19 世纪 50 年代,马克思的革命分析框架已然确立,暴力革命成为马克思理论叙述中的流行词汇,但是马克思的暴力革命更多适用于大陆国家如德国和法国,而在如英国、美国等国家,马克思主张和平、民主的革命方式。不过,即使是在大陆国家,马克思仍然没有否定民主在理论上所具有的革命功能,只是因为阶级成熟度和国情的限制,暴力革命不可避免。

与此同时,再如英、美等国,即使马克思肯定了无产阶级通过民主方式完成革命,但在争取民主的过程中,马克思仍然没有放弃暴力的可能性。可见,这一时期是暴力革命的凸显期,民主处于暴力的掩盖之下,但是掩盖不等同于否定。在之后的 19 世纪 60 年代以及马克思、恩格斯晚年时期,随着革命的退潮,暴力革命方式越发式微,民主与暴力在马克思的理论体系中获得某种平衡,并向民主不断凸显方向发展。这时,马克思、恩格斯开始反思之前无产阶级革命策略和革命手段问题,承认民主对于无产阶级革命的重要作用,甚至在一贯主张暴力革命的德法等大陆国家,马克思、恩格斯也肯定了民主之于无产阶级的革命作用。不过,民主的凸显并不意味着否定暴力革命的必要性,正如同 1848 年革命高潮时期暴力的凸显仅仅是掩盖了民主、而不是否定民主本身。由此可见,暴力抑或民主之于无产阶级革命而言,二者不可或缺、相互依存。

其次,就民主作为无产阶级政治组织形式而言,这是马克思一以贯之的态度,不管是在共产主义者同盟,还是之后的国际工人协会,以及巴黎公社问题上,马克思始终持有民主的态度,即基于平等的普选权问题。并且这一普选是建立在解决了资本主义劳动实践领域矛盾的基础上。不过,马克思对于无产阶级政治组织民主形式的规定,始终遵循革命原则的要求,即革命的历史逻辑。在此基础上,无产阶级政治组织应该按照民主的形式展开活动,即使包含非民主的要素,其从根本上受制于平等以及相应的普选权。至于如何对待无产阶级政治组织中的反对派,马克思认为,基于革命原则的一致性,反对派并不构成真正意义上的问题。因为无产阶级不断趋于多数,即使适用民主形式,无产阶级仍然掌握主动。但是一旦反对派否定革命原则的一致性,那么其则不适用于民主形式,同样也不存在民主形式。因为民主并未真正实现,形式与内容也并未统一。在无产阶级民主中,基于革命原则,民主只会导向革命目标,这是自然的,也是必然的结果。一旦革命原则的一致性确立,民主形式必然导向革命之一致性,革命原则一致性与民主形式之间绝不会出现冲突,这即革命的历史逻辑。可以看出,在民主形式问题上,无产阶级政治组织与民主形式之间存在"天然的亲和性"。

在准确、合理地理解马克思民主思想的基础上,比较马克思的民主理论与马克思之后不同阐释者、研究者对马克思民主理论的解释与创新,可以发现,二者之间的差异并不单纯地局限于修正与正统之争。在马克思之后,随着革命形势的变迁,不同理论阐释者和研究者基于回应时代主题转换所带来的挑战,通过自身的逻辑结构重构马克思的理论体系,包括民主理论。因此,二者之间的区别根本在于历史语境的转换和逻辑结构的差异。换言之,马克思理论体系面临着"修正"的必要性。伯恩施坦选择通过民主重构马克思的理论体系,否定马克思理论体系中暴力革命的组成部分,尝试和平、民主的方式实现无产阶级革命;与此相对,列宁则选择通过阶级重构马克思的思想体系,基于阶级对立,得出革命必然发生和正在发生的结论。可以看出,不管是伯恩施坦还是列宁,其都忽略了马克思的唯物史观以及相应的革命分析框架,通过分析框架的转换,马克思的理论体系,包括民主理论,获得了"重生"。

不同研究者和阐释者对马克思理论体系的重构,一方面,这反映了马克思与后继者之间的差异;另一方面,这也将马克思的理论作为时代的产物定格在 19 世纪。当然,马克思的理论体系包括民主理论并不是完美无缺的,其同样存在自身的局限性:一是历史语境转换所带来的挑战(即结构之外),二是马克思逻辑结构内部民主适用性的问题(即结构之内)。在结构之内,马克思的民主理论面临着民主形式的缺失,即民主的具体操作问题。除此之外,马克思理论体系中其他政治概念如专政、暴力、阶级斗争等,都存在对民主的侵蚀,使得民主的生存空间不断受到挤压,即使马克思始终为民主的存在提供充分可能。在结构之外,随着革命形势的变迁,资本主义所出现的一系列新的变化带来了马克思民主理论适用性的困难,包括革命历史逻辑的困难、历史动力及物质载体的问题、以及资本主义对于民主革命内涵的吸纳等。不管是结构之内还是结构之外马克思民主思想的反思,其正是契合了历史语境转换的必要性,使得马克思理论体系包括民主理论的"修正"成为可能。这里并不是作价值上对与错的判断,如政治意识形态上的正统之争、正确之争、继承者之争等,而是从学理上承认马克思民主理论作为时代的产物,其与后继者之间的差异绝不仅仅表现在正确与错误之间,而是有着更深层次的原因,即历史语境转换和逻辑结构差异。明确这一点,才能准确、合理地理解马克思的民主思想,以及理解马克思民主理论在马克思之后的发展过程。

当然,马克思民主理论的研究,最终在于反思马克思(主义)民主思想在中国的研究与实践,从而推动这一领域理论研究的发展和民主政治实践的展开,最终实现中国民主制度的软实力建设。

马克思民主思想的研究无疑应该包括中国马克思主义民主的理论和实践,尤其是中国马克思主义民主观与列宁民主观的关联,以及列宁对于马克思民主思想的诠释。中国的民主理论与实践直接继承了列宁的阶级民主论,列宁围绕阶级这一框架性概念重构马克思的理论体系,将民主区分为相互对立的资产阶级民主与无产阶级民主。但是阶级民主有其自身的局限性:一方面,它基于暴力革命的必然性,从而回应时代对于无产阶级革命逻辑的挑战。另一方面,阶级民主是基于不同的逻辑结构而生成的,根本上区别于马克思的民主思想。

在价值判断之外,马克思的民主思想与阶级民主之间是存在差异的。中国马克思主义民主的理论和实践都是围绕阶级这一关键词展开的,并贯穿政治领域各个方面,可以说,阶级观对于中国民主实践与理论研究起着决定性的作用。例如,苏长和就提出了"两种民主传统"的观点。他认为:"民主的第一种传统。在西方特别是英语学术界,民主的传统只被追溯到希腊,从而出现只要一谈民主,则言必称希腊的幻象;而在当代,民主的范本则是美国,所以又出现一谈当代民主,则言必称美国的现象。"与之相对,

"民主的第二种传统,有这样几个含义:一是回到马克思主义国家理论学说上的民主理论;二是回到500多年社会主义运动历史,特别是19世纪末20世纪以来社会主义运动在推动人民民主的民主化进程中的意义;三是回到殖民地半殖民地国家追求民主建国的道路历程;四是回到中国传统民本思想在当代的创造性转化;五是回到人民民主的本质"①。基于此,中国民主的学术表达应该建立在民主的第二种传统基础之上,并根本区别于民主的第一种传统。从苏长和的分析可以看出,民主的两种传统延续了阶级民主的分析方法,只不过将资产阶级民主与无产阶级民主替换为西方民主与中国民主之间的对立。

但是在马克思的民主思想中,民主并不是一个具有阶级属性的概念范畴,民主主要包含于革命之中,既作为无产阶级政治革命的路径选择之一,又作为无产阶级政治组织的"天然"形式。并且民主所表达的是消除政治不平等以及弥合政治与社会之间分裂的要求,从而达到民主的充分实现。

对比马克思的民主内涵,列宁无疑通过阶级将民主区分为对立的两种形式,这种区分在中国马克思主义民主理论和实践中被延续下来,其带来的负面作用也是显而易见的。一方面,在革命形势问题上,随着暴力革命必然性逻辑的淡化,阶级分析结构逐渐失去现实效用,民主的阶级属性也存在类似的问题。另一方面,基于阶级对立的民主观,容易忽视民主的一般属性,即马克思意义上民主的革命内涵,这种内涵所表达的是人的自由和平等,是在消除政治不平等和弥合政治与社会分裂之后民主与自由的充分实现。虽然在中国马克思主义的民主理论和实践中,对民主的批判主要是针对资本主义民主。可是,其同样存在反对一般意义上民主的倾向——尽管这种批评指向民主的资本主义属性,但是内容却多属于马克思意义上民主的基本构成。例如,蔡定剑曾指出:"就在中国人民经过二十多年的经济改革,创造了中国有史以来的经济繁荣,人民渴望进一步发展民主,追求更广泛自由的时候,一股反民主的理论思潮悄然升起,它与过去长期以来以'国情论'拒绝民主的理论汇合,成为当前中国发展社会主义民主的严重障碍",其主要有以下类型,分别是"民主危险论""民主有害论""公民素

---

① 苏长和:《两种民主传统与中国民主的学术表达》,《红旗文稿》2015年第17期。

质论"或"国情论"。① 从蔡定剑所描述的反对民主的几种论调可以看出，反对民主的理由如危险、稳定、多数与少数、素质、国情等并不构成否定民主的充分理由，虽然其将这一系列反对民主的理由穿上阶级属性的外衣。在马克思的理论中，民主的根本在于消除不平等、消除差异，首要在于政治上的平等，然后通过社会革命消除社会中的不平等和差异，即劳动实践领域的矛盾，从而在根本上保证政治平等的充分实现。对比反对民主的论调，这一系列拒绝民主的理由不仅承认社会中的不平等，甚至肯定政治上的不平等，那么这显然与马克思的民主思想相悖，即使其以阶级作为逻辑起点。

真正使民主的阶级属性成为可能，这是在民主被纳入资本主义体系之后，民主成为资本主义社会的建设性力量和普遍标签。但是即使在这一背景下，马克思所阐释的有关民主的内涵仍然有效。换言之，对于民主可能存在的阶级属性的批判，必须从政治上的不平等以及政治与社会分裂的角度展开，而不是局限于民主的具体形式方面，如一人一票的选举民主等。反对民主的论调所提供的理由不仅不触及民主的根本所在，反而使得政治平等以及政治与社会之间分裂的弥合成为不可能。这一基于阶级对立视角的民主研究，不仅与马克思的民主思想存在出入，而且也缺乏充分考量时代主题的转换和不同逻辑结构之间的差异，结果只能导致在民主理论与实践上的简单、粗暴态度。这里，可以参考马斯泰罗内（Salvo Mastellone）如何基于民主的本质展开对于资本主义民主的批判，并阐述民主本身在新的历史条件下如何发展并向前推进。

马斯泰罗内首先认为："资产阶级民主与无产阶级民主是不能混淆的，前者指出，'在理性和具体方面，民主同自由的思想不可分割地联系在一起'，而后者则断言，'没有平等，民主是不可想象的，而且任何不打算实现社会、经济地位平等的制度都不是民主制度'。"②可见，马斯泰罗内的这一区分与马克思在民主问题上的态度是一致的，虽然马克思时代的民主还未被资本主义所充分吸纳。但是民主的根本在于消除不平等和差异，不仅是

---

① 蔡定剑：《重论民主或为民主辩护 对当前反民主理论的回答》，《中外法学》2007 年第 3 期。
② ［意］萨尔沃·马斯泰罗内：《欧洲民主史——从孟德斯鸠到凯尔森》，黄华光译，社会科学文献出版社，1998 年，第 419 页。

形式上的不平等,最终还要消除内容上的不平等。在确定了这一民主本质之后,马斯泰罗内根据新的历史条件对民主的具体实践作出描述。他认为,"如果以为民主制是唯一一种政府形式,那将是一个严重的政治错误,因为民主的政府形式是多种多样的,而且恰恰因此它们都是可以加以改进的","民主是一种没有终点的政府形式,而且应该重新看待它的理论方面"。相反,"在政治哲学中存在一种力图以社会统一观念来解释政治的倾向,但是公民社会不可能脱离社会集团的多样性,不可能脱离公民职能的复杂性以及不同集团利益的冲突。今日的公民社会已不再是'旧王朝'时代的社会,而是一个制约着政治现实的文化多元化的现实。如果人民未被划分为各个不同阶层及层次,以便随后文化把他们重新组合成一个先于政府行为、并指导政府行为的有机实体的话,那么就谈不上民主"①。基于此,马斯泰罗内得出结论:"民主就是自由的、平等的、能够结社的、拥有公民权和社会权利的公民们的代议制人民政府。"②

马斯泰罗内对于民主的理解,一方面是基于民主的本质,对可能存在的民主的阶级属性提出批评,因为资本主义社会已经实现了对民主的吸纳,弱化民主所具有的革命内涵,即在平等的追求上,用自由予以替代,并掩盖实质、甚至形式上的不平等。另一方面,马斯泰罗内也重视民主的具体形式,尤其是随着社会条件的改变,民主的有效实现必须有相应形式的支撑,如结社、多元、允许改进、反对社会统一观念等。马斯泰罗内的这一民主分析充分考虑到民主阶级属性的可能性,但是中国马克思主义民主理论和实践中的反民主论调,仍然延续列宁所确立的阶级分析框架,在对民主的资本主义属性问题上的批判看似合理。但是具体的批判内容却与民主阶级属性并不存在关联,而更多停留在民主实践的具体形式层面。并且这些具体形式很多是被证明可以更好地实现政治平等,以及弥合政治与社会之间的分裂。因此,中国马克思主义民主的研究如何创新阶级这一分析框架,推动中国民主制度建设,其可能需要围绕以下方面展开:第一,基于历史语境和逻辑结构的马克思民主思想内涵。第二,马克思民主思想的不

---

① 〔意〕萨尔沃·马斯泰罗内:《欧洲民主史——从孟德斯鸠到凯尔森》,黄华光译,社会科学文献出版社,1998年,第425、426页。

② 同上,第427页。

足与面对的挑战。第三,马克思之后,不同理论家、革命家在回应时代主题的转换以及基于不同的逻辑结构,对马克思民主思想的重构,比较马克思与马克思之后诠释者之间的差异显得较为必要。第四,资本主义对于民主的吸纳,使得民主的革命内涵不断趋于弱化,并将民主发展为资本主义的建设性力量和普遍标签,即民主阶级属性的可能性问题。第五,随着革命时代的消逝,替代阶级的民族概念开始显示出重要性,很多时候,并不是马克思意义上的阶级对立,而是不同民族间的利益冲突,这里需要考虑地缘、文化、宗教、民族等方面构成的新的矛盾。

参考文献

一、中文文献

(一)中文著作

1.《列宁选集》(1~4),人民出版社,1995年。

2.《马克思恩格斯全集》(1~50),人民出版社,1956—1985年。

3.《马克思恩格斯文集》(1~10),人民出版社,2009年。

4.[联邦德国]A.施密特:《马克思的自然概念》,欧力同、吴仲昉译,商务印书馆,1988年。

5.[英]G.A.柯亨:《卡尔·马克思的历史理论:一个辩护》,岳长龄译,重庆出版社,1989年。

6.[以]J.L.塔尔蒙:《极权主义民主的起源》,孙传利译,吉林人民出版社,2011年。

7.[德]埃·弗洛姆:《马克思论人》,陕西人民出版社,1991年。

8.[苏]埃·瓦·伊利延科夫:《马克思〈资本论〉中抽象和具体的辩证法》,郭铁民译,福建人民出版社,1986年。

9.[美]埃里希·弗洛姆:《在幻想锁链的彼岸——我所理解的马克思和弗洛伊德》,张燕译,湖南人民出版社,1986年。

10.[日]柄谷行人:《马克思,其可能性的中心》,[日]中田友美译,中央编译出版社,2006年。

11.陈东英:《赫斯与马克思早期思想关系研究》,人民出版社,2011年。

12.陈先达、靳辉明:《马克思早期思想研究》,北京出版社,1983年。

13.陈学明主编:《20世纪西方马克思主义哲学历程》(1~4),天津人民出版社,2013年。

14.[英]戴维·赫尔德:《民主的模式》,燕继荣等译,中央编译出版社,1998年。

15.[英]戴维·麦克莱伦:《马克思传》,王珍译,中国人民大学出版社,2010年。

16.[美]道格拉斯·拉米斯:《激进民主》,刘元琪译,中国人民大学出版社,2008年。

17.[德]弗·梅林:《马克思传》,樊集译,人民出版社,1973年。

18.[英]弗里德里希·奥古斯特·哈耶克:《通往奴役之路》,王明毅等译,中国社会科学出版社,1997年。

19.葛力:《十八世纪法国唯物主义》,上海人民出版社,1982年。

20.公丕祥:《马克思法哲学思想述论》,河南人民出版社,1992年。

21.郭丽兰:《马克思民主观的文本研究》,人民出版社,2014年。

22.[美]汉娜·阿伦特:《马克思主义与西方政治思想传统》,孙传利译,江苏人民出版社,2012年。

23.何中华:《重读马克思:一种哲学观的当代诠释》,山东人民出版社,2009年。

24.[美]赫伯特·马尔库塞:《苏联的马克思主义——一种批判的分析》,张翼星、万俊人译,黄振定校,中国人民大学出版社,2012年。

25.[德]亨利希·库诺:《马克思的历史、社会和国家学说:马克思的社会学的基本要点》,袁志英译,上海世纪出版集团,2006年。

26.侯才、阮青、薛广洲:《马克思主义哲学史论》,中共中央党校出版社,2005年。

27.季陶达:《英国古典政治经济学》,人民出版社,1978年,三联书店,1960年。

28.[英]卡尔·波普尔:《开放社会及其敌人》(卷一、卷二),陆衡等译,中国社会科学出版社,1999年。

29.[德]卡尔·科尔施:《马克思主义和哲学》,王南湜、荣新海译,重庆出版社,1989年。

30. [德]柯诺:《马克斯阶级斗争理论》,朱应会、朱应祺译,上海泰东图书局,1930年。

31. [英]拉尔夫·密利本德:《马克思主义与政治学》,黄子都译,商务印书馆,1984年。

32. 李鹏程:《马克思早期思想探源:〈1844经济学哲学手稿〉导论》,人民出版社,2008年。

33. 李铁映:《论民主》,人民出版社、中国社会科学出版社,2001年。

34. 李延明、刘青建、杨海蛟:《马克思恩格斯政治学说研究》,人民出版社,2002年。

35. 李振海:《马克思主义政治学说史纲》,天津教育出版社,1990年。

36. 刘彤:《马克思主义政治学说》,东北师范大学出版社,2008年。

37. 陆岱孙:《从古典经济学派到马克思——若干主要学说发展论略》,商务印书馆,2014年。

38. 罗燕明:《马克思恩格斯思想研究:1833—1844》,中央编译出版社,2002年。

39. 《马克思资本论节选本》,人民出版社,1998年。

40. [英]梅格纳德·德赛:《马克思的复仇——资本主义的复苏和苏联集权社会主义的灭亡》,汪澄清译,中国人民大学出版社,2006年。

41. 聂锦芳:《清理与超越:重读马克思文本的意旨、基础与方法》,北京大学出版社,2005年。

42. 欧阳康、张明仓:《在观念激荡与现实变革之间——马克思实践观的当代阐释》,中国人民大学出版社,2008年。

43. 欧阳康:《马克思主义认识论研究》,北京师范大学出版社,2012年。

44. [美]乔恩·埃尔斯特:《理解马克思》,何怀远等译,中国人民大学出版社,2008年。

45. [英]乔纳森·沃尔夫:《当今为什么还要研读马克思》,段忠桥译,高等教育出版社,2006年。

46. 荣剑、杨逢春:《民主论》,上海人民出版社,1989年。

47. 荣剑:《社会批判的理论与方法》,中国社会科学出版社,1998年。

48. [意]萨尔沃·马斯泰罗内:《欧洲民主史:从孟德斯鸠到凯尔森》,黄华光译,社会科学文献出版社,1998年。

49. 孙伯鍨、张一兵主编:《走进马克思》,江苏人民出版社,2012年。

50. 孙正聿:《马克思主义辩证法研究》,北京师范大学出版社,2012年。

51. 孙正聿等:《马克思主义基础理论研究》(上、下),北京师范大学出版社,2011年。

52. 唐贤兴:《产权、国家与民主》,复旦大学出版社,2002年。

53. [美]特雷尔·卡弗:《马克思与恩格斯:学术思想关系》,王贵贤等译,中国人民大学出版社,2008年。

54. [英]特里·伊格尔顿:《马克思为什么是对的》,李杨、任文科、郑义译,新星出版社,2011年。

55. 王沪宁:《政治的逻辑——马克思主义政治学原理》,上海人民出版社,1994年。

56. [美]沃伦·布雷克曼:《废黜自我:马克思、青年黑格尔派及激进社会理论的起源》,李佃来译,北京师范大学出版社,2013年。

57. 吴恩裕:《马克思的政治思想》,商务印书馆,2008年。

58. 吴晓明、陈立新:《马克思主义本体论研究》,北京师范大学出版社,2012年。

59. 吴晓明:《超感性世界的神话学及其末路——马克思存在论革命的当代阐释》,中国人民大学出版社,2011年。

60. 吴晓明:《形而上学的没落:马克思与费尔巴哈关系的当代解读》,人民出版社,2006年。

61. 吴晓明:《哲学之思与社会现实——马克思主义哲学的当代意义》,武汉大学出版社,2010年。

62. 吴晓明主编:《当代学者视野中的马克思主义哲学》(西方学者卷上、中、下),北京师范大学出版社,2012年。

63. [美]悉尼·胡克:《对卡尔·马克思的理解》,徐崇温译,重庆出版社,1989年。

64. [美]悉尼·胡克:《理性、社会神话和民主》,金克、徐崇温译,上海人民出版社,1965 年。

　　65. 辛向阳:《17—18 世纪西方民主理论论析》,山东人民出版社,2013 年。

　　66. 辛向阳:《19 世纪西方民主理论论析》,山东人民出版社,2013 年。

　　67. 辛向阳:《20 世纪西方民主理论》,山东人民出版社,2011 年。

　　68. 旭东礼、纪政文:《民主论》,山东人民出版社,2003 年。

　　69. [法]雅克·泰克西埃:《马克思恩格斯论革命与民主》,姜志辉译,社会科学文献出版社,2012 年。

　　70. 杨耕:《马克思主义历史观研究》,北京师范大学出版社,2012 年。

　　71. 杨耕:《为马克思辩护——对马克思哲学的一种新解读(修订本)》,北京师范大学出版社,2013 年。

　　72. 杨适:《人的解放——重读马克思》,四川人民出版社,1996 年。

　　73. [美]约瑟夫·熊彼特:《资本主义、社会主义与民主》,吴良健译,商务印书馆,1999 年。

　　74. 张曙光:《人的世界与世界的人:马克思的思想历程追踪》,北京师范大学出版社,2009 年。

　　75. 张一兵:《回到马克思:经济学语境中的哲学话语(第三版)》,江苏人民出版社,2014 年。

　　76. 张一兵:《马克思历史辩证法的主体向度》,武汉大学出版社,2010 年。

　　77. 张一兵主编:《资本主义理解史》(1～6),凤凰出版传媒集团,2009 年。

　　78. 中国社会科学院民主问题研究中心编:《马克思、恩格斯、列宁、毛泽东、邓小平、江泽民论民主》,中国社会科学出版社,2002 年。

　　79. 周静:《马克思主义政治学说专题研究》,陕西人民出版社,2009 年。

　　80. 周志平:《马克思民主思想研究》,世界图书出版公司,2013 年。

　　81. 朱新民:《西方后现代哲学:西方民主理论批判》,上海人民出版社,2007 年。

　　82. [波]兹维·罗森:《布鲁诺·鲍威尔和卡尔·马克思:鲍威尔对马

克思思想的影响》,王谨等译,中国人民大学出版社,1984 年。

83.邹诗鹏:《激进政治的兴起:马克思早期政治与法哲学批判手稿的当代解读》,复旦大学出版社,2012 年。

(二)中文论文

1.卜永光:《民主的普适性与中国式民主的可能性——兼与景跃进教授商榷》,《改革与开放》2010 年第 20 期。

2.蔡定剑:《重论民主或为民主辩护 对当前反民主理论的回答》,《中外法学》2007 年第 3 期。

3.蔡国兵、葛恒云:《马克思民主思想的理论体系初探》,《科学社会主义》2012 年第 1 期。

4.曾小龙、朱潇俏:《马克思党内民主思想的主要特征》,《法制与社会》2011 第 4 期。

5.陈华森:《马克思恩格斯"真实共同体"思想的民主价值》,《前沿》2010 年第 7 期。

6.陈仕伟:《马克思〈法兰西内战〉的民主思想初探——从国体和政体的视角》,《上海党史与党建》2010 年第 11 期。

7.陈学明、朱南松:《评伯恩施坦修正主义路线的形成及其教训——对伯恩施坦在恩格斯逝世后发表在〈新时代〉上的几篇文章的探讨》,《马克思主义与现实》2007 年第 5 期。

8.陈学明:《伯恩施坦如何全面地否定与修正马克思主义——重读〈社会主义的前提和社会民主党的任务〉》,《当代国外马克思主义评论》2008 年第 6 期。

9.戴维·施韦卡特:《马克思对资本主义民主的批判及其对中国发展战略的启示》,《教学与研究》2005 年第 10 期。

10.单提平:《分工、民主与人的全面发展——论马克思对弗格森〈市民社会史〉的解读主旨》,《现代哲学》2010 年第 6 期。

11.邓兆明:《论马克思主义关于民主的几个观点》,《新疆社会科学》1990 年第 2 期。

12.樊欣:《马克思恩格斯党内民主思想的方法论探析》,《老区党建》

2014 年第 14 期。

13. 范冬云:《"最高哲学诉求"关怀下的马克思民主思想》,《河北理工大学学报》2006 年第 1 期。

14. 弗里茨·韦伯:《奥托·鲍威尔关于社会主义、民主和俄国革命的观点——西方马克思主义与列宁思想差别的一个实例》,《马克思主义哲学研究》2013 年。

15. 葛纾月:《论马克思主义民主观与正确认识民主》,《现代商贸工业》2010 年第 5 期。

16. 郭丽兰:《马克思民主观的经济学视阈——兼论〈资本论〉中的民主思想》,《武汉大学学报》2010 年第 2 期。

17. 郭丽兰:《马克思民主理论何以建构》,《学术论坛》2010 年第 1 期。

18. 何君安:《论马克思主义对民主价值传播和民主政治发展的贡献》,《新疆社会科学》2011 年第 2 期。

19. 何鸣:《从马克思到哈贝马斯——关于市民社会民主政治功能的检索》,《理论与改革》2004 年第 2 期。

20. 贺长余:《马克思对民主制度理解的五个维度》,《沈阳师范大学学报》2011 年第 6 期。

21. 胡承槐:《论马克思的社会解放理论与现代民主政治的构建——兼论市场经济与民主政治的相互关系》,《哲学研究》2000 年第 10 期。

22. 胡水、李军刚:《论马克思恩格斯的党内民主思想及其现实意义》,《边疆经济与文化》2010 年第 4 期。

23. 霍伊尔:《民主概念的历史发展——马克思以前的民主观》,《现代外国哲学社会科学文摘》1992 年第 5 期。

24. 姬金铎:《从行政权力中心到社会权力中心——马克思对民主问题的思考》,《中国青年政治学院学报》2000 年第 2 期。

25. 贾淑品、俞良早:《重新审视伯恩施坦对"社会主义运动"和"最终目的"关系的认识——兼论其对恩格斯晚年思想的误解和背叛》,《甘肃社会科学》2010 年第 2 期。

26. 贾淑品:《伯恩施坦主义评析》,《井冈山大学学报》2010 年第 6 期。

27. 贾淑品:《对伯恩施坦"和平长入社会主义"理论的再认识》,《前沿》2010 年第 1 期。

28. 贾泽松、葛恒云：《马克思的自由民主思想及其当代启示》，《唐山师范学院学报》2012 年第 1 期。

29. 姜丽华：《对马克思民主思想的再思考》，《湖北省社会主义学院学报》2012 年第 3 期。

30. 靳晓霞：《马克思恩格斯的选举思想及其启示——关于选举性质、民主条件、选举结果和选举意义》，《马克思主义研究》2012 年第 7 期。

31. 李铁映：《完整准确地把握马克思主义民主理论》，《理论与现代化》2003 年第 5 期。

32. 李玥：《波拿巴主义再现是对资产阶级民主政治的否定——读马克思〈路易·波拿巴的雾月十八日〉的体会》，《理论月刊》1987 年第 5 期。

33. 李宗楼：《论恩格斯晚年对马克思主义民主理论的补充与完善》，《安徽教育学院学报》1995 年第 4 期。

34. 廖桂霞、阳丽波：《马克思的民主思想及其当代实践障碍》，《河北理工大学学报》2009 年第 5 期。

35. 林怀艺：《马克思恩格斯的党内民主建设思想及其现实启示》，《云南社会科学》2009 年第 5 期。

36. 林尚立：《建构民主的政治逻辑——从马克思的民主理论出发》，《学术界》2011 年第 5 期。

37. 林颐：《马克思的民主理论与当代中国民主政治建设——读〈黑格尔法哲学批判〉》，《理论与现代化》2014 年第 2 期。

38. 林育川：《马克思恩格斯视野中的社会民主》，《社会科学辑刊》2013 年第 1 期。

39. 刘炳香：《马克思恩格斯没有民主集中制思想》，《理论探讨》1989 年第 1 期。

40. 刘连德：《马克思、恩格斯与列宁论民主集中制的实施原则》，《理论学习月刊》1992 年第 6、7 期。

41. 刘庆桂：《马克思的民主信念》，《云梦学刊》1983 年第 Z1 期。

42. 栾亚丽、宋严：《马克思的后政治民主模式构想——兼析"政治终结"过程中的民主模式》，《江苏行政学院学报》2006 年第 1 期。

43. 马啸原:《国家应当由社会主人变为社会公仆——学习马克思恩格斯的民主理论》,《云南学术探索》1994 年第 3 期。

44. 马长山:《马克思恩格斯的民主契约法律观及其宪政意义》,《学习与探索》2003 年第 4 期。

45. 马长山:《马克思恩格斯民主契约法律观的"理论替换"及其实践反差》,《华东政法学院学报》2004 年第 2 期。

46. 梅荣政:《马克思主义经典作家对资产阶级民主的批判分析及当代意义》,《社会主义研究》2002 年第 6 期。

47. 牟宗艳:《"政治终结"进程中的民主——马克思的理想民主模式评析》,《当代世界与社会主义》2004 年第 2 期。

48. 欧阳康、陈仕平:《马克思民主思想及对当前中国民主建设的启示》,《马克思主义与现实》2009 年第 4 期。

49. 齐格蒙德·克兰西贝格:《卡尔·马克思与民主》,《国外社会科学》1983 年第 3 期。

50. 任志安:《对马克思民主理论的新思考》,《求实》2008 年第 12 期。

51. 荣剑:《堵塞任何要求独裁的密谋狂的道路——马克思恩格斯在工人运动中的民主实践》,《天府新论》1988 年第 3 期。

52. 荣剑:《论马克思的民主思想》,《政治学研究》1987 年第 3 期。

53. 萨米尔·阿明:《马克思与民主》,《国外社会科学》2003 年第 1 期。

54. 尚塔尔·莫菲:《后马克思主义:民主与认同》,《马克思主义与现实》2008 年第 6 期。

55. 施雪华、孔凡义:《西方民主形态的演进及其动因——一项对西方民主的马克思主义视角的检视》,《新视野》2012 年第 2 期。

56. 时继锋:《马克思恩格斯论民主法制的产生和历史发展》,《求索》2011 年第 8 期。

57. 苏长和:《两种民主传统与中国民主的学术表达》,《红旗文稿》2015 年第 17 期。

58. 苏长和:《走出民主政治研究的困局》,《求是》2013 年第 11 期。

59. 孙斌、董崇山、王毅平:《马克思的民主思想及其在中国的实践》,《东岳论丛》1983 年第 1 期。

60. 孙代尧、刘洪刚:《马克思论人民民主及其实现形式》,《思想理论教育导刊》2013 年第 4 起。

61. 孙永芬:《历史地透析马克思恩格斯的民主思想》,《科学社会主义》2008 年第 1 期。

62. 唐贤兴:《财产权利与作为政治权力妥协的民主——理解马克思主义经典作家的民主观》,《中共福建省委党校学报》1999 年第 8 期。

63. 唐贤兴:《财产权与民主的演进——理解马克思主义的权力权利观》,《理论学习月刊》1998 年第 10 期。

64. 托尼·本:《民主与马克思主义》,《当代国外社会主义问题》1984 年第 2 期。

65. 王聪:《马克思民主思想研究的回顾与展望》,《云南行政学院学报》2012 年第 2 期。

66. 王国宏:《马克思民主思想研究》,中共中央党校博士学位论文,2007 年。

67. 王国宏:《马克思民主思想及其当代价值》,《中共福建省委党校学报》2006 年第 5 期。

68. 王学先、刘亦闻、周晓阳:《论马克思对民主的多维审视》,《社科纵横》2012 年第 1 期。

69. 王振、程世锦:《马克思、恩格斯党内民主决策思想及其现实启示》,《科教导刊》2010 年第 3 期。

70. 吴大兵、卢思华:《论马克思民主政治建设思想及当代价值》,《求实》2010 年第 10 期。

71. 夏金梅:《马克思民主思想的西方政治传统与中国民主建设》,《中共福建省委党校学报》2011 年第 4 期。

72. 徐崇温:《列宁与伯恩施坦:到底是谁修正了马克思主义?》,《毛泽东邓小平理论研究》2007 年第 7 期。

73. 徐觉哉:《对伯恩施坦主义的重新解读》,《社会科学》2008 年第 10 期。

74. 徐觉哉:《关于伯恩施坦几个观点的评析》,《当代世界与社会主义》2007 年第 6 期。

75. 徐觉哉:《目标与运动——兼论伯恩施坦的"修正主义公式"》,《中共宁波市委党校学报》2005 年第 2 期。

76. 许耀桐:《马克思主义党内民主思想及其在中国的实践》,《新视野》2006 年第 1 期。

77. 许耀桐:《民主是社会主义固有的东西——马克思主义政治学学习笔记》,《北京行政学院学报》2007 年第 5 期。

78. 颜杰峰、祖金玉:《马克思恩格斯的党内民主思想》,《理论与改革》2007 年第 4 期。

79. 杨春志、胡明远:《马克思民主思想:从浪漫主义到理想主义与现实主义的统一》,《社会科学战线》2009 年第 9 期。

80. 殷叙彝:《伯恩施坦的生平和思想发展过程》,《当代世界社会主义问题》2005 年第 1 期。

81. 殷叙彝:《关于伯恩施坦的评价(上)》,《马克思主义研究》1988 年第 4 期。

82. 殷叙彝:《社会民主主义国家理论溯源——从拉萨尔到伯恩施坦》,《马克思主义与现实》2010 年第 3 期。

83. 尹昕:《马克思民主思想的经济向度》,《中共中央党校学报》2014 年第 3 期。

84. 尤存:《从法兰西内战看马克思对社会主义民主的解析》,《华东理工大学学报》1994 年第 5 期。

85. 于幼军:《马克思主义民主理论的基本内涵——读书札记》,《学术研究》2014 年第 1 期。

86. 俞可平:《马克思论民主的普遍性》,《学习时报》2009 年 9 月 17 日。

87. 俞可平:《马克思论民主的一般概念、普遍价值和共同形式》,《马克思主义与现实》2007 年第 3 期。

88. 郁建兴:《马克思无产阶级专政和民主学说新论》,《毛泽东邓小平理论研究》2002 年第 1 期。

89. 郁建兴:《马克思与自由主义民主》,《哲学研究》2002 年第 3 期。

90. 袁峰:《马克思主义民主理论与中国式民主》,《毛泽东邓小平理论研究》2013 年第 5 期。

91. 张保和、李兴建:《列宁对伯恩施坦修正主义的认识与批判》,《前沿》2009 年第 12 期。

92. 张鼎良:《马克思的民主理论是社会主义民主政治建设的理论指南》,《前沿》2011 年第 4 期。

93. 张凯:《马克思民主理论及其现实意义》,《沈阳师范大学学报》2014 年第 1 期。

94. 张越华:《马克思民主理论生成理路》,《前沿》2012 年第 5 期。

95. 赵擎:《马克思关于无产阶级"争得民主"的思想及其在革命和建设中的发展》,《湖北财经学院学报》1983 年第 2 期。

96. 郑宇:《马克思民主思想发展历程研究》,《理论界》2013 年第 10 期。

97. 周海乐:《巴黎公社的革命实践和马克思的民主理论》,《江西社会科学》1982 年第 1 期。

98. 周荣:《从〈法兰西内战〉看马克思的民主政治思想》,《法制与经济》2011 年第 12 期。

99. 朱挹清:《马克思恩格斯早期的人民民主思想》,《西南师范大学学报》1983 年第 2 期。

100. 邹诗鹏:《马克思何以在激进民主主义上逗留? ——再现马克思〈德法年鉴〉时期的政治哲学思想》,《哲学研究》2012 年第 5 期。

二、英文文献

（一）英文著作

1. Alan Gilbert, Marx's Politics: *Communists and Citizens*, New Brunswick, NJ: Rutgers University Press, 1981.

2. Allen W. Wood, *Karl Marx*, 2nd Edition, New York and London: Routledge, 2004.

3. Andrew Chitty and Martin Mclvor, *Karl Marx and Contemporary Philosophy*, New York: Palgrave Macmillan, 2009.

4. Arthur Rosenberg, *Democracy and Socialism: A Contribution to the Political History of the Past 150 Years*, London: Bell, 1939.

5. Boris Nicolaievsky and Otto Maenchen-Helfen, *Karl Marx Man and Fighter*, London: Methuen & Co. Ltd., 1936.

6. Carol C. Gould, *Rethinking Democracy*, Cambridge: Cambridge University Press, 1988.

7. Daniel Little, *The Scientific Marx*, Minneapolis: University of Minnesota Press, 1986.

8. David Harvey, *A Companion to Marx's Capital*, London and New York: Verso, 2010.

9. David Leopold, *The Young Karl Marx*, Cambridge: Cambridge University Press, 2007.

10. David McLellan, *Karl Marx: Selected Writings*, Oxford: Oxford University Press, 2000.

11. Eric Hobsbawm, *How to Change the World: Reflections on Marx and Marxism*, New Haven and London: Yale University Press and Little Brown, 2011.

12. Erich Fromm, *Karl Marx: Selected Writings in Sociology and Social Philosophy*, New York: Mc – Graw – Hill, Inc., 1964.

13. Ernesto Laclau and Chantal Mouffe, *Hegemony and Socialist Strategy: Towards a Radical Democratic Practice*, London: Verso, 1984.

14. Ernst Bloch, *On Karl Marx*, New York: Herder and Herder, Inc., 1971.

15. Francis Wheen, *Karl Marx A Life*, New York: Harper Press, 1999.

16. Frank Cunningham, *Democratic Theory and Socialism*, Cambridge: Cambridge University Press, 1987.

17. G. A. Cohen, *Karl Marx's Theory of History: A Defence*, New Jersey: Princeton University Press, 1978.

18. George Lukács, *Marx's Basic Ontological Principles*, London: Merlin Press, 1978.

19. Hiroshi Uchida, *Marx for the 21st Century*, New York and London: Routledge, 2006.

20. Isaiah Berlin, *Karl Marx His Life and Environment*, 4th Edition, Oxford: Oxford University Press, 1996.

21. J. L. Talmon, *The Origins of Totalitarian Democracy*, New York: Praeger, 1960.

22. Jean Hyppolite, *Studies on Marx and Hegel*, New York, Evanston, San Francisco and London: Harper & Row Publishers, 1969.

23. Jernej Habjan and Jessica Whyte, (*Mis*)*readings of Marx in Continental Philosophy*, New York: Palgrave Macmillan, 2014.

24. Jon Elster, *An Introduction to Karl Marx*, Cambridge: Cambridge University Press, 1986.

25. Jonathan Sperber, *Karl Marx: A Nineteenth – Century Life*, New York and London: W. W. Norton & Company, 2013.

26. Jonathan Wolff, *Why Read Marx Today*, Oxford: Oxford University Press, 2002.

27. Joseph Ferraro, *Freedom and Determination in History according to Marx and Engels*, New York: Monthly Review Press, 1992.

28. Julie Mostov, *Soft Borders Rethinking Sovereignty and Democracy*, New York: Palgrave Macmillan, 2008.

29. *Karl Marx Frederick Engels Collected Works*(*1 – 50*), London: Lawrence & Wishart, 1975 – 2004.

30. Louis Althusser, *For Marx*, Allen Lane: The Penguin Press, 1969.

31. Michel Foucault, *Remarks on Marx*, New York: Semiotext(e), 1991.

32. Morris Hillquit, *From Marx to Lenin*, New York: The Hanford Press, 1921.

33. Otto Riihle, *Karl Marx His Life and Work*, New York: The Viking Press, 1929.

34. Paul Le Blanc, *Marx, Lenin and the Revolutionary Experience*, New York and London: Routledge, 2006.

35. Paul Paolucci, *Marx and the Politics of Abstraction*, Boston: Koninkli-jke Brill NV, 2011.

36. Paul Paolucci, *Marx's Scientific Dialectics*, Boston: Koninklijke Brill NV, 2007.

37. Paul Thomas, *Marxism and Scientific Socialism*, New York and Lon-don: Routledge, 2008.

38. Peter Osborne, *How to Read Marx*, New York and London: W. W. Norton & Company, 2005.

39. Peter Singer, *Marx: A very Short Introduction*, Oxford: Oxford Univer-sity Press, 1980.

40. Peter Worsley, *Marx and Marxism*, New York and London: Rout-ledge, 2002.

41. Richard N. Hunt, *The Political Ideas of Marx and Engels*, *Vol. 1*, *Marxism and Totalitarian Democracy*, *1818 – 1850*, Pittsburgh: University of Pittsburgh Press, 1974.

42. Richard N. Hunt, *The Political Ideas of Marx and Engels*, *Vol. 2*, *Classical Marxism*, *1850 – 1985*, Pittsburgh: Pittsburgh University Press, 1984.

43. Richard Schmitt, *Introduction to Marx and Engels: A Critical Recon-struction*, Colorado and Oxford: Westview Press, 1997.

44. Robert C. Tucker, *The Marx – Engels Reader*, 2nd Edition, New York and London: W. W. Norton & Company, Inc., 1978.

45. Robin Blackburn, *Marx and Lincoln: An Unfinished Revolution*, New York and London: Verso, 2011.

46. Roslyn Wallach Bologh, *Dialectical Phenomenology Marx's Method*, New York: Routledge, 2010.

47. Rrich Fromm, *Beyond the Chains of Illusion: My Encounter with Marx and Freud*, New York: Simon & Schuster, 1962.

48. Shlomo Avineri, *The Social and Political Thought of Karl Marx*, Cam-bridge: Cambridge University Press, 1970.

49. Sidney Hook, *From Hegel to Marx: Studies in the Intellectual Development of Karl Marx*, Ann Arbor: University of Michigan Press, 1971.

50. Sidney Hook, *Political Power and Personal Freedom: Critical Studies in Democracy, Communism and Civil Rights*, New York City: Criterion Books, 1959.

51. Terrell Carver, *Marx*, UK: Cambridge University Press, 1991.

52. Terry Eagleton, *Marx and Freedom*, London: Phoenix, 1997.

53. Terry Eagleton, *Why Marx was Right*, New Haven & London: Yale University Press, 2011.

54. Thomas C. Patterson, *Karl Marx Anthropologist*, Oxford and New York: BERG, 2009.

55. Tom Rockmore, *Marx after Marxism: The Philosophy of Karl Marx*, Oxford: Blackwell Publishers, 2002.

56. Warren Breckman, *Marx The Young Hegelians and the Origins of Radical Social Theory*, New York: Cambridge University Press, 1999.

(二)英文论文

1. Abram L. Harris, "The Social Philosophy of Karl Marx", *Ethics*, Vol. 58, No. 3, (Apr., 1948), pp. 1 –42.

2. Abram L. Harris, "Utopian Elements in Marx's Thought", *Ethics*, Vol. 60, No. 2 (Jan., 1950), pp. 79 –99.

3. Abram L. Harris, "Veblen and the Social Phenomenon of Capitalism", *The American Economic Review*, Vol. 41, No. 2, Papers and Proceedings of the Sixty – third Annual Meeting of the American Economic Association (May, 1951), pp. 66 –77.

4. Alan Gilbert, "An Ambiguity in Marx's and Engels's Account of Justice and Equality", *The American Political Science Review*, Vol. 76, No. 2 (Jun., 1982), pp. 328 –346.

5. Alan Gilbert, "Historical Theory and the Structure of Moral Argument in Marx", *Political Theory*, Vol. 9, No. 2 (May, 1981), pp. 173 –205.

6. Alan Gilbert, "Marx on Internationalism and War", *Philosophy & Public Affairs*, Vol. 7, No. 4 (Summer, 1978), pp. 346 – 369.

7. Alan Gilbert, "On Shlomo Avineri's 'How to Save Marx from the Alchemists of Revolution'", *Political Theory*, Vol. 4, No. 3 (Aug., 1976), pp. 369 – 371.

8. Alan Gilbert, "Salvaging Marx from Avineri", *Political Theory*, Vol. 4, No. 1 (Feb., 1976), pp. 9 – 34.

9. Alan Gilbert, "Social Theory and Revolutionary Activity in Marx", *The American Political Science Review*, Vol. 73, No. 2 (Jun., 1979), pp. 521 – 538.

10. Alison Martin, "A European Initiative: Irigaray, Marx and Citizenship", *Hypatia*, Vol. 19, No. 3 (Summer, 2004), pp. 20 – 37.

11. Benjamin Schwartz, "Marx and Lenin in China", *Far Eastern Survey*, Vol. 18, No. 15, Communist Strategy in China (Jul. 27, 1949), pp. 174 – 178.

12. Bernard H. Moss, "Marx and Engels on French Social Democracy: Historians or Revolutionaries", *Journal of the History of Ideas*, Vol. 46, No. 4 (Oct. – Dec., 1985), pp. 539 – 557.

13. Bertram D. Wolfe, "Lenin has Trouble with Engels", *Russian Review*, Vol. 15, No. 3 (Jul., 1956), pp. 196 – 209.

14. Bill Brown, "The Tyranny of Things (Trivia in Karl Marx and Mark Twain)", *Critical Inquiry*, Vol. 28, No. 2 (Winter, 2002), pp. 442 – 469.

15. Boris Ivanovich Kolonitskii, "'Democracy' in the Political Consciousness of the February Revolution", *Slavic Review*, Vol. 57, No. 1 (Spring, 1998), pp. 95 – 106.

16. Carol C. Gould, "Contemporary Legal Conceptions of Property and Their Implications for Democracy", *The Journal of Philosophy*, Vol. 77, No. 11, Seventy – Seventh Annual Meeting American Philosophical Association, Eastern Division (Nov., 1980), pp. 716 – 729.

17. Carol C. Gould, "Marx after Marxism", *No?s*, Vol. 25, No. 2, 1991

A. P. A. Central Division Meeting (Apr., 1991), p. 192.

18. Daniel Bell, "One Road from Marx: On the Vision of Socialism and the Fate of Workers' Control in Socialist Thought", *World Politics*, Vol. 11, No. 4 (Jul., 1959), pp. 491 – 512.

19. Daniel R. Sabia, Jr., "Rationality, Collective Action and Karl Marx", *American Journal of Political Science*, Vol. 32, No. 1 (Feb., 1988), pp. 50 – 71.

20. David A. Duquette, "Marx's Idealist Critique of Hegel's Theory of Society and Politics", *The Review of Politics*, Vol. 51, No. 2 (Spring, 1989), pp. 218 – 240.

21. David W. Morgan, "The Father of Revisionism Revisited: Eduard Bernstein", *The Journal of Modern History*, Vol. 51, No. 3 (Sep., 1979), pp. 525 – 532.

22. Edward Friedman, "Marx and Mao and...", *Modern China*, Vol. 3, No. 4 (Oct., 1977), pp. 419 – 426.

23. Elizabeth J. Perry and Ellen V. Fuller, "China's Long March to Democracy", *World Policy Journal*, Vol. 8, No. 4 (Fall, 1991), pp. 663 – 685.

24. Ernesto Laclau, "'Socialism', the 'People', 'Democracy': The Transformation of Hegemonic Logic", *Social Text*, No. 7 (Spring – Summer, 1983), pp. 115 – 119.

25. Ernesto Laclau, "Totalitarianism and Moral Indignation", *Diacritics*, Vol. 20, No. 3 (Autumn, 1990), pp. 88 – 95.

26. Ernesto Laclau, "Why Constructing a People is the Main Task of Radical Politics", *Critical Inquiry*, Vol. 32, No. 4 (Summer, 2006), pp. 646 – 680.

27. Ferenc Feher and Agnes Heller, "Class, Democracy, Modernity", *Theory and Society*, Vol. 12, No. 2 (Mar., 1983), pp. 211 – 244.

28. Floyd Dell, "A Letter to Max Eastman", *Grand Street*, Vol. 7, No. 1 (Autumn, 1987), pp. 195 – 207.

29. Frances Bennett Becker, "Lenin's Application of Marx's Theory of

Revolutionary Tactics", *American Sociological Review*, Vol. 2, No. 3 (Jun., 1937), pp. 353 – 364.

30. Frank Cunningham, "The Socialist Retrieval of Liberal Democracy", *International Political Science Review*, Vol. 11, No. 1, Ideologies in Deadlock (Jan., 1990), pp. 99 – 110.

31. Frank E. Manuel, "A Requiem for Karl Marx", *Daedalus*, Vol. 121, No. 2, The Exit from Communism (Spring, 1992), pp. 1 – 19.

32. G. A. Kleene, "Bernstein vs. 'Old – School' Marxism", *Annals of the American Academy of Political and Social Science*, Vol. 18 (Nov., 1901), pp. 1 – 29.

33. George Lichtheim, "Ideology and Soviet Politics: Comments", *Slavic Review*, Vol. 24, No. 4 (Dec., 1965), pp. 604 – 611.

34. George Lichtheim, "Reply to Professor Shue", *Journal of the History of Ideas*, Vol. 34, No. 4 (Oct. – Dec., 1973), pp. 651 – 652.

35. George Lichtheim, "The Concept of Ideology", *History and Theory*, Vol. 4, No. 2 (1965), pp. 164 – 195.

36. George Lichtheim, "What is Left of Communism", *Foreign Affairs*, Vol. 46, No. 1 (Oct., 1967), pp. 78 – 94.

37. Gerry Mackie, "Schumpeter's Leadership Democracy", *Political Theory*, Vol. 37, No. 1 (Feb., 2009), pp. 128 – 153.

38. H. Gordon Skilling, " 'People's Democracy' in Soviet Theory I", *Soviet Studies*, Vol. 3, No. 1 (Jul., 1951), pp. 16 – 33.

39. H. Gordon Skilling, " 'People's Democracy' in Soviet Theory II", *Soviet Studies*, Vol. 3, No. 2 (Oct., 1951), pp. 131 – 149.

40. H. Taylor, "Schumpeter and Marx: Imperialism and Social Classes in the Schumpeterian System", *The Quarterly Journal of Economics*, Vol. 65, No. 4 (Nov., 1951), pp. 525 – 555.

41. Harbans Mukhia, "Liberal Democracy and its Slippages", *Economic and Political Weekly*, Vol. 37, No. 3 (Jan. 19 – 25, 2002), pp. 213 – 217.

42. Ignacio Walker, "Democratic Socialism in Comparative Perspective",

Comparative Politics, Vol. 23, No. 4 (Jul., 1991), pp. 439 – 458.

43. Isaiah Berlin, "Marx's Kapital and Darwin", *Journal of the History of Ideas*, Vol. 39, No. 3 (Jul. – Sep., 1978), p. 519.

44. Isaiah Berlin, "Russia and 1848", *The Slavonic and East European Review*, Vol. 26, No. 67 (Apr., 1948), pp. 341 – 360.

45. Javeed Alam, "Can Democratic Centralism be Conducive to Democracy", *Economic and Political Weekly*, Vol. 44, No. 38 (September 19 – 25, 2009), pp. 37 – 42.

46. Javeed Alam, "Democracy: (Thinking of It) As a Socialist Project", *Social Scientist*, Vol. 37, No. 11/12 (Nov. – Dec., 2009), pp. 72 – 88.

47. Jim Cork, John Dewey, "Karl Marx and Democratic Socialism", *The Antioch Review*, Vol. 9, No. 4 (Winter, 1949), pp. 435 – 452.

48. John A. Debrizi, "Marx and Lenin: Class, Party and Democracy", *Studies in Soviet Thought*, Vol. 24, No. 2 (Aug., 1982), pp. 95 – 116.

49. John Dunn, "Tracking Democracy", *Political Theory*, Vol. 38, No. 1 (Feb., 2010), pp. 106 – 110.

50. John R. Commons, "Communism and Collective Democracy", *The American Economic Review*, Vol. 25, No. 2 (Jun., 1935), pp. 212 – 223.

51. Judith Butler, Ernesto Laclau and Reinaldo Laddaga, "The Uses of Equality", *Diacritics*, Vol. 27, No. 1 (Spring, 1997), pp. 2 – 12.

52. Judith Stepan – Norris, "The Making of Union Democracy", *Social Forces*, Vol. 76, No. 2 (Dec., 1997), pp. 475 – 510.

53. Julie Mostov, "Democracy and the Politics of National Identity", *Studies in East European Thought*, Vol. 46, No. 1/2, Nationalism and Social Science (Jun., 1994), pp. 9 – 31.

54. Julie Mostov, "Karl Marx as Democratic Theorist", *Polity*, Vol. 22, No. 2 (Winter, 1989), pp. 195 – 212.

55. Karl Popper, "Is Determinism Self – Refuting", *Mind*, New Series, Vol. 92, No. 365 (Jan., 1983), pp. 103 – 104.

56. Karl Popper, "The Poverty of Historicism, I", *Economica*, New Se-

ries, Vol. 11, No. 42 (May, 1944), pp. 86 – 103.

57. Karl Popper, "The Poverty of Historicism, II, A Criticism of Historicist Methods", *Economica*, New Series, Vol. 11, No. 43 (Aug., 1944), pp. 119 – 137.

58. Karl Popper, "The Poverty of Historicism, III", *Economica*, New Series, Vol. 12, No. 46 (May, 1945), pp. 69 – 89.

59. Karl R. Popper, "Utopia and Violence", *World Affairs*, Vol. 149, No. 1 (Summer, 1986), pp. 3 – 9.

60. Kenneth A. Megill, "The Community in Marx's Philosophy", *Philosophy and Phenomenological Research*, Vol. 30, No. 3 (Mar., 1970), pp. 382 – 393.

61. Max Eastman, "A Reply to Mr. Kimmelman", *The Journal of Aesthetics and Art Criticism*, Vol. 3, No. 11/12 (1945), pp. 73 – 77.

62. Mrinal Datta Chaudhuri, "On the Political Structure of a Liberal Democracy", *Economic and Political Weekly*, Vol. 20, No. 22 (Jun. 1, 1985), pp. 958 – 959.

63. Nancy S. Love, "Class or Mass: Marx, Nietzsche and Liberal Democracy", *Studies in Soviet Thought*, Vol. 33, No. 1 (Jan., 1987), pp. 43 – 64.

64. Nancy S. Love, "Epistemology and Exchange: Marx, Nietzsche and Critical Theory", *New German Critique*, No. 41, Special Issue on the Critiques of the Enlightenment (Spring – Summer, 1987), pp. 71 – 94.

65. Oliver C. Cox, "Modern Democracy and the Class Struggle", *The Journal of Negro Education*, Vol. 16, No. 2 (Spring, 1947), pp. 155 – 164.

66. Paresh Chattopadhyay, "A Manifesto of Emancipation: Marx's 'Marginal Notes'", *Economic and Political Weekly*, Vol. 36, No. 13 (Mar. 31 – Apr. 6, 2001), pp. 1134 – 1140.

67. Paresh Chattopadhyay, "Economic Content of Socialism in Lenin: Is It the Same as in Marx", *Economic and Political Weekly*, Vol. 26, No. 4 (Jan. 26, 1991), pp. 2 – 5,7 – 8.

68. Paresh Chattopadhyay, "Fascism, Socialism and the Left", *Economic*

and Political Weekly, Vol. 31, No. 41/42 (Oct. 12 – 19, 1996), pp. 2823 – 2831.

69. Paresh Chattopadhyay, "Marx's First Critique of Political Economy, 1844 – 1994", *Economic and Political Weekly*, Vol. 29, No. 31 (Jul. 30, 1994), pp. 54 – 59.

70. Paresh Chattopadhyay, "On Democratic Centralism", *Economic and Political Weekly*, Vol. 44, No. 44 (Oct. 31 – Nov. 6, 2009), p. 4.

71. Paresh Chattopadhyay, "Rise of Social Capitalism in the USSR I", *Economic and Political Weekly*, Vol. 16, No. 24 (Jun. 13, 1981), pp. 1063 – 1068.

72. Paresh Chattopadhyay, "Rise of Social Capitalism in the USSR II", *Economic and Political Weekly*, Vol. 16, No. 25/26 (Jun. 20 – 27, 1981), pp. 1103 – 1105, 1107, 1109, 1111, 1113, 1115, 1117 – 1120.

73. Paresh Chattopadhyay, "Rise of Social Capitalism in the USSR III", *Economic and Political Weekly*, Vol. 16, No. 27 (Jul. 4, 1981), pp. 1157 – 1161.

74. Paresh Chattopadhyay, "Socialism, Freedom, Democracy: Some Issues", *Economic and Political Weekly*, Vol. 43, No. 2 (Jan. 12 – 18, 2008), pp. 74 – 77.

75. Paresh Chattopadhyay, "Which Socialism is in Question", *Economic and Political Weekly*, Vol. 24, No. 50 (Dec. 16, 1989), pp. 2791 – 2794.

76. Paresh Chattopadhyay, "Worlds Apart: Socialism in Marx and in Early Bolshevism: A Provisional Overview", *Economic and Political Weekly*, Vol. 40, No. 53 (Dec. 31, 2005 – Jan. 6, 2006), pp. 5629 – 5634.

77. Patrice Higonnet, "Terror, Trauma and the 'Young Marx' Explanation of Jacobin Politics", *Past & Present*, No. 191 (May, 2006), pp. 121 – 164.

78. Patrice L. – R. Higonnet, "Babeuf: Communist or Proto – Communist", *The Journal of Modern History*, Vol. 51, No. 4 (Dec., 1979), pp. 773 – 781.

79. Patrice L. – R. Higonnet, "The Politics of Linguistic Terrorism and Grammatical Hegemony during the French Revolution", *Social History*, Vol. 5, No. 1 (Jan., 1980), pp. 41 – 69.

80. Patricia Springborg, "Karl Marx on Democracy, Participation, Voting and Equality", *Political Theory*, Vol. 12, No. 4 (Nov., 1984), pp. 537 – 556.

81. Patricia Springborg, "Politics, Primordialism and Orientalism: Marx, Aristotle and the Myth of the Gemeinschaft", *The American Political Science Review*, Vol. 80, No. 1 (Mar., 1986), pp. 185 – 211.

82. Prabhat Patnaik, "Capitalism, Freedom and Democracy", *Social Scientist*, Vol. 36, No. 7/8 (Jul. – Aug., 2008), pp. 16 – 28.

83. Richard Rorty, "Thugs and Theorists: A Reply to Bernstein", *Political Theory*, Vol. 15, No. 4 (Nov., 1987), pp. 564 – 580.

84. Richard Wollheim and Isaiah Berlin, "Equality", *Proceedings of the Aristotelian Society*, New Series, Vol. 56 (1955 – 1956), pp. 281 – 326.

85. Robert C. North, "The NEP and the New Democracy", *Pacific Affairs*, Vol. 24, No. 1 (Mar., 1951), pp. 52 – 60.

86. Robert J. Pranger, "Marx and Political Theory", *The Review of Politics*, Vol. 30, No. 2 (Apr., 1968), pp. 191 – 208.

87. Rodney Barfield, "Lenin's Utopianism: State and Revolution", *Slavic Review*, Vol. 30, No. 1 (Mar., 1971), pp. 45 – 56.

88. Rustam Singh, "Man, Political Man, Political Theory", *Economic and Political Weekly*, Vol. 29, No. 31 (Jul. 30, 1994), pp. 2011 – 2014.

89. Rustam Singh, "Restoring Revolutionary Theory: Towards an Understanding of Lenin's 'The State and Revolution'", *Economic and Political Weekly*, Vol. 24, No. 43 (Oct. 28, 1989), pp. 2431 – 2433.

90. Rustam Singh, "Status of Violence in Marx's Theory of Revolution", *Economic and Political Weekly*, Vol. 24, No. 4 (Jan. 28, 1989), pp. 9 – 11, 13 – 20.

91. Rustam Singh, "Violence in the Leninist Revolution", *Economic and*

Political Weekly, Vol. 25, No. 52 (Dec. 29, 1990), pp. 2843 – 2845, 2847 – 2851, 2853 – 2856.

92. Shlomo Avineri, "How to Save Marx from the Alchemists of Revolution", *Political Theory*, Vol. 4, No. 1 (Feb., 1976), pp. 35 – 44.

93. Shlomo Avineri, "Labor, Alienation and Social Classes in Hegel's Realphilosophie", *Philosophy & Public Affairs*, Vol. 1, No. 1 (Autumn, 1971), pp. 96 – 119.

94. Shlomo Avineri, "Marx and Jewish Emancipation", *Journal of the History of Ideas*, Vol. 25, No. 3 (Jul. – Sep., 1964), pp. 445 – 450.

95. Shlomo Avineri, "Marx and Modernization", *The Review of Politics*, Vol. 31, No. 2 (Apr., 1969), pp. 172 – 188.

96. Shlomo Avineri, "Marxism and Nationalism", *Journal of Contemporary History*, Vol. 26, No. 3/4, The Impact of Western Nationalisms: Essays Dedicated to Walter Z. Laqueur on the Occasion of his 70th Birthday (Sep., 1991), pp. 637 – 657.

97. Shlomo Avineri, "The Hegelian Origins of Marx's Political Thought", *The Review of Metaphysics*, Vol. 21, No. 1 (Sep., 1967), pp. 33 – 56.

98. Sidney Hook, "Historical Determinism and Political Fiat in Soviet Communism", *Proceedings of the American Philosophical Society*, Vol. 99, No. 1, Ideology and Reality in the Soviet System (Jan. 27, 1955), pp. 1 – 10.

99. Sidney Hook, "Myth and Fact in the Marxist Theory of Revolution and Violence", *Journal of the History of Ideas*, Vol. 34, No. 2 (Apr. – Jun., 1973), pp. 271 – 280.

100. Sidney Hook, "The Enlightenment and Marxism", *Journal of the History of Ideas*, Vol. 29, No. 1 (Jan. – Mar., 1968), pp. 93 – 108.

101. Sidney Hook, "The Philosophical Presuppositions of Democracy", *Ethics*, Vol. 52, No. 3 (Apr., 1942), pp. 275 – 296.

102. Sidney Hook, "The Philosophy of Democracy as a Philosophy of History", *Philosophy and Phenomenological Research*, Vol. 9, No. 3, Second Inter – American Congress of Philosophy (Mar., 1949), pp. 576 – 587.

103. Sidney Hook, "The Philosophy of Dialectical Materialism I", *The Journal of Philosophy*, Vol. 25, No. 5 (Mar. 1, 1928), pp. 113 – 124.

104. Sidney Hook, "The Philosophy of Dialectical Materialism II", *The Journal of Philosophy*, Vol. 25, No. 6 (Mar. 15, 1928), pp. 141 – 155.

105. Sidney Hook, "What is Dialectic I", *The Journal of Philosophy*, Vol. 26, No. 4 (Feb. 14, 1929), pp. 85 – 99.

106. Sidney Hook, "What is Dialectic II", *The Journal of Philosophy*, Vol. 26, No. 5 (Feb. 28, 1929), pp. 113 – 123.

107. Sidney Hook, "What is Materialism", *The Journal of Philosophy*, Vol. 31, No. 9 (Apr. 26, 1934), pp. 235 – 242.

108. Sigmund Krancberg, "1984: The Totalitarian Model Revisited", *Studies in Soviet Thought*, Vol. 29, No. 1 (Jan., 1985), pp. 71 – 77.

109. Sigmund Krancberg, "Controlling Individual Development and Behavior", *Studies in Soviet Thought*, Vol. 27, No. 4 (May, 1984), pp. 319 – 334.

110. Sigmund Krancberg, "Karl Marx and Democracy", *Studies in Soviet Thought*, Vol. 24, No. 1 (Jul., 1982), pp. 23 – 35.

111. Sigmund Krancberg, "People's Democracies in Soviet Political Theory", *Studies in Soviet Thought*, Vol. 21, No. 1 (Feb., 1980), pp. 73 – 88.

112. Sigmund Krancberg, "Political Realism: A Soviet View", *Studies in Soviet Thought*, Vol. 18, No. 2 (May, 1978), pp. 131 – 144.

113. Sigmund Krancberg, "The 'Science of Logic' in Soviet Philosophy and a Reading in Hegelian Dialectics", *Studies in Soviet Thought*, Vol. 22, No. 2 (May, 1981), pp. 83 – 109.

114. Sigmund Krancberg, "The Unity of Theory and Practice in Historical Perspective", *Studies in Soviet Thought*, Vol. 41, No. 3 (May, 1991), pp. 173 – 205.

115. Vaclav Holesovsky, "Rediscoveries of Karl Marx", *The Massachusetts Review*, Vol. 9, No. 3 (Summer, 1968), pp. 487 – 500.

116. William R. Schonfeld, "Oligarchy and Leadership Stability: The

French Communist, Socialist and Gaullist Parties", *American Journal of Political Science*, Vol. 25, No. 2 (May, 1981), pp. 215 – 240.

117. William R. Schonfeld, "The Classical Marxist Conception of Liberal Democracy", *The Review of Politics*, Vol. 33, No. 3 (Jul., 1971), pp. 360 – 376.

后 记

　　记得刚来社科院第一次跟导师的谈话,就是围绕博士论文做什么的问题。因为之前暑假跟硕士导师还在做一些政治污名的问题,所以我就提出了可不可以做政治污名研究。导师的考虑是做一些基础性理论的研究更好,政治污名固然有研究的价值,但是理论方面还是比较欠缺。污名最早是用于心理学和社会学的研究,后来才逐渐被引入政治社会学领域,可是在理论范式方面,污名还缺少成体系的理论基础。确实,博士生的研究应该更侧重于理论性的问题,一方面是理论训练的必要;另一方面,在社会经验不足的条件下,从事社会实践问题研究显得根基不足,容易流于辞藻游戏和造词运动。基于此,导师提出了自己的想法,就是做有关马克思、恩格斯经典文献的研究,从中选取不同角度作出阐释,刚好我一直以来都是学习政治学的,就选择了做马克思政治思想方面的研究。

　　对马克思政治思想的研究还是很有必要的,尤其是基于经典文献的解读和阐释。看现在有关马克思主义哲学的研究,可以说蔚为壮观。但是在马克思的政治思想方面,我们甚至停留在 20 世纪 80 年代乃至更早的水平上。现在只要一提马克思思想的研究,大家想到的都是他的哲学思想以及在国外有关马克思主义的批判思潮,可是不要忘了,马克思之所以是马克思,首要就在于其实践理论,即革命实践。马克思所做的第一件事情就是"消灭哲学",转向现实的政治社会革命运动。因此,政治社会理论是马克思理论体系的主要关切。马克思主义哲学的流行,反而与马克思当时的关切显得不那么一致。当然,这并不是否定马克思主义哲学研究的意义,并且马克思政治社会理论的基础也在于马克思对哲学的批判和"消灭"。只是今天,我们不能一味地将马克思的理论演绎为一种哲学体系、道德哲学或批判思潮,这显然与马克思所要从事的事业是不相符合的。

　　对于马克思的政治社会思想,我们很多人都认为过时了,认为马克思所提出的很多有关革命的理论已经不适应今天的时代形势了。诚然,今天我们不可能再去套用马克思在他所处时代提出的一系列有关革命的问题,可是这并不能否定马克思在政治社会方面给予我们的启示。例如,马克思的理论体系根源于对资本主义的批判,这种批判是一种实际的社会运动过程和革命实践。这里,马克思的可贵之处就在于指出资本主义的固有矛盾,这一矛盾随着资本主义的发展和不断成熟,得到了有效缓解,可是缓解并不等于解决。换言之,只要资本主义存在,马克思的革命理论就不会失去意义。不管资本主义如何繁荣、如何吸引人,都不应该忽视马克思对资本主义提出的问题、质疑和否定。不能因为资本主义所带来的优越性而漠视乃至否认其存在的局限性,套用加隆·德·博马舍的一句话——"若批评无自由,则赞美无意义",这也正是马克思历史唯物主义的意义所在。

　　而在国内,有关马克思政治社会理论的研究也显得较少,这不仅是因为对经典原著的阅读和研究越来越少,还有一个重要的原因是,我们更为重视实践的研究。这造成的结果就是:我们对于马克思政治理论的理解仍然沿用之前的各种结论,缺少在新的条件下不同的研究、诠释和创新,不仅对于国外相关方面的研究缺乏翻译和评述,同时也在一味强调实践研究的同时忽略了基础性理论研究的必要性。例如,我们在从事马克思主义中国化实践研究的过程中,会本能地认为中国特色社会主义民主首要性在于特殊性,即中国特色社会主义民主是区别于西方民主的。但是我们的民主难道就不能有一种普遍性的内涵吗,一种区别于西方标签化和普遍化的民主内涵吗? 其实,这是完全可能的,我们在强调中国特色社会主义民主具有特殊性的同时,它同样也可以是普遍的,这个普遍内涵就在于马克思有关民主的革命内涵叙述上,即在解决了劳动实践领域矛盾的基础上普遍的政治平等,是民主形式与民主内容的统一。那么这一无产阶级的政治民主就是一种普遍民主,是一种超越资本主义条件下的一般民主。

　　我们之所以首先强调民主的特殊性,理论根源在于民主的阶级性。民主,不可否认具有阶级性,但是这要看民主是在什么时候具有这种阶级性的。在马克思的叙述中,民主不仅可以作为无产阶级革命手段之一,而且也是无产阶级政治组织的形式,这时,很难说民主首要在于阶级性。民主的阶级性主要是在民主被资本主义体系吸纳并变成建设资本主义的积极力量之后，即二战以后民主的普遍化、标签化。因此，通过马克思的政治理论，我们完全可以为中国特色社会主义民主寻找到普遍性内涵，这种普遍性内涵并不是一种可以适应不同国家的民主技术，而是民主所蕴含的真正解决人与人之间的关系问题。

因此，马克思政治社会理论的研究仍然有相当大的空间，尤其是围绕马克思经典文献的解读、阐释和创新，在国外，这方面的研究已经很多，而我们国内的译介仍然比较少。在国内，我们更多侧重马克思主义哲学研究，并且在政治社会理论方面更多停留在之前的条条框框和既有结论之中。这不仅掩盖了马克思政治社会理论的丰富内涵，而且也容易限制实践研究的深度和广度，对于很多问题的理解就容易出现偏差、偏狭。对这一后果的矫正可以通过对马克思等经典作家的重新研究来获得弥补，这一弥补不仅是内容上的，更是方法上的。

在研究过程中，我获得了导师胡键老师自始至终的点拨和帮助，他不仅在选题和研究方向上指出了理论研究的必要性和重要性，也在具体的研读过程中严格要求，并对我的博士论文作了细致的阅读，提出了准确的修改意见。现在回过头来看，导师的作用可能并不是具体观点的指导，而是为其提供方向，特别是告诉你什么才是研究，这一点是非常重要的。实践研究和具体问题分析当然重要，可是博士生一来首先需要理论训练，二来缺乏必要的社会经验，难以作出较好的实践研究，最后只会沦为辞藻游戏和造词运动。因此，我非常感谢导师在理论研究上的要求，通过阅读马克思的经典文献，可以获得一个理论基础，更重要的是，对很多问题的认识也具有了不同的视角，这是单纯做经验问题研究所不能获得的。虽然对马克思经典文献的理解、分析并不一定能获得所有人、甚至多数人的认可，可是这一文献解读和思考的过程才是最重要的。毕竟，理论的问题只有在理论研究的过程中才能提出准确、恰当的批评，至于很多其他不相关的批评，这并不是理论研究所能解决的，也不应该是理论研究所应该去解决的。不可否认，我的研究还是存在很多不足的，自己也是知道这一点的，尤其是对于国外相关研究的梳理和分析，还不够系统、细致和深入，因为国内在这方面的译介基本没有，所以这方面的研究还是一个不足。另外，对于马克思民主思想的理解，文献的解读还是不够，还需要加强，很多的论证还不够系统、充分、完整。当然，这一系列问题的责任要由我个人承担，自我安慰的话——不足也是以后继续从事相关研究的空间和余地。

另外，还要感谢我的硕士导师郝宇青老师，一直以来，我们之间保持了较好、较多的交流，在我的学术道路上，他给予了我较多的理解、支持和意见。同时，非常感谢中国马克思主义研究所以及其他所的诸位老师，包括方松华老师、程伟礼老师、黄凯锋老师、曹泳鑫老师、姜佑福老师、陈祥勤老师、戴雪梅老师、陆晓和老师、陆晓文老师等，他们不仅给予了相关课程的教学，更是为我提供了交流、学习、讨论的环境。当然，也要感谢其他院校的老师对本书的批评、指正，这使我更为清晰地理解自己所从事的研究，也更明白我的论文所存在的诸多不足。除此之外，还要感谢我的室友来庆立同学，我一直觉得还是两个人住一个宿舍比较好，所以来到社科院听到是两个人住一个宿舍还是比较满意的。三年来，我们朝夕相处，有太多有意思、难忘的事情，这也算是革命的战斗友谊，不仅是生活上，更是在学习、研究上。有时候听别人说学习需要环境，确实在现实诸多条件限制下，遇到一个好室友就是最好的学习环境。来庆立始终抱有对学术、对现实的真诚、真实的关怀，正如他的姓一样，姓的人比较少，他的这份真诚和真实也是不多的。至少，你去找一个对学术感兴趣并有学术能力的室友绝不是一件简单的事情，更何况他的学术不单纯是书斋里的学术，而是指向现实问题、具有现实关切的研究，这一切就显得更是可遇而不可求。就这一点而言，没有比在社科院读博士更好的选择了。

最后，感谢我的父母，一直以来他们都对我的学习、学业给予了充分的支持。虽然我的母亲并不是很喜欢我读博士，可是至少她始终尊重我的选择。父母与子女的关系是一件技术活，更是一件艺术活，并且艺术要高于技术。在这一点上，尽管我的父母没有多少的教育经历，他们还是比较开明的，只要方向没有错，具体怎么做那就是个人的事情。由此可见，很多时候，一个人的认识、态度和胸怀与教育经历并不呈严格的正相关，人首先作为人，作为活生生的、具体的、个性的、有差异的人，还是需要具体的交流与相处，需要彼此的尊重和包容，需要主体间的平等与对话，只希望自己以后在这一点上也可以做到如此。

　　说了这么多,有点像老太太的裹脚布又臭又长,一句话,感谢所有批评过、帮助过我的人,批评与帮助二者始终不可或缺,若没有批评,帮助也不能真正助我成长!